河南财经政法大学统计与大数据学院论丛

本书的出版得到国家社会科学基金"供给侧结构性改革与我国区域价值链分工调整的统计研究"（17BTJ036）、河南省高等学校人文社会科学重点研究基地"河南教育统计研究中心"和刘定平教授中原千人计划专项的资助

外贸与经济增长的统计研究

Statistical research on foreign trade and economic growth

汪彩玲 / 著

图书在版编目（CIP）数据

外贸与经济增长的统计研究／汪彩玲著．—北京：经济管理出版社，2020.8
ISBN 978-7-5096-7330-0

Ⅰ.①外… Ⅱ.①汪… Ⅲ.①对外贸易—影响—中国经济—经济增长—研究 Ⅳ.①F124.1

中国版本图书馆 CIP 数据核字（2020）第 146625 号

组稿编辑：杨 雪
责任编辑：杨 雪 王莉莉 陈艺莹
责任印制：黄章平
责任校对：陈晓霞

出版发行：经济管理出版社
（北京市海淀区北蜂窝 8 号中雅大厦 A 座 11 层 100038）
网　　址：www.E-mp.com.cn
电　　话：（010）51915602
印　　刷：三河市延风印装有限公司
经　　销：新华书店
开　　本：720mm×1000mm/16
印　　张：13.75
字　　数：208 千字
版　　次：2020 年 8 月第 1 版 2020 年 8 月第 1 次印刷
书　　号：ISBN 978-7-5096-7330-0
定　　价：65.00 元

·版权所有 翻印必究·
凡购本社图书，如有印装错误，由本社读者服务部负责调换。
联系地址：北京阜外月坛北小街 2 号
电话：（010）68022974　邮编：100836

　　本书是继《区域产业发展问题实例解析——基于河南省的数据》之后的另一本著作,是笔者根据近年来研究区域经济增长和外贸问题的成果整理而成的。2014年,笔者首先申请了河南省统计局课题《河南省对外贸的依赖度及调整研究》,课题完成后,笔者提炼出了两个问题并形成《地区外贸依存度的内涵及测算方法探讨》和《外贸对地区经济增长贡献的测算方法探讨》两篇文章。其次,笔者申请了国家统计局的课题"外贸对经济增长贡献的对比分析——中部六省的对比",在此基础上,笔者研究了外贸对中国经济增长的贡献和对河南省经济增长的贡献。之后又扩展了经济增长的研究范围,对河南省和全国的经济增长潜力进行了研究,并形成了相应的研究报告。这些成果虽然有着较强的内在联系,但并未进行系统梳理。因此,笔者花费了一年时间将它们归纳、梳理并更新数据,形成了《外贸与经济增长的统计研究》。

　　全书共分为九章,包含外贸与经济增长关系的研究、经济增长潜力的测度和区域经济差异的研究三部分。第一章至第六章探讨了外贸与经济增长的关系。其中,第一章至第三章讨论了地区外贸依存度的测算方法和外贸对地区经济增长贡献的测算方法及各种方法的对比分析。第四章至第六章利用前三章的方法分别对河南省、中部六省和中国进行了相应测算和分析。第七章和第八章探讨了中国经济和河南省经济的增长潜力,并对未来的经济增长潜力进行了预测。第九章在全国经济的基础上探讨了各区域的经济差异并对它们之间的适度区间进行了探讨。

本书包含以下四个特色：

（1）外贸与经济问题并重。本书专门研究外贸对经济增长的作用，并在此基础上分析经济增长潜力，是研究外贸与经济增长问题较为全面的著作。

（2）经济统计特色明显。本书是一本典型的经济统计学著作。利用统计方法解决现实中的经济问题。

（3）统计方法综合运用。本书每一章都运用了描述统计、投入产出模型等统计方法来探讨并解决问题。前六章运用了投入产出方法，第七章和第八章运用了计量方法测度经济增长潜力。

（4）统计数据贯穿始终。本书所有章节都在"用数字说话"，用统计数据准确反映经济问题。

本书在撰写过程中，笔者的研究生方羽、王思雨、马文艺、景菊红等同学进行了数据计算和书稿排版等方面的工作，在此向他们表示感谢。国家统计局提供了全国投入产出表和各省投入产出表，在此一并致谢！

本著作的出版得到国家社会科学基金"供给侧结构性改革与我国区域价值链分工调整的统计研究"（17BTJ036）的资助。另外，河南省高等学校人文社会科学重点研究基地"河南教育统计研究中心"和刘定平教授"中原千人计划"专项也为本书提供了部分资助，在此向他们表示感谢。

目 录

第一章 地区外贸依存度的内涵及测算方法探讨 /1

第一节 地区外贸依存度的研究综述 /1

第二节 正确理解地区外贸依存度的含义 /3

第三节 地区外贸依存度的测定 /5

第四节 结论 /12

第二章 基于投入产出的外贸对地区经济增长贡献的测算方法探讨 /13

第一节 进出口对 GDP 形成的贡献估计方法 /14

第二节 外贸对地区经济增长贡献的测算结果——以河南省为例 /19

第三节 结论 /22

第三章 外贸对地区经济增长贡献的三种测算方法对比分析 /24

第一节 引言 /24

第二节 三种测算方法介绍 /25

第三节 三种测算结果的比较与分析 /32

第四节 三种模型优势及局限性分析 /35

第五节 结论 /36

第四章　河南省外贸依存度及其与中部六省的对比分析　/39

  第一节　河南省调整前后的外贸依存度对比分析　/39

  第二节　中部六省调整前后的外贸依存度对比分析　/42

  第三节　结论　/51

第五章　中部六省外贸对经济增长贡献的对比分析　/52

  第一节　引言　/52

  第二节　中部六省外贸的描述性分析　/53

  第三节　基于投入产出法的外贸对经济增长贡献的测算方法　/58

  第四节　中部六省外贸对经济增长贡献的对比分析　/61

  第五节　研究结论　/68

第六章　外贸对中国经济增长贡献的测算分析　/72

  第一节　文献综述　/72

  第二节　测算模型　/74

  第三节　外贸对中国经济增长贡献的测算分析　/85

  第四节　外贸对我国经济增长贡献的测算结果对比分析　/98

第七章　中国经济增长潜力测度　/100

  第一节　研究背景　/100

  第二节　文献综述　/101

  第三节　旧常态下中国经济增长状况及影响因素分析　/110

  第四节　模型构建及数据选取　/117

  第五节　中国1978~2018年潜在产出测算　/127

  第六节　中国2019~2030年经济增长潜力预测　/134

  第七节　结论　/137

第八章 河南省经济增长潜力测度 /139

第一节 研究背景 /139

第二节 文献综述 /140

第三节 河南省经济发展情况分析 /141

第四节 模型构建 /153

第五节 数据选取 /154

第六节 河南省潜在产出测算 /157

第七节 河南省2018~2030年经济增长潜力预测 /169

第九章 区域经济差异及其适度区间的确定 /178

第一节 引言 /178

第二节 研究内容界定 /179

第三节 文献回顾 /180

第四节 区域经济差异变化态势描述 /183

参考文献 /200

后 记 /212

地区外贸依存度的内涵及测算方法探讨

地区外贸依存度反映地区经济对国际市场的依赖程度。地区外贸依存度的计算方法是否合理，直接影响到其数值大小，进而影响到地区对外贸易发展水平的判断，间接影响到有关经济发展战略和外贸政策的制定和实施。因此，深入研究这一指标的内涵及测算方法在分析地区经济中有着十分重要的作用。但这一指标的内涵是什么，具体应该如何测算，到目前为止还没有较为规范的定义和计算公式，大部分学者均套用国家外贸依存度的定义和计算公式：

$$地区外贸依存度 = \frac{本地区的进出口总额}{地区 GDP} \quad (1-1)$$

然而，对国内某一地区而言，能否使用这一公式来反映本地区与国外经济联系和对国际市场的依赖程度，还需要做进一步讨论。

第一节 地区外贸依存度的研究综述

对地区外贸依存度的研究从研究深度上分为三个阶段：

（1）将国家外贸依存度指标含义和测算方法套用在地区外贸依存度上。陆天惠（2013）利用式（1-1）对 2003~2011 年河南及东南沿海五省的外贸依存度进行了测度和分析。贾蕊（2014）利用式（1-1）计算了河南省外贸依存度并与全国平均水平和中部六省进行了对比，得出河南省外贸依存增长速度缓慢的结论。王文明（2010）从长三角地区外贸依存度结构入手，利用式（1-1）计算外贸依存度指标，剖析长三角地区产业结构情况。陈乃斌（2011）利用式（1-1）比较2000~2009年辽宁省与全国各省的外贸依存度和2005~2009年辽宁省内各市的出口依存度。此外，还有一些学者也使用了此公式，在此不一一列举。

（2）将国家外贸依存度含义和公式套用后产生的问题。随着经济发展和研究问题的深入，有学者提出一些地区用式（1-1）计算出来的外贸依存度存在与事实不符之处。李宪峰（2008）从进出口商品结构、贸易方式、贸易主体和贸易对象等角度对广东省外贸依存度进行了分析，得出广东省外贸依存度数值虚高的结论。杨碧云和易行健（2009）用该方法测算出广东省2007年的外贸依存度为160%，并认为作为省份经济而言，这一外贸依存度偏高，这一计算结果显然与地区外贸依存度的计算初衷相违背。陈慧芬和周纯（2008）计算出2003年世界平均外贸依存度接近45%，美国外贸依存度为60%，而江苏省当年的外贸依存度为75.5%，超出世界平均水平30多个百分点，超过美国15.5个百分点，2004年，江苏省外贸依存度高出美日等国40多个百分点。而这并不表明江苏省开放程度超出世界其他一些发达国家。

（3）在套用国家外贸依存度计算公式的基础上做出一些改进。崔苏卫和夏凡（2013）认为对外贸易进出口总额中包含加工贸易，应将加工贸易额剔除后加上加工贸易净进口额来计算地区外贸依存度。赵建伟（2012）根据贸易方式将外贸依存度分为加工贸易依存度和一般贸易依存度。

上述文献在测算地区外贸依存度公式上有一定贡献，问题在于用式（1-1）计算得出的外贸依存度明显与真实水平不符。因此，本章认为式（1-1）的外贸依存度公式是针对国家而言的，只能拿来评价一个国家的对外贸易程度，计算地区外贸依存度不能采用这一公式，需要根据地区外贸依存度的含义构造新的指标进行测算。

第二节　正确理解地区外贸依存度的含义

(一) 地区外贸依存度的定义

地区外贸依存度是一个国家国内某个地区对国际市场的依赖程度，用来衡量对外贸易在地区经济发展中的作用。这一指标是与国家外贸依存度相对而言的，这里所指的地区范围是小于国家的某一个区域，可以是某一个省、市、自治区，也可以是某几个地区的合并，比如长三角地区、中原经济区等。其作用也与国家外贸依存度大体相当，具体包括三个方面：①反映一个地区经济对国际市场的依赖程度；②反映一个地区的经济开放程度，进而对不同地区进行比较；③判断对外贸易在本地区经济中的地位和作用。

(二) 地区外贸依存度与国家外贸依存度的区别

地区经济是全国经济的有机组成部分，其在国际分工格局中的地位和对国际市场的依赖程度，不仅是由其自身来决定的。当全国经济过分依赖国外市场，外贸依存度较高时，仅仅根据进出口总额与 GDP 的比例，得出地区对世界经济与国外市场的依赖程度大小的判断，显然是荒谬的。以河南省为例，如果按照国家外贸依存度的计算公式，可以计算出 2013 年国家外贸依存度为 0.49，河南省外贸依存度为 0.11，如果仅根据这两个数字就得出河南省与国外市场的依赖程度很小的判断，显然是有失偏颇的。

判断一省经济对世界经济的依存程度既需要考虑本省的进出口规模，也需要考虑其在全国分工中的地位及其与外省的经济联系，因此，存在一个对外经济的间接依存问题。除直接的进出口外，地区经济对国外需求的依存度有一系列的具体内容。首先是用于支持其他地区外向型产业的能源及原材料的生产。其次是上千万到沿海诸省就业打工的农民工。此外还有交通运输、服务等。

（三）地区外贸依存度不同于地区经济开放程度

地区外贸依存度是衡量地区经济开放程度的重要指标，也是测度地区经济与国际经济联系紧密程度或者衡量地区经济对国外市场依赖程度的重要依据，但这并不表明地区外贸依存度等同于地区对外开放程度。外贸仅仅是社会再生产过程交换环节中的经济行为，属于流通领域。而地区经济开放度是某一地区社会再生产过程与国际社会再生产过程的联系程度，不仅涉及货物进出口，还涉及服务、技术等要素转移的广度、深度及自由化等方面。仅凭地区外贸依存度这一指标的高低就对本地区开放程度大小做出判断，往往以偏概全，甚至得出错误结论。

（四）地区外贸依存度不能反映对外贸易对地区经济的贡献

首先，地区外贸依存度难以反映贸易结构等非总量因素的差异及其在经济发展中的作用。若某一地区外贸依存度很高，不能说贸易对该地区经济的促进作用就很大，如果两个地区的贸易总额和地区生产总值相同，按照式（1-1）来计算，两地区的外贸依存度就相同，这样就会得出贸易在两地区经济中发挥了同等重要作用的结论。但如果贸易结构不同，则贸易在两地区经济中发挥的作用也不相同。其次，地区外贸依存度仅是一个静态指标，不能反映对外贸易在地区经济发展中的动态作用，如它对产业结构升级、技术进步及制度创新等方面的作用。因此，地区外贸依存度受诸多因素的影响，其高低对地区经济的影响不可一概而论。

第三节 地区外贸依存度的测定

(一) 地区外贸依存度与国家外贸依存度测定的区别

由于国家外贸依存度是一个国家的进出口总额占本国 GDP 的比例,其分子和分母之间并没有严格的依存关系,它仅仅是一个系数,有学者将它称为对外贸易系数。其指标值是大于或等于 0 的一个值,它不封闭,可以是 0,也可以大于 1,甚至是 2。根据分析问题的角度不同,外贸依存度可以分为外贸出口依存度、外贸进口依存度和外贸进出口依存度。分别对应各自的分子来加以计算。对一个地区而言,其外贸依存度反映本地区的经济对国际市场的依赖程度。一个国家不同地区间的经济关系不同于国际经济关系,国家通常会对商品、劳务和生产要素在国际间的流动施加某些限制,而一般不对其在国内各地区间的流动进行限制。如果套用国家外贸依存度的定义,将地区外贸依存度定义为一个地区对外贸易总额与本地区的生产总值之比。则本地区的进出口既是本地的进出口也是全国的进出口,但根据投入产出技术可知,地区之间、省与省之间有较强的技术经济联系,因此,从表面上表现出来的进出口看,各省之间的进出口差别较大,计算出来的外贸依存度也有很大差别。但实际上,由于国家之间和各省之间在进出口与流入流出的巨大差别,各省之间的货物可以畅通地流通,因此,从各省之间的比较看,根据式(1-1)计算出来的外贸依存度并不能真实反映各省的外贸依存程度。

各省对国外市场的依赖程度,需要比较才有意义。我们通常把内陆省份和沿海地区进行比较,比如河南省与广东省比较,但这种比较是牵强的,因为沿海各省的进出口既是本省的进出口,也是全国的进出口,即便内陆省份无任何出口,但由于内陆省份与沿海地区的流入流出关系,所以有间接的内陆省份与国际的进出口问题,有直接问题也有间接问题。例如,一家服装厂在河南省内将羊毛面料制成成衣,通过广东省的外贸公司将成衣出口,如果按照境内目的地和货源地统计的进出口,那么这种出口就是广东省的出口而非河南省的出口,计算外贸依存度时就计算在广东省内而非河南省内。为了更清楚说明问题,现做如下假设:

考虑一个国家包含两个省份,A 省和 B 省。假设两省均无进口。A 省的地区生产总值用于本地区使用的为 X_A,其完全没有出口,但却完成了出口产品生产过程的主体部分,其增加值为 Y_A。B 省的地区生产总值用于本地区使用的为 X_B,且只做产品出口前加工,之后完成出口,产值为 Y_A,其增加值很小,可假定约为 0,这里为计算方便,假定 $X_A = X_B = Y_A$。这时,如果将两个省合并起来,计算国家外贸依存度,则其外贸依存度为 $ID = \dfrac{Y_A}{X_A + X_B + Y_A} = 0.33$。而分别对两个省计算的话,则 A 省为 $ID_A = \dfrac{0}{X_A} = 0$,B 省为 $ID_B = \dfrac{Y_A}{X_B + Y_A} = 0.50$。内陆和沿海省份的外贸依存度大概如此。因此,套用国家外贸依存度公式计算地区依存度并不可行。

(二) 地区外贸依存度的测算方法

1. 用投入产出方法测算

如何测算地区外贸依存度这一指标,首先,可以使用地区间投入产出法把内陆与沿海之间的经济联系测算出来。其次,根据各省实际的进出口进行测算。其公式为:

$$ID = \frac{\text{本地区的实际进出口}}{\text{本地区的}GDP} = \frac{(\text{本地区的实际出口额})}{\text{本省的}GDP} - \frac{(\text{从外地购进的原材料价值}) + (\text{本省的进口额} - \text{销往省外的进口品})}{\text{本省的}GDP}$$

使用这种测算方法需要编制地区间的投入产出表,以河南省为例,需要编制河南省与全国其他各个省份流入流出产品的地区间投入产出表,这在资料取得上难度较大,且很难计算准确,难以达到一个理想的目的。因此,本章尝试采用下面的方法进行测算。

2. 指标修正法

判断地区经济对世界经济的依存程度既需要考虑本省的进出口规模,也需要考虑其在全国分工中的地位及与其他地区间的经济联系。因此,这里有一个对外经济的间接依存问题。从经济统计的经验上看,如果仅仅是为了比较地区间的不同,进行粗略的匡算,可以考虑使用式(1-2):

$$本地区外贸依存度 = \frac{本地区的进出口}{本地区的 GDP} + 全国外贸依存度 \qquad (1-2)$$

式(1-2)缩小了各省之间的差异,等于公平地增加了一个基数,这样比较比只用自己的进出口数据要更合理,但此公式还可以进行进一步的修正,使其更合理,即:

$$本地区外贸依存度 = \left(\frac{本地区进出口}{本地区 GDP} + 全国外贸依存度\right) \times \frac{可出境商品}{本地区 GDP} \qquad (1-3)$$

如果某一省份与其他省份的技术经济联系紧密,就可以认为对我国的外贸依存度贡献较大。再进一步修正,对可出境商品做调整,一般说的可出境商品是拿得走、运得出的商品,但交通运输也可当成是可出境商品,这样更合理一些,其实际内容就等于 GDP 中第一、第二产业的比重,加上运输业的比重,减去建筑业的比重,即:

$$本地区可出境商品 = 本地区第一产业增加值 + 第二产业增加值 +$$
$$交通运输业增加值 - 建筑业增加值 \qquad (1-4)$$

式(1-4)表明,第一、第二产业越发达,对全国一盘棋的贡献越大,对地区外贸依存度的贡献越大。从式(1-4)可以看出,要计算地区外贸依存度,需要先计算国家外贸依存度。而目前国内对国家外贸依存度的计算还存在不同意见。

3. 国家外贸依存度的测算方法综述

关于国家外贸依存度的测度最早是用进出口总额与 GDP 之比来测算

的,学者们认为该方法存在很多问题:

(1) 数值被高估。应从三个方面修正:第一,对人民币汇率的修正。认为名义汇率被低估,应采用实际汇率。第二,对 GDP 的修正。我国 GDP 存在低估现象,计算外贸依存度时应采用包括那些应计未计部门的 GDP。第三,对进出口额的修正。加工贸易高估了我国的实际对外贸易规模,应采用加工贸易的国内增值额代替实际额。目前学术界对这一修正意见比较认可。

(2) 比值有可能大于 1,这时对内依存度为负。本章认为可以定义对内依存度这一指标,但这并不表明它与对外依存度的和是 1。

(3) 分子分母不匹配。这一概念和数字不说明什么问题,分子与分母之间没有严格的依存关系。国家外贸依存度公式的分母是增加值,分子是销售额,存在大量重复计算。本章认为对外贸易依存度这一指标只是粗略地衡量国家间的经济关系或称国家间的相互依存程度,这一指标并不能说明所有问题,不能对它有更多要求。

针对上述问题,在 20 世纪六七十年代国外学者提出了新的测算方法,一是更正分子法,二是分子分母匹配法,三是回归方程法,四是投入产出法。

(1) 更正分子法。郭羽诞(2004)提出出口依存度应定义为出口产品中本国产生的增加值与本国 GDP 之比;进口依存度应定义为进口产品中由国外生产的增加值与本国 GDP 之比。进出口重复计算部分较大,应该用出口依存度来代替外贸依存度。

(2) 分子分母匹配法。沈利生(2005)基于投入产出表,用经济活动总量,即国内总产出和进口之和代替 GDP 构造外贸依存度新公式来反映一国经济活动总量对国内和国外市场的依赖程度,即:

$$外贸依存度 = \frac{外贸总额}{经济活动总量} = \frac{国内产品出口 \ EX^D + 进口 \ M}{总产出 \ X + 进口 \ M} \tag{1-5}$$

付强(2007)认为,GDP 是宏观经济学家研究一国经济发展的基本度量手段,是比较各国经济水平的度量衡。同时,考察外贸的发展规模实质上是要研究它对一国 GDP 的影响程度和积极效应，在处理外贸依存度计算公式时，应当尽量保留分母 GDP 部分，而对分子进行修正。因此，他在沈利生（2005）的基础上导出外贸依存度为一般贸易出口与进口增加值之和除以国内生产总值，即：

$$外贸依存度 = \frac{一般贸易出口 EX^D + 进口增加值 V^M}{国内生产总值 GDP} \tag{1-6}$$

（3）回归方程法。姜鸿（2007）分别建立了理论出口额和理论进口额与人均 GDP、GDP、三产比重的对数回归模型，运用 156 个国家和地区 1994~2004 年的数据对模型系数进行估计，代入中国 1998~2006 年数据得出中国的理论外贸依存度。

（4）投入产出法。王建国和匡王番（2010）在沈利生（2005）的基础上定义了部门出口依存度。他们认为由于出口拉动了部门增加值，可以用出口对部门增加值的贡献作为部门出口依存度的分子，因此，他们的外贸依存度公式为：第 i 部门的外贸依存度为 $\frac{\sum b_{ij} ex_j^d}{GDP_i}$，一个国家的外贸依存度为 $\frac{\sum \sum b_{ij} ex_j^d}{GDP}$。

根据以上分析，本章认为应该对这一指标有更深层次的内涵认识，而不是传统上的或表面上的认识就得出某些有失偏颇的结论，因本章的主要目的是讨论地区外贸依存度测算方法，因此，在计算省级外贸依存度时仍旧采用式（1-1）来计算国家外贸依存度，至于国家外贸依存度应如何测算再另文撰述。

4. 利用新的测算方法测算我国各地区外贸依存度

为了检验修正后的外贸依存度与修正前的区别，本章采用 2014 年《中国统计年鉴》数据计算全国各省份的外贸依存度，测算结果如表 1-1 所示。在地区货物进出口总额指标中，有按经营单位所在地分的进出口总额和按境内目的地和货源地分的进出口总额。其中，商品经营单位所在地的进出口额是指所在地海关注册登记的有进出口经营权的企业实际进出口额。在商品目的地进口额和商品货源地出口额中，目的地进口额指进口货物的消费、使用或最终抵运地的实际进口额；货源地出口额指出口货物的产地或原始发货地的实际出口额。本章采用按境内目的地和货源地分的进出口总额。通过上述修正后的公式计算出来的外贸依存度和调整前的贸易依存度如表1-1所示。

表1-1　2013年各地区调整前后的外贸依存度对比

地区	GDP（亿元）	进出口总额（亿元）	进出口总额排序	公式（1-1）外贸依存度（%）	公式（1-3）外贸依存度（%）	调整前后差额（%）
上海	21602.12	26895.70	3	124.50	65.24	-59.26
广东	62163.97	79346.76	1	127.64	92.01	-35.63
北京	19500.56	8147.82	8	41.78	20.46	-21.32
浙江	37568.49	22636.62	4	60.25	54.72	-5.54
江苏	59161.75	36743.96	2	62.11	57.70	-4.41
天津	14370.16	8336.05	7	58.01	54.57	-3.44
西藏	807.67	130.31	30	16.13	13.44	-2.69
海南	3146.46	914.00	25	29.05	34.22	5.17
福建	21759.64	9567.44	6	43.97	51.55	7.58
山东	54684.33	19504.99	5	35.67	46.94	11.27
重庆	12656.69	3640.69	12	28.76	40.06	11.29
新疆	8360.24	2326.67	16	27.83	42.98	15.15
辽宁	27077.65	7516.10	9	27.76	43.74	15.98
云南	11720.91	980.03	24	8.36	27.17	18.81
黑龙江	14382.93	1696.71	19	11.80	32.63	20.84
广西	14378.00	2396.52	15	16.67	37.79	21.12
宁夏	2565.06	161.54	29	6.30	27.53	21.23
甘肃	6268.01	423.71	27	6.76	28.66	21.90
江西	14338.50	2084.16	18	14.54	36.50	21.96
四川	26260.77	3412.12	13	12.99	34.96	21.97
湖北	24668.49	2206.96	17	8.95	32.33	23.38
吉林	12981.46	1560.11	20	12.02	35.44	23.42

续表

地区	GDP（亿元）	进出口总额（亿元）	进出口总额排序	公式（1-1）外贸依存度（%）	公式（1-3）外贸依存度（%）	调整前后差额（%）
贵州	8006.79	294.61	28	3.68	27.46	23.78
安徽	19038.87	2410.86	14	12.66	36.47	23.81
湖南	24501.67	1505.94	21	6.15	29.96	23.81
河北	28301.41	5587.47	10	19.74	43.82	24.08
陕西	16045.21	1252.25	22	7.80	32.06	24.26
山西	12602.24	1062.81	23	8.43	32.81	24.38
河南	32155.86	3887.69	11	12.09	38.05	25.96
青海	2101.05	53.00	31	2.52	28.49	25.97
内蒙古	16832.38	891.17	26	5.29	32.59	27.30

注：进出口总额数据根据《中国统计年鉴》（2014）中2013年人民币汇率（年中间价）换算而得。

资料来源：《中国统计年鉴》（2014）。

据表1-1所示，地区外贸依存度调整前后数据呈现出以下四个特征：①外贸依存度调整后比调整前下降的省份其进出口总额均排在前8名（西藏自治区除外）。其中，北京市、上海市、广东省等大型省份或直辖市调整后比调整前外贸依存度大幅降低，上海市调整后比调整前低59.26%，下降幅度最大，广东省下降35.63%，北京市下降21.32%。而浙江省、江苏省、天津市下降幅度不大。②内陆省份的外贸依存度在调整后比调整前高20%以上。其中，黑龙江省、广西壮族自治区、宁夏回族自治区、甘肃省、江西省、四川省、湖北省、吉林省、贵州省、安徽省、湖南省、河北省、山西省、陕西省、河南省、青海省、内蒙古自治区调整后比调整前均高20%以上。河南省作为典型的内陆省份，其外贸依存度在调整前为12.09%，调整后变为38.05%，调整后比调整前高了25.96个百分点。这说明河南的外贸依存度并不像式（1-1）所计算出来的那么小。③东南部沿海省份调整前与调整后差距在8%以内。其中，浙江省、天津市、江苏省虽有所下降，但降幅不大，海南省、福建省有所上升。④其他沿海、沿边地区调整后比调整前高 10%~20%。其中山东省调整后比调整前高 11.27%，云南省调整后比调整前高 18.81%。这一调整为我们重新认识地区外贸在本地区经济中的地位起到了非常重要的作用。

第四节 结论

本章针对目前地区外贸依存度计算公式的缺陷，构建新的地区外贸依存度计算公式，其意义在于：一是有助于判断地区外贸依存度的高低，不至于出现因担心省份依存度过高而恐慌，因担心外贸依存度过低而担忧的问题，对于正确认识一个地区的外贸依存度有重要意义；二是为后续研究者计算外贸依存度时提供参考。实证表明本章提出的这一测算方法比较合理，但这一方法只是为地区外贸依存度提出了一个较为粗略的测算，实际上，测算外贸依存度还有一个更准确的途径，那就是通过编制地区间投入产出表来测算，笔者将在后续的研究中对这一问题进行更深层次的讨论。

基于投入产出的外贸对地区经济增长贡献的测算方法探讨

对外贸易一直被认为是拉动经济增长的三驾马车之一，是中国经济增长的重要源泉。自中国加入 WTO 以来，随着对外贸易的规模逐步扩大，对外贸易在国民经济运行中的地位越来越重要。对于地区经济来讲，对外贸易对地区经济的贡献也越来越大。如何正确评价外贸对地区经济的贡献对正确认识外贸在地区经济中的地位和制定合理的外贸政策具有至关重要的作用。本章运用非竞争型投入产出表构造了出口对经济增长贡献的测算模型和进口对经济增长贡献的测算模型，并运用 2012 年河南省 42 个部门的投入产出表，实证分析了外贸对河南省经济增长的影响。

最初研究外贸对经济增长贡献的学者有彭福伟（1999）、王子先（1998）等，他们强调了外贸对经济增长具有正向作用，但其只能从理论上阐述，还不能用具体数据计算出来。而最先运用数据测算外贸对经济增长贡献的是支出法核算恒等式，之后又过渡到生产函数法和投入产出法等。本章在沈利生（2009）的模型分析框架基础上，结合易行健等（2014）的模型分析，既分离出进口产品又分离出流入产品的非竞争型投入产出表，考察出口和进口分别对地区 GDP 的拉动作用。

第一节 进出口对 GDP 形成的贡献估计方法

（一）对地区投入产出表的处理

国家统计局给出的地区投入产出表如表 2-1 所示。

表 2-1 地区投入产出简化表

		中间使用	最终使用				进口	国内省外流入	总产出
		$1, 2, \cdots, n$	最终消费支出	资本形成总额	出口	国内省外流出			
中间投入	$1, 2, \cdots, n$	x_{ij}	C	I	EX	OF	IM	IF	X
增加值		v_j							
总投入		X_j							

由于进口产品不仅能提供中间使用，也能提供最终使用，为了既能分析出口又能分析进口对 GDP 形成的贡献，现将投入产出表进行处理，最终结果如表 2-2 所示。

表 2-2 拆分后的投入产出表

		中间使用	最终使用				合计	进口	国内省外流入	总产出
		$1, 2, \cdots, n$	最终消费支出	资本形成总额	出口	国内省外流出				
省内中间投入	$1, 2, \cdots, n$	x_{ij}^D	C_i^D	I_i^D	EX_i^D	OF_i^D	Y_i^D			X_i

续表

		中间使用	最终使用					进口	国内省外流入	总产出
		$1,2,\cdots,n$	最终消费支出	资本形成总额	出口	国内省外流出	合计			
进口中间投入	$1,2,\cdots,n$	x_{ij}^M	C_i^M	I_i^M	EX_i^M	OF_i^M	Y_i^M	IM_i		
省外流入中间投入	$1,2,\cdots,n$	x_{ij}^Z	C_i^Z	I_i^Z	EX_i^Z	OF_i^Z	Y_i^Z		OF_i	
增加值		v_j								
总投入		X_j								

拆分后的投入产出表存在以下关系：

$x_{ij} = x_{ij}^D + x_{ij}^M$

$(C = C^D + C^M)$

$Y = Y^D + Y^M$ (2-1)

参考 Fenstra 和 Hanson（1999）、Hummels 等（2001）的处理方法，再假定最终使用在中间投入与最终使用的合计中占有多大比例，进口产品也可以按同样比例进行拆分。按比例分配是根据一致性假定，即假设进口产品与国内产品具有同质性，各部门对使用进口产品与使用国内产品一视同仁，进口产品与国内产品具有完全的可替代性。

首先，求出进口系数。进口系数 $m_i = \dfrac{\text{进口}}{\text{国内总需求}}$，国内总需求是中间需求与最终需求的合计。其次，将地区产品与进口品进行分离。x_{ij} 为各产品的中间投入金额，因此，进口品中间投入 x_{ij}^M 为：

$x_{ij}^M = x_{ij} \times m_i$ (2-2)

地区内产品 x_{ij}^D 的中间投入为：

$x_{ij}^D = x_{ij} - x_{ij} \times m_i$ (2-3)

从行来看，国内产品的关系如式（2-4）所示：

$$\sum x_{ij}^D + Y_i^D = X_i \tag{2-4}$$

进口产品的关系如式（2-5）所示：

$$IM_i = \sum x_{ij}^M + Y_i^M \tag{2-5}$$

从列来看，产品之间的关系如式（2-6）所示：

$$X_j = \sum x_{ij}^D + \sum x_{ij}^M + v_j \tag{2-6}$$

式（2-6）中，v_j是各部门的增加值，各部门的增加值相加与各部门的最终需求相加后的值相等，为地区增加值。

将进口品与地区内产品区分之后，还要将地区内产品中的调入品与地区内部生产的产品进行区分。区分的方法与区分进口品的方法基本相同。

首先，求出调入系数。本章假设进口与国内总需求成一定比例，调入系数为$z_i = \dfrac{调入}{国内总需求}$。国内总需求是中间需求与最终需求的总和。其次，将国内产品与进口品进行分离。x_{ij}为各产品的中间投入金额，调入品中间投入x_{ij}^Z如式（2-7）和式（2-8）所示：

$$x_{ij}^Z = x_{ij} \times z_i \tag{2-7}$$

$$x_{ij}^Z = x_{ij} - x_{ij} \times m_i - x_{ij} \times z_i \tag{2-8}$$

将进口品和调入品分离后的中间投入为：

$$x_{ij} = x_{ij}^D + x_{ij}^M + x_{ij}^Z \tag{2-9}$$

因此，从列来看，投入产出各元素存在的关系如式（2-10）所示：

$$X_j = \sum x_{ij}^D + \sum x_{ij}^M + \sum x_{ij}^Z + v_j \tag{2-10}$$

从行来看，总产出满足的关系如式（2-11）所示：

$$\sum a_{ij}^D x_j + y^D = X \tag{2-11}$$

测算各省份进口与出口对GDP的贡献时，依据上述方法，将进口品和流入品与地区内的产品进行区分，使用的中间投入系数应当剔除进口与出口时中间投入的系数。

(二) 出口对 GDP 贡献的估计方法

计算时建立投入产出表的基本关系式,即:

$$X = A^D X + Y^D \tag{2-12}$$

其中,A^D 为中间投入系数矩阵,X 为总产出,Y^D 为本地最终需求。最终需求加总之后是地区增加值。

$$Y^D = C^D + I^D + EX^D \tag{2-13}$$

因此,由以上可以得出式(2-14):

$$X = (I-A^D)^{-1} Y^D = (I-A^D)^{-1}(C^D + I^D + EX^D) \tag{2-14}$$

从式(2-14)可知:

居民消费带来的总产出为:

$$X^C = (I-A^D)^{-1} C^D \tag{2-15}$$

政府消费带来的总产出为:

$$X^G = (I-A^D)^{-1} G^D \tag{2-16}$$

出口带来的总产出为:

$$X^{EX} = (I-A^D)^{-1} EX^D \tag{2-17}$$

令 A^V 为增加值的对角矩阵,即对角线元素为各部门增加值占该部门总投入的比例。由上述分析可知最终需求 Y 可由式(2-18)表示:

$$Y = A^V X = A^V X^C + A^V X^{IN} + A^V X^{EX} \tag{2-18}$$

由此可知,出口对 GDP 形成的贡献为 $\dfrac{sum(A^V X^{EX})}{sum(V)}$,令 $V^{EX} = A^V X^{EX}$,v_i^{ex} 为其元素,则出口对 i 行业带来的贡献率为 $\dfrac{v_i^{ex}}{V_i}$。

(三) 进口对 GDP 的贡献估计方法

本小节在计算开放经济条件下进口对 GDP 贡献时使用的投入产出表是

利用前一小节将进口与调入进行拆分后的地区投入产出表。在计算波及效应时，与计算出口对 GDP 的贡献类似也采用了剔除进口和调入品的纯省内产品投入产出系数。为了便于分析，本章不考虑国内产品与国外产品的替代问题。以下公式各符号含义与上文一致。

假设省内各行业的投入系数为 $d_{ij}=\dfrac{x_{ij}^D}{X_i}$，则 $x_{ij}^D=d_{ij}\times X_i$；进口品的投入系数为 $m_{ij}=\dfrac{x_{ij}^M}{IM_i}$，则 $x_{ij}^M=m_{ij}\times IM_i$；调入品的投入系数为 $z_{ij}=\dfrac{x_{ij}^Z}{Z_i}$，则 $x_{ij}^Z=z_{ij}\times Z_i$。代入列项平衡关系式可以得到式（2-19）：

$$X_j=\sum x_{ij}^D+\sum x_{ij}^M+\sum x_{ij}^Z+v_j \tag{2-19}$$

式（2-19）可转化为式（2-20）：

$$X_j=\sum d_{ij}X_i+\sum m_{ij}IM_i+\sum z_{ij}Z_i+v_j \tag{2-20}$$

将式（2-20）写成矩阵形式，得到式（2-21）：

$$D^TX+E^TM+F^TZ+V=X \tag{2-21}$$

对式（2-21）进行变形，得到式（2-22）：

$$X=(I-D^T)^{-1}E^TIM+(I-D^T)^{-1}F^TZ+(I-D^T)^{-1}V=X^{IM}+X^Z+X^V \tag{2-22}$$

其中，$X^{IM}=(I-D^T)^{-1}E^TIM$ 是进口产品用于投入时引起的总投入；$X^Z=(I-D^T)^{-1}F^TZ$ 是调入品用于投入时引起的总投入；$X^V=(I-D^T)^{-1}V$ 是初始投入引起的总投入。

各部门单位投入产生的增加值为 A_V，则进口产品投入产生的增加值如式（2-23）所示：

$$A_VX^{IM}=A_V(I-D^T)^{-1}E^TIM \tag{2-23}$$

根据以上公式推算出进口对 GDP 的贡献率如式（2-24）所示：

$$\frac{sum(A_VX^{IM})}{sum(V)} \tag{2-24}$$

由于各部门增加值的合计等于各部门最终需求的合计，也就等于一省的 GDP，因此，式（2-24）也可以表述为 $\dfrac{sum(A_VX^{IM})}{Y}$，由此式可算出进口对 GDP 的贡献率。

第二章 基于投入产出的外贸对地区经济增长贡献的测算方法探讨

第二节 外贸对地区经济增长贡献的测算结果
——以河南省为例

依据上一节的计算方法,利用 2012 年河南省 42 个部门的投入产出表分别计算出口和进口对河南省经济的贡献。

(一) 出口对经济增长的贡献率

根据上一节的公式,利用 2012 年投入产出表计算出总的出口对河南省 GDP 的贡献率为 2.61%,这与 2012 年出口占 GDP 的比重(具体为 6.32%)有一定差距,这说明出口对河南省经济增长的贡献,不能使用支出法恒等式和联立方程模型方法计算,要使用改进的投入产出方法才能准确测算出出口对 GDP 形成的贡献。

分行业的商品出口对 i 行业带来的贡献率如表 2-3 所示。

表 2-3 商品出口对各行业增加值的贡献率

序号	部门	出口贡献率(%)	序号	部门	出口贡献率(%)
1	农林牧渔产品和服务	1.65	6	食品和烟草	1.09
2	煤炭采选产品	1.92	7	纺织品	4.47
3	石油和天然气开采产品	1.92	8	纺织服装鞋帽皮革羽绒及其制品	5.86
4	金属矿采选产品	1.87	9	木材加工品和家具	2.30
5	非金属矿和其他矿采选产品	1.65	10	造纸印刷和文教体育用品	8.22

续表

序号	部门	出口贡献率（%）	序号	部门	出口贡献率（%）
11	石油、炼焦产品和核燃料加工品	1.87	27	水的生产和供应	1.48
12	化学产品	4.33	28	建筑	0.29
13	非金属矿物制品	1.67	29	批发和零售	5.54
14	金属冶炼和压延加工品	2.09	30	交通运输、仓储和邮政	2.19
15	金属制品	2.20	31	住宿和餐饮	1.88
16	通用设备	1.13	32	信息传输、软件和信息技术服务	1.07
17	专用设备	1.24	33	金融	1.36
18	交通运输设备	1.28	34	房地产	0.36
19	电气机械和器材	3.84	35	租赁和商务服务	2.73
20	通信设备、计算机和其他电子设备	37.65	36	科学研究和技术服务	1.38
21	仪器仪表	3.06	37	水利、环境和公共设施管理	0.25
22	其他制造产品	1.96	38	居民服务、修理和其他服务	0.63
23	废品废料	3.17	39	教育	0.16
24	金属制品、机械和设备修理服务	2.39	40	卫生和社会工作	0
25	电力、热力的生产和供应	2.18	41	文化、体育和娱乐	0.55
26	燃气生产和供应	0.74	42	公共管理、社会保障和社会组织	0.05

从表2-3中可以看出，出口对通信设备、计算机和其他通信设备业贡献最大，其他的各行业均远小于这个行业。

(二) 进口对 GDP 增加值的贡献率

根据上一节的公式，利用河南省 2012 年投入产出表计算出总的进口对河南省 GDP 的贡献率为 1.31%。进口对河南省经济增长的贡献能充分说明进口对 GDP 的形成也有一定的贡献，与之前的出口有利于经济增长，进口不利于经济增长形成鲜明对比，充分说明进口也有利于经济增长。分行业的商品进口对 i 行业带来的贡献率如表 2-4 所示。

表 2-4 商品进口对各行业增加值的贡献率

序号	部门	进口贡献率（%）	序号	部门	进口贡献率（%）
1	农林牧渔产品和服务	0.70	11	石油、炼焦产品和核燃料加工品	0.94
2	煤炭采选产品	0.76	12	化学产品	1.26
3	石油和天然气开采产品	0.97	13	非金属矿物制品	1.13
4	金属矿采选产品	3.14	14	金属冶炼和压延加工品	2.79
5	非金属矿和其他矿采选产品	1.17	15	金属制品	1.53
6	食品和烟草	1.23	16	通用设备	1.94
7	纺织品	1.14	17	专用设备	2.04
8	纺织服装鞋帽皮革羽绒及其制品	1.03	18	交通运输设备	1.81
9	木材加工品和家具	1.01	19	电气机械和器材	2.78
10	造纸印刷和文教体育用品	1.74	20	通信设备、计算机和其他电子设备	10.04

续表

序号	部门	进口贡献率（%）	序号	部门	进口贡献率（%）
21	仪器仪表	6.42	32	信息传输、软件和信息技术服务	1.34
22	其他制造产品	3.12	33	金融	1.14
23	废品废料	1.49	34	房地产	0.25
24	金属制品、机械和设备修理服务	1.41	35	租赁和商务服务	0.80
25	电力、热力的生产和供应	0.82	36	科学研究和技术服务	1.21
26	燃气生产和供应	1.70	37	水利、环境和公共设施管理	0.73
27	水的生产和供应	0.97	38	居民服务、修理和其他服务	2.29
28	建筑	1.28	39	教育	0.36
29	批发和零售	0.22	40	卫生和社会工作	0.78
30	交通运输、仓储和邮政	1.05	41	文化、体育和娱乐	1.42
31	住宿和餐饮	0.88	42	公共管理、社会保障和社会组织	1.08

从表2-4中可以看出，进口对通信设备、计算机和其他电子设备业、仪器仪表业、金属矿采选业和其他制造产品业的贡献较大。

第三节 结论

本章首先综述了支出法核算恒等式、生产函数法和投入产出法在测算

第二章 基于投入产出的外贸对地区经济增长贡献的测算方法探讨

外贸对经济增长贡献的优缺点，得出投入产出方法是较为可行的方法的结论。其次利用非竞争型地区投入产出表分别构造了出口和进口对地区经济增长贡献的测算方法，并利用2012年河南省投入产出表测算了河南省进口和出口对本省经济增长的贡献，得到结论如下：①利用投入产出表构建投入产出模型测算外贸对地区经济增长的贡献是目前最为准确的测算方法。②利用投入产出表测算外贸对经济增长的贡献需要编制非竞争型投入产出表。不仅需要将进口从本地流量中分离出来，还需要将省外流入从本地流量中分离出来。③进口和出口对本地区经济增长的贡献都较小。④利用投入产出表不仅可以测算外贸对地区经济增长的贡献，还可以分行业分别测算外贸对经济增长的贡献，有利于了解本地区各行业对经济增长的贡献大小，为本地区制定外贸政策提供参考。但本章还存在以下不足之处：①由于省级地区投入产出表每5年编制一次，用此种方法无法进行相邻年份的动态对比分析。②此种方法对地区投入产出表的编制质量有较高要求，如2012年某些省份地区投入产出表中未区分国内省外流入项和国内省外流出项。因此，无法用这种方法准确测算外贸对本地区经济增长的贡献。③在将投入产出表进行处理时，未构造区分加工贸易和非加工贸易的地区投入产出表。这一方法有待进一步研究。

外贸对地区经济增长贡献的三种测算方法对比分析

准确测算外贸对地区经济的贡献既有利于判断地区外贸在全国的地位，也有利于制定地区未来的外贸政策。地区外贸对该地区经济增长的贡献是外贸产品进入国内生产领域以后所产生的增加值占全部增加值的比例，对外贸易中的出口和进口对经济的作用完全不同，出口从需求方面对经济起正向作用，进口对经济既可能产生正向作用，又可能产生负向作用。

第一节 引言

现有测算外贸对地区经济增长贡献的方法有以下三种：①支出法核算恒等式。它从支出角度将 GDP 分为消费、投资和净出口三部分，根据各组成部分对 GDP 的贡献来计算外贸对地区经济增长的贡献。同时，它又可进一步细分为净出口法、出口总量法和进口分解法（彭莉、黄国华，2015）。②计量模型法。林毅夫和李永军（2003）在支出法恒等式基础上加入消费函数、投资函数和进口函数建立了四个方程的宏观经济模型，测算出了出口对 GDP 的贡献。③投入产出法。这种方法与前两种方法均存在较大差异,它是利用投入产出模型来测算外贸对经济增长的贡献。陈锡康(2001)、吴振宇和沈利生(2004)、刘遵义等(2007)均用此方法研究了外贸对经济增长的贡献。对于地区经济来讲,到底哪种测算方法效果较好,从目前的文献上看,学者们对这一问题的研究并不深入。本章通过对这三种方法的对比找出测算外贸对经济增长贡献最准确最合适的方法,从而为地区政府制定出有利于经济发展的外贸政策献计献策,同时也为学者研究此类问题提供借鉴。

第二节 三种测算方法介绍

目前学术界在测算外贸对地区经济增长贡献时有以下三种方法:

(一) 支出法核算恒等式

目前最为常见的计算外贸对经济增长贡献的方法是支出法核算恒等式。利用它可以计算各组成部分对 GDP 的贡献及各组成部分对 GDP 增长的贡献。部分省份统计年鉴所公布的数据即是用此方法计算得到的。

1. 净出口法

计算方法如下:

令 Y 代表国内生产总值,C 表示总消费,包括居民消费和政府消费,I 表示资本形成,则有式(3-1):

$$Y = C + I + EX - IM \qquad (3-1)$$

式(3-1)两边分别对时间求导得到式(3-2):

$$\dot{Y} = \dot{C} + \dot{I} + \dot{EX} - \dot{IM} \qquad (3-2)$$

其中,$\dot{Y} = \dfrac{dY}{dt}$,式(3-2)的等式两边分别除以 Y 可得支出法核算的 GDP 中四个分项对地区支出法生产总值增量的贡献,对式(3-2)进行变换可得式（3-3）：

$$1 = \frac{\dot{C}}{\dot{Y}} + \frac{\dot{I}}{\dot{Y}} + \frac{(\dot{EX-IM})}{\dot{Y}} \tag{3-3}$$

式（3-3）表明，国内生产总值增长率等于其各组成部分（消费、资本形成、净出口）增长率的加权和，权数是各组成部分占国内生产总值的比例。各组成部分的增长率与其占国内生产总值比例的乘积即是该组成部分对国内生产总值增长率的贡献。其中，$\frac{(\dot{EX-IM})}{\dot{Y}}$ 是外贸对 GDP 增长的贡献率，将这一贡献率乘以该年度 GDP 的增长速度就是外贸对 GDP 增长的拉动度。这种方法首次从定量角度将外贸对经济增长的贡献进行了测算，且计算公式简单，易于理解，在外贸对经济增长贡献测算中起到了奠基性的作用。但归纳起来存在以下一些缺陷：①它沿用的是三次产业对经济增长贡献的测算方法，而三次产业从生产角度核算 GDP，这种方法从使用角度核算 GDP，因此，仍使用这种方法就比较牵强。②这种方法只能测算净出口对经济增长的贡献，不能区分"大进大出"和"小进小出"对经济的不同影响。当净出口为 0 时，净出口对经济增长的贡献就为 0，从而就会得出外贸对经济增长无贡献的结论。③在进口方面的解释上存在问题。认为"进口无效"，即进口越多，对 GDP 的负作用就越大；或者认为进口是外贸对国内经济增长的负面拉动部分，没有从进口的目的和结构上，考虑进口对国内消费和投资的影响，导致外贸对经济增长的贡献被低估，而消费和投资的贡献则被夸大。④无法分别计算出进口和出口对经济增长的贡献。⑤忽略了变量之间的相互作用。这种方法仅考虑净出口对经济增长的直接贡献，忽略了消费、投资、出口和进口之间的联系，没有考虑出口通过影响消费、投资、政府支出和进口进而对经济增长造成间接影响，这导致出口贡献被低估，误导了有关经济政策的制定与出台。

目前，中国统计年鉴和部分省份的统计年鉴还在用这种方法计算外贸对国家和地区经济增长的贡献。这使一些不懂统计的人产生了一些误解，如人民日报 2013 年 1 月 29 日发表的一篇题为《外贸对经济增长是"负贡献"吗》的文章，虽然作者已经阐明国家统计局公布的 2009~2011 年净出口对 GDP 的贡献率为负，并不说明外贸对经济增长的贡献为负，但难免仍令人怀疑，既然贡献率计算出来是负的，为何不能说明外贸对经济增长的贡献为负，计算这个数据的作用是什么呢，能否计算出来一个正的数据来表明外贸对经济增长的正向作用。

2. 出口总量法

出口总量法用出口增量占 GDP 增量的比重表示出口对国内经济增长的贡献率，用 GDP 增长速度与贡献率乘积表示出口对国内经济的拉动度。出口总量法用出口代替净出口表示外贸对经济增长的贡献，与使用净出口法相比，外贸对经济增长的贡献几乎不会出现负值。但这样做会夸大外贸对经济增长的作用，把进口完全作为对国内产品的补充，忽略了加工贸易的影响。

3. 进口分解法

针对净出口法和出口总量法的缺陷，彭莉和黄国华（2015）认为，需要结合本国进口结构，理清进口替代和补充部分来计算外贸对经济增长的贡献率。因此，他们采用了相对直接可行的进口分解法。进口分解法首先将进口分为进口的投资品、进口的消费品和进口的中间产品，其次用出口减去进口的中间产品代替出口减进口（净出口）作为外贸对经济的贡献，其仍按照支出法恒等式的测算方法来测算外贸对经济的贡献。这种方法利用进口商品结构与国民经济结构之间的对应关系，避免了传统计算方法对进口的极端处理方式，修正了原方法中不可解释的负拉动年份的结果。但这种方法仅在进口数据上进行了小的改进，仅仅改变了净出口的数据大小，支出法核算恒等式的缺陷仍然存在。

（二）计量模型法

针对支出法恒等式的缺陷，林毅夫和李永军（2003）在式（3-1）的基础上，建立了四个方程的宏观经济模型，测算了出口对 GDP 的贡献。

根据国民收入恒等式，就消费需求、投资需求和外贸需求三个方面建立联立方程组，进而分析进出口对各宏观经济变量的影响以及对经济发展的影响。凯恩斯宏观经济理论认为，从有效需求的角度看，决定一国或地区国民收入水平的恒等式为式（3-4）：

$$Y = C + I + X - M \tag{3-4}$$

式（3-4）中，Y 为地区生产总值，C 为总消费（包括政府消费和居民消费），I 为总投资，X 为出口额，M 为进口额，$X-M$ 为净出口额。

1. 消费函数

假定消费取决于居民的持久收入，并且居民对持久收入的预期按照适应性预期的方式进行调整。以 Y_t^P 表示居民的持久收入，则持久收入的表达式如式（3-5）所示。

$$Y_t^P = \lambda Y_t + \lambda(1-\lambda)Y_{t-1} + \cdots + \lambda(1-\lambda)^k Y_{t-k} + \cdots \quad (0<\lambda<1) \tag{3-5}$$

对式（3-5）使用 Koyck 变换，消费函数的线性模型可以表示为式（3-6）。

$$C_t = \alpha_0 + \alpha_1 Y_t + \alpha_2 C_{t-1} + \mu_t \tag{3-6}$$

2. 投资函数

借鉴希克斯（Hicks）的引致投资理论模型并结合我国的投资特点，采用了加速模式，假定投资需求不仅受上期投资水平的影响，而且还受到国民收入水平变动的影响，投资函数的表达公式如式（3-7）所示：

$$I_t = \beta_0 + \beta_1(Y_t - Y_{t-1}) + \beta_2 I_{t-1} + v_t \tag{3-7}$$

3. 进口函数

与出口相比，进口更多地受到一个经济体内部因素的影响。本章初步假定进口取决于国内总需求（消费和投资）、出口以及汇率水平。选用的函数形式如式（3-8）所示：

$$M_t = \gamma_0 + \gamma_1 X_t + \gamma_2 ER_t + \omega_t \tag{3-8}$$

式（3-8）中，ER 为 t 时期的汇率水平。鉴于数据的可获得性，仅采用官方中间汇率而没有换算为人民币多边实际有效汇率。

4. 出口变量

大多数宏观计量模型认为，出口更多地受到一个经济体外部因素（如国际市场需求、实际汇率以及他国经济政策变动等）的影响，习惯上把出口作为外生变量。地区出口很大程度上受内部政策制度的影响，但是，为测算出口对经济发展的实际影响，从计量方法角度考虑，其必须外生给定，相对于模型系统的其他变量，出口的外生性最强。故笔者仍沿用传统假设，将出口设为外生变量。式（3-4）、式（3-6）、式（3-7）、式（3-8）合在一起构成了一个线性联立方程组：

$Y = C + I + X - M$

$C_t = \alpha_0 + \alpha_1 Y_t + \alpha_2 C_{t-1} + \mu_t$

$I_t = \beta_0 + \beta_1 (Y_t - Y_{t-1}) + \beta_2 I_{t-1} + v_t$

$M_t = \gamma_0 + \gamma_1 X_t + \gamma_2 ER_t + \omega_t$

该方程组的简化式为：

$Y_t = \Psi_0 + \Psi_1 C_{t-1} + \Psi_2 (Y_t - Y_{t-1}) + \Psi_3 I_{t-1} + \Psi_4 X_t + \Psi_5 ER_t + e_{yt}$

$C_t = \delta_0 + \delta_1 C_{t-0} + \delta_2 (Y_t - Y_{t-1}) + \delta_3 I_{t-1} + \delta_4 X_t + \delta_5 ER_t + e_{ct}$

$I_t = \varsigma_0 + \varsigma_1 C_{t-1} + \varsigma_2 (Y_t - Y_{t-1}) + \varsigma_3 I_{t-1} + \varsigma_4 X_t + \varsigma_5 ER_t + e_{it}$

$M_t = \xi_0 + \xi_1 C_{t-1} + \xi_2 (Y_t - Y_{t-1}) + \xi_3 I_{t-1} + \xi_4 X_t + \xi_5 ER_t + e_{mt}$

根据该简化式估计结果，出口变化对 GDP 的最终贡献程度可以被定义为：

$$\text{出口贡献率} = \psi_4 \frac{\Delta X_t}{X_{t-1}} \frac{X_{t-1}}{Y_{t-1}} \qquad (3-9)$$

$$\text{出口拉动率} = \frac{\Delta X_t}{X_{t-1}} \frac{X_{t-1}}{Y_{t-1}} \qquad (3-10)$$

与支出法恒等式相比，林毅夫和李永军（2003）在一定程度上考虑了出口和进口在经济运行中的不同作用以及变量之间的相互关系，考虑了出口对经济增长的直接和间接贡献，故计算结果有所改进。但由于计量模型的设定和估计方法的选择有可能对结果产生重大影响，且不利于年度计算结果的更新和继承；另外，回归方程中的共线性问题也不能得到解决；同时，此方法本质上仍以支出法恒等式为基础，故支出法恒等式的缺陷依然存在，如进口对经济增长的贡献仍为负，不能分别考虑进口和出口对经济增长的贡献。易行健、袁申国和戴艳娟（2014）利用广东省2001~2012年的数据测算出广东省出口对经济增长的复合拉动百分点。从数据的计算结果看，外贸对经济增长的拉动作用非常小，甚至还有出现负值的年份。这充分说明了这种方法在测算外贸对地区经济增长贡献时的缺陷。

总之，利用支出法恒等式来测算外贸对经济增长的贡献需要从需求角度入手，这种研究的好处在于方法简单、数据易于获取，但这种方法却存在诸多难以解释和克服的问题，所以并不是测算对外贸易对经济增长贡献的主流方法。

（三）投入产出法

投入产出法利用投入产出模型来测算外贸对经济增长的贡献。最早利用投入产出法研究外贸对经济增长贡献的是陈锡康（2001）。吴振宇和沈利生（2004）在国家统计局公布的国家投入产出表的基础上，首先把中间使用和最终使用中的国内产品和进口产品拆分成国内产品中间投入和最终使用、进口产品中间投入和最终使用；其次构建投入产出模型分别推导了出口增长对经济增长的贡献公式和进口增长对经济增长的贡献公式，并利用投入产出表数据进行具体测算。

自此以后，基于这种方法的应用研究层出不穷。王东和夏咏（2006）在吴振宇和沈利生（2004）的基础上利用投入产出模型推导了出口对地区经济增长的贡献公式并对模型做了相应改进。刘遵义和陈锡康等（2007）认为，采用竞争型投入产出表及其投入产出模型仍不能较准确地测算消费、投资、出口对GDP形成与增长的贡献，分离出进口产品的非竞争型投入产出表给出了一个较好的分析框架，但由于未区分加工贸易和普通贸易，出口贡献存在被高估的现象，而采用区分加工贸易和普通贸易的非竞争型投入产出模型，能较客观地反映国内产品出口与加工贸易出口对GDP

形成与增长的实际贡献。王磊（2013）在吴振宇和沈利生（2004）的基础上测算了1997~2007年中国对外贸易对GDP形成与增长的贡献。谢锐和赵果梅（2014）在吴振宇和沈利生（2004）的基础上测算了出口贸易对GDP形成的贡献率、出口贸易增长对GDP增长的影响，同时构建了单位出口对产生的国内增加值的非竞争型投入产出模型测算方法，并利用WIOT数据测算了出口贸易对中印经济增长的影响效应。

有学者将这一方法应用到地区经济上，王东和夏咏（2006）在吴振宇和沈利生（2004）的基础上利用投入产出模型推导了出口对地区经济增长的贡献公式，但由于国家与地区情况有所不同，故对模型进行了相应改进。易行健、袁申国和戴艳娟（2014）在吴振宇和沈利生（2004）的基础上推导了出口和进口对GDP贡献的公式并进行了具体测算。沈利生的理论基础是从需求出发计算出口对经济增长的贡献，从供给出发计算进口对经济增长的贡献。汪彩玲（2017）在沈利生（2009）和易行健等（2014）的基础上既分离出进口产品又分离出流入产品的非竞争型投入产出表，推导了出口和进口对地区GDP拉动作用的计算公式。这种方法的优点在于：①运用投入产出模型把出口、进口与整个经济系统联系起来。②把出口和进口分开考虑，分别测算出口和进口对GDP的贡献。③由于投入产出模型可以细化到产品，因此可以分析外贸结构变动对经济增长的影响。④在计算外贸对经济增长影响时既包括了直接影响，也包括了间接影响。这种测算方法从问世以来，就得到了学术界的肯定，且这种方法在测算外贸对经济增长贡献上做出了巨大贡献，起到了极大地推动作用。至今这一方法仍占据主流地位。

但这种方法也不是完美无缺的，还存在以下几个缺陷：①必须将中间投入品分为进口中间投入品和国内中间投入品，由于数据缺失，一般使用按比例分配的方法来拆分进口数据。这使后面的测算存在一定的偏差。②我国投入产出表每五年编制一次，因此，受数据可得性所限，这一方法并没有在实际中得到广泛应用。③由于地区投入产出模型在测算上与国家有区别，因此，在如何改进这一方法上目前还没有较为准确地测算方法提出。具体计算方法参见第三章。

除以上三种方法以外，还有一种测算外贸对经济增长贡献的方法——生产函数法。该方法与支出法恒等式相反，是从供给角度测算。著名的模型有巴拉萨模型、费德模型和柯布—道格拉斯生产函数。Balassa（1978）在新古典生产函数基础上分析了出口对经济增长的促进作用，Haishun Sun（2000）在 Balassa 模型基础上通过面板数据分析了出口对我国 GDP 增长的促进作用。刘学武（2000）利用扩展的柯布—道格拉斯生产函数和协整理论研究了 1989~1999 年中国投资、消费和进出口与经济增长之间的关系，认为出口对中国经济增长有促进作用。其理论基础为：通过出口对资源的优化配置来提高生产效率，促进资本积累、充分利用技术转移等方式来增加要素供给和全要素生产率提高，从而促进一国经济增长；通过进口资源来推动一国经济增长。因而，出口和进口均视为与劳动、资本等生产投入相似因素，均对经济增长起决定性作用。生产函数法的缺陷在于认为劳动和资本均为存量，而进出口却为流量，且总量生产函数的固有资本存量的估算问题没有得到解决，因此这种方法不论在理论还是在实际操作中均存在难度。因此，这种方法也不是准确测算外贸对经济增长贡献的有效方法，本章不采用此方法进行对比计算。

第三节　三种测算结果的比较与分析

为了比较三种测算方法的优劣，本章选取了河南省的经济数据进行测算并进行对比分析。由于目前最新的投入产出表为 2012 年，为了保持数据一致性，三种方法均采用 2012 年的数据进行计算。

（一）支出法核算恒等式

根据历年《河南省统计年鉴》支出法国内生产总值中的数据和 2012

年42个部门投入产出表可以计算得出支出法核算的外贸对经济的贡献率。从名义GDP到实际GDP折算使用的价格指数为平减指数。由于本章使用的是支出法国内生产总值的相关数据,计算所得的历年经济增长率与直接使用部门法国内生产总值数据有一定的差异。计算河南省2012年净出口对国内生产总值增长率的贡献为:

$$\text{贡献率} = \frac{\Delta(X-M)}{(X-M)} \times \frac{(X-M)}{G} = \frac{479.1463 - 370.4737}{479.1463} \times \frac{479.1463}{29599.31} = 0.36\%$$

(二) 计量模型法

鉴于统计口径的一致性,本章选用1994~2012年的相应数据进行估计,各变量均采用实际值对应的对数形式,河南省支出法国内生产总值、投资、消费、进出口贸易数据以及汇率数据均来源于中华人民共和国国家统计局网站和《河南省统计年鉴》(2013)。

线性方程组的估计可以采用多种估计方法,如普通最小二乘法(OLS)、似不相关估计(SUR)、两阶段最小二乘法(2SLS)等,因为消费函数和进口函数都是过度识别的,为了得到比较准确有效的估计,笔者采用二阶段最小二乘法对结构系数进行估计,具体结果如表3-1所示。

表3-1 结构式方程的2SLS估计结果

方程	消费函数			投资函数			进口函数		
变量	常数项	Y_t	C_{t-1}	常数项	$Y_t - Y_{t-1}$	I_{t-1}	常数项	X_t	ER_t
系数	0.278	0.415	0.516	-0.140	1.023	0.882	11.848	0.928	-1.699
t值	2.700	4.134	5.509	-0.831	55.632	3.109	2.714	16.344	-3.129
调整 R^2	0.997			0.995			0.988		
标准误	0.0375			0.741			0.116		
DW	0.655			0.907			1.446		

从表3-1可以看出,二阶段最小二乘估计的各个函数的调整 R^2 值都

在 0.98 以上，说明各个方程的拟合优度都较好，DW 统计量和回归标准误的效果也很好，这说明使用二阶段最小二乘法研究本模型是合适的。

根据 2SLS 的估计结果，可以得到以下简化方程组：

$Y_t = -2.590 + 0.101 C_{t-1} - 0.976(Y_t - Y_{t-1}) + 0.401 I_{t-1} + 0.357 X_t + 0.357 ER$

$C_t = -1.171 + 0.690 C_{t-1} + 0.234(Y_t - Y_{t-1}) + 0.131 I_{t-1} - 0.103 X_t + 0.185 ER$

$I_t = -4.164 - 0.558 C_{t-1} - 1.543(Y_t - Y_{t-1}) + 0.943 I_{t-1} + 0.510 X_t - 0.308 ER$

$M_t = 19.614 + 0.156 C_{t-1} - 0.124(Y_t - Y_{t-1}) - 0.336 I_{t-1} + 1.033 X_t - 2.879 ER$

由于笔者需要利用上述方程组第一个方程中的回归系数来计算出口贡献率，所以对该方程的显著性进行检验，发现调整 $R^2 = 0.997$，$F = 1168.021$，$DW = 1.343$。同时，第一个方程中变量 x 前的回归系数 P 值趋近于 0，说明该回归系数是显著的。对于其他方程，各个方程的拟合优度均高于 0.987，同时各个方程也通过了置信度为 99% 的 F 检验。考虑到结构式方程并不影响对外贸贡献率和拉动度的测算，所以本章不再对结构式方程组中方程的序列相关性进行检验分析。

为了便于和支出法、投入产出法进行比较，在此仅计算河南省 2012 年的出口贡献率：

$$出口贡献率 = \psi_4 \frac{\Delta X_t X_{t-1}}{X_{t-1} Y_{t-1}} = 0.375 \times \frac{18697083 - 12208344}{12208344} \times \frac{12208344}{26931.03} \times 100$$

$$= 0.903\%$$

$$出口拉动率 = \frac{\Delta X_t X_{t-1}}{X_{t-1} Y_{t-1}} = \frac{18697083 - 12208344}{12208344} \times \frac{12208344}{26931.03} \times 100 = 2.41\%$$

（三）投入产出法

1. 出口对经济增长的贡献率

依据前述计算方法，利用 2012 年河南省 42 个部门的投入产出表计算出分行业的商品出口对 i 行业带来的贡献率如表 2-3 所示。

根据以上数据，同时可以计算出整个出口对 GDP 形成的贡献为

$$\frac{sum(A^V X^{EX})}{sum(V)} = (7730982.544/295993099.8) \times 100\% = 2.61\%。$$

2. 进口对 GDP 增加值的贡献率

根据以上公式，利用 2012 年投入产出表计算出分行业的商品进口对 i 行业带来的贡献率如表 2-4 所示。进口对河南经济增长有贡献能充分说明进口对 GDP 的形成也有一定的贡献，与之前的出口有利于经济增长，进口不利于经济增长形成鲜明对比，充分说明进口也是有利于经济增长的。

从表 2-4 中可以看出，进口对通信设备、计算机和其他电子设备业、仪器仪表业、金属矿采选业和其他制造产品业的贡献较大。从整个河南省经济看，进口对国内生产总值的贡献率为 $\frac{sum(A^V X^{IM})}{sum(V)} = (3888811.459/295993099.8) \times 100\% = 1.31\%$

第四节　三种模型优势及局限性分析

根据以上分析，将三种模型计算的结果进行汇总以方便分析，具体汇总结果如表 3-2 所示：

表 3-2　三种模型核算结果　　　　　　　单位：%

模型	支出法核算恒等式	计量模型法	投入产出法
出口贡献率	—	0.90	2.61
进口贡献率	—	—	1.31
净出口贡献率	0.36	—	—

从表 3-2 可以看出，支出法核算恒等式只能计算出净出口对经济增长的贡献，其数值仅为 0.36%，这个结果相比其他两种方法的计算结果是比较小的，最主要的原因是支出法在核算外贸对经济的贡献时，进口总是对

经济发展起负影响，即使出口能够增加国内生产总值，但是在进口大于出口的前提下，核算结果便显示外贸对整个经济发挥的是负作用。这与实际的外贸对经济的影响是不符的，从这方面看，支出法的缺陷还是很明显的。但是在一般情况下，地区统计局均是采用支出法测算外贸的贡献，这容易给人们造成误解。

计量模型法测得的河南省出口对国内生产总值的贡献率为 0.90%，比支出法测得的贡献率略高，该方法还测得出口的拉动率为 2.41%。计量模型法的测算比支出法要好一些，但是该模型也仅从总量角度考虑了外贸对经济的贡献，虽然在一定程度上反映了外贸对国内生产总值的拉动，但是没有细分到各个产业。该方法仍然无法体现出进口对经济的拉动，所以此模型还有待改进，测算出的结果并不十分符合研究外贸对经济贡献的要求。

投入产出法测算的出口贡献率为 2.61%，这个结果比使用支出法和计量模型法测得的结果都要高。进口贡献率为 1.31%，与支出法显示的进口对经济总是发挥负作用的情况相反。因为投入产出方法不仅从整体上考虑了出口对经济的拉动，还从各个产业出发分别分析了进出口对它们的贡献，而与支出法显示的进口对经济的贡献情况相反是因为投入产出模型是从供给角度出发测算进口对国内生产总值的影响。

整体看，投入产出方法的测算比其他两个方法要好，首先，它考虑到了进出口对各个产业的拉动，计算的比较细致；其次，该方法从供给和需求的角度出发研究了进出口对经济的影响，能比较清晰地看出进出口是怎样对国内生产总值进行推动的。

第五节　结论

本章首先介绍了三种方法目前的研究进展，其次分别介绍了三种方法

第三章 外贸对地区经济增长贡献的三种测算方法对比分析

的计算过程，最后分别用三种方法对河南省2012年的数据进行了核算。由此得出三种测算方法的优劣结果如下：

（1）根据《中国统计年鉴》说明："支出法国内生产总值是从最终使用的角度反映一个国家（地区）一定时期内生产活动最终成果的一种方法。"对于支出法核算恒等式的测算而言，用支出法核算外贸对经济增长的贡献能够从总量上考察外贸的作用，这种方法在经济意义上是正确无误的，但是用支出法测算外贸对经济的贡献还存在许多问题。

（2）支出法核算恒等式只能测算净出口（出口减去进口）对国内生产总值的贡献，以及净出口增长率对国内生产总值增长率的贡献，即只要净出口相同，贡献也相同，该方法无法区分在相同的净出口下"大进大出"和"小进小出"对经济影响的不同。在进口量方面，进口越多，对GDP的负作用就越大，没有考虑进口对消费和投资的影响，导致外贸对经济增长的贡献被低估。

（3）在支出法恒等式中，进口是正值，所以进口总是起着减少国内生产总值的作用，进口越多，对国内生产总值的抵销作用就越大，似乎进口对经济总是起着抵销作用。从统计年鉴也可以看出，河南省的进口对经济的贡献是负的，从数据上看进口不利于经济增长，这与实际经济状况不同。当出口小于进口时，净出口为负值，净出口对国内生产总值的贡献就是负值；即使净出口仍为正值，但当净出口下降时，净出口的增长率为负值，其对国内生产总值增长率的贡献也仍为负值，这给人以外贸在拉经济增长后腿的印象。

（4）支出法恒等式只能从总量上考虑外贸的净效果，不能从外贸产品的结构方面（组成出口或进口的各种产品的比例）去分析外贸对经济的影响，也就不能从外贸产品的结构方面判断外贸的合理性。

（5）计量模型法克服了支出法恒等式只能计算净出口的缺陷，可以计算出口对经济增长的影响。但模型设定和估计方法的不同会对结果产生不同影响，且不能分别考虑进口和出口对经济增长的影响。因此，它也不是测算外贸对经济增长的可行方法。

(6) 投入产出分析的特点是某个产业进出口的变化不仅对一个产业产生影响，还会通过产业之间的关联对其他相关产业产生影响，因此，表面上看和进出口产业没有直接关系的产业，实际上也会由于与进出口产业存在投入产出关系而受到影响。同时，根据支出法核算恒等式 $Y = C+I+EX-IM$ 分析外贸对 GDP 形成的贡献时，进口对 GDP 形成与增长的贡献为负，但是如果进口商品用于中间投入，实际上这部分投入仍然会产生波及效应，对 GDP 的形成与增长具有正向的贡献。

(7) 投入产出法的出口从需求方面拉动经济、进口从供给方面推动经济，把出口和进口分开考虑，可以正确地计算它们对 GDP 的贡献和对 GDP 增长的贡献。此外，投入产出模型中的逆矩阵反映了各产业之间的生产联系，因而用它计算外贸对经济系统的影响时，既包括了直接影响，也包括了间接影响。

投入产出法尽管有诸多优势，但由于地区投入产出表每 5 年编制一次，无法计算得出连续数据。随着全球价值链的兴起，加工贸易在外贸中所占比例越来越大，要准确测算外贸对经济增长的贡献还需要在投入产出表中区分加工贸易和非加工贸易，这将是本章进一步研究的方向。

河南省外贸依存度及其与中部六省的对比分析

本书第一章详细介绍了地区外贸依存度的内涵和计算公式，本章根据第一章提出的修正公式，既考虑到地区分工差异和地区间合作，又采用国家外贸依存度作为基础冲淡地区间差异，并利用本地区可出境商品与本地区CDP之比作为系数进行加权，具体测算分析河南省外贸依存度调整前后差异并与中部五省进行对比，进一步研究中部六省调整前后外贸依存度的变化及趋势。

第一节 河南省调整前后的外贸依存度对比分析

（一）数据收集及样本指标选取

本章数据主要来源于《河南统计年鉴》（2000~2018），提取第一章式（1-3）中包含的地区GDP、地区进出口总额（美元）、人民币汇率年中间价、地区第一产业增加值、第二产业增加值、建筑业增加值和交通运输业增加值的相关数据，进行计算。其中，式（1-3）中的国家外贸依存度，主要从《中国统计年鉴》（2000~2018）的全国进出口总额和GDP提取计算。数据以 2018 年最新年鉴数据为准。

(二) 河南省外贸依存度调整前后的对比分析

针对外贸依存度调整前的公式 (1-1) 和调整后的公式 (1-3)，具体计算 2000~2017 年河南省外贸依存度的具体差异，结果如表 4-1 所示。

表 4-1 2000~2017 年河南省调整前后的外贸依存度对比

年份	GDP（亿元）	进出口总额（亿元）	公式 (1-1) 外贸依存度 (%)	公式 (1-3) 外贸依存度 (%)	调整前后差额 (%)
2000	5052.99	188.322	3.73	29.81	26.08
2001	5533.01	231.1402	4.18	29.06	24.88
2002	6035.48	265.1545	4.39	31.89	27.49
2003	6867.7	390.3764	5.68	37.74	32.06
2004	8579.42	547.3829	6.38	44.80	38.42
2005	10621.56	633.7132	5.97	47.23	41.27
2006	12412.86	780.9129	6.29	48.72	42.43
2007	15064.73	973.6869	6.46	46.99	40.53
2008	18068.47	1213.958	6.72	43.50	36.78
2009	19547.6	917.9764	4.70	32.38	27.68
2010	23157.64	1204.4	5.20	36.54	31.34
2011	27007.46	2108.289	7.81	36.94	29.14
2012	29681.79	3266.736	11.01	36.32	25.31
2013	32278.04	3713.249	11.50	34.44	22.94
2014	35026.99	3994.84	11.41	32.49	21.08
2015	37084.2	4595.353	12.39	28.42	16.03
2016	40249.23	4731.014	11.75	25.60	13.85
2017	44552.83	5240.301	11.76	25.27	13.50

注：进出口总额数据根据《河南统计年鉴》(2018) 历年人民币汇率年中间价换算而得。

资料来源：2001~2018 年历年《河南统计年鉴》。

第四章 河南省外贸依存度及其与中部六省的对比分析

从表4-1中可以看出，河南省调整前后的外贸依存度数据呈现出以下特征：①河南省2000~2017年外贸依存度在调整前后均存在较大差异，差异均在10%以上，平均差异达28.38%。差异最大的一年是2006年，高达42.43%，差异最小的一年是2017年，仍然高于10%，为13.5%。②调整后差异普遍大于调整前差异，即调整后河南省外贸依存度有所提升。考虑到河南省属于我国内陆省份，不具备沿海省份优越的地理位置和可利用的港口优势，不能像沿海城市一样直接参与全国进出口贸易，并直接计入本地区的进出口总额，因此，沿用国家外贸依存度进行地区外贸依存度估算的方式对河南来说显失公平，需要通过修正进行调整（见图4-1）。

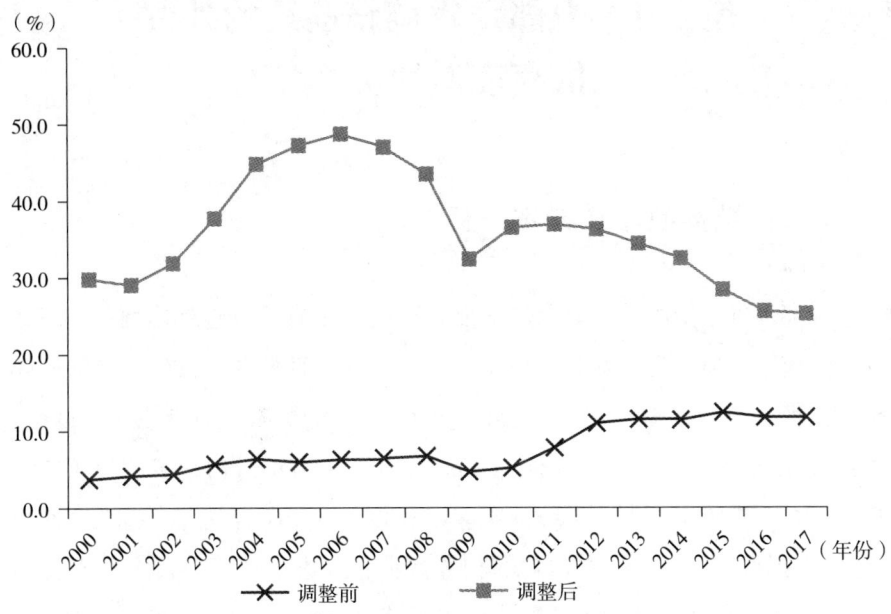

图4-1 河南省调整前后的外贸依存度变化对比

资料来源：2001~2018年历年《河南统计年鉴》。

从图4-1中可以看出，河南省调整前后的外贸依存度数据变化波动呈现出以下特征：①调整前河南省外贸依存度呈现上升趋势，峰值位于2015年，达12.39%。在2008年出现明显的下降情况，这可能是因为2008年暴发全球性金融危机，国家发布一系列政策调整我国经济走势，进而影响河

— 41 —

南省经济的外贸对国际市场的依赖程度。②调整后河南省外贸依存度呈现波动状态,并存在下降趋势,峰值位于 2006 年,达 48.72%。在 2006~2008 年均有一定的下降情况,这可能是因为金融危机的不断冲击,而在 2008 年显著下降,可能是全面暴发全球性金融危机,影响河南省对外贸易。③对比河南省调整前后的外贸依存度变化趋势,调整后变化趋势更符合河南省这一内陆省份对国际市场依赖程度的基本情况及我国整体上外贸依存度变化形态,故调整更加有效。

第二节 中部六省调整前后的外贸依存度对比分析

(一)数据收集及样本指标选取

中部六省是指居于中国大陆中部腹地的六个省份,包括山西省、安徽省、江西省、河南省、湖北省和湖南省。本章主要来自于 2000~2018 年历年《山西省统计年鉴》、2000~2018 年历年《安徽省统计年鉴》、2000~2018 年历年《江西省统计年鉴》、2000~2018 年历年《河南省统计年鉴》、2000~2018 年历年《湖北省统计年鉴》和 2000~2018 年历年《湖南省统计年鉴》,提取式(1-3)中包含的相关数据,并进行计算。其中,式(1-3)中的国家外贸依存度,主要从《中国统计年鉴》(2000~2018)中的全国进出口总额和 GDP 提取计算。数据以 2018 年最新年鉴数据为准。

(二)中部六省调整前后的外贸依存度

1. 山西省调整前后的外贸依存度对比

针对外贸依存度调整前的式(1-1)和调整后的式(1-3),具体计算

2000~2017年山西省外贸依存度的具体差异，结果如表4-2所示。

表4-2　2000~2017年山西省调整前后的外贸依存度对比

年份	GDP（亿元）	进出口总额（亿元）	式（1-1）外贸依存度（%）	式（1-3）外贸依存度（%）	调整前后差额（%）
2000	1845.72	146.0624	7.91	27.40	19.49
2001	2029.53	160.6549	7.92	26.29	18.37
2002	2324.8	191.3427	8.23	29.66	21.43
2003	2855.22	255.2768	8.94	36.07	27.13
2004	3571.37	445.435	12.47	44.52	32.05
2005	4246.91	454.3092	10.70	47.07	36.38
2006	4901.2	528.3542	10.78	48.21	37.43
2007	6062.4	879.8185	14.51	49.03	34.52
2008	7436.25	999.4027	13.44	44.40	30.96
2009	7397.74	584.3456	7.90	31.45	23.55
2010	9240.8	851.4941	9.21	37.04	27.82
2011	11284.63	953.3066	8.45	37.10	28.65
2012	12175.83	949.6052	7.80	33.23	25.43
2013	12720.4	978.3924	7.69	30.20	22.51
2014	12809.66	998.1141	7.79	27.09	19.30
2015	12793.44	916.5346	7.16	20.30	13.13
2016	12989.91	1105.563	8.51	18.53	10.02
2017	15528.42	1159.436	7.47	20.01	12.54

注：进出口总额数据根据历年人民币汇率年中间价换算而得。
资料来源：2001~2018年历年《山西省统计年鉴》。

从表4-2中可以看出，山西省调整前后的外贸依存度数据呈现出以下特征：①山西省2000~2017年外贸依存度在调整前后均存在较大差异，差异均在10%以上，平均差异达24.48%。差异最大的一年是2006年，高达37.43%，差异最小的一年是2016年，也达10.02%。②调整前差异普遍小于调整后差异，即调整后山西省外贸依存度有所提升。

2. 安徽省调整前后的外贸依存度对比

针对外贸依存度调整前的式（1-1）和调整后的式（1-3），具体计算

2000~2017年安徽省外贸依存度的具体差异，结果如表4-3所示。

表4-3 2000~2017年安徽省调整前后的外贸依存度对比

年份	GDP（亿元）	进出口总额（亿元）	公式（1-1）外贸依存度（%）	公式（1-3）外贸依存度（%）	调整前后差额（%）
2000	2902.1	277.0689	9.55	30.92	21.37
2001	3246.7	299.6249	9.23	30.03	20.80
2002	3519.7	346.0821	9.83	32.15	22.31
2003	3923.1	491.8947	12.54	37.91	25.37
2004	4759.3	596.8574	12.54	42.88	30.34
2005	5350.2	747.0593	13.96	44.69	30.73
2006	6112.5	968.4621	15.84	47.19	31.34
2007	7360.9	1211.3	16.46	46.65	30.20
2008	8851.7	1419.251	16.03	43.54	27.50
2009	10063	1068.041	10.61	32.28	21.66
2010	12359	1643.416	13.30	38.54	25.24
2011	15301	2024.047	13.23	38.82	25.59
2012	17212	2482.408	14.42	37.68	23.26
2013	19229	2826.189	14.70	35.87	21.17
2014	20849	3026.729	14.52	33.72	19.20
2015	22006	3039.962	13.81	28.23	14.41
2016	24118	2947.845	12.22	24.83	12.61
2017	27018	3621.4	13.40	25.07	11.66

注：进出口总额数据根据历年人民币汇率年中间价换算而得。

资料来源：2001~2018年历年《安徽省统计年鉴》。

从表4-3中可以看出，安徽省调整前后的外贸依存度数据呈现出以下特征：①安徽省2000~2017年外贸依存度在调整前后均存在较大差异，差异均在10%以上，平均差异达23.04%。差异最大的一年是2006年，高达31.34%，差异最小的一年是2017年，也达11.66%。②调整前差异普遍小于调整后差异，即调整后安徽省外贸依存度有所提升。

3. 江西省调整前后的外贸依存度对比

针对外贸依存度调整前的式（1-1）和调整后的式（1-3），具体计算2000~2017年江西省外贸依存度的具体差异，结果如表4-4所示。

表4-4　2000~2017年江西省调整前后的外贸依存度对比

年份	GDP（亿元）	进出口总额（亿元）	公式（1-1）外贸依存度（%）	公式（1-3）外贸依存度（%）	调整前后差额（%）
2000	2003.07	134.4404	6.71	28.03	21.32
2001	2175.68	126.7366	5.83	26.76	20.94
2002	2450.48	140.2687	5.72	29.09	23.37
2003	2807.41	209.2417	7.45	35.33	27.88
2004	3469.01	292.3324	8.43	40.51	32.08
2005	4073.32	332.5322	8.16	43.12	34.96
2006	4842.96	493.7382	10.19	46.68	36.48
2007	5825.99	718.4913	12.33	46.87	34.54
2008	7000.28	945.7789	13.51	43.32	29.81
2009	7702.71	872.9185	11.33	33.52	22.19
2010	9483.5	1462.57	15.42	40.41	24.99
2011	11738.45	2032.508	17.31	40.94	23.62
2012	12987.99	2109.248	16.24	37.95	21.71
2013	14452.19	2275.792	15.75	35.81	20.06
2014	15759.45	2624.869	16.66	34.03	17.37
2015	16780.89	2640.817	15.74	29.12	13.38
2016	18388.59	2658.807	14.46	25.36	10.90
2017	20006.31	2993.679	14.96	25.56	10.60

注：进出口总额数据根据历年人民币汇率年中间价换算而得。
资料来源：2001~2018年历年《江西省统计年鉴》。

从表4-4中可以看出，江西省调整前后的外贸依存度数据呈现出以下特征：①江西省2000~2017年外贸依存度在调整前后均存在较大差异，差异均在10%以上，平均差异达23.68%。差异最大的一年是2006年，高达36.48%，差异最小的一年是2017年，也达10.60%。②调整前差异普遍小于调整后差异，即调整后江西省外贸依存度有所提升。

4. 湖北省调整前后的外贸依存度对比

针对外贸依存度调整前的式（1-1）和调整后的式（1-3），具体计算2000~2017年湖北省外贸依存度的具体差异，结果如表4-5所示。

表4-5 2000~2017年湖北省调整前后的外贸依存度对比

年份	GDP（亿元）	进出口总额（亿元）	公式（1-1）外贸依存度（%）	公式（1-3）外贸依存度（%）	调整前后差额（%）
2000	3545.39	265.1149	7.48	28.44	20.97
2001	3880.53	296.0848	7.63	27.48	19.85
2002	4212.82	327.2014	7.77	29.50	21.73
2003	4757.45	422.8968	8.89	35.59	26.70
2004	5664.15	559.9926	9.89	41.65	31.76
2005	6631.65	741.738	11.18	43.72	32.54
2006	7670.83	937.6583	12.22	44.96	32.74
2007	9396.62	1132.728	12.05	42.78	30.73
2008	11413.87	1438.029	12.60	40.79	28.19
2009	13082.03	1178.417	9.01	30.75	21.74
2010	16114.59	1755.474	10.89	36.02	25.13
2011	19815.57	2169.313	10.95	36.11	25.16
2012	22479.66	2017.733	8.98	33.03	24.06
2013	25064.92	2253.661	8.99	30.08	21.09
2014	27693.04	2645.336	9.55	28.42	18.87
2015	29882.83	2840.481	9.51	24.71	15.20
2016	32665.38	2616.907	8.01	21.91	13.90
2017	35478.09	3126.666	8.81	21.53	12.72

注：进出口总额数据根据历年人民币汇率年中间价换算而得。
资料来源：2001~2018年历年《湖北省统计年鉴》。

从表4-5中可以看出，湖北省调整前后的外贸依存度数据呈现出以下特征：①湖北省2000~2017年外贸依存度在调整前后均存在较大差异，差异均在10%以上，平均差异达23.50%。差异最大的一年是2006年，高达32.74%，差异最小的一年是2017年，也达12.72%。②调整前差异普遍小于调整后差异，即调整后湖北省外贸依存度有所提升。

5. 湖南省调整前后的外贸依存度对比

针对外贸依存度调整前的式（1-1）和调整后的式（1-3），具体计算2000~2017年湖南省外贸依存度的具体差异，结果如表4-6所示。

表4-6　2000~2017年湖南省调整前后的外贸依存度对比

年份	GDP（亿元）	进出口总额（亿元）	公式（1-1）外贸依存度（%）	公式（1-3）外贸依存度（%）	调整前后差额（%）
2000	3551.49	208.0023	5.86	27.48	21.62
2001	3831.9	228.3136	5.96	26.53	20.57
2002	4151.54	238.0639	5.73	28.26	22.52
2003	4659.99	309.2428	6.64	34.10	27.46
2004	5664.37	450.0709	7.95	38.00	30.05
2005	6623.45	491.8993	7.43	38.89	31.46
2006	7722.34	586.1338	7.59	41.16	33.57
2007	9454.44	736.8177	7.79	40.49	32.70
2008	11550.48	872.7102	7.56	37.31	29.75
2009	13043.86	693.4155	5.32	27.76	22.44
2010	15978	994.3624	6.22	32.32	26.10
2011	19558.3	1227.176	6.27	32.59	26.31
2012	22005.21	1385.014	6.29	30.58	24.29
2013	24437.54	1558.481	6.38	28.39	22.02
2014	26807.93	1905.944	7.11	26.81	19.70
2015	28589.04	1829.082	6.40	22.49	16.10
2016	30888.57	1785.43	5.78	19.62	13.84
2017	33902.96	2433.316	7.18	19.77	12.59

注：进出口总额数据根据历年人民币汇率年中间价换算而得。
资料来源：2001~2018年历年《湖南省统计年鉴》。

从表4-6中可以看出，湖南省调整前后的外贸依存度数据呈现出以下特征：①湖南省2000~2017年外贸依存度在调整前后均存在较大差异，差异均在10%以上，平均差异达24.06%。差异最大的一年是2006年，高达33.57%，差异最小的一年是2017年，也达12.59%。②调整前差异普遍小于调整后差异,即调整后湖南省外贸依存度有所提升。

(三) 中部六省调整前后的外贸依存度对比分析

1. 调整前中部六省外贸依存度对比

从图 4-2 中可以看出,中部六省调整前的外贸依存度数据呈现出以下特征:①除河南省增势较明显外,山西省、安徽省、江西省、湖北省与湖南省多呈现波动形态,其中湖南省的波动幅度最小,2000~2017 年基本变化不大,山西省、安徽省、江西省和湖北省波动幅度较大。②中部六省调整前外贸依存度均在 2008 年后出现明显下降,这可能与 2008 年全球范围内爆发金融危机有关。③安徽省调整前外贸依存度在 2008 年及以前均高于中部其他五省,在 2009 年首次被江西省反超,并一直处于其后,成为第二名。2017 年,调整前的外贸依存度较 2000 年有小幅上升。④山西省调整前的外贸依存度在 2004 年以前仅低于安徽省,位列第二,于 2005 年被湖北省超越,后不断被中部其他五省超越,最终成为第五名。2017 年,调整前的外贸依存度较 2000 年有小幅下降。⑤湖北省调整前的外贸依存度在中部六省中一直处于中游且较为稳定,2000~2007 年徘徊在第二名、第三名之间,2007 年以后略有下滑,基本位于第三名、第四名之间,于 2016 年首次成为第五名。2017 年,调整前的外贸依存度较 2000 年有小幅上升。⑥江西省调整前的外贸依存度在 2000~2006 年一直处于中部六省的中下游,2007 年开始逐渐反超第二名和第三名,最终于 2009~2017 年一直为中部六省的第一名。2017 年,调整前的外贸依存度较 2000 年有显著上升。⑦湖南省 2000~2009 年调整前的外贸依存度均稳定于第四、第五名,于 2010 年被河南省反超成为中部六省的最后一名。2017 年,调整前的外贸依存度较 2000 年有小幅上升。⑧河南省调整前的外贸依存度在 2010 年及以前均低于中部其他五省,于 2011 年首次超过湖南省,位列第五名,与山西省仅差 0.64%,后在一年内超过山西省和湖北省,成为第三名,直到 2017 年一直保持第二名。2017 年,调整前的外贸依存度较 2000 年有较大幅上升。

第四章 河南省外贸依存度及其与中部六省的对比分析

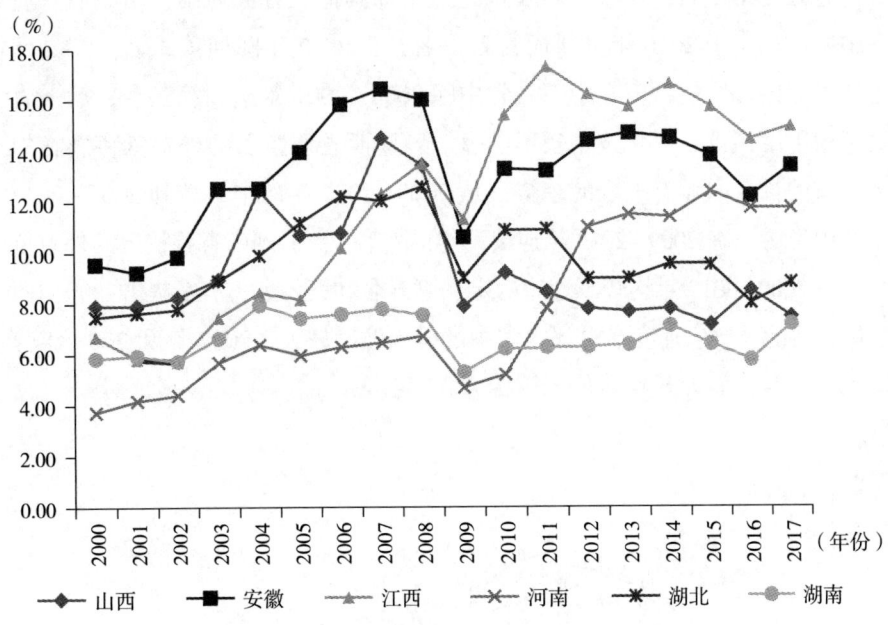

图4-2 中部六省调整前外贸依存度变化对比

资料来源：中部六省2001~2018年的统计年鉴。

2. 调整后中部六省外贸依存度对比

从图4-3中可以看出，中部六省调整后的外贸依存度数据呈现出以下特征：①由于中部六省是内陆省份，进出口贸易受地理位置和城市分工的限制，调整后的数据均较调增前有所上升，故公式（1-3）进行的调整具有一定意义。②中部六省调整后的外贸依存度趋于一致。均呈现波动形态，且波动形态与近年来国家外贸依存度变化有相近之处。③调整后的外贸依存度并没有抵消2006~2008年金融危机的冲击，说明调整和修正是具有一定效果的。④中部六省2017年调整后的外贸依存度较2000年均有小幅下降，这表明减少对外经济的依赖程度有一定的现实意义。⑤安徽省调整后的外贸依存度在2000~2003年一直位于中部六省的第一名，2004~2007年先后被河南省、山西省和江西省反超，后来在2013年重回第一名，一直稳定在第二名和第三名。⑥河南省调整后的外贸依存度在2000~2003

年一直处于第二名，2004~2006年超过中部其他五省成为第一名。后一直在中游徘徊，于2016年重新成为第一名，于2017年降回第二名。⑦湖北省调整后的外贸依存度在中部六省中除2000~2001年达到第三名，后一直处于中下游，排名变化波动较不明显。⑧江西省调整后的外贸依存度在中部六省的排名明显有上升的趋势，从2000~2006年的中下游到2007~2017年的中上游，在2009~2012年连续三年排名第一。⑨湖南省调整后的外贸依存度在2000~2017年均较不理想稳定在第五名和第六名，有待提升。⑩山西省调整后的外贸依存度在中部六省中的排名波动较大，2007年和2008年曾达到第一名，而近几年多位于第四名和第五名。

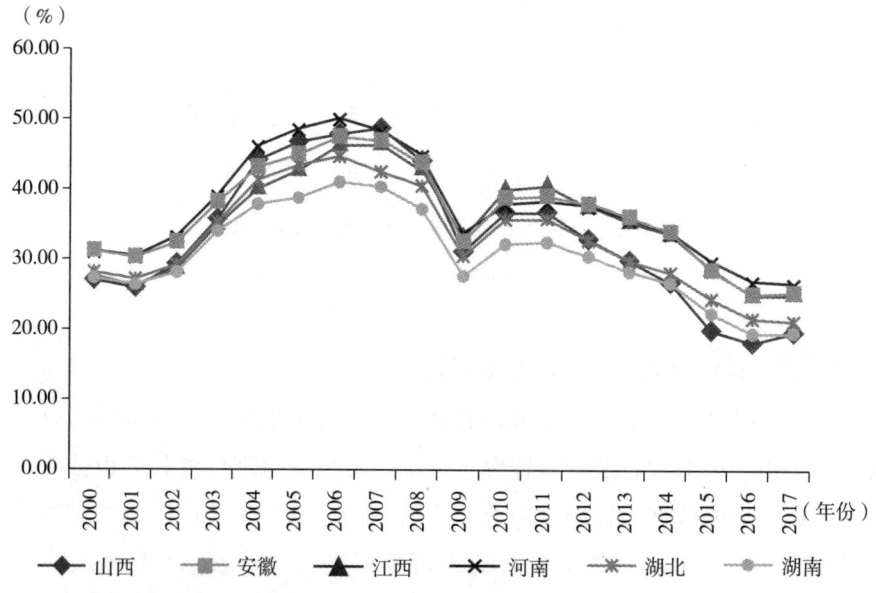

图4-3　中部六省调整后外贸依存度变化对比

资料来源：中部六省2001~2018年的统计年鉴。

第三节 结论

　　地区外贸依存度反映地区对外经济的依赖程度和地区自身的开放程度。河南省作为一个中部内陆地区，外贸依存度在经过调整后，2017年较2000年有小幅下降趋势，其数据的可信度有所提高。无论调整前后，近几年河南省的外贸依存度在与中部其他五省的对比中均取得了较靠前的名次，说明河南省较其他中部省份更具良好的开放程度。2008年金融危机前后，河南省外贸依存度明显下降，这表明了地区对外经济依赖程度不宜过高也不宜过低，需掌握一个良好的平衡点，这样才能可持续的有效发展地区经济，从而促进地区整体发展。对于河南省而言，既要积极开展对外贸易、促进河南省经济的国际化进程、加强河南省与中部其他五省的经济合作，又要避免对国际市场的过分依赖，充分利用国际市场带来的机遇，同时积极防范国际市场带来的危机，两者相互平衡以求稳健发展。

中部六省外贸对经济增长贡献的对比分析

第一节 引言

　　外贸一直被认为是拉动经济增长的"三驾马车"之一。自中国加入WTO以来，随着对外贸易的规模逐步扩大，对外贸易在国民经济运行中的地位越来越重要。对地区经济来讲，对外贸易对地区经济的贡献也越来越大。合理准确地测算外贸对地区经济的贡献对于正确认识外贸和制定合理的外贸政策具有至关重要的作用。促进中部地区崛起是国家的一项重大政策，而中部六省的外贸依存度在2013年均小于15%，如何发挥外贸的作用并让其成为促进中部地区经济增长的重要引擎，也是摆在我们面前的一项重要课题。到目前为止，如何正确地测算外贸对地区经济增长的贡献在学术界还没有达成共识。如何利用投入产出技术正确测算外贸对地区经济的贡献是当前需要解决的课题之一。

　　本章在前人研究的基础上，首先对现有的外贸对地区经济贡献的测算方法进行对比分析；其次，提出基于投入产出表的准确测算外贸对地区经济贡献的测算方法；再次，利用2012年中部各地区投入产出表，测算出外贸对中部各地区经济增长的贡献，并加以对比分析，发现外贸对地区经济

第五章 中部六省外贸对经济增长贡献的对比分析

贡献的差异；最后提出各地发展外贸的对策建议。

本章运用宏观经济学、区域经济学、国民经济统计学和投入产出分析的相关知识，研究方法包括定量分析、定性分析、投入产出法、指标法。首先运用描述统计方法对中部地区进口和出口的总量、结构、比例等方面进行分析，发现外贸在中部地区经济中的地位和作用；其次通过定量分析贸易在总出口贸易额中的比例得到地区投入产出分析测算外贸对地区经济的贡献。

第二节 中部六省外贸的描述性分析

中部六省出口占 GDP 比重如表 5-1 所示。

表 5-1 2000~2017 年中部六省出口占 GDP 比例

年份	出口占 GDP 比例（%）					
	山西	安徽	江西	河南	湖北	湖南
2000	5.55	6.20	4.95	2.45	4.50	3.85
2001	5.99	5.82	3.95	2.57	3.83	3.79
2002	5.92	5.77	3.55	2.91	4.12	3.58
2003	6.57	6.46	4.44	3.59	4.62	3.81
2004	9.35	6.85	4.76	4.03	4.94	4.53
2005	6.81	7.95	4.91	3.93	5.47	4.63
2006	6.73	8.92	6.18	4.26	6.51	5.26
2007	8.19	9.11	7.11	4.24	6.64	5.25
2008	8.63	8.91	7.67	4.12	7.12	5.06
2009	2.62	6.03	6.53	2.57	5.21	2.88
2010	3.45	6.80	9.58	3.08	6.07	3.37
2011	3.11	7.21	12.04	4.60	6.37	3.27
2012	3.64	9.81	12.21	6.31	5.45	3.61
2013	3.89	9.10	12.07	6.90	5.64	3.76

续表

年份	出口占 GDP 比例（%）					
	山西	安徽	江西	河南	湖北	湖南
2014	4.29	9.28	12.48	6.91	5.91	4.59
2015	4.10	9.37	12.29	7.23	6.09	4.18
2016	5.08	7.84	10.76	7.07	5.30	3.91
2017	4.43	7.62	10.96	7.13	5.80	4.61

注：出口数据根据历年人民币汇率年中间价换算而得。

资料来源：中部六省 2001~2018 年的统计年鉴。

表 5-1 描述的是 2000~2017 年中部六省出口占 GDP 的比例数据。从纵向上看，山西省出口占 GDP 比例从 2000 年的 5.55% 降低到 2017 年的 4.43%，2000~2017 年的平均占比为 5.46%。2000~2004 年基本处于增长状态，且增长到近 18 年的峰值，之后又有所回落，直至 2006 年开始有所增长，但 2008~2009 年显著下降，之后一直有小幅波动上涨趋势。安徽省出口占 GDP 的比例从 2000 年的 6.20% 上升到 2017 年的 7.62%，2000~2017 年的平均占比为 7.72%。2000~2002 年有轻微下降趋势，2002~2007 年稳定增长，后于 2008~2009 年显著下降，2009~2012 年依旧稳定增长到 9.81%，达到峰值，2012~2017 年开始慢慢下降至 7.62%。江西省出口占 GDP 的比例从 2000 年的 4.95% 上升到 2017 年的 10.96%，2000~2017 年的平均占比为 8.14%。2000~2002 年有轻微下降趋势，2002~2008 年稳定增长，后于 2008~2009 年有所下降，2009~2011 年保持较高速增长，2012~2014 年较平稳增长，于 2014 年达到 12.48% 的峰值，2014~2016 年开始慢慢下降至 10.76%，后在 2017 年小幅上升至 10.96%。河南省出口占 GDP 的比例从 2000 年的 2.45% 上升到 2017 年的 7.13%，2000~2017 年的平均占比为 4.66%。2000~2004 年有上升趋势，2004~2008 年占比在 4% 上下波动，2009 年显著下降，在 2009~2014 年稳定增长到 6.91%，2015~2017 年占比在 7% 以上波动，且于 2015 年达到 7.23% 的峰值。湖北省出口占 GDP 比例从 2000 年的 4.50% 上升到 2017 年的 5.80%，2000~2017 年的平均占比为 5.53%。2000~2001 年有所下降，2001~2008 年稳定增长至 7.12%，且达到峰值。2009 年显著下降，在 2009~

2011年稳定增长到6.37%，之后一直稳定在5%以上并有所波动。湖南省出口占GDP的比例从2000年的3.85%上升到2017年的4.61%，2000~2017年的平均占比为4.11%。2000~2002年有所下降，2002~2006年稳定增长至5.26%，且达到峰值。之后有小幅下降，于2009年显著下降至2.88%，在2009~2014年基本处于增长状态，2014年后一直稳定在4%左右并有所波动。

通过图5-1进行横向对比，在中部六省中，山西省出口占GDP比例从2000~2008年一直名列前茅，处于第一名和第二名，而在2009年突然降至第五名，在2010年上升到第四名，之后一直在第五名和第六名波动。安徽省出口占GDP比例从2000~2008年与山西省交替排名第一，而后一直排在江西省后面，位列第二。江西省出口占GDP比例从2000~2008年一直处于第三名到第五名，于2009~2017年一直位居第一名。河南省出口占GDP比例从2000~2010年一直位于最后一名，于2011年上升至第四名，2012~2017年一直保持为中部六省的第三名。湖北省出口占GDP比例在中部六省中居于中间水平，一直位于第三名和第四名。湖南省出口占GDP比例在2000~2017年多处于第五名和第六名，仅在2002年和2009年达到中部六省的第四名。

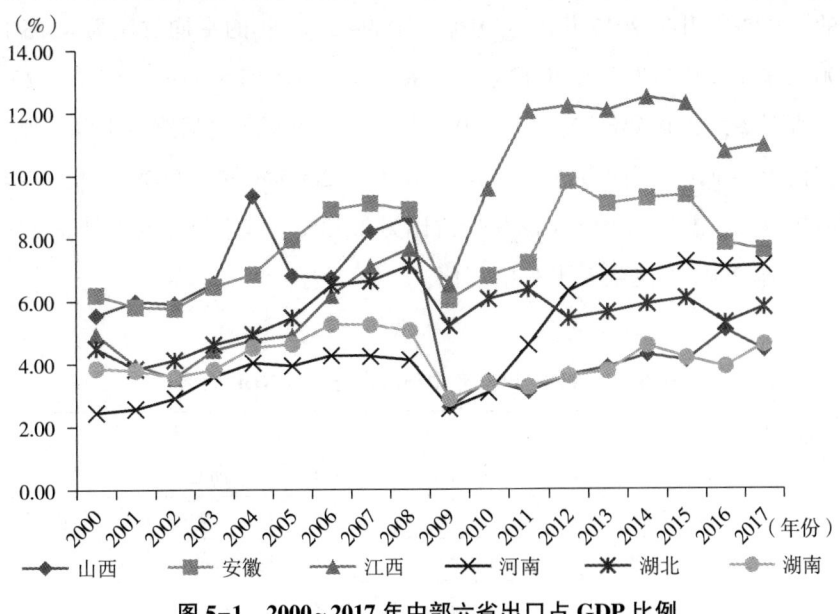

图5-1 2000~2017年中部六省出口占GDP比例

表 5-2 描述的是 2000~2017 年中部六省进口占 GDP 的比例数据。从纵向上看，山西省进口占 GDP 比例从 2000 年的 2.37% 上升到 2017 年的 3.03%，2000~2017 年的平均占比为 3.81%。2000~2003 年基本在 2% 上下浮动，2004~2007 年持续增长至 6.32%，且达到近 18 年来的峰值。后又有所回落，2013~2017 年基本在 3% 左右。安徽省进口占 GDP 比例从 2000 年的 3.35% 上升到 2017 年的 5.79%，2000~2017 年的平均占比为 5.40%。2000~2003 年持续增长，2004 年有所回落，2004~2007 年持续增长至 7.34%，且达到峰值，后又有所回落，2009 年下降至 4.58%，之后在 4%~6.5% 浮动。江西省进口占 GDP 比例从 2000 年的 1.76% 上升到 2017 年的 4.00%，2000~2017 年的平均占比为 3.88%。2000~2008 年基本处于增长状态，2009 年有所下降，2010 年达到 5.85% 的峰值，2012~2017 年基本在 4% 上下浮动。河南省进口占 GDP 比例从 2000 年的 1.28% 上升到 2017 年的 4.63%，2000~2017 年的平均占比为 2.97%。2000~2004 年基本处于增长状态，之后一直在 2% 左右，在 2011 年达到 3% 以上。2012 年以后均在 5% 以上，在 2015 年达到 5.16% 的峰值。湖北省进口占 GDP 比例从 2000 年的 2.97% 上升到 2017 年的 3.01%，2000~2017 年的平均占比为 4.16%。2000~2006 年基本处于增长状态，且在 2005 年达到 5.71% 的峰值。2007 年有所下降，2008 年略有上升，2009 年有明显下降，之后略有下降，基本一直在 3%~4%。湖南省进口占 GDP 比例从 2000 年的 2.00% 上升到 2017 年的 2.56%，2000~2017 年的平均占比为 2.53%。基本较稳定的处于 2%~3%，并于 2004 年达到 3.42% 的峰值。

表 5-2　2000~2017 年中部六省进口占 GDP 比例

年份	进口占 GDP 比例（%）					
	山西	安徽	江西	河南	湖北	湖南
2000	2.37	3.35	1.76	1.28	2.97	2.00
2001	1.93	3.41	1.87	1.61	3.80	2.17
2002	2.31	4.06	2.17	1.49	3.64	2.15

续表

年份	进口占 GDP 比例（%）					
	山西	安徽	江西	河南	湖北	湖南
2003	2.37	6.07	3.01	2.09	4.27	2.82
2004	3.12	5.69	3.67	2.35	4.94	3.42
2005	3.89	6.02	3.26	2.03	5.71	2.79
2006	4.05	7.06	4.02	2.03	5.72	2.33
2007	6.32	7.34	5.23	2.23	5.42	2.55
2008	4.81	7.13	5.84	2.60	5.47	2.50
2009	5.28	4.58	4.80	2.13	3.80	2.44
2010	5.76	6.50	5.85	2.12	4.83	2.85
2011	5.34	6.02	5.28	3.21	4.58	3.01
2012	4.16	4.61	4.03	4.69	3.53	2.68
2013	3.80	5.60	3.68	4.60	3.35	2.62
2014	3.50	5.24	4.17	4.50	3.64	2.52
2015	3.06	4.44	3.45	5.16	3.42	2.22
2016	3.43	4.38	3.70	4.69	2.71	1.87
2017	3.03	5.79	4.00	4.63	3.01	2.56

注：进口数据根据历年人民币汇率年中间价换算而得。
资料来源：中部六省 2001~2018 年的统计年鉴。

通过图 5-2 进行横向对比，在中部六省中，山西省进口占 GDP 比例从 2000~2017 年基本位于中部六省中间，而在 2007 年升至第二名，在 2009 年首次成为第一名。安徽省进口占 GDP 比例一直处于前三名，多数情况处于第一名，偶尔会被其他省份超越。江西省进口占 GDP 比例基本处于第三名到第五名，于 2008~2010 年连续成为第二名。河南省进口占 GDP 比例 2000~2011 年基本在中部六省中垫底，于 2012 年突然上升至第一名，并在此后一直位于前列。湖北省进口占 GDP 比例从 2000~2008 年一直保持在中部六省的前三名，之后居于中间水平，位于第四名和第五名。湖南省进口占 GDP 比例 2000~2017 年多处于中后位置，仅在 2001 年达到中部六省的第三名。

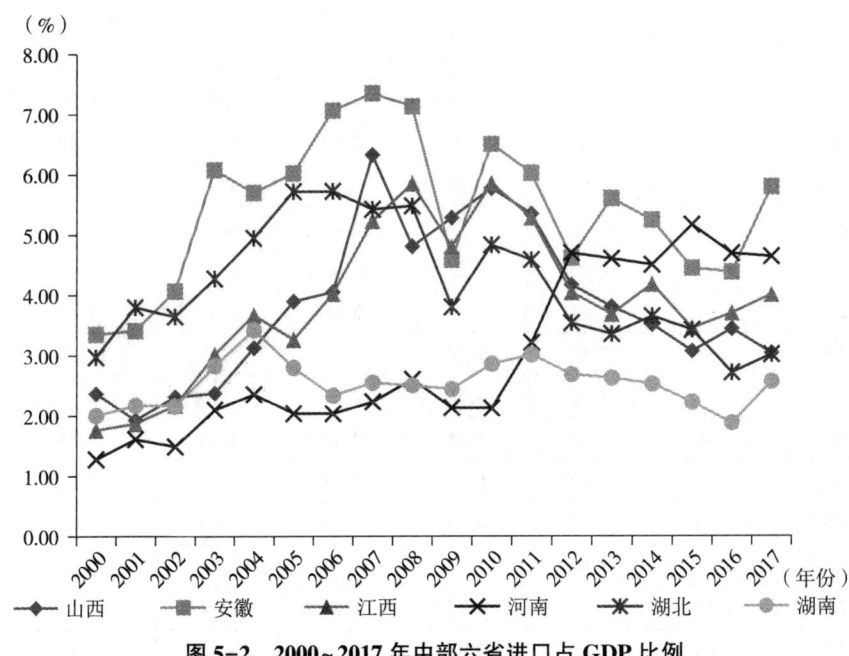

图 5-2　2000~2017 年中部六省进口占 GDP 比例

第三节　基于投入产出法的外贸对经济
　　　　　增长贡献的测算方法

本小节采用第三章的方法，构建出既分离出进口产品又分离出流入产品的非竞争型投入产出表（见表 2-1），分别考察出口和进口对地区 GDP 的拉动作用。

（一）拆分地区投入产出表

在地区投入产出表基础上，首先求出进口系数；其次将某省产品与进口品进行分离，同时将省内产品中的调入品与省内生产的产品进行区分。

1. 计算进口系数

进口系数 $m_i = \dfrac{\text{进口}}{\text{国内总需求}}$，国内总需求是中间需求与最终需求的合计。

2. 分离进口产品

令 x_{ij} 为各产品的中间投入金额，则进口品中间投入可表示为 $x_{ij}^M = x_{ij} \times m_i$。省内产品 x_{ij}^D 的中间投入为 $x_{ij}^D = x_{ij} - x_{ij} \times m_i$。

3. 计算调入系数

调入系数 $z_i = \dfrac{\text{调入}}{\text{国内总需求}}$。调入品中间投入可表示为 $x_{ij}^Z = x_{ij} \times z_i$，将进口品和调入品分离后的中间投入为 $x_{ij} = x_{ij}^D + x_{ij}^M + x_{ij}^Z$。

拆分后的地区投入产出表如表 5-3 所示。

表 5-3 拆分后的地区投入产出表

		中间使用	最终使用					进口	国内省外流入	总产出
		1, 2, …, n	最终消费支出	资本形成总额	出口	国内省外流出	合计			
省内中间投入	1,2,…,n	x_{ij}^D	C_i^D	I_i^D	EX_i^D	OF_i^D	Y_i^D	—	—	X_i
进口中间投入	1,2,…,n	x_{ij}^M	C_i^M	I_i^M	EX_i^M	OF_i^M	Y_i^M	IM_i	—	—
省外流入中间投入	1,2,…,n	x_{ij}^Z	C_i^Z	I_i^Z	EX_i^Z	OF_i^Z	Y_i^Z	—	OF_i	—
增加值		v_j								
总投入		X_j								

(二) 构建模型测度进出口对地区经济增长的贡献

1. 出口对地区经济增长贡献模型

首先，建立投入产出表的基本关系式为 $X=A^D X+Y^D$。其中，A^D 为中间投入系数矩阵，X 为总产出，Y^D 为本地最终需求，最终需求加总之后为某省增加值。其次，最终需求还可以用消费、投资及净出口表示，即 $Y^D = C^D+I^D+EX^D$，由以上两个公式可得 $X=(I-A^D)^{-1}Y^D=(I-A^D)^{-1}(C^D+I^D+EX^D)$，出口带来的总产出即为 $X^{EX}=(I-A^D)^{-1}EX^D$。令 A^V 为增加值对角矩阵，即对角线元素为各部门增加值占该部门总投入的比例。最终需求 Y 可表示为 $Y=A^V X=A^V X^C+A^V X^{IN}+A^V X^{EX}$，则出口对 GDP 形成的贡献为 $\dfrac{sum(A^V X^{EX})}{sum(V)}$，令 $V^{EX}=A^V X^{EX}$、v_i^{ex} 为其元素，则出口对 i 行业带来的贡献率为 $\dfrac{v_i^{ex}}{V_i}$。

2. 进口对地区经济增长贡献模型

设省内各行业的投入系数为 $d_{ij}=\dfrac{x_{ij}^D}{X_i}$，则 $x_{ij}^D=d_{ij}\times X_i$，进口品的投入系数为 $m_{ij}=\dfrac{x_{ij}^M}{IM_i}$，则 $x_{ij}^M=m_{ij}\times IM_i$；调入品的投入系数为 $z_{ij}=\dfrac{x_{ij}^Z}{Z_i}$，则 $x_{ij}^Z=z_{ij}\times Z_i$。代入列项平衡关系式可以得到 $X_j = \sum x_{ij}^D + \sum x_{ij}^M + \sum x_{ij}^Z + v_j$，上式可转化为 $X_j = \sum d_{ij}X_i + \sum m_{ij}IM_i + \sum z_{ij}Z_i + v_j$，写成矩阵形式为 $D^T X+E^T M+F^T Z+V=X$，即 $X=(I-D^T)^{-1}E^T IM+(I-D^T)^{-1}F^T Z+(I-D^T)^{-1}V=X^{IM}+X^Z+X^V$。

其中，$X^{IM}=(I-D^T)^{-1}E^T IM$ 是进口产品用于投入时引起的总投入；$X^Z=(I-D^T)^{-1}F^T Z$ 是调入品用于投入时引起的总投入；$X^V=(I-D^T)^{-1}V$ 是初始投入引起的总投入。各部门单位投入产生的增加值为 A_V，则进口产品投入产生的增加值为 $A_V X^{IM}=A_V(I-D^T)^{-1}E^T IM$。由此推算出进口对 GDP 的贡献率为 $\dfrac{sum(A_V X^{IM})}{sum(V)}$。由于各部门增加值的合计等于各部门最终需求的合计，也等于一省的 GDP，因此，$\dfrac{sum(A_V X^{IM})}{sum(V)}$ 也可以表述为 $\dfrac{sum(A_V X^{IM})}{Y}$，由此式即可算出进口对 GDP 的贡献率。

第四节 中部六省外贸对经济增长贡献的对比分析

（一）对投入产出表的处理和说明

在中部六省 2012 年的投入产出表中，由于湖南省、江西省、安徽省 3 个省份的 42 个部门投入产出表中"石油和天然气开采产品"这一部门的总产出为 0，不便于计算出口对经济增长的贡献，因而特将这一部门与"煤炭采选产品"合并为"煤炭、石油、天然气开采产品"。为了比较方便，笔者将中部六省的 42 个部门投入产出表均按此合并为 41 个部门投入产出表，依据前述计算方法推算出 2012 年出口与进口对各省 GDP 的贡献。

在中部六省 2012 年的投入产出表中，湖北省在编制地区投入产出表时，其各行业国内省外流出和国内省外流入均为零，这意味着它未将国内省外流出从出口中分离，未将国内省外流入从进口中分离，这样其投入产出表中出口一栏的数据应为出口与国内省外流出的合计，进口一栏数据应为进口与国内省外流入的合计。

（二）进出口对各地经济增长的贡献率

1. 出口对经济增长贡献率

根据构建的出口对地区经济增长贡献模型，利用 2012 年中部六省投入产出表计算出总的出口对各省 GDP 的贡献率及分行业的商品出口对该行业带来的贡献率，结果如表5-4所示。从表5-4中可以看出，湖北省出口对经济增长的总贡献率为17.70%，高于其他5省。这主要是因为湖北省在编制地区投入产出表时，未将国内省外流出从出口中分离，因而测算的出口对经济增长的贡献就包含了国内省外流出对经济增长的贡献。其他5省的出口对经济增长的贡献分别是河南省为2.62%、山西省为1.99%、湖南省为1.52%、江西省为4.93%、安徽省为3.65%，其中，江西省出口对经济增长的贡献最大，湖南省出口对经济增长的贡献最小。

  从行业角度看（见表5-4），河南省对经济增长贡献排名前五位的行业分别是通信设备、计算机及其他电子设备（37.65%），造纸印刷和文教体育用品（8.22%），纺织服装鞋帽皮革羽绒及其制品（5.86%），批发和零售（5.51%），纺织品（4.47%）。山西省对经济增长贡献排名前五位的行业是金属冶炼和压延加工业（4.62%），石油、炼焦产品和核燃料加工业（4.58%），专用设备（4.57%），金属矿采选产品（4.43%），通信设备、计算机和其他电子设备（4.08%）。湖北省对经济增长贡献排名前五位的行业分别是通信设备、计算机及其他电子设备（53%），金属制品、机械和设备修理服务（49.74%），其他制造产品（47.55%），非金属矿和其他矿采选产品（45.91%），纺织品（39.22%）。湖南省对经济增长贡献排名前五位的行业分别是纺织服装鞋帽皮革羽绒及其制品（9.36%），仪器仪表（7.06%），其他制造产品（6.77%），通信设备、计算机和其他电子设备（6.16%），纺织品（5.03%）。江西省对经济增长的贡献排名前五位的行业分别是纺织服装鞋帽皮革羽绒及其制品（20.26%），通信设备、计算机和其他电子设备（17.94%），电气机械和器材（12.52%），纺织品（12.08%），非金属矿物制品（10.33%）。安徽省对经济增长贡献排名前五位的行业分别是纺织服装鞋帽皮革羽绒及其制品（21.03%），纺织品（17.83%），造纸印刷和文教体育用品（14.88%），木材加工品和家具（13.27%），仪器仪表（9.53%）。从总体上看，中部六省外贸出口产品的侧重点是不同的，大体上集中在通信设备、金属矿采选和冶炼、仪器仪表、纺织品的出口上（见表5-5）。

表 5-4 中部六省商品出口对各行业增加值的贡献率

序号	部门	出口贡献率（%）					
		河南	山西	湖北	湖南	江西	安徽
1	农林牧渔产品和服务	1.66	0.39	24.65	0.96	2.49	1.98
2	煤炭、石油、天然气开采产品	1.98	3.17	22.41	1.84	5.85	2.43
3	金属矿采选产品	1.89	4.43	24.53	2.76	4.89	2.12
4	非金属矿和其他矿采选产品	1.65	3.02	45.91	1.25	3.89	2.70
5	食品和烟草	1.09	0.75	34.27	1.15	2.19	1.18
6	纺织品	4.47	1.68	39.22	5.03	12.08	17.83
7	纺织服装鞋帽皮革羽绒及其制品	5.86	0.37	15.24	9.36	20.26	21.03
8	木材加工品和家具	2.31	0.43	30.58	3.79	7.06	13.27
9	造纸印刷和文教体育用品	8.22	1.17	23.77	1.74	8.11	14.88
10	石油、炼焦产品和核燃料加工品	1.87	4.58	22.87	1.21	4.30	2.32
11	化学产品	4.33	3.77	34.82	2.44	6.09	6.46
12	非金属矿物制品	1.64	3.14	7.11	1.59	10.33	5.02
13	金属冶炼和压延加工品	2.10	4.62	21.96	2.78	5.50	3.70
14	金属制品	2.20	0.44	28.04	4.75	5.42	7.38
15	通用设备	1.13	1.90	34.29	1.87	4.12	5.47
16	专用设备	1.24	4.57	22.72	1.03	2.76	4.17
17	交通运输设备	1.28	1.40	14.62	3.24	5.67	6.72
18	电气机械和器材	3.84	0.75	14.20	3.63	12.52	5.12
19	通信设备、计算机和其他电子设备	37.65	4.08	53.00	6.16	17.94	8.16
20	仪器仪表	3.06	0.33	28.40	7.06	3.97	9.53
21	其他制造产品	2.93	0.90	47.55	6.77	5.31	6.62
22	废品废料	3.17	3.72	26.23	2.41	6.69	3.50
23	金属制品、机械和设备修理服务	2.39	2.48	49.74	2.27	5.68	4.58
24	电力、热力的生产和供应	2.19	1.79	18.79	1.77	5.68	2.87
25	燃气生产和供应	0.74	1.25	3.35	0.67	0.58	0.92
26	水的生产和供应	1.49	1.26	8.22	0.80	3.96	1.65
27	建筑	0.29	0.06	1.09	0.07	0.09	0.04
28	批发和零售	5.51	1.60	8.70	1.86	8.70	5.22
29	交通运输、仓储和邮政	2.19	1.45	7.28	1.25	5.29	3.61

续表

序号	部门	出口贡献率（%）					
		河南	山西	湖北	湖南	江西	安徽
30	住宿和餐饮	1.91	0.94	7.16	0.63	3.44	2.90
31	信息传输、软件和信息技术服务	0.97	1.48	3.66	0.68	1.88	1.44
32	金融	1.35	2.06	12.01	0.94	3.98	2.57
33	房地产	0.36	0.58	1.97	0.27	0.77	0.76
34	租赁和商务服务	2.72	1.53	11.64	1.27	4.81	2.53
35	科学研究和技术服务	1.38	0.07	3.10	0.34	1.63	0.81
36	水利、环境和公共设施管理	0.25	0.12	2.42	0.16	0.57	0.14
37	居民服务、修理和其他服务	0.63	1.25	6.07	0.66	2.93	2.04
38	教育	0.17	0.07	1.79	0.08	0.95	0.16
39	卫生和社会工作	0.00	0.00	0.03	0.04	0.02	0.03
40	文化、体育和娱乐	0.62	0.10	1.87	0.42	1.07	4.22
41	公共管理、社会保障和社会组织	0.05	0.01	6.30	0.04	0.58	0.05
	总贡献率	2.62	1.99	17.70	1.52	4.93	3.65

表 5-5 商品出口对各行业增加值的贡献率（排名前五）

排名	河南	山西	湖北	湖南	江西	安徽
1	通信设备、计算机和其他电子设备	金属冶炼和压延加工品	通信设备、计算机和其他电子设备	纺织服装鞋帽皮革羽绒及其制品	纺织服装鞋帽皮革羽绒及其制品	纺织服装鞋帽皮革羽绒及其制品
2	造纸印刷和文教体育用品	石油、炼焦产品和核燃料加工品	金属制品、机械和设备修理服务	仪器仪表	通信设备、计算机和其他电子设备	纺织品
3	纺织服装鞋帽皮革羽绒及其制品	专用设备	其他制造产品	其他制造产品	电气机械和器材	造纸印刷和文教体育用品
4	批发和零售	金属矿采选产品	非金属矿和其他矿采选产品	通信设备、计算机和其他电子设备	纺织品	木材加工品和家具

续表

排名	河南	山西	湖北	湖南	江西	安徽
5	纺织品	通信设备、计算机和其他电子设备	纺织品	纺织品	非金属矿物制品	仪器仪表

2. 进口对 GDP 增加值的贡献率

根据构建的出口对地区经济增长贡献模型，利用 2012 年中部六省投入产出表计算出总的进口对各省 GDP 的贡献率及分行业的商品进口对该行业带来的贡献率，结果如表 5-6 所示。

表 5-6 中部六省商品进口对各行业增加值的贡献率

序号	部门	进口贡献率（%）					
		河南	山西	湖北	湖南	江西	安徽
1	农林牧渔产品和服务	0.71	0.70	6.49	0.28	0.30	0.55
2	煤炭、石油、天然气开采产品	0.79	1.96	16.22	0.66	1.24	0.44
3	金属矿采选产品	3.15	7.14	17.76	3.73	3.78	2.90
4	非金属矿和其他矿采选产品	1.17	1.19	10.35	0.79	1.54	0.70
5	食品和烟草	1.24	1.03	10.71	0.43	0.72	0.85
6	纺织品	1.14	1.73	14.34	0.52	0.66	1.14
7	纺织服装鞋帽皮革羽绒及其制品	1.03	2.41	19.62	0.63	0.77	0.94
8	木材加工品和家具	1.02	1.74	12.31	0.58	0.77	0.94
9	造纸印刷和文教体育用品	1.74	2.04	26.08	1.16	1.91	1.46
10	石油、炼焦产品和核燃料加工品	0.98	1.45	55.66	0.19	0.53	0.60
11	化学产品	1.26	1.61	23.54	0.83	1.51	1.32
12	非金属矿物制品	1.13	1.64	29.375	0.95	1.45	1.10
13	金属冶炼和压延加工品	2.80	10.80	26.62	4.98	5.73	6.01
14	金属制品	1.54	6.82	22.15	2.03	4.66	1.99
15	通用设备	1.94	4.65	15.71	2.13	6.53	1.98

续表

序号	部门	进口贡献率（%）					
		河南	山西	湖北	湖南	江西	安徽
16	专用设备	2.04	5.13	14.10	2.28	5.30	2.33
17	交通运输设备	1.81	3.74	15.62	2.15	2.68	1.77
18	电气机械和器材	2.78	4.55	17.48	1.82	5.03	1.93
19	通信设备、计算机和其他电子设备	10.04	2.53	10.71	1.25	13.58	2.04
20	仪器仪表	6.47	1.57	12.75	1.66	9.14	2.34
21	其他制造产品	3.16	3.01	21.24	0.83	5.61	2.96
22	废品废料	1.50	0.96	9.69	0.95	1.58	4.50
23	金属制品、机械和设备修理服务	1.63	5.46	11.55	4.98	4.75	1.50
24	电力、热力的生产和供应	0.81	1.60	37.173	2.03	0.83	0.55
25	燃气生产和供应	1.78	0.98	55.441	2.13	0.58	0.08
26	水的生产和供应	0.98	1.62	15.129	2.28	0.80	0.24
27	建筑	1.27	4.74	20.394	2.15	2.10	1.12
28	批发和零售	0.22	0.11	3.969	1.82	0.91	0.12
29	交通运输、仓储和邮政	1.06	0.71	23.218	1.25	0.92	0.29
30	住宿和餐饮	0.88	0.55	9.650	1.66	0.66	0.69
31	信息传输、软件和信息技术服务	1.34	0.39	8.918	0.42	1.80	0.71
32	金融	1.14	0.29	4.989	0.40	0.61	0.39
33	房地产	0.25	0.14	3.949	0.15	0.16	0.21
34	租赁和商务服务	0.80	0.45	14.426	0.30	0.91	0.72
35	科学研究和技术服务	1.21	0.55	13.970	0.52	1.09	1.35
36	水利、环境和公共设施管理	0.73	0.49	7.844	0.16	0.67	0.98
37	居民服务、修理和其他服务	2.29	0.57	4.011	0.29	0.68	0.61
38	教育	0.36	0.21	7.190	0.16	0.38	0.53
39	卫生和社会工作	0.81	1.32	12.377	0.49	1.20	1.86
40	文化、体育和娱乐	1.42	0.64	7.579	0.48	0.71	0.40
41	公共管理、社会保障和社会组织	1.09	0.33	8.301	0.20	0.37	0.31
	总贡献率	1.32	1.93	13.79	0.92	1.82	1.14

由表5-6可知，湖北省商品进口对增加值的贡献率最高，达13.79%，这主要是因为湖北省在编制地区投入产出表时未将国内省外流入从进口产品中分离（与出口贡献率类似）。其余5省进口对经济增长的贡献排名由高到低分别为山西省（1.93%）、江西省（1.82%）、河南省（1.32%）、安徽省（1.14%）、湖南省（0.92%）。

从行业角度看（见表5-6），河南省进口对经济增长贡献排名前五位的行业分别是通信设备、计算机和其他电子设备（10.04%），仪器仪表（6.47%），其他制造产品（3.16%），金属矿采选产品（3.15%），金属冶炼和压延加工品（2.80%）。山西省进口对经济增长贡献排名前五位的行业分别是金属冶炼和压延加工品（10.8%），金属矿采选产品（7.14%），金属制品（6.82%），金属制品、机械和设备修理服务（5.46%），专用设备（5.13%）。湖北省进口对经济增长贡献排名前五位的行业分别是石油炼焦产品和核燃料加工品（55.66%），燃气生产和供应（55.44%），电力、热力的生产和供应（37.17%），金属冶炼和压延加工品（26.62%），造纸印刷和文教体育用品（26.08%）。湖南省进口对经济增长贡献排名前五位的行业分别是金属冶炼和压延加工品（4.98%），金属制品、机械和设备修理服务（4.98%），金属矿采选产品（3.73%），水的生产和供应业（2.28%），专用设备（2.28%）。江西省进口对经济增长贡献排名前五位的行业分别是通信设备、计算机和其他电子设备（13.58%），仪器仪表（9.14%），通用设备（6.53%），金属冶炼和压延加工业（5.73%），其他制造产品（5.61%）。安徽省进口对经济增长贡献排名前五位的行业分别是金属冶炼和压延加工品（6.01%），废品废料（4.5%），其他制造产品（2.96%），金属矿采选产品（2.9%），仪器仪表（2.34%）。从行业的对比分析可以看出，中部六省进口对经济增长贡献较大的行业大都集中在金属矿采选加工和制品、通信设备、仪器仪表三个行业（见表5-7）。

表 5-7　商品进口对各行业增加值的贡献率（排名前五）

排名	河南	山西	湖北	湖南	江西	安徽
1	通信设备、计算机和其他电子设备	金属冶炼和压延加工品	石油、炼焦产品和核燃料加工品	金属冶炼和压延加工品	通信设备、计算机和其他电子设备	金属冶炼和压延加工品
2	仪器仪表	金属矿采选产品	燃气生产和供应	金属制品、机械和设备修理服务	仪器仪表	废品废料
3	其他制造产品	金属制品	电力、热力的生产和供应	金属矿采选产品	通用设备	其他制造产品
4	金属矿采选产品	金属制品、机械和设备修理服务	金属冶炼和压延加工品	水的生产和供应	金属冶炼和压延加工品	金属矿采选产品
5	金属冶炼和压延加工品	专用设备	造纸印刷和文教体育用品	专用设备	其他制造产品	仪器仪表

第五节　研究结论

（一）结论

本章利用 2012 年各地区投入产出表构建外贸对地区经济增长贡献的测算方法，同时利用此方法分别测算了中部六省进口和出口对本省经济增长的贡献，得到以下结论：

（1）利用投入产出表构建投入产出模型测算外贸对地区经济增长的贡献是最准确的测算方法。

(2) 利用投入产出表测算外贸对经济增长的贡献需要编制非竞争型投入产出表。不仅需要将进口从本地流量中分离，还需要将省外流入从本地流量中分离。

(3) 进口和出口对本地区经济增长的贡献都较小，中部五省（除湖北省外）出口对经济增长的贡献均小于5%，进口对经济增长的贡献均小于2%。

(4) 分行业看，中部各省商品出口对各行业增加值的贡献率各不相同，但大体集中在通信设备、金属矿采选和冶炼、仪器仪表、纺织品的出口上。进口对各行业增加值的贡献率也不一致，但大体集中在金属矿采选加工和制品行业、通信设备、仪器仪表三个行业上。

（二）建议

1. 加大外贸作用，提高外贸对经济增长的贡献

就安徽省而言，优化出口商品结构。一方面发挥人口优势，加大劳动密集型产品的出口；另一方面积极地创造和形成技术密集型产品的出口优势，同时要大力发展服务贸易。从上述的分析中可以看出，安徽省的工业出口贡献率要明显大于服务业，因此，大力发展服务贸易，提高服务业的出口贡献率才能使省内经济出现突飞猛进的发展。加大对资本密集型和技术密集型产品的引进，从上述分析可以看出，进口资本密集型和技术密集型产品对经济增长的拉动作用要强于其他产品，而且这类产品的产业内贸易额比重也逐年上升，在我国的对外贸易中起到了举足轻重的作用，因此，增加此类产品的引入可以提高安徽省的资本或技术密集型产业的竞争力。

就湖北省而言，湖北省外贸对经济增长发挥了很大的带动作用，不管是出口还是进口都对该省的经济发展至关重要。在以后的经济发展过程中，湖北省应当进一步扩大进出口规模，制定合理的外贸政策，更好地发展对外贸易。当前世界经济发展的趋势是一体化，我国外贸的发展将会面

临更多的机遇和挑战,而湖北省作为我国外贸贡献的一部分,也应当适应我国经济发展的潮流,与时俱进,加速发展对外贸易。

就江西省而言,在以后的经济发展过程中,江西省应该通过增加出口和进口来加大外贸规模,制定合理的外贸政策,更好地发展对外贸易。

2. 做大做强优势产业,在外贸对经济增长贡献排名前五的行业上下功夫

在出口方面,河南省应加大通信设备、计算机和其他电子设备的制造,造纸印刷和文教体育用品的制造,以及纺织服装鞋帽皮革羽绒及其制品的制造;山西省应加大金属冶炼和压延加工品,石油炼焦及核燃料加工品以及专用设备的制造;湖北省应加大通信设备、计算机和其他电子设备的制造,金属制品、机械和设备修理服务的制造;湖南省应加大纺织服装鞋帽皮革羽绒及其制品和仪器仪表的制造;江西省应加大纺织服装鞋帽皮革羽绒及其制品以及通信设备、计算机和其他电子设备的制造;安徽省应加大纺织服装鞋帽皮革羽绒及其制品和纺织品的制造。综合来看,河南省和湖北省通信设备、计算机和其他电子设备的出口均较高,而湖南省、江西省、安徽省的纺织服装鞋帽皮革羽绒及其制品的制造均排在第一位。说明这些产品的出口在拉动本地经济增长中起到关键作用。

在进口方面,河南省和江西省的通信设备、计算机和其他电子设备均排在第一位,因此,应加大这两个地区在这个行业的产品进口;山西省、湖南省和安徽省的金属冶炼和压延加工品均排在第一位,因此,也应在进口方面加大这个产业的投入。

(三) 不足之处

(1) 在将投入产出表进行处理时,未将加工贸易和非加工贸易进行区分;在构造出地区投入产出表时,未构造区分加工贸易和非加工贸易的地区投入产出表。

(2) 湖北省的投入产出表中国内省外流入和国内省外流出列项均为0,

无法区分出口和进口对经济增长的贡献,因此,本章在计算湖北省外贸对经济增长的贡献时,只能计算出口和流出对经济增长的贡献与进口和流入对经济增长的贡献,无法单独计算出口和进口对经济增长的贡献。因此,课题中测算数据偏大,未来会收集数据进行更为精细地测算。

(3) 由于数据的可获得性限制,本方法将对外贸易进一步区分为加工贸易和非加工贸易,这样可以更为精确地测算外贸对经济增长的贡献。因此,本章的结论还有一定的局限性。

外贸对中国经济增长贡献的测算分析

准确测算外贸对我国经济增长的贡献可以及时掌握其作用于国民经济运行的变动情况,发现我国外贸发展中隐藏的问题并迅速调整。在全球经济一体化趋势中,对增强我国的综合经济实力、提升我国在国际市场的地位和影响力有重要作用。

第一节 文献综述

目前,国内外并未形成统一的方法来测算外贸贡献率,《中国统计年鉴》公布的是最简单的支出法核算恒等式,但该方法存在诸多缺陷。在此基础上,彭莉和黄国华(2015)对进口数据进行了改进,但这些缺陷仍旧存在。林毅夫和李永军(2001)通过建立宏观经济模型,用国内生产总值作为衡量经济水平的指标,测算了外贸贡献率。该模型在测算中涵盖了出口对经济的直接和间接影响,在原支出法的基础上测算的更加全面,但这两种测算方式本质上是相同的(详见第三章)。

陈锡康(2001)利用1995年对外贸易投入产出表测算了出口对经济增长的贡献。吴振宇和沈利生(2004)在国家统计局公布的国家投入产出表的基础上,首先把中间使用和最终使用中的国内产品和进口产品拆分成国内产品中间投入和最终使用、进口产品中间投入和最终使用。其次构建投入产出模型分别推导了出口增长对经济增长的贡献公式和进口增长对经济增长的贡献公式。最后利用投入产出表数据进行具体测算。随着对外贸贡献率和投入产出表的深入研究,为了更好地分析外贸对经济增长的拉动作用,许多学者开始将加工贸易从出口中分离出来研究,构建能反映一国加工贸易特点的非竞争(进口)型投入产出模型。

Hummels 等(2000)为了准确评价出口产品中进口的比重,提出了垂直专门化比率的概念,即出口中来自进口的价值与出口额的比值,并通过测算发现经合组织主要成员国的垂直专门化比率从 1960~1990 年有了很大上升。平新乔(2006)以我国 1992 年、1997 年和 2000 年的投入产出表为基础展开计算,通过测算发现我国加工贸易出口特征越来越显著。说明分离出加工贸易出口部分对于更准确的分析外贸贡献作用有很大帮助。

刘遵义和陈锡康等(2007)通过建立反映加工贸易特点的非竞争型投入占用产出模型,计算出了我国单位出口和非加工贸易出口对国内增加值的拉动。张芳(2011)通过编制反映加工贸易特点的非竞争型投入产出表,测算了消费、投资和出口对国内经济的拉动水平,认为"三驾马车"中最终消费对经济增长的贡献最小,出口的贡献最大,加工贸易出口和资本形成对国内增加值的诱发系数在上升。

王磊(2013)运用 1997 年、2002 年和 2007 年的非竞争进口型投入产出表实证分析了对外贸易对我国经济增长的影响,得出结论:出口和进口对我国 GDP 形成和增长均发挥了积极作用,且它们对 GDP 形成和增长的贡献程度比较接近。黄先海和杨高举(2010)发现,发展中国家高技术产品出口贸易规模存在"虚高"现象,他们通过改进区分进口和国内投入的反映高技术产业状况的非竞争型投入占用产出模型,计算出了高技术产品出口对国内增加值的拉动效应。张京红和王生辉(2016)基于 1981~2014 年的数据,分析了加工贸易出口对我国经济增长的长期影响，最后就如何通过加工贸易的转型升级，推动我国经济长期稳定增长，提出了针对性的政策建议。

本章在众多学者的研究基础上，除了利用简单的支出法恒等式和计量模型对进出口的贡献进行测算外，还使用了分离出进口产品的非竞争型投入产出表和分离出加工贸易的非竞争型投入产出表来测算对外贸易对我国经济增长的贡献。通过对比，分析哪种测算方法有明显的优势，哪种测算结果更加精确，这样可以更好地帮助我们更加深入地了解我国外贸发展状况和对经济增长的拉动水平。

第二节　测算模型

外贸对一国经济增长贡献的测算模型有支出法、计量模型法和投入产出法三种。

（一）支出法

支出法恒等式是最为常见也是较为传统的测算外贸对经济增长贡献的一种方法。该方法从最终需求的角度出发对生产活动的最终成果进行衡量，使用支出法国民收入恒等式来进行测算，恒等式中，Y表示国内生产总值，C表示消费，I表示资本形成，X表示出口，M表示进口，$(X-M)$表示净出口：

$$Y = C + I + X - M \tag{6-1}$$

将式（6-1）各项分别比Y可得式（6-2）：

$$1 = \frac{C}{Y} + \frac{I}{Y} + \frac{X-M}{Y} \tag{6-2}$$

式（6-2）中，右边三项分别为最终消费率、资本形成率和净出口率，

第六章 外贸对中国经济增长贡献的测算分析

也就是消费、资本形成和净出口占 GDP 的比重。对应各个变量的增量,式 (6-1) 可表示为式 (6-3):

$$\Delta Y = \Delta C + \Delta I + \Delta(X-M) \tag{6-3}$$

式 (6-3) 中各项均除以 ΔY,进行适当变形后可得式 (6-4):

$$1 = \left(\frac{\Delta C}{\Delta Y} + \frac{\Delta I}{\Delta Y} + \frac{\Delta(X-M)}{\Delta Y}\right) \tag{6-4}$$

根据式 (6-4) 可得外贸对经济增长的贡献率为式 (6-5):

$$贡献率 = \frac{\Delta(X-M)}{\Delta Y} \tag{6-5}$$

设 g 为国内生产总值的增长速度,则外贸拉动经济增长的百分点如式 (6-6) 所示:

$$拉动百分点 = \frac{\Delta(X-M)}{\Delta Y} \times g \tag{6-6}$$

式 (6-6) 表示净出口增量与国内生产总值增量之比即是净出口对经济增长的贡献率,支出法中通常以此贡献率来衡量外贸对经济增长的贡献,拉动百分点是国内生产总值的增长速度与外贸贡献率的乘积。

(二) 计量模型法

计量模型是从出口和消费、资本形成和进口间的相关关系出发综合分析出口对经济增长拉动的一种测算方式,为了更好地在模型中展现国民收入恒等式间的相互影响,该模型从国民收入恒等式出发,就消费、投资和外贸进口建立相应函数,组成联立方程组,进而利用回归方法分析外贸对国内生产总值的影响。

首先建立恒等式 (6-7):

$$Y = C + I + X - M \tag{6-7}$$

式 (6-7) 中,Y 为国内生产总值,C 为总消费(包括政府消费和居民消费),I 为总投资,X 为出口额,M 为进口额,$X-M$ 为净出口额,与式 (6-1) 含义相同。

其次构建消费函数，具体形式如式（6-8）所示：

$$Y_t^P = \lambda Y_t + \lambda(1-\lambda)Y_{t-1} + \cdots + \lambda(1-\lambda)^k Y_{t-k} + \cdots \quad (0<\lambda<1) \qquad (6-8)$$

其中，用 Y_t^P 表示居民的持久收入，将式（6-8）通过 Koyck 变换，可以将该函数的线性模型表示为式（6-9）：

$$C_t = \alpha_0 + \alpha_1 Y_t + \alpha_2 C_{t-1} + \mu_t \qquad (6-9)$$

根据我国的实际投资情况，参考 Hicks 的引致投资理论，假定投资主要受两方面因素的影响，一个是国内生产总值的变动，另一个是上期投资水平。同样使用线性模型对投资函数进行描述，具体表达式为式（6-10）：

$$I_t = \beta_0 + \beta_1(Y_t - Y_{t-1}) + \beta_2 I_{t-1} + v_t \qquad (6-10)$$

和出口不同的是，进口受一个经济体系内部因素的影响较大。一般假定进口主要是由国内总需求（消费和投资）、出口以及汇率水平等因素决定，但是在实际建模过程中，我们会发现国内总需求和出口、汇率水平之间存在较为严重的多重共线性。因此，为了使方程显著，选用式（6-11）作为进口函数：

$$M_t = \gamma_0 + \gamma_1 X_t + \gamma_2 ER_t + \omega_t \qquad (6-11)$$

在式（6-11）中，ER 为 t 时期的汇率水平。鉴于数据的可得性，本章仅采用官方中间汇率而并没有换算为人民币多边实际有效汇率。

基于模型设定，出口作为外生变量存在。出口高低代表了国外对该商品需求的水平，主要受外国政策的影响。根据我国实际数据发现，汇率水平主要是根据美元汇率变动来调整，两者的变动趋势比较一致。综上分析，本章在分析时仍沿用传统假设，将出口作为外生变量处理。将式（6-7）、式（6-9）、式（6-10）、式（6-11）结合在一起构成联立方程组，如式（6-12）所示：

$$\begin{aligned} Y &= C + I + X - M \\ C_t &= \alpha_0 + \alpha_1 Y_t + \alpha_2 C_{t-1} + \mu_t \\ I_t &= \beta_0 + \beta_1(Y_t - Y_{t-1}) + \beta_2 I_{t-1} + v_t \\ M_t &= \gamma_0 + \gamma_1 X_t + \gamma_2 ER_t + \omega_t \end{aligned} \qquad (6-12)$$

对该方程组进行处理后的简化式如式（6-13）所示：

$$Y_t = \varphi_0 + \varphi_1 C_{t-1} + \varphi_2(Y_t - Y_{t-1}) + \varphi_3 I_{t-1} + \varphi_4 X_t + \varphi_5 ER_t + e_{Y_t}$$
$$C_t = \eta_0 + \eta_1 C_{t-1} + \eta_2(Y_t - Y_{t-1}) + \eta_3 I_{t-1} + \eta_4 X_t + \eta_5 ER_t + e_{C_t}$$
$$I_t = \omega_0 + \omega_1 C_{t-1} + \omega_2(Y_t - Y_{t-1}) + \omega_3 I_{t-1} + \omega_4 X_t + \omega_5 ER_t + e_{I_t}$$
$$M_t = \zeta_0 + \zeta_1 C_{t-1} + \zeta_2(Y_t - Y_{t-1}) + \zeta_3 I_{t-1} + \zeta_4 X_t + \zeta_5 ER_t + e_{M_t} \quad (6\text{-}13)$$

利用计量模型测算外贸的贡献率就是根据式（6-13）的估计结果进行的。首先需要利用相关统计软件对模型中的系数进行回归估计，其次根据出口回归系数测算其对经济的贡献。从式（6-13）的第一个等式可以看出，出口的回归系数为 $\dfrac{dY_t}{dX_t} = \varphi_4$，出口对经济的拉动为 $\dfrac{\Delta X_t}{X_{t-1}} \dfrac{X_{t-1}}{Y_{t-1}}$，出口的贡献率则为 $\varphi_4 \dfrac{\Delta X_t}{X_{t-1}} \dfrac{X_{t-1}}{Y_{t-1}}$。综上所述，出口变动对 GDP 的最终贡献和拉动的测算公式如式（6-14）和式（6-15）所示：

$$\text{出口贡献率} = \varphi_4 \dfrac{\Delta X_t}{X_{t-1}} \dfrac{X_{t-1}}{Y_{t-1}} \quad (6\text{-}14)$$

$$\text{出口拉动率} = \dfrac{\Delta X_t}{X_{t-1}} \dfrac{X_{t-1}}{Y_{t-1}} \quad (6\text{-}15)$$

从简化方程组可以看出，没有直接用简约式进行估计而是采用模型结构式进行分析，不仅可以测算出口对经济增长的贡献和拉动，还能通过其他方程分析出口变动对我国消费和投资的影响程度。由于本章主要是对外贸进行分析，出口对其他因素的影响在此不再进行测算。

支出法恒等式和计量模型测算外贸对经济增长的贡献都未详细分析进口在经济运行中的作用。实际进口不仅可以刺激本国技术创新，引进稀缺生产资源，还能为消费者提供更多的商品选择，从而能够创建新型市场，推动本国经济发展（本书第三章有详细叙述）。进口的作用被忽略会影响我们对外贸贡献率的正确判断，在此情况下，投入产出模型开始被用来作为测算外贸拉动方式的一种。

（三）投入产出法

根据对进口产品的处理方法不同，投入产出表一般可以分为竞争型投入产出表和非竞争型投入产出表两类。竞争型投入产出表中各生产部门消耗的中间投入部分中的进口产品和本国生产产品并未加以区分，两者一般被放置在同一部门做同等处理，可完全替代。由于仅在最终需求象限设有进口列向量，所以从此类投入产出表中无法看出各部门生产过程中使用的进口产品量。我国国家统计局公布的全国投入产出表如表6-1所示，是简单的竞争型投入产出表。

表6-1 投入产出简化表

		中间使用	最终使用			进口	总产出
		$1, 2, \cdots, n$	最终消费支出	资本形成总额	出口		
中间投入	$1, 2, \cdots, n$	x_{ij}	C	I	EX	IM	X
增加值		V_j					
总投入		X_j					

表6-1中，第一象限既表示第 i 部门对国民经济各部门本期生产活动中的投入，也表示第 j 部门生产活动中消耗的第 i 部门的产品或服务的数量，第二象限中的 C、I、EX 分别表示我国最终消费、资本形成和出口，也表示不参与生产活动，为各种最终需求提供物质产品和服务。第三象限表示各产品部门的增加值，也表示各生产部门的总投入。

1. 非竞争型投入产出法

竞争型投入产出模型本身存在不足，使用拆分后的非竞争型投入产出模型作为工具进行分析，能更清晰地分析进口和出口分别对经济增长的作用（详见第三章第二节）。非竞争型投入产出表将中间投入部分分为国内生产和进口两大类，进口产品被单独列出后，从表中可以清晰地看出各部门在生产、消费和投资过程中消耗和使用的进口产品数量。

在表6-1的基础上编制分离出进口产品的非竞争型投入产出表。参照以往研究的处理方式，拆分过程中按照一致性假设，即进口产品和国内产品具有同质性，也就是说各部门使用进口产品和国内产品是一样的，两者可以相互替代。假定最终使用在最终使用和中间投入合计中所占的比重与进口品拆分的比例相同。由于进口产品不仅能提供中间使用，也能提供最终使用，为了在分析出口贡献外还能准确测算进口对GDP的贡献，现将进口产品按最终使用占总的最终需求的比例进行拆分，得到分离出进口产品投入产出表，具体如表6-2所示。

表6-2 非竞争进口型投入产出表

			中间使用	最终使用				进口	总产出
			$1, 2, \cdots, n$	最终消费支出	资本形成总额	出口	合计		
中间投入	国内产品	$1,2,\cdots,n$	X_{ij}^{D}	C^{D}	I^{D}	EX^{D}	Y^{D}	—	X
	进口产品	$1,2,\cdots,n$	X_{ij}^{M}	C^{M}	I^{M}	EX^{M}	Y^{M}	IM	OF
增加值			V_j						
总投入			X_j						

借鉴Fenstra和Hanson（1999）、Hummels（2001）等的处理方法，假定最终使用在国内总需求中占有多大比例，进口产品也按同样的比例从中进行拆分。

首先建立分离出进口产品的投入产出表，计算出进口系数。进口系数 $m_i = \dfrac{\text{进口}}{\text{国内总需求}}$。其次，计算出我国进口产品的中间投入矩阵，$x_{ij}$为各产品的中间投入总额。因此，进口产品中间投入 x_{ij}^M 如式（6-16）所示：

$$x_{ij}^M = x_{ij} \times m_i \tag{6-16}$$

我国国内产品的中间投入 x_{ij}^D 为总投入减去进口产品中间投入后的部分：

$$x_{ij}^D = x_{ij} - x_{ij} \times m_i \tag{6-17}$$

表 6-2 的行列之间存在以下关系：

第一行各部门国内产品间的等式如式（6-18）所示：

$$\sum x_{ij}^D + Y_i^D = X_i \tag{6-18}$$

进口产品则存在式（6-19）的关系：

$$IM_i = \sum x_{ij}^M + Y_i^M \tag{6-19}$$

列项上存在式（6-20）的关系：

$$X_j = \sum x_{ij}^D + \sum x_{ij}^M + v_j \tag{6-20}$$

其中，V_j 是各部门的增加值，各部门的增加值相加与各部门的最终需求相加后的值相等，为全国的增加值。

从行上看各个变量满足式（6-21）的关系：

$$\sum a_{ij}^D x_j + y^D = X \tag{6-21}$$

（1）出口对经济增长贡献的分析。

由表 6-2 可得 $X = D^D X + Y^D$，其中，A^D 为中间投入系数矩阵，X 为总产出，Y^D 为全国最终需求。最终需求加总之后就是全国的增加值。将 $Y^D = C^D + I^D + EX^D$ 带入式（6-21）可得式（6-22）：

$$X = (I - A^D)^{-1} Y^D = (I - A^D)^{-1}(C^D + I^D + EX^D) \tag{6-22}$$

将式（6-21）分解为：

居民消费带来的总产出为：

$$X^C = (I - A^D)^{-1} C^D \tag{6-23}$$

政府消费带来的总产出为：

$$X^G = (I - A^D)^{-1} G^D \tag{6-24}$$

出口带来的总产出为：

$$X^{EX} = (I - A^D)^{-1} EX^D \tag{6-25}$$

第六章 外贸对中国经济增长贡献的测算分析

其中，A^V 为增加值的对角矩阵，其元素代表各部门总投入中增加值所占的比重。综上分析，最终需求 Y 可表示为式（6-26）：

$$Y = A^V X = A^V X^C + A^V X^{IN} + A^V X^{EX} \tag{6-26}$$

综上分析可知，利用分离出进口产品的非竞争型投入产出模型分析测算时，出口对 GDP 形成贡献的计算公式为 $\dfrac{sum(A^V X^{EX})}{sum(V)}$，令 $V^{EX} = VX^{EX}$，若 v_i^{ex} 为其元素，则出口对第 i 行业的贡献率为 $\dfrac{v_i^{ex}}{V_i}$。

（2）进口对经济增长贡献的分析。

假设国内各行业的投入系数为 $d_{ij} = \dfrac{x_{ij}^D}{X_i}$，则 $x_{ij}^D = d_{ij} \times X_i$；进口品的投入系数为 $m_{ij} = \dfrac{x_{ij}^M}{IM_i}$，则 $x_{ij}^M = m_{ij} \times IM_i$。代入列项平衡关系式可以得到式（6-27）：

$$X_j = \sum x_{ij}^D + \sum x_{ij}^M + v_j \tag{6-27}$$

式（6-27）可转化为式（6-28）：

$$X_j = \sum d_{ij} X_i + \sum m_{ij} IM_i + v_j \tag{6-28}$$

将式（6-28）写成矩阵形式，具体形式如式（6-29）所示：

$$D^T X + E^T IM + V = X \tag{6-29}$$

式（6-29）变形为式（6-30）：

$$X = (I - D^T)^{-1} E^T IM + (I - D^T)^{-1} V = X^{IM} + X^V \tag{6-30}$$

其中，$X^{IM} = (I - D^T)^{-1} E^T IM$ 为将进口产品投入生产活动时所带动的总投入；$X^V = (I - D^T)^{-1} V$ 为初始投入引起的总投入。

A_V 表示各部门单位投入产生的增加值，则投入全部进口产品产生的增加值可表示为式（6-31）：

$$A_V X^{IM} = A_V (I - D^T)^{-1} E^T IM \tag{6-31}$$

由此推算出进口对 GDP 贡献率的测算公式为 $\dfrac{sum(A^V X^{IM})}{sum(V)}$，由于各部门增加值的合计等于全国的 GDP，因此，$\dfrac{sum(A^V X^{IM})}{sum(V)}$ 也可以表述为 $\dfrac{sum(A^V X^{IM})}{Y}$，由此式可计算出进口对 GDP 的贡献率。与出口类似，同样可以测算出进口对各行业的贡献。

非竞争型投入产出法不仅可以测算出外贸进口和出口对我国整体经济的贡献和拉动，还能分析出外贸对各行业的贡献，相对于支出法和计量模型法有较大改进。但目前中国出口的商品大部分是加工贸易，而加工贸易能在很大程度上影响到外贸对经济增长拉动和贡献的衡量。因此，在上述模型基础上，考虑加工贸易的非竞争型投入产出测算方法能更加准确地测算外贸对经济增长的贡献。

2. 考虑加工贸易的非竞争型投入产出法

在分离出进口产品的基础上，将国内中间投入部分进一步拆分为加工贸易出口和用于国内生产两部分进行研究，具体的非竞争型投入产出表如表6-3所示。

表6-3 分离出加工贸易的非竞争型投入产出表

			中间使用		最终使用				总产出
			国内产品	加工贸易出口	最终消费支出	资本形成总额	出口	最终使用合计	
			1, 2, ⋯, n	1, 2, ⋯, n					
中间投入	国内生产	1,2,⋯,n	X^{DD}	X^{DP}	C^D	F^D	E^D	Y^D	$X-E^P$
	加工贸易出口	1,2,⋯,n	0	0	0	0	E^P	E^P	E^P
	进口	1,2,⋯,n	X^{MD}	X^{MP}	C^M	F^M	E^M	Y^M	M
增加值			V^D	V^P					
总投入			$(X-E^P)^T$	$(E^P)^T$					

根据加工贸易的特点可知，加工贸易出口的产品均用于出口贸易，并不参与国内生产或用于最终消费支出与资本形成。因此，在分离出进口产品后，本方法将加工贸易出口进一步分离出来。E^P 表示加工贸易出口，X^{DD} 表示国内产品中间投入中用于生产国内产品的中间使用流量矩阵，X^{DP} 表示国内中间投入中用于加工贸易出口生产的中间使用流量矩阵，X^{MD} 表示进口产品用于国内产品生产的中间使用流量矩阵，X^{MP} 表示进口产品用于生产加工贸易出口的中间使用流量矩阵，其中 C^D、C^M 分别表示国内产品和进口产品的最终消费支出，F^D、F^M 分别表示两者的资本形成总额，E^D、E^M 分别表示国内产品和进口产品的出口，Y^D、Y^M 则表示两者的最终使用合计，V^D、V^P 分别表示国内产品增加值和加工贸易出口产品生产的增加值行向量。$X-E^P$、M 则表示国内产品和进口产品列向量。

（1）计算出口商品中包含的进口额。

产品生产中使用的进口产品包括直接消耗和间接消耗两部分，其中，直接消耗系数表示为 $a_{ij}^M = \dfrac{x_{ij}^M}{X_j}$，表示第 j 部门单位产品在生产过程中直接消耗的第 i 部门进口产品的数量，如对原材料的消耗即为直接消耗。间接消耗指在原材料的生产中消耗的进口产品，则完全进口消耗系数可表示成式（6-32）：

$$b_{ij}^M = a_{ij}^M + \sum_{k=1}^{n} b_{ik}^M a_{kj}^D \quad (i, j = 1, 2, \cdots, n) \tag{6-32}$$

用矩阵形式可表示为式（6-33）和式（6-34）：

$$B^M = A^M + B^M A^D \tag{6-33}$$

$$B^M = A^M (I - A^D)^{-1} \tag{6-34}$$

式（6-33）和式（6-34）中，B^M 为完全进口消耗系数矩阵。

直接进口额系数表示为式（6-35）：

$$a_{Mj} = \sum_{i=1}^{n} a_{ij}^M \quad (j = 1, 2, \cdots, n) \tag{6-35}$$

其中，$A_M = (a_{M1}, a_{M2}, \cdots, a_{Mn})$ 表示单位产出的直接进口额系数行向量。直接进口额系数表示某个部门单位产品生产过程中直接投入的进口中间产品，等于第j部门的直接进口消耗系数之和。

完全进口额系数是指某个部门生产一单位产品所投入的全部进口产品，是直接和间接进口额之和，可用式（6-36）表示：

$$b_{Mj} = a_{Mj} + \sum a_{Mj} a_{ij}^D + \sum_{i=1}^{n} \sum_{k=1}^{n} a_{Mk} a_{ki}^D a_{ij}^D + \cdots (j = 1, 2, \cdots, n) \quad (6-36)$$

式（6-36）可表示为矩阵形式，具体形式如式（6-37）所示：

$$\begin{aligned} B_M &= A_M + A_M A^D + A_M A^D A^D + \cdots \\ &= A_M(I + A^D + A^{D2} + \cdots) \\ &= A_M(I - A^D)^{-1} \end{aligned} \quad (6-37)$$

其中，b_{Mj}表示第j部门单位产出的完全进口额系数，$B_M = (b_{M1}, b_{M2}, \cdots, b_{Mn})$表示完全进口额系数行向量。

（2）计算加工贸易出口额和非加工贸易出口额。

根据以上分析可知，我国出口品生产过程中的投入包括国内产品和进口产品两部分，相应的出口总额也可分为出口品的完全国内增加值和出口品的完全进口额两部分。对于某个部门来说，单位出口品生产中所使用的完全进口额就表示该部门的完全垂直专门化率。因此，对某个部门来说，两者是相等的。

根据分离出加工贸易的非竞争型投入产出表可知：

$$A^{DD}(X - E^P) + A^{DP}E^P + C^D + F^D + E^D = X - E^P \quad (6-38)$$

式（6-38）可整理为式（6-39）：

$$X - E^P = (I - A^{DD})^{-1}(A^{DP}E^P + C^D + F^D + E^D) \quad (6-39)$$

其中，A^{DD}为国内生产的直接消耗系数矩阵，A^{DD}为加工贸易出口产品的直接消耗系数矩阵，则对增加值列向量有式（6-40）的关系式：

$$\begin{aligned} V &= V^D + V^P = A_{VD}(X - E^P) + A_{VP}E^P \\ &= A_{VD}(I - A^{DD})^{-1}(A^{DP}E^P + C^D + F^D + E^D) + A_{VP}E^P \\ &= B_{VD}C^D + B_{VD}F^D + B_{VD}E^D + (B_{VD}A^{DP} + A_{VP})E^P \end{aligned} \quad (6-40)$$

其中，$B_{VD} = A_{VD}(I - A^{DD})^{-1}$，$A_{VD}$和$A_{VP}$分别为国内生产和加工贸易出口产业增加值率的对角矩阵。综上可知，非加工贸易出口拉动的GDP为

$i^T B_{VD} E_D$,加工贸易出口拉动的 GDP 为 $i^T (B_{VD} A^{DP} + A_{VP}) E^P$。

(四) 三种方法比较

通过对三种方法的对比发现,支出法和计量模型法都是从总量出发,通过国民收入恒等式建立模型,无法测算进口对经济增长的贡献。这两种方法都无法测算出进口对经济增长的贡献或者拉动,上述两种模型的测算结果与外贸实际贡献率可能存在偏差。因此,投入产出模型被更多人关注。我国统计局编制的投入产出表较为简单,在分析时需要先进行处理,建立非竞争型投入产出表之后就可以计算外贸对整体经济的拉动及对行业的贡献。如果考虑加工贸易,将加工贸易从出口中分离出来,构建反映我国加工贸易特点的非竞争型投入产出模型,就可以更准确地测算外贸对经济增长的贡献。因此,在对比了三种模型的测算结果之后,我们建立了分离加工贸易出口的模型来测算外贸对经济增长的贡献。

第三节 外贸对中国经济增长贡献的测算分析

本节在第二节三种测算方法的基础上,利用实际数据对三种模型分别进行测算,由于投入产出表每5年才编制一次,最新数据是2012年的投入产出表,为了与另外两种方法进行对比,在分析时统一使用2012年的投入产出表进行分析。

(一) 外贸发展现状分析

为了解我国经济近年来的发展情况,对我国国内生产总值与货物进出口情况进行简单分析。首先,对我国国内生产总值与货物进出口总额进行对比分析；其次，选取自 1991 年以来国内生产总值与货物进出口总额进行比较，如表 6-4 所示。

表 6-4 我国自 1991 年以来国内生产总值与货物进出口总额对比

年份	国内生产总值（亿元）	货物进出口总额（亿元）
1991	21781.5	7225.8
1992	26923.5	9119.6
1993	35333.9	11271
1994	48197.9	20381.9
1995	60793.7	23499.9
1996	71176.6	24133.8
1997	78973	26967.2
1998	84402.3	26849.7
1999	89677.1	29896.2
2000	99214.6	39273.2
2001	109655.2	42183.6
2002	120332.7	51378.2
2003	135822.8	70483.5
2004	159878.3	95539.1
2005	184937.4	116921.8
2006	216314.4	140974
2007	265810.3	166863.7
2008	314045.4	179921.5
2009	340902.8	150648.1
2010	401512.8	201722.1
2011	473104	236402
2012	518942.1	244160.2

资料来源：《中国统计年鉴》(2013)。

通过表 6-4 我们可以清晰地得出以下几个结论：①国内生产总值与货物进出口总额基本呈明显的逐年递增状态。其中，货物进出口总额在 2008

年有一定程度的下降，后又开始稳步上升。②国内生产总值于2001年首次突破十万亿元，达109655.2亿元。2012年，国内生产总值增长至518942.1亿元，首次突破五十万亿元，约是1991年的24倍。③货物进出口总额于2005年首次突破十万亿元，达116921.8亿元。2010年进出口总额首次突破二十万亿元，并稳定增长，至2012年达244160.2亿元，约是1991年的34倍。

为进一步分析我国自1991年以来国内生产总值与货物进出口总额的增长变化情况，现绘制国内生产总值增长率与货物进出口总额年增长率的折线图，具体如图6-1所示。

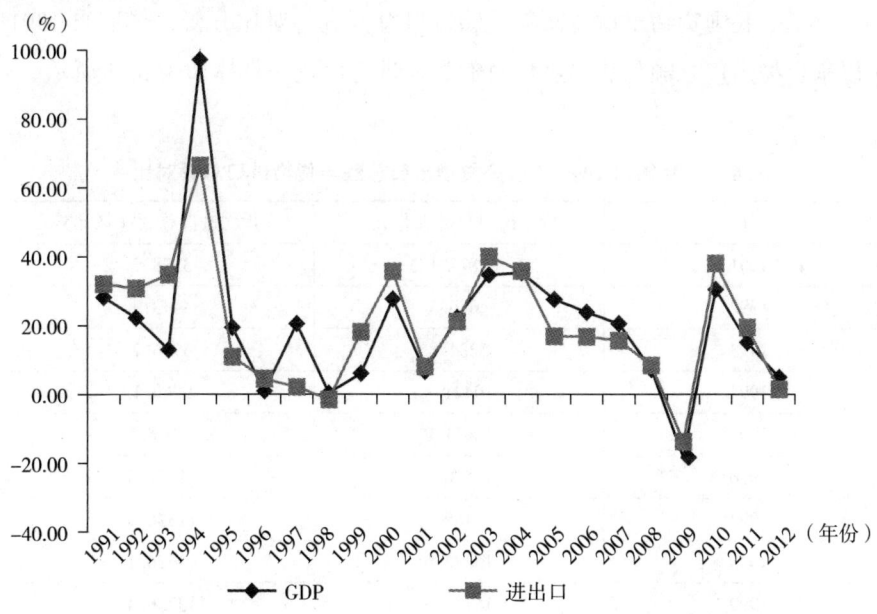

图6-1 我国自1991年以来国内GDP与货物进出口总额年增长率

通过图6-1我们可以清晰地得出以下几个结论：①我国自1991年以来，国内生产总值年增长率均为正值，即GDP保持稳定增长。我国货物进出口总额年增长率大部分时间保持正值，仅在少数年份，如1998年和2009年出现负值的情况。②对于我国国内生产总值，1991~1992年增长率稳步提升，且在1992年达到1991~2012年GDP年增长率峰值的14.24%。

后 1993~1999 年有所下降，又于 2000~2007 年开始提升，于 2007~2012 年不断起伏，但整体上，国内生产总值年增长率相对稳定。22 年来 GDP 年增长率均在 7.5% 以上，平均年增长率达 10.29%。③对于货物进出口总额，1991~1993 年增长率稳定在 20%~30%，于 1994 年增长率迅速提升至 80.83%，达到近 22 年来的峰值。后有所下降，于 1998 年首次呈现负增长。1999~2008 年增长率不断起伏，但均高于 7%。于 2009 年再次呈现负增长，年增长率为 -16.27%。后于 2010 年提升至 33.90%，之后下降至 2011 年的 17.19% 和 2012 年的 3.28%。整体上，货物进出口年增长率起伏波动较大，平均年增长率达 20.08%。

为了对我国货物出口总额与货物进口总额进行对比分析，选取自 1991 年以来货物出口总额与货物进口总额数据进行比较，具体如表 6-5 所示。

表 6-5 我国自 1991 年以来货物出口总额与货物进口总额对比

年份	货物出口总额（亿元）	货物进口总额（亿元）
1991	3827.1	3398.7
1992	4676.3	4443.3
1993	5284.8	5986.2
1994	10421.8	9960.1
1995	12451.8	11048.1
1996	12576.4	11557.4
1997	15160.7	11806.5
1998	15223.6	11626.1
1999	16159.8	13736.4
2000	20634.4	18638.8
2001	22024.4	20159.2
2002	26947.9	24430.3
2003	36287.9	34195.6
2004	49103.3	46435.8
2005	62648.1	54273.7
2006	77597.2	63376.9

续表

年份	货物出口总额（亿元）	货物进口总额（亿元）
2007	93563.6	73300.1
2008	100394.9	79526.5
2009	82029.7	68618.4
2010	107022.8	94699.3
2011	123240.6	113161.4
2012	129359.3	114801

资料来源：《中国统计年鉴》（2013）。

通过表6-5我们可以清晰地得出以下几个结论：①货物出口总额和货物进口总额基本呈明显的逐年递增状态。其中，货物出口总额和货物进口总额在2008年有一定程度的下降，后又开始稳步上升。②货物出口总额于1994年首次突破万亿元，达10421.8亿元。2008年，货物出口总额增长至100394.9亿元，首次突破十万亿元。至2012年达129359.3亿元，约是1991年的34倍。③货物进出总额于1995年首次突破万亿元，达11048.1亿元。2011年，进出口总额增长至113161.4亿元，首次突破十万亿元。至2012年达114801亿元，约是1991年的34倍。

为进一步分析我国自1991年以来货物出口总额和货物进口总额的增长变化情况，现绘制货物出口总额增长率和货物进口总额年增长率的折线图，具体如图6-2所示。

通过图6-2我们可以清晰地得出以下几个结论：①我国自1991年以来，货物出口总额和货物进口总额年增长率变化情况有相似之处，大部分时间保持正值，仅在少数年份，如1998年的货物进口总额年增长率和2009年的货物出口总额年增长率和货物进口总额年增长率出现负值。②对于货物出口总额，1991~1993年增长率有下降趋势，但在1994年急速提升到1991~2012年货物出口总额增长率峰值的97.20%。至1995年下降至19.48%，后在1996~2003年不断起伏。又于2004~2009年不断下降，至2009年降至22年以来年增长率的最低值，为-18.29%，呈现负增长状态。于2010年提升至30.47%，之后下降至2011年的15.15%和2012年的

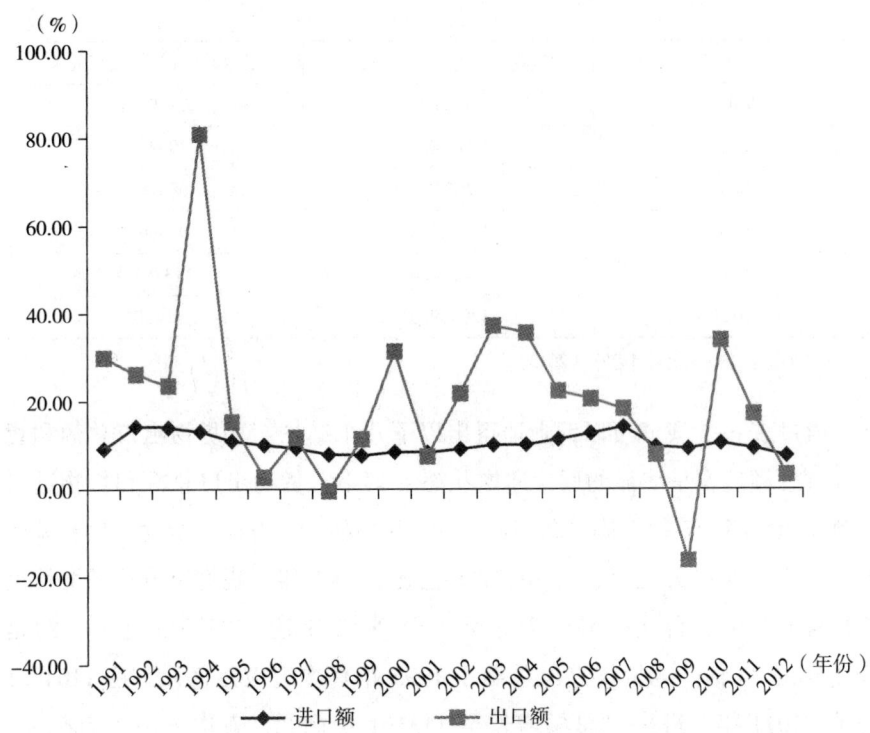

图 6-2　我国自 1991 年以来货物出口总额和货物进口总额年增长率

4.96%。整体上,货物出口总额年增长率起伏相对较大,平均年增长率达 20.30%。③对于货物进口总额,1991~1993 年增长率稳定在 30%~35%,于 1994 年增长率迅速提升至 66.38%,达到近 22 年来的峰值。后不断下降,于 1998 年首次呈现负增长,年增长率为-1.53%。1999~2008 年增长率不断起伏,但均高于 8%。于 2009 年再次出现负增长,达到 22 年以来年增长率的最低值,为-13.72%。后于 2010 年提升至 38.01%,之后下降至 2011 年的 19.50%和 2012 年的 1.45%。整体上,货物进出口年增长率起伏波动相对较大,平均年增长率达 20.09%。

(二) 支出法测算结果

支出法是目前大多数学者和政府部门使用的计算方法。国家统计局在历年统计年鉴上公布了这一计算结果。1991~2012年净出口对国内生产总值增长的贡献率和拉动百分点如表6-6所示。

表6-6 净出口对国内生产总值增长的贡献率和拉动百分点　　单位：%

年份	净出口贡献率	GDP 增长率	净出口拉动百分点
1991	10.6	9.2	1
1992	-6.8	14.2	-1
1993	-38.1	14	-5.3
1994	26	13.1	3.4
1995	0.3	10.9	0
1996	5.6	10	0.6
1997	44.4	9.3	4.2
1998	16.5	7.8	1.3
1999	1.6	7.6	0.1
2000	12.5	8.4	1
2001	-0.1	8.3	0
2002	7.6	9.1	0.7
2003	0.9	10	0.1
2004	7	10.1	0.7
2005	22.2	11.3	2.5
2006	16.1	12.7	2.1
2007	18	14.2	2.6
2008	8.8	9.6	0.9
2009	-37.4	9.2	-3.5
2010	4	10.4	0.4
2011	-4.2	9.3	-0.4
2012	-2.1	7.7	-0.1

由表6-6可知，按照支出法测算净出口贡献率有正有负，并未表现出一定的规律性，净出口拉动百分点也有正有负。1992~1993年、2001年、2009年和2011~2012年均为负值，1993年净出口贡献率最小，为-38.1%，

2000年和2003年均接近于0。净出口的贡献率并不能拿来分析外贸对中国经济增长的贡献,无法分别计算出口和进口对中国经济增长的贡献。从净出口拉动百分点数据上看,其数据也都很小,计算出来的数据没有实际意义,无法分析进口和出口对 GDP 的拉动作用。这足以说明支出法测算外贸贡献率是无效的。

(三) 计量模型法测算结果

与支出法相比,采用计量模型法测算的优势在于能系统考虑消费、投资、出口、进口等指标之间的关系。由前面的介绍可知,采用联立方程组估计外贸对经济增长的贡献,可选择的方法有普通最小二乘法、二阶段最小二乘法和三阶段最小二乘法等。由于我们选择的样本区间为1991~2012年,样本容量小于30,属于小样本,经过比较,本节采用二阶段最小二乘法进行估计,估计结果如表6-7所示。

表6-7 二阶段最小二乘估计结果　　　　　　　单位:%

方程	消费函数			投资函数			进口函数		
	常数项	Y_t	C_{t-1}	常数项	$Y_t - Y_{t-1}$	I_{t-1}	常数项	X_t	ER_t
系数	4558.71	0.236	0.577	-468.18	0.324	1.064	3941.0	0.855	-4.465
t 值	5.045	8.613	8.672	-0.410	4.180	43.445	0.550	42.588	-0.509
调整 R^2	0.999352			0.997945			0.990897		
DW 值	1.361914			1.496480			0.625731		

由表6-7可以看出,除投资函数的常数项、进口函数的常数项和人民币汇率系数外,方程组其余各变量都通过了 t 检验,各变量前的系数符号与经济逻辑意义一致。二阶段最小二乘估计的各个函数调整后的 R^2 值都在0.99以上,说明各个方程的拟合优度都比较好,DW 统计量的效果也很好,说明使用二阶段最小二乘法研究本模型是合适的。通过结构方程的各参数可计算出简化方程的各个参数。本节旨在研究外贸对经济增长的贡

献，因此只估计了收入方程的简化式［见式（6-41）］，同时对该方程的显著性进行了检验。

$$Y_t = 195.67 + 0.7546 C_{t-1} + 0.4237 (Y_t - Y_{t-1}) + 1.3929 I_{t-1} + 0.1899 X_t + 5.8427 ER_t \tag{6-41}$$

调整后的 R^2 值为 0.99713624，方程的拟合优度高于 0.997。F 统计量为 1983.736042，因此，方程也通过了 F 检验。同时，系数符号与经济逻辑意义相符，X_t 前面的系数为正，表明我国出口与经济增长的关系是正相关的。

下面依据式（6-14）和式（6-15）具体测算出口变动对 GDP 的最终贡献和拉动，结果如表 6-8 所示。

表 6-8 计量模型下出口变动对 GDP 的最终贡献和拉动　单位：%

年份	出口拉动率	出口贡献率
1992	3.90	0.74
1993	2.26	0.43
1994	14.54	2.76
1995	4.21	0.80
1996	0.20	0.04
1997	3.63	0.69
1998	0.08	0.02
1999	1.11	0.21
2000	4.99	0.95
2001	1.40	0.27
2002	4.49	0.85
2003	7.76	1.47
2004	9.44	1.79
2005	8.47	1.61
2006	8.08	1.54
2007	7.38	1.40
2008	2.57	0.49
2009	-5.85	-1.11

续表

年份	出口拉动率	出口贡献率
2010	7.33	1.39
2011	4.04	0.77
2012	1.29	0.25

由表 6-8 可知，1992~2012 年，除 1994 年以外，其他年份出口拉动率指标数值均低于 10%，2009 年为负值；出口贡献率指标都很小，均低于 2%，2009 年为负值。从上述计算结果可以看出，计量模型法只能计算出口对经济增长的贡献，无法测算进口对经济增长的贡献，但从出口的计算结果看，也不能准确测度出口对经济增长的贡献。因此，综合来看，计量模型法不能有效地测算外贸对经济增长的贡献。

（四）投入产出模型测算结果

1. 非竞争型投入产出法

根据本章第三节关于投入产出模型测算方法的分析，首先在国家统计局公布的 2012 年投入产出表的基础上，编制 2012 年非竞争型投入产出表；其次根据式（6-18）至式（6-31）分别计算出口和进口对我国经济增长的贡献。所得结果如表 6-9 和表 6-10 所示。

表 6-9　商品出口对各行业增加值的贡献率

序号	部门	出口贡献率（%）	序号	部门	出口贡献率（%）
1	农林牧渔产品和服务	11.31	4	金属矿采选产品	24.97
2	煤炭采选产品	22.20	5	非金属矿和其他矿采选产品	18.71
3	石油和天然气开采产品	23.09	6	食品和烟草	10.42

续表

序号	部门	出口贡献率（%）	序号	部门	出口贡献率（%）
7	纺织品	48.92	25	电力、热力的生产和供应	21.11
8	纺织服装鞋帽皮革羽绒及其制品	43.49	26	燃气生产和供应	10.22
9	木材加工品和家具	34.32	27	水的生产和供应	9.88
10	造纸印刷和文教体育用品	37.40	28	建筑	1.16
11	石油、炼焦产品和核燃料加工品	23.28	29	批发和零售	30.07
12	化学产品	29.28	30	交通运输、仓储和邮政	24.37
13	非金属矿物制品	13.88	31	住宿和餐饮	11.11
14	金属冶炼和压延加工品	24.79	32	信息传输、软件和信息技术服务	9.53
15	金属制品	28.79	33	金融	16.89
16	通用设备	28.24	34	房地产	5.13
17	专用设备	16.25	35	租赁和商务服务	29.51
18	交通运输设备	15.82	36	科学研究和技术服务	11.23
19	电气机械和器材	34.07	37	水利、环境和公共设施管理	6.72
20	通信设备、计算机和其他电子设备	59.61	38	居民服务、修理和其他服务	9.47
21	仪器仪表	34.88	39	教育	0.85
22	其他制造产品	34.80	40	卫生和社会工作	0.48
23	废品废料	26.76	41	文化、体育和娱乐	12.77
24	金属制品、机械和设备修理服务	23.38	42	公共管理、社会保障	0.88

表6-9显示的是42个部门的出口产品对本部门增加值的贡献，在42个产业部门中，出口产品对本部门贡献率排在第一位的行业是通信设备、计算机和其他电子设备，其对本部门的贡献率高达近60%；排在第二位的

行业是纺织品,其对本部门增加值的贡献率为48.92%;排在第三位的行业是纺织服装鞋帽皮革羽绒及其制品,其对经济增长的贡献率为43.49%;排在第四位的行业是造纸印刷和文教体育用品,其对经济增长的贡献率为37.4%;排在第五位的行业是仪器仪表,其对经济增长的贡献率为34.88%。这些行业的出口对经济增长的贡献均较大。

将上述42个行业对经济增长的贡献率进行综合分析,计算出口对整个国民经济的贡献率,根据公式 $\frac{sum(A^V X^{IM})}{sum(V)}$,计算出其贡献率为18.14%,这说明出口对我国GDP增长的贡献率为18.14%,对比各部门的计算结果,出口贡献率超过全国平均水平的有23个行业,其余19个行业的出口贡献率均在全国平均水平以下。

进口对经济增长的贡献率如表6-10所示。

表6-10 商品进口对各行业增加值的贡献率

序号	部门	进口贡献率(%)	序号	部门	进口贡献率(%)
1	农林牧渔产品和服务	6.60	10	造纸印刷和文教体育用品	15.90
2	煤炭采选产品	9.62	11	石油、炼焦产品和核燃料加工品	38.89
3	石油和天然气开采产品	9.34	12	化学产品	19.79
4	金属矿采选产品	17.51	13	非金属矿物制品	15.10
5	非金属矿和其他矿采选产品	12.90	14	金属冶炼和压延加工品	26.90
6	食品和烟草	9.89	15	金属制品	21.01
7	纺织品	12.34	16	通用设备	22.17
8	纺织服装鞋帽皮革羽绒及其制品	11.81	17	专用设备	21.49
9	木材加工品和家具	12.89	18	交通运输设备	20.76

续表

序号	部门	进口贡献率(%)	序号	部门	进口贡献率(%)
19	电气机械和器材	23.33	31	住宿和餐饮	7.52
20	通信设备、计算机和其他电子设备	32.04	32	信息传输、软件和信息技术服务	11.84
21	仪器仪表	26.64	33	金融	5.49
22	其他制造产品	16.68	34	房地产	2.89
23	废品废料	5.81	35	租赁和商务服务	14.56
24	金属制品、机械和设备修理服务	20.89	36	科学研究和技术服务	14.97
25	电力、热力的生产和供应	13.67	37	水利、环境和公共设施管理	10.20
26	燃气生产和供应	33.70	38	居民服务、修理和其他服务	9.88
27	水的生产和供应	8.17	39	教育	4.29
28	建筑	15.74	40	卫生和社会工作	12.90
29	批发和零售	4.54	41	文化、体育和娱乐	7.84
30	交通运输、仓储和邮政	14.63	42	公共管理、社会保障和社会组织	6.63

由表6-10可知，在42个产业部门中，进口对本部门增加值贡献率排在第一位的是石油、炼焦产品和核燃料加工品，其对增加值的贡献率为38.89%；排在第二位的是燃气生产和供应业，其对增加值的贡献率为33.70%；排在第三位的是通信设备、计算机和其他电子设备，其对经济增长的贡献率32.04%；排在第四位的是金属冶炼和压延加工品，其对经济增长的贡献率为26.90%；排在第五位的是仪器仪表行业，其对经济增长的贡献率为26.64%。这些行业的进口对经济增长的贡献率均较大。

将上述42个行业进口对经济增长的贡献率进行综合分析，计算平均贡献率，计算公式为$\frac{sum(A^V X^{IM})}{Y}$，代入数据可得计算结果为12.26%。与各部门贡献率相比，有18个部门的进口贡献率高于平均水平，其余24个部门的贡献率均低于全国平均水平。

2. 考虑加工贸易的非竞争型投入产出计算结果

由于加工贸易在我国对外贸易中占比越来越大，如果不考虑加工贸易，仅计算进出口对经济增长贡献就会高估出口对经济增长的贡献，使计算结果数值偏大，为了准确衡量出口对经济的贡献，本小节利用分离出加工贸易的非竞争型投入产出模型重新测算，分别测算加工贸易出口和非加工贸易出口对经济增长的贡献。

首先，编制分离出加工贸易的投入产出表，其步骤如下：在分离出进口的非竞争型投入产出表的基础上，从国内中间投入中分离出加工贸易出口和国内生产。其次，根据式（6-32）至式（6-39），利用编制好的2012年分离出加工贸易的非竞争型投入产出表，计算出加工贸易出口拉动的GDP和非加工贸易出口拉动的GDP分别为3.82%和20.23%，总和拉动率为24.05%。与不区分加工贸易和非加工贸易相比，其计算结果能更准确地反映出口对经济增长的真实贡献。

第四节 外贸对我国经济增长贡献的测算结果对比分析

第三节利用四种方法分别计算了外贸对经济增长的贡献。将计算结果对比分析，具体如表6-11所示。

表6-11 2012年外贸对我国经济增长贡献四种方法测算结果对比 单位:%

计算方法	支出法	计量模型法	非竞争型投入产出法	加工贸易法
出口对经济增长的贡献	-2.1	1.29	18.14	24.05
进口对经济增长的贡献	—	—	12.26	

由以上四种计算方法的对比可得如下结论：

（1）支出法的测算结果为负值，明显不符合经济常识，且提供的数据仅仅是净出口对经济增长的贡献，而非出口和进口分别对经济增长的贡献。因此，这一计算结果虽然是由国家统计局在统计年鉴上公布的，但不具有说服力，其参考意义不大。

由经济学相关理论可知，一个国家通过进口可以获取本国需要的稀缺资源，还可以获取国外的先进技术、先进生产设备等，这些对经济增长均有促进作用。但支出法恒等式并未显示出进口对经济增长的贡献，反倒将出口对经济增长的贡献进行了抵销。因此，支出法并不能准确的测算外贸对经济增长的贡献。

（2）计量模型法用联立方程模型来测算，方程个数比支出法多，变量也增加了几个，能够测算出口对经济增长的贡献，相比支出法有了一定进步。但计量模型法只能从总量上来测算经济增长，且计量模型选择的估计方法和数据不同，计算结果也不一样。

与投入产出法相比，计量模型法不能分行业测算各部门对经济增长的贡献，且不能分别测算出口和进口对经济增长的贡献。

（3）投入产出法是三种方法中最准确的测量方法，既能反映出口对经济增长的贡献，又能测算进口对经济增长的贡献，还能分部门、分行业测算外贸对经济增长的贡献。因此，在三种方法的对比中，投入产出法是最有效的方法。

（4）在投入产出的两种计算方法中，区分加工贸易的非竞争型投入产出方法由于区分了加工贸易与非加工贸易，因此计算结果比第一种更准确。但投入产出法也有缺点，那就是投入产出表每五年编制一次，只能计算逢2和7的年份，其他年份无法计算。因此，测算外贸对经济增长的贡献还需要更加有效准确的方法。

第七章

中国经济增长潜力测度

前六章分别从外贸依存度、外贸对经济增长的贡献方面介绍了经济增长的需求侧动力,本章从供给侧来研究经济增长的潜力,并运用经济统计分析方法对中国经济增长的潜力进行测度。

第一节 研究背景

改革开放以来,中国经济经历了四十多年接近两位数的增长。经济总量在 2010 年超越日本成为全球第二大经济体。自从 2008 年,中国经济的增长速度下滑,从 2012 年开始,增速下降到了 7%~8%。2014 年 5 月,习近平总书记指出,中国经济进入了一个跟过去不同的新常态。在新常态下,中国的自然资源、资本、技术、人口这些要素禀赋均发生了不同程度的变化,使原有的比较优势和增长红利逐渐消失,且外部总量需求增长缓慢,支撑中国经济高速增长的外部环境已发生变化,中国经济增长速度面临从高速到中高速换挡。中国未来发展趋势如何,成为国内外学者普遍关注的热点问题。新常态下我国经济增长的要素禀赋结构发生了变化,制度禀赋条件、资源禀赋条件、人口禀赋条件等都发生了变化,从而导致传统要素禀赋结构下长期支撑中国经济增长的体制转轨红利、人口红利、自然资源红利等都在逐步消退。增长潜力问题对于把握下一步宏观经济走势以及制定正确的政策非常重要（张军扩，2015）。因此，在新常态背景下，研究如何更好地挖掘并测度中国经济的增长潜力，对于中国经济的未来发展趋势具有重要意义。

本章通过分析新常态下我国经济的不同生产要素对经济增长潜力的影响，构建模型测度中长期内我国经济的增长潜力，为政策制定者提供较为清晰的我国目前经济基本面和未来经济增长的发展空间，以利于我国未来经济政策的制定，为我国经济更好地发展提供参考依据。

本章研究注重从实际出发，注重理论与实践的结合、规范研究与实证研究的结合、定性研究与定量研究的结合，使本章具有扎实的理论基础、可信的实证检验和可操作性的政策建议。具体研究方法有：

（1）文献法。通过查阅相关文献，对经济增长潜力的定义、测度指标、经济增长潜力的各种影响因素、测度经济增长潜力的方法和模型等文献进行梳理与综述，为分析新常态下经济增长潜力的指标测度、影响因素和测度方法打下基础。

（2）理论演绎法。运用生产函数法，构建旧常态下经济增长的因素测度模型，并对不同地区进行校验应用。

（3）计量模型法。构建生产函数模型并运用不同的生产要素数据定量测算各要素对经济增长的影响。

第二节　文献综述

对新常态下经济增长潜力的研究文献可分为以下两类。

(一) 新常态经济增长潜力趋势

对于新常态下经济增长潜力如何,各界看法并不一致。主要有以下几种观点:

(1) 中高速增长潜力论。该观点认为,新常态下的经济增速下降仅是暂时现象,与国际经济环境疲软有关,一旦国际经济形势得到改善,中国经济将继续保持以前的高速增长态势。林毅夫 (2014) 通过对国际经济史的比较研究,认为中国还具有较大的后发优势,从 2008 年起中国还有 20 年年均 8% 的增长潜力。国务院发展研究中心课题组通过分析国际经验、我国实际及我国现存增长潜力三个方面,得出中国仍然具有 6% ~ 8% 的中高速增长潜力的结论。国家发改委宏观经济研究院课题组认为,随着体制改革与创新深化,中国城市化进程加长,经济结构会进一步改善,中国经济的增长率仍可保持 8.0% 左右,未来长期增长保持 7.5% 左右是完全有能力实现的。王一鸣 (2015) 认为,尽管中国受需求和供给两方面因素的影响,中期经济增长将回稳到 7% ~ 8%,且国际市场扩张放慢和国内经济增速放缓也会影响中期稳增长,但中国内需市场潜力巨大,科技进步的空间较大,经济增长的回旋余地较大。赵志君 (2013) 认为,刘易斯拐点还未到来,人口红利并未终结,经济增长潜力仍然巨大,他认为发展中国家、改革、城镇化和人力资本都是我国经济增长潜力的动力。刘振林 (2015) 认为,在经济发展新常态背景下,中国经济增长的潜力依然很大,只要擅长驾驭投资、消费和出口"三驾马车",中国经济仍能维持长期中高速增长的趋势。张海芳 (2014) 认为,经济体制改革释放了经济增长潜力,体制改革为经济增长扫除了障碍,释放了制度红利,激发了市场活力。部分服务行业营业收入迅猛增长,第三产业快速发展,转型升级的步伐越走越稳。吴晓宇 (2012) 认为,在过去的 20 年间,我国经济增长取得了举世瞩目的成就。改革使资源分配得以优化、市场化使企业经济效益得以提高,中国仍需重视改革与发展,以进一步促使经济稳定高速的增长。袁晓龙（2003）认为，中国人均国民生产总值很低，消费和投资需求的增长潜力很大。中国企业成本很低，由于人口庞大、市场潜力巨大，吸引众多外资。纵观未来，经济长期高速增长潜力巨大。李善同等（2003）认为，由于资本迅速积累和经济效益的快速提高，改革开放以来中国经济高速增长。中长期内中国经济仍然具有快速增长的潜力，中国经济的快速增长既不会受到供给方面的制约，也不会受到需求方面的制约。张军扩（2014）认为，中国是大国，市场规模潜力巨大。区域发展的不平衡促进需求的释放，并且呈现出高素质劳动力丰富的优势。此外，我国制造业优势明显，在今后十多年的时间里，我国仍能实现 $6\%\sim8\%$ 的中高速增长潜力。祝宝良（2015）认为，我国经济发展仍有巨大潜力、余地以及韧性，经济仍有保持中高速增长的潜力。我国物质技术基础日益增强，产业体系日趋完整，人力资本、科技创新对经济增长的贡献逐步提高，改革开放极大地调动了经济增长的潜力与动力。胡乃武等（2015）认为，产业结构的优化、城镇化率的提高、区域发展的协调、人口红利的发挥、技术进步的加快、民营经济的发展、收入分配结构的调整、转轨阶段的制度变革必将持续推动我国未来经济的持续高速增长。

（2）经济增速下滑论。该观点认为，增长放缓仅仅是开始，中国经济可能出现"断崖式"下滑的可怕结局。梁建章和黄文政（2014）认为，林毅夫忽略了中国劳动适龄人口减少和人口老龄化的因素，考虑这一负面因素的影响，中国未来实际经济增长率应该在 $5.5\%\sim6.9\%$。张勇（2013）发现，改革以来中国经济实际增速仅为 8.2%，TFP 平均仅增长 1.7%，对产出的贡献约为 21%。但是基于劳动投入估算的 TFP 结果为 -1%，如不调整要素拉动模式，中国经济的增长潜力将无法释放。沈坤荣（2013）认为，由于中国经济面临的约束条件，因此，中国经济未来增速应基本保持在 $7\%\sim7.5\%$，而制度环境改善是经济潜在增长率提升的最重要方面，因此，只有推进改革，为创新、技术进步提供制度环境，才能释放出经济增长的潜在动力。任保平（2015）认为，新常态背景下中国经济增长出现了下行压力，由于要素禀赋结构发生了变化，经济增长逼近了生产可能性边界，经济增长潜力的发挥受到制约，以投资驱动为特征的传统需求管理模式已经走到尽头。祝宝良（2015）认为，2015 年我国潜在经济增长率在 7.5% 左右，"十三五"时期潜在经济增长率将在 6.5%～7%。刘培林（2013）认为，中国地区差异由来已久，区域差距缩小也在一定程度上意味着未来经济发展潜力的缩小，这不仅符合经济发展规律，而且是实现经济追赶的重要标志。马俊（2010）认为，出口减速、房地产需求减速、城镇化速度放缓、劳动力增速下降、生产率的增长速度下降等原因导致经济增长潜力的大幅下行，并据此提出通过改革等方式提升经济增长潜力的意见。杨瑞龙（2015）认为，中国已经到了潜在经济增长率下降的阶段，但此次下行并不是周期性的下行，同时服务业依然保持着相对强劲的发展势头，因此要将更多的精力放在调整结构上。王孝松、翟光宇、谢申祥（2014）认为，在中长期内，中国对外贸易将走向中低速平稳增长的轨道，2020～2060 年的年均增长率将从 10% 逐渐降至 6%，出口依存度将降至 17% 左右，内外平衡发展的目标有望实现。而以韦森为代表的学者们认为，中国的经济增长速度将会出现明显的下降，中国经济能保持 5%～7% 的增速就算不错了。中国社会科学院蔡昉（2014）认为，中国 2010 年以后劳动力数量开始下降，中国的潜在经济增速也开始下降，2011～2018 年将下降到 6.6% 左右，2019～2020 年 GDP 的年平均潜在增长率将只有 6.1%。

（3）经济增速放缓论。该观点认为，中国经济增长速度放缓将是常态，今后不可能再重现过去那种高速增长的现象，也不会出现"断崖式"下滑的结局。迟福林（2014）认为，通过人口城镇化、投资以及国有资本的转型与改革，可以释放百万亿元的消费需求和投资需求，并可以保持未来十年 7%～8% 的中速增长，形成一个以内生增长为支撑的、比较稳定的中长期发展趋势。刘伟（2016）指出，过去中国经济高速增长主要靠东部沿海地区经济拉动，未来二十年中，中国经济将呈现向中西部梯度波浪式发展的态势，通过区域经济结构的优化调整，中国经济能保持不低于 7.2% 的增长率。胡乃武（2015）认为，中国正处在经济发展的战略机遇期，经济在中长期依然有着持续快速增长的潜力，在当前阶段，不应追求过高的经济增长速度，应该为转变经济发展方式和调整经济结构创造条件，应加快产业结构、区域结构和收入分配结构的调整，构建经济持续快速增长的结构基础，经济增速应保持8%左右。目前学术界和实务界持第三种观点者居多（程承坪等，2015）。

新常态下我国经济增长潜力到底如何？这需要找出我国未来经济增长的潜力是什么，才能判断出我国未来的经济增长潜力到底有多大。判断一国经济在未来的增长中是否还蕴含更大潜力的关键在于其是否能够挖掘出宏观经济体系和微观经济运行中的潜力因素（任保平，2015）。在新常态背景下，要素禀赋结构变化使我国经济潜在增长率下降，从而使实际经济增长逼近了最大生产可能性边界，接近了潜在增长率，传统增长模式下的增长潜力开发受到制约。因此，必须结合中国经济增长新阶段的基本特征和禀赋结构变化，运用供给管理的基本理论，在新常态禀赋结构变化背景下，从长期因素着眼来研究中国经济增长潜力的开发，寻找经济增长新的潜力空间，使生产可能性边界外移，通过供给的改善以开发经济增长的潜力。程承坪和张蒂（2015）、郑新力（2015）、任保平（2015）总结了中国经济增长的潜力有以下几点：①城镇化潜力；②公共消费型基础建设投资潜力；③环保产业潜力；④生产性服务业潜力；⑤后发优势与先发优势并举潜力；⑥消费需求潜力；⑦对外投资潜力；⑧农业现代化潜力；⑨资本潜力和民间投资潜力；⑩自主创新潜力；⑪地区间梯度转移潜力；⑫产业结构转型升级潜力；⑬要素配置效率改进潜力；⑭制度变革潜力；⑮规模经济潜力。

（二）新常态下经济增长潜力测算

在对中国经济增长潜力测算方面，主要有以下几种方法：

（1）生产函数法。目前国内关于产出的潜在均衡增长趋势的测度多从供给角度出发，利用生产函数对中国经济的增长途径和发展趋势进行分析。较为流行的做法是构造简单的模型系统，对影响经济增长的各个要素做定量分析,并对这些要素的未来趋势进行分析。这样就可以通过仅包含几个方程的模型系统对经济增长做出准确预测(邹至庄,2005;沈利生,1999)。张延群和娄峰(2009)利用柯布—道格拉斯生产函数和索罗增长模型实证分析了1970~2007年全要素劳动生产率、资本和劳动力对中国经济增长的贡献,在对未来影响经济增长各个因素进行分析的基础上,对中国未来经济增长进行了分段预测和情景分析。中国人民银行调查统计司课题组(2011)估算了固定资本存量、人力资本存量及全要素生产率的增长情况,主要从固定资本存量方面分析了2011~2020年的潜在产出增长情况,并预测了潜在经济增长率。吴国培(2015)根据生产函数法,综合考虑了资本、劳动力数量、劳动力质量和全要素生产率,利用状态空间模型估计得到要素投入的动态产出弹性,对我国1978~2012年的潜在产出进行测算。并在新常态下对影响未来经济增长主要变量的变动趋势进行分析,对我国未来几年的增长潜力进行预测。综观各类有关我国全要素生产率的估算和增长潜力的解释,一个根本争议在于我国经济增长中全要素生产率的贡献大小究竟是多少,因此,重新估算全要素生产率的变化,对于重新解释我国增长潜力至关重要(张勇、古明明,2013)。沈利生(1999)利用生产函数测量了中国潜在的经济增长率变动趋势,并预测了在21世纪的前10年中国经济的平均潜在增长率。祝宝良和武小欣(2003)利用生产函数测量了中国潜在的增长能力在1997~2003年年均为8.9%。郭庆旺和贾俊雪(2004)利用生产函数测量了中国的潜在产出和产出缺口。张连城(2009)给出了"十一五"期间中国经济增长的适度区间。高铁梅和梁云芳(2005)利用可比价格、HP滤波方法、生产函数模型和平均模型方法计算潜在产出的增长率,虽然得到的数据有一定的差异,但大都在8.5%~10.5%。刘斌和张怀清(2001)运用四种方法利用中国1992年第一季度至2001年第一季度的季度GDP数据对潜在产出和产出缺口进行了估计,这四种方法分别为线性趋势方法、HP滤波方法、单变量状态空间和多变量状态空间的卡尔曼滤波方法,四种方法分别得出中国的年均潜在经济增长率为9.1%、8.6%、8.4%、8.3%,同时,该论文作者认为8.3%的潜在经济增长率较为合理。而郭庆旺和贾俊雪（2004）运用1978~2002年的年度数据比较分析了潜在产出的三种计算方法，即消除趋势法、增长率推算法和生产函数法，最后得到中国的潜在经济增长率为9.56%。国家计委宏观经济研究院的解三明等（2001）利用生产函数和计量经济模型对我国"十五"及2006~2015年的经济增长潜力和实际经济增长率进行了预测，得出以下基本结果："十五"期间我国实际经济增长率在7.5%左右，2006~2015年，可实现7%或略高的经济增长。

（2）投入产出法。李京文和郑友敬（1989）采用系统工程原理和观点，使用投入产出分析等方法对国民经济发展变化进行模拟预测。此后，李京文（1998）使用投入产出学、系统动量学和计量经济学相结合的模型体系，分析了中国的经济增长问题。姚愉芳和贺菊煌（1998）将投入产出关系纳入长期预测模型中，认为社会对产品的需求既包括最终需求，也包括中间需求。刘瑞翔和安同良（2011）利用国家统计局的投入产出数据，使用非竞争型投入产出模型，对1987~2007年中国经济增长动因进行了系统分析，从经济结构角度探寻了中国经济的增长潜力。李善同等（2005）利用社会核算矩阵预计了"十一五""十二五""十三五"时期的经济增长速度。

（3）类比推测法。林毅夫（2014）认为，我国人均GDP与发达国家人均GDP的差距反映了我国平均技术和产业水平与发达国家平均技术和产业水平的差距。林毅夫在2015年3月上旬的两会上强调，中国还有20年8%的增长潜力，其依据有以下几点：一是中国目前经济发展水平相当于20世纪50年代的日本、60年代的新加坡、70年代的中国台湾和韩国，而这些国家和地区此后都保持了20年左右相对较高的增长速度；二是发达国家的技术、产业已经处于国际前沿，再进步要靠自己开发，而中国则可以通过引进和借鉴实现跨越；三是中国许多地区的基础设施依然比较落后，城镇化进程也远没有完成，还存在相当大的投资潜力和发展空间。潘璠（2015）就这三个依据分别予以驳斥：第一，中国人口多、经济起点低、内部发展不平衡、资源环境约束已日益凸显，增加1%的绝对值太大；第二,核心、关键技术难以靠引进获得,中国需要加大并加快自主创新、自我研发的力度和步伐,自己再创造发展的主动权和新的增长点,而这需要时间和投入,很难一蹴而就;第三,并非基础差就一定可以高增长,发展需要先进生产力的支撑,单靠消费和投资来拉动经济增长的做法并不可取。

(4) 可计算一般均衡模型(CGE)。马骏(2010)分析了出口、房地产、城镇化、劳动力、生产率和资金成本六个原因对中国经济增长潜力的影响,并利用可计算一般均衡模型将需求和供给冲击综合在一个较完整的分析框架中考虑。马骏(2014)构建了两部门新凯恩斯 DSGE 模型,分析了劳动人口下降、环境成本上升、消费模式转型和非国有企业占 GDP 比重四个结构性变化对中国长期经济增长的影响。结果显示,假设 2014 年的经济增长潜力为 7.5%,则上述结构性因素同时作用的结果是今后 17 年年均增长会减速到 6.9%。

(三) 小结

(1) 对经济增长潜力的内涵和测算指标界定不清,有的将经济增长潜力理解为潜在产出水平(吴国培等,2015),有的理解为潜在增长率(马骏,2010;林毅夫,2014),有的理解为潜在经济增长点(程承坪等,2015)。经济增长潜力的内涵到底是什么还没有形成统一共识,用哪个或哪一组指标来测算经济增长潜力还没达成一致意见。许宪春(2002)利用经济增长率、国内生产总值和人均国内生产总值等指标对中国未来经济增长潜力进行测度,进而对国际经济地位进行预测。樊纲(2015)分别从人力资本、资本投入、知识与科技、体制改革四个方面对我国经济增长潜力进行了分析。郑新立(2012)从需求潜力、资本潜力、劳动力潜力、技术潜力、土地潜力五个方面来描述经济增长潜力,并指出中国经济增长的潜力尚且具有巨大上升空间,至少在这五个方面还未得到释放。吴桂珍和周宏(2006)建立了 21 个指标形成的指标体系,从经济、医疗、教育、交通、通信等方面对地区经济增长潜力进行测度。王磊(2013)利用 GDP

第七章 中国经济增长潜力测度

的形成和增长及其贡献率来判断中国经济增长潜力。

（2）对于新常态下经济增长潜力的高低问题，大部分学者均以潜在经济增长率作为增长潜力的代理变量，得出中高速增长潜力论、经济增速下滑论和经济增速放缓论的判断，没有从经济增长潜力本身的测度指标上来反映。对于经济增长潜力，不同的专家学者有着不同的理解，因此，对于中国经济增长潜力的测度就有着相当程度的主观性。潜在经济增长率可以在一定程度上间接反映经济增长潜力，但并不能将潜在经济增长率等同于经济增长潜力。这会导致出现以偏概全的后果，利用其中一个指标来反映中国未来的经济增长潜力，显然不具有说服力。即使是从潜在经济增长率这一个侧面出发，新常态下中国经济增长潜力高低的判断也没有形成统一意见。

（3）在对中国经济增长潜力测度方法方面，生产函数法在国际上最常用，目前已被国际货币基金组织和各国央行等采用（吴国培等，2015）。用生产函数的方法去解释并解读经济高速增长虽然有着定量上的长处，但在说服力上是有局限性的（陈相成和汪彩玲，2011）。利用投入产出法来测度经济增长潜力，在各部门对经济增长的贡献率上有着较为清晰的界定（王磊，2013），但是鉴于对经济增长潜力概念的模糊界定，投入产出法也尚显不足。利用投入产出法同时采用不同的预测模型也会得出不同的结论（李京文等，1998），这些结论在学术界互为补充、相辅相成。类比推测法对经济增长潜力的测定有着一定的主观性，林毅夫在得出中国20年经济增长潜力的同时，也被一些专家学者质疑（潘璠等，2015）。这也说明在运用类比推测法的同时还要充分考虑各个国家在地域、国情、文化、习俗等各个方面的差异，不同学者所考虑的背景不同，得出的结论当然大相径庭。可计算一般均衡模型在量化影响因素对增长潜力的影响方面具有较大优势，用DSGE模型来测算经济增长潜力有一定的好处，但仅考虑某一因素对经济增长潜力的影响，没有将这些因素共同纳入一个模型体系中考虑（马骏，2010，2015）。

（4）现有研究对新常态下经济增长潜力的因素总结比较全面，但这些开发因素对经济增长潜力的定量测算方面涉及较少，如何测度新常态下的这些因素对经济增长潜力的影响是今后研究的一个主题。以上研究分析了我国未来的经济增长潜力，对经济增长潜力进行了测算，对经济增长潜力的测度也仅仅是通过测算未来的经济增长率来测度。未来中国经济增长的潜力有哪些，如何测度增长潜力对经济的贡献有多大，并没有经过具体的统计测算，各种潜力如何共同作用于经济增长，把他们放到一个系统中进行考察，是未来的一个研究课题。改革开放以来，在以经济建设为中心的政策指引下，经济增长问题一直是我国政府和社会各界最为关注的问题。旧有的经济增长模式已经走到了尽头，必须有新的模式与其相适应，才能继续推动中国经济的发展。在新常态下寻找经济增长点，测度各种因素对经济增长的定量影响并预测未来中国经济的增长潜力对中国以后的发展方向和制定经济发展政策具有重要意义。本章深入分析中国经济增长的动力转换和增长潜力，对中国经济增长潜力进行测度，并对这些潜力如何影响中国经济的增长机制和经济增长贡献度进行详细阐明和测算，在测算中国未来一段时间的增长速度的同时，并提出保持中高速增长的对策。

第三节　旧常态下中国经济增长状况及影响因素分析

21世纪以来，中国经济一直保持快速增长，并且逐渐呈现出新的增长特征。2014年，习近平总书记首次提出"新常态"这一概念，与此同时"旧常态"这一名词也应运而生。所谓旧常态，是相对于如今的新常态而言的，它主要有以下几种特征：①经济增长率持续性上升，市场需求不能及时达到稳定状态。②高储蓄、高投资为经济增长率持续上升提供了资本保障。③经济旧常态对某一产业（如房地产）的依赖度上升，经济、金融以及地方财政均倾向于房地产。④国民收入的分配结构不合理。

不同时期拥有适应不同时期发展的方式，尽管新常态模式下中国的经济发展将会实现质的飞跃，但从总体看，旧常态下的中国发展也在不断进步，为新常态的发展奠定了基础。研究旧常态下的经济发展特征，需要从中国长期经济增长的历史特征出发，划分不同的发展时期，对中国长期经济增长特征进行描述，通过国际间的对比，进而对旧常态下经济发展状况进行回顾分析。

（1）中国经济增长的长期特征。

经济增长是一个长期过程，英国经济学家麦迪森对不同国家经济发展轨迹进行了集中概括，这为我们更全面、深刻地了解世界以及中国发展的历史轨迹提供了重要的数据化信息。本节主要针对美国、中国、日本、德国、法国、印度、英国和巴西八个主要国家，分析它们所占世界经济的比重。麦迪森汇总的世界主要国家经济占世界经济的比重如图7-1所示：

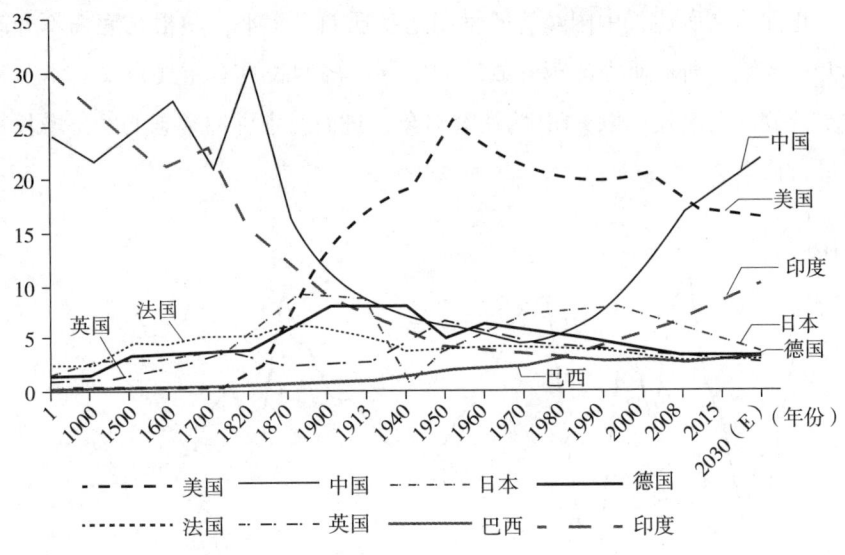

图7-1 世界主要国家经济占世界经济的比重

由图7-1可以看出，19世纪70年代以前，中国和印度两国的经济比重虽有起有伏，但均远超其他国家，1820年中国经济所占比重达到历史最高，约为32.96%，成为世界上最大的经济发展强国，但在1820年之后一度下降,与此同时,美国经济比重逐渐上升,并在 1890 年前后超过了中国,长时期处于遥遥领先的地位。1978 年改革开放后,中国经济开始崛起,此时经济增长速度远超除美国以外的其他国家,并且在 2008 年前后又一次成功超越美国,发展成为世界上最大的经济体,并远超了日本、德国等其他国家。

整体看,中国的经济发展有以下几个特征:一是 1820 年至今,中国经济发展呈现 U 型轨迹;二是改革开放后中国经济突飞猛进,表现出了较强的增长动力;三是中国和美国世界两大经济体的波动幅度最大,中国经济发展占世界的比重先降后又上升,美国先上升,后有小的回落,可以看出两国之间有一定的此消彼长关系,而且这两大国家的经济总量之和远超其他国家的总和。

(2) 改革开放后中国经济增长的特征。

正如前文所述,中国经济的发展达到现如今水平,归根结底离不开改革开放政策,所以研究改革开放后的中国经济增长具有重要意义。本节从改革开放以后出发,以 GDP 为研究对象,进而对中国旧常态的经济增长特征进行探索。

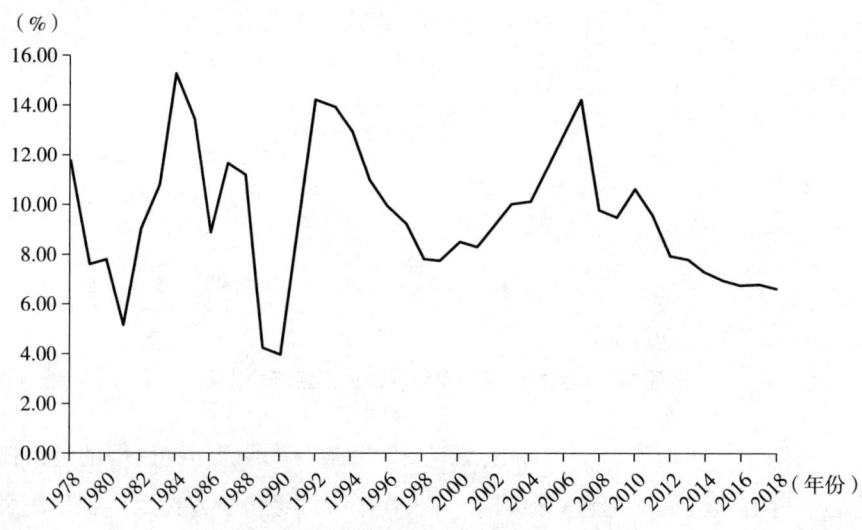

图 7-2 1978~2018 年中国 GDP 增长率

图7-2是根据《中国统计年鉴》(1978~2018)国内生产总值数据计算出的GDP环比增长率所绘制的GDP增长率的轨迹图。根据GDP增长率的波动性,将其划分为四个阶段进行讨论,对每个阶段的平均增长率,增长率最大值、最小值、波动幅度以及标准差进行分析,具体情况如表7-1所示:

表7-1 1978~2018年中国经济增长的阶段特征

年份	平均增长率(%)	最大值(%)	最小值(%)	波动幅度(%)	标准差
1978~1990	9.27	15.20	3.90	11.30	0.034
1991~1999	10.67	14.20	7.70	6.50	0.024
2000~2009	10.34	14.20	8.30	5.90	0.018
2010~2018	7.80	10.60	6.60	4.00	0.013

注:标准差代表波动系数。
资料来源:根据国家统计局数据整理得到。

由表7-1的分析可知,第一阶段为1978~1990年,GDP年平均增长率为9.27%,波动幅度为11.30%,标准差为0.034,GDP增长率在这一阶段整体上呈现出起伏不定的趋势。

第二阶段为1991~1999年,这一阶段经济增长率趋势先上升后下降,年平均经济增长率为10.67%,波动幅度为6.50%,标准差为0.024,这一阶段GDP增长率相差较大,最大值达14.20%,最小值达7.70%。从以上数据可以看出,在改革开放初期,经济发展的各方面并不稳定,还有待进一步的改善。

第三阶段为2000~2009年,这一阶段的年平均经济增长率为10.34%,波动幅度为5.90%,标准差为0.018。这一阶段的增长轨迹先上升后下降,相较于前两阶段来说,这一阶段的经济增长率相对稳定,即使在金融危机时,中国GDP还能保持一定的增长速度,这说明改革开放已经有了很大的成效,中国当时的经济发展模式是适合这一时期的。

第四阶段为2010~2018年,年平均经济增长率为7.80%,波动幅度为4%,标准差为0.013,这一阶段增长率轨迹呈现逐年下降的趋势。相较于其他三个阶段来说,这一阶段属于最稳定的阶段,标准差最小,平均增长速率最小,说明中国经济正逐渐进入到新常态发展阶段。

整体看，GDP 增长率在这四个阶段越来越稳定，这说明改革开放极大地带动了中国经济的发展，但是在改革开放初期，经济各方面的协调发展还不够完善，所以增长率波动较大。随着资源配置以及经济结构不断地完善与合理，GDP 增长率保持了相对稳定的状态，波动逐渐减小，中国经济随之也保持了稳定的增长状态。

（3）中国经济增长的国际水平。

中国经济增长由旧常态转入新常态，这是一个必然的结果。但中国应该在什么时期、达到国际间什么样的经济水平才算进入新常态的发展？下面利用国际间数据比较来回答以及验证这一问题。

本节整理了低收入阶段、中等收入阶段和高收入阶段国家以及具有代表性国家的经济发展情况，通过多方面的比较来探索中国经济的发展。其中，中等收入阶段包括中低收入阶段和中高收入阶段。跨越低收入阶段，进入中低收入阶段的标准为 1045 美元，跨越中低收入阶段进入中高收入阶段的标准为 4125 美元，跨越中高收入阶段进入高收入阶段的标准为 12745 美元，跨越点是指跨越本年份进入下一阶段的年份。其中，中等收入陷阱是指进入中等收入行列的发展中国家由于长期陷于大规模和低成本的生产性竞争，无法提升价值链和开拓以知识创新产品与服务为主的高成长市场，导致徘徊在中等收入区间。持续期是指从进入本阶段到离开本阶段的年份跨度。具体如表 7-2 所示：

表 7-2　不同收入分组的发展特征　　　　　　　　单位:%

分组	低收入	中低收入			中高收入			高收入	
	跨越时点	跨越时点	人均 GNI 增长率	GDP 增长率	跨越时点	人均 GNI 增长率	GDP 增长率	人均 GNI 增长率	GDP 增长率
世界	1973 年	1990 年	8.04	3.17	—	4.17	2.66	—	—
中国	2002 年	2010 年	17.21	11.00	—	17.16	8.21	—	—

资料来源：世界银行 WDI 数据。

由表 7-2 可知，中国在 2002 年成功跨越低收入组行列，从此进入中等收入阶段。中等收入阶段又分为中低等收入阶段和中高等收入阶段，中国从中低等收入阶段进入到中高等收入阶段共用了 8 年时间，此阶段中人均国民总收入增长率为 17.16%，国内生产总值增长率为 8.21%。世界总体进入中低收入阶段是在 1973 年，由中低收入阶段进入中高收入阶段持续了 14 年的时间。中高收入阶段中人均国民总收入增长率是 4.17%，国内生产总值增长率为 2.66%。相比较之下，中国的增长率远远超过世界平均水平，但两者相同的是都面临跨越中等收入陷阱的问题，所以跨越中等收入陷阱是世界上大多数国家出现的问题，跨越中等收入陷阱也是我国未来发展非常关键的一步。

为了更近一步探索中国经济增长的情况，这里对世界上具有代表性的国家进行比较①，具体如表 7-3 所示：

表 7-3 代表性国家的发展特征　　　　　　　　　　单位:%

国家	低收入	中低收入			中高收入			高收入	
	跨越时点	跨越时点	人均 GNI 增长率	GDP 增长率	跨越时点	人均 GNI 增长率	GDP 增长率	人均 GNI 增长率	GDP 增长率
美国	—	1966 年	4.91	5.05	1980 年	8.19	3.30	4.52	2.74
法国	—	1973 年	8.46	5.56	1987 年	7.85	2.34	5.46	2.33
英国	—	1975 年	17.22	3.41	1988 年	7.36	2.58	5.09	1.93
韩国	1978 年	1988 年	13.33	8.39	1996 年	15.73	7.93	4.50	4.23
新加坡	1971 年	1980 年	17.08	8.57	1991 年	9.92	7.72	7.06	6.13
德国	—	1973 年	—	3.71	1987 年	8.03	1.99	5.62	1.75
日本	1967 年	1974 年	17.28	7.47	1986 年	10.12	4.22	5.47	1.62
阿根廷	1964 年	1992 年	3.96	2.07	2012 年	5.27	3.58	10.3	2.93
马来西亚	1978 年	2003 年	5.52	6.39		10.49	5.00		
中国	2002 年	2010 年	17.21	11.0		17.16	8.21		
秘鲁	1975 年	2010 年	4.19	2.67		12.96	6.06		
泰国	1988 年	2009 年	6.77	5.28		8.89	4.27		
印度	2009 年	—	9.85	7.20		—	—		

资料来源：世界银行 WDI 数据。

---

① 宋旭光等. 中国长期经济增长的数量特征 [J]. 北京师范大学学报（社会科学版），2016（5）.

如表 7-3 所示，与世界上具有代表性的国家相比，中国在 2002 年由低收入阶段跨越到中低收入阶段，时间晚于除印度以外的其他国家，比印度早了 7 年。进入中低收入阶段以后，中国的人均国民总收入增长率为 17.21%，仅次于英国和日本的 17.22% 和 17.28%，远高于同期比较的其他国家。而国内生产总值增长率为 11%，在这些具有代表性的国家当中居于首位，并且中国仅用了 8 年就由低收入阶段进入到了中低收入阶段，而日本、韩国、新加坡等国家跨越中低收入阶段分别用了 7 年、10 年、9 年。中国跨越中低收入阶段的时间也相对较晚，在中高收入阶段，中国的人均国民总收入增长率为 17.16%，国内生产总值增长率为 8.21%，两者均高于同期比较的其他国家，甚至远高于美国、英国以及日本等发展相对发达的国家。尽管中国的经济增长比较明显，但由于人口基数大，资源配置不充沛与经济结构还不够完善，在 2010 年进入中等收入阶段后，面临着严峻地跨越中等收入陷阱的问题。秘鲁和马来西亚两国从中低收入阶段跻身中高收入阶段分别用了 35 年和 25 年，若不加快经济的发展，将很难跳出中等收入陷阱。在跨越中高收入阶段时，美国等一些西方国家用了将近 14 年，韩国持续时间最短，用了 8 年成功跻身到高收入阶段国家行列。长期陷入中等收入陷阱的阿根廷用了 48 年才得以跳出中等收入陷阱，成功进入到高收入阶段国家行列。

从世界各国的发展形势看，进入高收入阶段的国家人均 GNI 增长率和 GDP 增长率都低于中等收入阶段，这是经济发展的趋势。相比较之下，中国现在的经济发展是很迅速的。我们若想跨越中等收入陷阱，就必须借鉴其他国家的发展经验，顺应经济发展规律，转变到新常态下的经济发展模式，以适应现在中国经济的发展状况。只有正确看待从旧常态到新常态经济模式的转变，我们国家才能发展得越来越好。

综上所述，本节可以得到以下结论：

第一，改革开放以后，中国的经济保持着快速增长的趋势，长期以来，中国经济增长呈现出 U 型发展轨迹，即长期经济的增长是一个从强到弱，又从弱到强的过程。

第二，中国经济发展的速度令世界各国都惊叹，从人均 GNI 增长率与 GDP 增长率的角度比较，中国的经济增长甚至已经超过了美国、韩国、日本等一些经济发展较发达的国家，因此，我国成为经济强国是必然的，在这一阶段转变新的发展模式也是必要的。

第三，现阶段中国同样面临着跨越中等收入陷阱问题，在未来的几年时间里将是中国跨越中等收入陷阱的关键时期，显然现阶段中国经济已经进入了新常态发展阶段，而进入新常态后的中国经济将会面临更严峻的任务与挑战。

第四节 模型构建及数据选取

从国内外的研究看，对于经济增长潜力测度的方法有很多，比如从供给侧出发的生产函数法，从需求侧出发的投入产出模型，还有国民经济核算、趋势分析法以及索洛经济增长模型等。其中最主要有以下三种：①生产函数法。其具体测算方法是利用现实数据估算出总量生产函数，首先得到全要素生产率；其次利用消除趋势法对全要素生产率进行分解，从而得到趋势全要素生产率；最后估算出潜在就业，将趋势全要素生产率和潜在就业代入总量生产函数便得到了潜在产出。其优势为：全面考虑了生产要素利用率和技术进步的影响来估算潜在产出，充分体现了潜在产出的供给面特征，从而更具有说服力。其不足为：对于数据质量要求比较高。②消除趋势法（HP 滤波法）。把宏观经济运行看作是潜在增长和短期波动的组合，利用计量工具将数据分解为趋势成分与周期成分，其中的趋势成分即潜在产出，周期成分即产出缺口。其优势为：对数据要求相对简单，使用 GDP 的历史数据即可。其不足为：对于趋势成分的波动因子 λ 的取值存在争议。③增长率推算法。认为潜在产出增长率在长期或至少一个相对长的时期内是恒定的，只要能确定这一增长率，并且给出一个能代表经济资源得到充分利用的基年，便可推算过去或者未来某一时期的潜在产出。其优势为：简便易用，且很好地体现出潜在产出是现实经济最大生产能力的度量。其不足为：主观性较强，缺乏理论依据，在基年的选择上容易产生分歧。

郭庆旺和贾俊雪（2004）分别通过消除趋势法、增长率推算法和生产函数法三种方法估算了我国1978~2002年的潜在产出、产品缺口和潜在增长率，认为1978~2002年我国的产出缺口出现了波动水平正负交替的古典周期情形，此间的平均潜在增长率为9.56%。张连城和韩蓓（2009）运用HP滤波法对1952~2007年特别是1982~2007年的潜在经济增长率进行了测算，并对未来潜在经济增长率水平及适度区间做出初步预测，推断出中国潜在经济增长率中期为9.5%，长期为8.5%。吴国培、王伟斌和张习宁（2015）根据生产函数法，对我国1978~2012年的潜在产出进行测算，并推算出在基准情景下，2016~2020年我国经济平均增速约7%。陈卫东和宗良（2016）利用滤波法和生产函数法估算了我国1979~2014年的潜在增长率，发现自2006年以来，我国潜在增长率呈下降趋势，用生产函数法预测的未来十年的潜在增长率总体呈下降趋势：在基准情形下，2015~2020年平均增长率为6.3%，2021~2025年平均增长率为5.3%；在乐观情形下，2015~2020年平均增长率为7.5%，2021~2025年平均增长率为6.6%。

生产函数法是目前国际上使用最多的估算潜在产出的方法，而且得到了OECD、IMF等官方组织机构的认同。本章在已有文献的基础上，主要采用柯布—道格拉斯生产函数来测算中国的潜在产出情况。

（一）模型的建立

柯布—道格拉斯生产函数在生产函数的一般形式上引入了技术资源这一影响因素，是用来预测国家和地区的工业系统或大企业的生产和分析生产发展途径的一种经济数学模型，是经济学中使用最广泛的一种生产函数形式。柯布—道格拉斯生产函数是从供给侧角度出发来测算经济潜在产出的，包括劳动力、资本、技术以及其他因素对GDP所产生的影响，其函数的基本形式为：

$$Y=A(t)K^{\alpha}L^{\beta}e^{\mu} \tag{7-1}$$

Y 是实际总产出，在这里指国内生产总值，$A(t)$ 是综合技术水平，$A(t)$ 的变化解释了除要素投入外其他影响因素导致的生产率的变化，也称为全要素生产率。K 是资本投入，一般指固定资产净值（单位是亿元或万元，但必须与劳动力数的单位相对应，如劳动力用万人作单位，固定资产净值就用亿元作单位），L 是劳动力投入（单位是万人或人），α 是资本的产出弹性，即资本每增加1%，产出增加 α 倍，β 是劳动的产出弹性，即劳动每增加1%，产出增加 β 倍，μ 表示随机干扰的影响，$\mu \leq 1$。当 $\alpha+\beta>1$ 时，规模报酬递增，表明按照现有技术，可以通过扩大生产规模来增加产出；当 $\alpha+\beta<1$ 时，规模报酬递减，表明按照现有技术，无法通过扩大生产规模来增加产出；当 $\alpha+\beta=1$ 时，规模报酬不变，表明生产效率并不会随着生产规模的扩大而提高，只有提高技术水平，才会提高经济效益。一般来说，生产函数具有规模报酬不变的性质，如果生产函数不具备规模报酬不变的性质，那么当规模报酬为递增时，经济将长期扩张，递减时，经济就会萎缩，这两种情况都不是均衡的状态，因而生产函数规模报酬不变假设有着很强的理论依据。近年来，由于供给侧改革、日益复杂的国际环境和政策变化等因素的影响，我国经济结构正在逐渐发生变化，要素替代弹性不变的假设很可能不符合现实情况。此外，该模型仅考虑资本和劳动力数量两种要素投入，忽略了劳动力质量变动会给产出带来的影响，因此，本章在上述模型的基础上，构建如下生产函数模型：

$$Y_t=A(t)K_t^{\alpha_t}L_t^{\beta_t}=A_0e^{r_t t}K_t^{\alpha_t}(h_t l_t)^{\beta_t} \tag{7-2}$$

其中，$\alpha+\beta=1$（$0<\alpha<1$，$0<\beta<1$），A_0 表示初始技术水平。$A_0 e^{r_t t}$ 表示技术水平逐年变化，且每年的变化率不同。h_t 表示投入劳动力的质量，l_t 表示从业人员，$h_t l_t$ 表示有效劳动力投入，K_t 表示资本投入。

对式（7-2）取对数，得式（7-3）：

$$\ln Y_t = \ln A_0 + r_t t + \alpha_t \ln K_t + (1-\alpha_t)\ln L_t \tag{7-3}$$

令 $y_t=\ln Y_t$，$c=\ln A_0$，$k_t=\ln K_t$，$l_t=\ln L_t$，构建状态空间模型如下：

$$y_t = c + r_t t + \alpha_t k_t + (1-\alpha_t) l_t + \xi_t \tag{7-4}$$

状态方程如式（7-5）和式（7-6）所示：

$$r_t = \theta \times r_{t-1} + \omega + \varepsilon_t \tag{7-5}$$

$$\alpha_t = \lambda \times \alpha_{t-1} + \phi + \eta_t \tag{7-6}$$

在书中所构建的模型中，y_t、k_t 和 l_t 在模型中称为可观测向量，r_t 和 α_t 称为状态向量，是不可观测变量。模型中假设两个状态向量符合 AR（1）过程，θ、ω、λ 和 ϕ 分别为相应状态向量的 AR（1）系数。ξ_t、ε_t 和 η_t 均为独立且服从正态分布的随机扰动项。

（二）数据选取

本章使用生产函数法对中国经济的潜在产出进行测度，可观测的向量有总产出、资本存量和劳动力投入三个。如何选取高质量的数据，使所测度的潜在产出更精确？本章以 1952 年为基期，总产出数据采用不变价 GDP，资本投入采用资本存量。此外，在对人力资本进行测算时，不仅包括劳动力的数量，还包括劳动力的质量。因此，本节拟对资本存量与人力资本存量等数据进行探讨，尽量保证研究所用数据的质量。

（三）资本存量的估算

对于我国经济潜在产出的测度，资本存量是重要的影响因素，本章采用 Goldsmith（1951）提出的 PIM 方法，即永续盘存法，同时借鉴曾五一和赵昱焜（2019）的估算方法，假定固定资产的退役采用寿命期满一次性报废模式，即假定固定资产在其平均使用期（平均寿命期）T 年内可一直使用，寿命期满则一次性全部报废，在此基础上，根据永续盘存法，利用式（7-7）估算全社会总资本存量：

$$K_t = K_{t-1} + Ig_t - R_t = K_{t-1} + Ig_t - \lambda K_{t-1} \tag{7-7}$$

式（7-7）中，Ig_t 是 t 期的固定资本形成额，R_t 是 t 期报废（退役）

的固定资产额，λ 是固定资产报废率，即本期报废的设备在上一期资本存量中所占的比重，短期内一般假定其不变，K_{t-1} 是 $t-1$ 期末的总资本存量。

1. 基期资本存量估计

对于基期资本存量的确定，不同参考文献有不同的选择。文欣（2015）在《测算我国 1952~2013 年潜在经济增长率》一文中指出，在永续盘存法中，基年选择的越早代表其资本估计误差对后续年份的影响越小，故选择 1952 年作为基期。袁吉伟（2012）在《基于生产函数法的我国潜在经济增速分析及预测》一文中研究了大量的文献，最终根据邹至庄（1993）的方法，以 1978 年为基期年，估算出当年全国的资本存量。张林（2013）在《中国潜在 GDP 增长率的测算》一文中，对资本存量的测算基期选择时，参考了大量的文献。邹至庄（1993）将 1952 年作为基期，利用统计年鉴所公布的数据推算得到 1952 年中国固定资本存量为 1750 亿元。贺菊煌（1992）在《我国资产的估算》一文中以 1990 年为不变价，采用迭代法估算出 1952 年生产性资本为 946 亿元。中国人民银行营业管理部课题组（2011）采用折旧—贴现法计算以 1952 年为基期的资本存量。王小鲁和樊纲（2000）以 1952 年为基期，通过分析和推算，将 1952 年资本存量设定为 1600 亿元。张军和章元（2003）则以 1952 年为基年，根据上海市相关历史数据，并结合上海市 GDP 在全国 GDP 的比重，推算出全国的资本存量。

本章所选取的数据时段为 1978~2017 年，以 1952 年为基期来测算资本存量。1952 年的资本存量采用目前学术界最新且较为认可的曾五一和赵昱焜（2019）在《关于中国总固定资本存量数据的重新估算》一文中所估算得到的数据，即 1978 年为 9467.41 亿元。

2. 报废率的确定

国内外学者在报废率问题上主观性较强并存在较大争议，而报废率的变化又会使资本存量的计算结果产生较大差异。现阶段学术界常常使用折旧率来代替报废率，曾五一和赵昱焜（2019）提出："这种做法其实并不恰当。折旧是根据固定资产的预期使用寿命，从营业收入中提取的用于补偿固定资产损耗的价值，t期的折旧率是t期折旧占固定资产原价的百分比。t期的报废率则是t期报废的固定资产价值占固定资产原价的百分比。"因此，不能单纯地利用折旧率代替报废率。本章估计资本存量的样本区间是从1978年开始，综合参考已有文献，本章假定报废率为固定的，并将报废率确定为2.19%。

3. 历年投资的选取

对历年投资的选取，本章参考了大量文献，发现有选择全社会固定资产投资、资本形成总额、固定资本形成总额以及新增固定资产等不同口径。管晓明（2014）将固定资本形成总额作为投资指标的替代，该指标既可涵盖工业和农业两个部门的投资，又有效地避免了固定资产交付使用率测度上的偏差。陈如斌（2016）将全社会固定资本投资作为投资数据，这个指标的优点是时间跨度长且各构成部分都有具体数据，然而这个指标是我国统计体系中特有的指标，与国际统一的SNA体系并不相容，也缺乏相应的价格缩减指数。固定资本形成总额是以全社会固定资产投资额为基础，通过一定的调整计算而得到的，其能更准确地测度我国可再生资本的变动情况。因此，本章选用固定资本形成总额作为当年投资的指标。

4. 固定资产投资价格指数的构造

本章确定当年投资为固定资本形成总额，并利用永续盘存法估算资本存量，但是由于每年的价格不同，需要进行指数价格平减，把名义固定资本形成总额折算成以1952年为基期的实际固定资本形成总额，固定资产投资价格指数普遍被认为是最合适的指标。固定资产投资价格指数是反映一定时期内固定资产投资额价格变动趋势和变动幅度的相对数，由建筑安装工程投资完成额，设备、工器具购置投资完成额和其他费用投资完成额三部分组成。查阅《中国统计年鉴》，发现只有1990年以来的数据，以前的数据需要用其他的价格指数来替代。参考历史文献，管晓明（2012）综合比较后选用与固定资产投资价格指数最为接近的第二产业GDP平减指数来替代，并统一折算为以1952年为基期的定基指数。张晓婧（2013）以1980年为基期的国内生产总值指数对GDP、固定资产投资进行平减，以消除物价因素的影响。黄勇峰和任若恩（2002）利用零售物价指数代替建筑安装工程和设备、工器具价格指数。张军和章元（2003）也是以1952年为基年，利用上海市的相关历史数据并根据上海市GDP占全国GDP的比重估算出全国的资本存量，同时以1952~2001年上海市固定资产投资价格指数作为全国固定资产投资价格指数序列，对名义投资进行平减。

本节在选取全国固定资产投资价格指数过程中，采用曾五一和赵昱焜（2019）的研究成果，将1952年的固定资产投资价格指数设为100，并结合《中国统计年鉴》（2019）中给出的1990~2018年全国固定资产投资价格指数，构造出本章所使用的1978~2018年全国固定资产投资价格指数序列（见表7-4）。

表7-4 1978~2018年全国固定资产投资价格指数序列

年份	固定资本形成额（亿元）	固定资产投资价格指数	资本存量（亿元）	年份	固定资本形成额（亿元）	固定资产投资价格指数	资本存量（亿元）
1978	1108.7	100.81	9467.41	1993	13574.4	285.9	35061.3
1979	1194.1	102.99	10337.11	1994	17187.9	315.44	39350.75
1980	1345.8	106.12	11245.75	1995	20357.4	334.38	44170.63
1981	1381.9	109.56	12082.8	1996	23319.8	347.5	49620.11
1982	1558.6	112.09	13136.24	1997	25363.2	353.29	55408.78
1983	1742.6	114.84	14329.2	1998	28751.4	353.38	62027.38
1984	2192.1	119.53	15715.78	1999	30241.4	351.92	68786.74
1985	2844.1	128.13	17339.15	2000	33527.7	355.66	75993.94
1986	3299.7	136.37	19105.1	2001	38064	357.11	84233.25
1987	3821.4	143.47	21102.6	2002	43796.9	357.94	93805.64
1988	4842	162.92	23364.54	2003	53964.4	365.98	105578.74
1989	4518.6	176.83	25124.21	2004	65669.8	388.77	119914.93
1990	4636.1	186.46	26687.4	2005	75809.6	394.9	136625.6
1991	5794.8	202.28	28649.34	2006	87223.3	400.85	155520.5
1992	8461	228.61	31413.18	2007	105052.2	416.53	177040.21

续表

年份	固定资本形成额（亿元）	固定资产投资价格指数	资本存量（亿元）	年份	固定资本形成额（亿元）	固定资产投资价格指数	资本存量（亿元）
2008	128001.9	453.84	206415.97	2014	290053.1	498.54	441378.85
2009	156734.5	443.02	230425.88	2015	301503	489.53	493542.63
2010	185827.3	458.89	264833.12	2016	318083.6	486.64	548246.54
2011	219671	489.17	303029.55	2017	349368.8	514.77	604108.79
2012	244600.7	494.57	345307.36	2018	380771.8	542.41	661078.31
2013	270924.2	496.01	387555.03				

（四）人力资本存量的确定

对于人力资本存量的确定，吴国培等（2015）在《新常态下的中国经济增长潜力分析》一文中指出，由于我国劳动参与率和失业率统计数据的缺失，从理论上估算潜在就业水平很难实现，借鉴郭庆旺和贾俊雪（2004）的方法，首先用就业人数和经济活动人口数计算劳动参与率，其次分别对劳动参与率序列和经济活动人口进行HP滤波处理，再次分别将得到的趋势序列相乘，最后得到就业人口的潜在水平。张林（2013）在测算劳动人口时，把劳动人口分为失业人口和实际就业人口，并根据劳动年龄人口及其参与率测算经济活动人口，根据抚养系数和人口数量测算出了劳动年龄人口，其认为人力资本不仅与劳动力数量有关还与质量有关，根据之前测算的劳动人口与平均受教育年限的乘积最终测算出了人力资本存量。

本章借鉴张林（2013）在《中国潜在GDP增长率的测算》一文中的做法，选取中国统计年鉴1978~2018年就业人员数据，将其与人口的平均受教育年限的乘积作为人力资本。平均受教育年限按照文化程度分为文盲、小学、初中、高中、大学及以上五个级别，这五个级别的受教育年限按照每个省现阶段情况，分别为1年、6年、9年、12年、16年。因此，

第七章 中国经济增长潜力测度

本章给出如下计算平均受教育年限的公式：

平均受教育年限＝(文盲人口数×1＋小学文化人口数×6＋初中文化人口数×9＋高中文化人口数×12＋大学及以上文化人口数×16)/总人口数

（五）总产出的确定

对于总产出的确定，一般采用国内生产总值或者人均国内生产总值，本章选取国内生产总值作为总产出指标。由于2019年《中国统计年鉴》上只公布了名义GDP，本章以1952年为基期，通过选取国内生产总值指数，根据1978年的国内生产总值3678.7亿元，可以计算得到中国1979~2018年各年的实际产出。实际GDP是根据名义GDP与GDP缩减指数折算而得，计算公式为：

第 n 年实际产出＝1978年的名义 GDP ×第 n 年国内生产总值指数（1978＝100）/100

（六）数据的计算

本书根据上述方法计算得到的数据如表7-5所示。

表7-5　1978~2018年中国各指标数据

年份	就业人口（万人）	人力资本（万人）	资本存量（亿元）	固定资本形成总额（亿元）	不变价GDP（亿元）
1978	40152	210811	9467.41	1108.7	3201.54
1979	41024	220537	10337.11	1194.1	3444.857
1980	42361	241562	11245.75	1345.8	3713.556
1981	43725	258565	12082.8	1381.9	3902.947
1982	45295	274198	13136.24	1558.6	4254.212
1983	46436	285635	14329.2	1742.6	4713.667
1984	48197	297034	15715.78	2192.1	5430.145

续表

年份	就业人口（万人）	人力资本（万人）	资本存量（亿元）	固定资本形成总额（亿元）	不变价GDP（亿元）
1985	49873	306856	17339.15	2844.1	6157.784
1986	51282	316063	19105.1	3299.7	6705.827
1987	52783	326200	21102.6	3821.4	7490.409
1988	54334	336290	23364.54	4842	8329.334
1989	55329	345915	25124.21	4518.6	8679.167
1990	64749	411591	26687.4	4636.1	9017.654
1991	65491	425776	28649.34	5794.8	9856.296
1992	66152	439168	31413.18	8461	11255.89
1993	66808	452269	35061.3	13574.4	12820.46
1994	67455	465153	39350.75	17187.9	14487.12
1995	68065	478868	44170.63	20357.4	16080.7
1996	68950	492533	49620.11	23319.8	17672.69
1997	69820	506749	55408.78	25363.2	19298.58
1998	70637	521635	62027.38	28751.4	20803.87
1999	71394	536316	68786.74	30241.4	22405.77
2000	72085	550574	75993.94	33527.7	24310.26
2001	72797	562978	84233.25	38064	26328.01
2002	73280	574521	93805.64	43796.9	28723.85
2003	73736	586076	105578.7	53964.4	31596.24
2004	74264	597865	119914.9	65669.8	34787.46
2005	74647	610712	136625.6	75809.6	38753.23
2006	74978	623633	155520.5	87223.3	43674.89
2007	75321	636911	177040.2	105052.2	49876.73
2008	75564	644379	206416	128001.9	54714.77
2009	75828	655761	230425.9	156734.5	59857.96
2010	76105	689816	264833.1	185827.3	66202.9
2011	76420	731722	303029.6	219671	72558.38
2012	76704	741498	345307.4	244600.7	78290.49
2013	76977	758224	387555	270924.2	84397.15
2014	77253	776393	441378.9	290053.1	90558.14
2015	77451	782255	493542.6	301503	96806.65

续表

年份	就业人口（万人）	人力资本（万人）	资本存量（亿元）	固定资本形成总额（亿元）	不变价GDP（亿元）
2016	77603	799311	548246.5	318083.6	103292.7
2017	77640	723497	604108.8	349368.8	110316.6
2018	77586	722872	661078.3	380771.8	117597.5

第五节 中国1978～2018年潜在产出测算

通过模型的建立、各项指标的确定以及数据的选取和计算。本章将进行实证分析，通过所选取的中国1978～2018年相关指标数据，结合上一章节所构建的模型，本章利用已知数据测算资本产出弹性、劳动产出弹性、全要素生产率以及潜在产出和产出缺口。

（一）劳动产出弹性和资本产出弹性的估计

本章给出基础数据，状态空间模型需要满足变量平稳或协整的条件，本节对取对数后的数据进行平稳性检验，先进行ADF单位根检验，发现所给各变量数据满足二阶单整，经过单变量的平稳性检验，本节将同阶单整的变量进行协整检验，协整检验结果如表7-6所示。

表7-6 协整检验结果

原假设	特征值	迹统计量	5%显著性水平的临界值	P值
没有协整方程	0.532058	50.75304	29.79707	0.0001
最多存在一个协整方程	0.385582	21.13599	15.49471	0.0063
最多存在两个协整方程	0.053390	2.139851	3.841466	0.1435

在 5%的显著性水平下，原假设没有协整方程的 P 值小于 0.05，所以拒绝原假设，表明存在协整方程。原假设最多存在一个/存在两个协整方程的 P 值都大于 0.05，不拒绝原假设，因此可以认为序列存在协整关系。

本章首先对 $\ln Y$、$\ln K$ 和 $\ln L$ 进行二阶差分，在状态空间模型中，通过联立量测方程和状态方程，借助卡尔曼滤波对预测误差进行分解；其次使用极大似然估计进行估算，进而计算出 1978~2018 年我国每年的 TFP 增长率。由测算结果可知，P 值表明最大似然估计显著，相应地，得到资本的产出弹性 α 为 0.4051，于是劳动的产出弹性为 0.5949。

（二）全要素生产率的估计

经过上文对资本和劳动力产出弹性的估计后，本章利用公式 $A_t = Y_t / K_t^{\alpha} (h_t l_t)^{\beta}$，把相关数据代入其中，计算出每年的全要素生产率（TFP）水平。经过计算得到中国 1978~2018 年的 TFP，进而采用 HP 滤波法，求出潜在全要素生产率，计算结果如表 7-7 所示。

表 7-7 全要素生产率的估计

年份	实际 TFP	潜在 TFP	年份	实际 TFP	潜在 TFP
1978	0.053375	0.050564	1989	0.07258	0.070377
1979	0.053956	0.051988	1990	0.066359	0.072473
1980	0.053249	0.053441	1991	0.069069	0.074738
1981	0.052205	0.054969	1992	0.074601	0.077198
1982	0.05312	0.056619	1993	0.079863	0.079826
1983	0.055456	0.058409	1994	0.084696	0.082567
1984	0.060124	0.060323	1995	0.088177	0.085369
1985	0.064263	0.062313	1996	0.090911	0.088197
1986	0.066113	0.064332	1997	0.093342	0.091048
1987	0.069613	0.066351	1998	0.094485	0.093945
1988	0.072948	0.068359	1999	0.095987	0.096932

续表

年份	实际TFP	潜在TFP	年份	实际TFP	潜在TFP
2000	0.098477	0.100062	2010	0.141433	0.137737
2001	0.100948	0.103374	2011	0.141717	0.140991
2002	0.104171	0.106896	2012	0.143893	0.14413
2003	0.107943	0.110629	2013	0.146079	0.147233
2004	0.111542	0.114546	2014	0.14662	0.150379
2005	0.11638	0.118595	2015	0.149134	0.153637
2006	0.122916	0.122693	2016	0.150549	0.157036
2007	0.131532	0.126736	2017	0.164032	0.160561
2008	0.134655	0.130621	2018	0.168677	0.164131
2009	0.13943	0.134293			

从表7-7中可以看出，1978~2018年中国全要素生产率随时间的变化情况：中国TFP总体上呈上升趋势，实际的TFP围绕潜在的TFP上下波动。这说明我国全要素生产率水平及科学技术水平在不断提高，资源开发利用效率在改善，规模效应在不断扩大，但可以看出我国的TFP值依旧较小，目前经济增长方式还是以投入型为主，因此，我国应该调整经济结构，促进技术进步。

（三）各要素增长率及对中国经济增长的贡献

舒元（1993）曾利用生产函数法估算中国1952~1990年全要素生产率增长率，得到的结论是：全要素生产率增长率为0.02%，对产出增长的贡献率为0.3%。王小鲁（2000）同样利用生产函数法估算中国1953~1999年全要素生产率增长率，得到的结论是：1953~1978年全要素生产率增长率为-0.17%，1979~1999年全要素生产率增长率为1.46%，对经济增长的贡献率为14.9%。

上一小节采用1978~2018年的相关数据，构建出状态回归方程，并估算出了相关系数，根据式（7-8）计算出各要素增长率（见表7-8）。

$$GY = GA + aGK + bGL \tag{7-8}$$

其中，GY 为 GDP 的增长率，GA 为全要素生产率增长率，GL 为劳动增长率，GK 为资本增长率，a 为资本份额，b 为劳动份额。

表 7-8 各要素增长率   单位：%

年份	GDP 增长率	资本增长率	劳动增长率	年份	GDP 增长率	资本增长率	劳动增长率
1979	7.60	9.19	4.61	1999	7.70	10.90	2.81
1980	7.80	8.79	9.53	2000	8.50	10.48	2.66
1981	5.10	7.44	7.04	2001	8.30	10.84	2.25
1982	9.00	8.72	6.05	2002	9.10	11.36	2.05
1983	10.80	9.08	4.17	2003	10.00	12.55	2.01
1984	15.20	9.68	3.99	2004	10.10	13.58	2.01
1985	13.40	10.33	3.31	2005	11.40	13.94	2.15
1986	8.90	10.18	3.00	2006	12.70	13.83	2.12
1987	11.70	10.46	3.21	2007	14.20	13.84	2.13
1988	11.20	10.72	3.09	2008	9.70	16.59	1.17
1989	4.20	7.53	2.86	2009	9.40	11.63	1.77
1990	3.90	6.22	18.99	2010	10.60	14.93	5.19
1991	9.30	7.35	3.45	2011	9.60	14.42	6.07
1992	14.20	9.65	3.15	2012	7.90	13.95	1.34
1993	13.90	11.61	2.98	2013	7.80	12.23	2.26
1994	13.00	12.23	2.85	2014	7.30	13.89	2.40
1995	11.00	12.25	2.95	2015	6.90	11.82	0.76
1996	9.90	12.34	2.85	2016	6.70	11.08	2.18
1997	9.20	11.67	2.89	2017	6.80	10.19	-9.48
1998	7.80	11.95	2.94	2018	6.60	9.43	-0.09

为了更好地了解劳动和资本对经济的贡献，本节根据下列公式计算出了 1979~2018 年劳动和资本对经济增长的贡献，具体结果如表 7-9 所示。

劳动力对经济的贡献率 = 劳动力弹性 × 劳动增长率 / GDP 增长率

资本对经济的贡献率 = 资本弹性 × 资本增长率 / GDP 增长率

表 7-9 劳动和资本要素对经济增长的贡献率　　　　单位:%

年份	各要素对经济的贡献率		年份	各要素对经济的贡献率	
	劳动	资本		劳动	资本
1979	36.12	48.96	1999	21.75	57.33
1980	72.72	45.65	2000	18.61	49.93
1981	82.11	59.12	2001	16.15	52.91
1982	39.97	39.24	2002	13.40	50.58
1983	22.98	34.06	2003	11.97	50.84
1984	15.62	25.79	2004	11.85	54.46
1985	14.68	31.22	2005	11.21	49.51
1986	20.06	46.35	2006	9.91	44.11
1987	16.31	36.20	2007	8.92	39.47
1988	16.43	38.77	2008	7.19	69.29
1989	40.54	72.63	2009	11.18	50.12
1990	289.63	64.62	2010	29.15	57.06
1991	22.05	32.02	2011	37.65	60.85
1992	13.18	27.52	2012	10.06	71.53
1993	12.77	33.84	2013	17.21	63.54
1994	13.04	38.12	2014	19.53	77.06
1995	15.95	45.10	2015	6.51	69.38
1996	17.15	50.48	2016	19.36	67.01
1997	18.67	51.36	2017	-82.99	60.69
1998	22.41	62.03	2018	-0.78	57.88

从表 7-8、表 7-9 中可以清晰的看到 1978~2018 年各要素增长率及其对经济增长的贡献率。从不变价 GDP 增长率可以看出，中国经济增长呈现一个不平稳的波动趋势。1979~1990 年经济增速的变动较大，说明这一时期我国的经济发展不稳定，1978 年我国进行了改革开放，1982 年我国实施了家庭联产承包责任制，说明在这一个时间段，政策对经济发展起了较为重要的作用。1991~2007 年，中国经济增长率经历了先上升后下降再上升的过程，但总体均超过 7%，峰值达到了 14% 以上，说明这一时期中国经

济发展呈现较高速增长的局面，但依旧不够稳定。2008年全球爆发经济危机，虽然增长率有小幅下降但我国整体经济发展态势良好。2012~2018年，经济增速明显下降，说明我国经济逐步步入新阶段，将由高速增长阶段转向高质量发展阶段，经济增速减缓在所难免。从劳动增长率和资本增长率看，两者都呈现出不断波动的趋势，资本增长率波动幅度较小，而劳动增长率的波动幅度相对较大，同时，近些年出现小幅负增长的情况，这需要引起重视。

（四）潜在GDP与GDP缺口的测算

本章选取1978~2018年的相关数据，构建了状态回归生产函数，求出了相关要素的产出弹性，并采用HP滤波法计算出潜在TFP以及潜在就业，通常认为潜在资本投入就是实际资本存量。本章将这些指标代入方程，以此推算出潜在产出。通过计算出的潜在产出可以计算产出缺口及产出缺口率，计算方法如下：

产出缺口=实际产出-潜在产出

产出缺口率=产出缺口/潜在产出

当产出缺口为负时，表明实际经济发展水平低于潜在经济发展水平，在经济发展中，各种要素没有有效利用，会造成非自愿失业，严重时会引起很多社会问题，造成社会不稳定。当产出缺口为正时，说明实际经济发展水平高于潜在经济发展水平，各种要素资源使用过度，会导致要素价格上涨，最终导致社会出现通货膨胀。

从表7-10中可以看到我国1978~2018年的实际产出与潜在产出以及产出缺口与产出缺口率，从中可以看出：产出缺口及产出缺口率呈现出一定的波动周期，1978~1980年产出缺口为正值，这两年实际产出大于潜在产出；1981~1984年产出缺口为负值，年平均产出缺口率为-3.24%，1985~1989年产出缺口为正值，1990~1992年产出缺口为负值，年平均产出缺口率为-4.11%，1993~2000年产出缺口为正值，2001~2006年产出缺口皆为负值,且产出缺口率绝对值较上一个阶段有所下降。2007~2012年除2009年外,产出缺口均呈正值。2013~2017年产出缺口皆为负值,2018年产出缺口为正值。综上所述可以发现,产出缺口率呈现正负交替的状况,每段周期都有增长的趋势,且产出缺口为正值的次数大致等同于为负值的次数。

表7-10 1978~2018年中国产出缺口及缺口率

年份	实际产出(亿元)	潜在产出(亿元)	产出缺口(亿元)	产出缺口率(%)
1978	3201.54	2919.646	281.8944	9.66
1979	3444.857	3277.457	167.3996	5.11
1980	3713.556	3651.314	62.24154	1.70
1981	3902.947	4046.981	-144.034	-3.56
1982	4254.212	4471.971	-217.759	-4.87
1983	4713.667	4933.099	-219.432	-4.45
1984	5430.145	5435.472	-5.32688	-0.10
1985	6157.784	5981.598	176.1859	2.95
1986	6705.827	6573.706	132.1212	2.01
1987	7490.409	7215.289	275.1202	3.81
1988	8329.334	7911.127	418.2076	5.29
1989	8679.167	8669.095	10.07126	0.12
1990	9017.654	9502.712	-485.058	-5.10
1991	9856.296	10427.75	-571.45	-5.48
1992	11255.89	11455.98	-200.088	-1.75
1993	12820.46	12593.56	226.8985	1.80
1994	14487.12	13842.44	644.6732	4.66
1995	16080.7	15204.75	875.949	5.76
1996	17672.69	16686	986.6888	5.91
1997	19298.58	18299.63	998.9473	5.46
1998	20803.87	20068.26	735.6049	3.67
1999	22405.77	22024.57	381.1935	1.73
2000	24310.26	24210.59	99.6642	0.41
2001	26328.01	26672.37	-344.367	-1.29

续表

年份	实际产出（亿元）	潜在产出（亿元）	产出缺口（亿元）	产出缺口率（%）
2002	28723.85	29458.96	-735.106	-2.50
2003	31596.24	32615.35	-1019.11	-3.12
2004	34787.46	36177.64	-1390.18	-3.84
2005	38753.23	40169.17	-1415.94	-3.52
2006	43674.89	44593.25	-918.356	-2.06
2007	49876.73	49430.29	446.4326	0.90
2008	54714.77	54639.68	75.08829	0.14
2009	59857.96	60175.42	-317.465	-0.53
2010	66202.9	65985.3	217.6008	0.33
2011	72558.38	72011.69	546.6846	0.76
2012	78290.49	78200.67	89.81639	0.11
2013	84397.15	84508.24	-111.095	-0.13
2014	90558.14	90901.84	-343.695	-0.38
2015	96806.65	97359.69	-553.043	-0.57
2016	103292.7	103866.4	-573.737	-0.55
2017	110316.6	110411.6	-94.9788	-0.09
2018	117597.5	116988	609.498	0.52

第六节　中国 2019~2030 年经济增长潜力预测

　　未来中国经济发展机遇与挑战并存。中国的人口红利正在逐渐消失，人口老龄化问题愈加凸显，我们不能再依靠之前廉价劳动力的发展方式，需要加大教育投入和人才培养，提高整体劳动力质量。产业结构已经发生了明显变化，2018 年，第二产业占 GDP 的比重持续下降至 36.1%，继第三产业占 GDP 的比重在 2015 年首次超过第二产业后，于 2018 年进一步上升到 59.7%，根据各国发展经验和现阶段国情，服务业比重将进一步上升。资本投入对于我国经济发展的贡献份额依旧较大，需要进一步优化资源配置。我国如今的全要素生产率水平仍旧不高，其对经济增长的贡献份额有较大的上升空间，技术对经济发展具有较大的拉动作用。新常态下，中国经济增速是"换挡"而不是"失速"，只是适当降速，将保持在中高速、高质量发展水平。

通过第五节对 1978~2018 年我国相关已知数据的整理计算，构建了柯布—道格拉斯状态生产函数模型，以此测算出了我国的劳动力产出弹性，资本产出弹性，以及各要素的增长速度及对经济的贡献份额。本节将结合现阶段中国经济实际情况和上节求出的模型和相关数据，分别对它们的变动趋势以及对潜在经济增长的影响进行分析，在此基础上初步预测了 2019~2030 年中国经济的潜在增长率。

在对中国潜在经济增长率的测算之前，需要知道资本存量增长率、人力资本存量增长率以及全要素生产率增长率。本节根据中国现阶段的经济形势，以及这些指标的历史数据，估算出合理的增长率，进而估算出潜在经济增长率。潜在经济增速的计算公式如式（7-9）所示：

$$g_t = g_{tfp_t} + \alpha_t \times g_{k_t} + \beta_t \times g_{h_t} \tag{7-9}$$

其中，g_{tfp_t}、g_{k_t}、g_{h_t} 分别为全要素生产率、资本存量、劳动力对应年份的增长速度，α_t 和 β_t 为资本和劳动的产出弹性。

根据中国 1978~2018 年劳动与资本增速的历史数据，可以清晰地看出资本的增速大于劳动力的增速，资本存量的变动态势较为明显，而劳动力数量呈现出先下降后上升的变化趋势。从资本增速看，资本存量按 1952 年为基期价格进行计算，1979~1990 年资本存量的增长率呈先下降后上升的趋势，其平均增长率为 9.03%；1991~2000 年的平均增长率进一步上升到 11.04%，期中 1991~1995 年增长率缓慢回升，之后保持相对稳定；2001~2016 年增长率先升后降，为了应对国际金融危机的不良影响，政府在 2008 年底推出了 4 万亿元投资计划，同时为了扩大内需而采取一系列的刺激措施，2008 年的资本存量增速达到近年来的较高水平，为 16.59%，从 2010 年开始又趋于下降，由 14.93% 下降到 2018 年的 9.43%。1979~2018 年我国资本存量平均增长率为11.22%。因此，2019~2030年，我国资本存量增速应有所下降，但平均资本存量增速仍有望保持在10%左右，我们假设资本存量的增速将以每年0.1%的速度递减。

从劳动力增速看，由于我国长年实施计划生育政策，致使人口增长缓慢，老年人口增多，人口老龄化严重，人口抚养比加重，劳动力增速缓慢，处于缓慢下降状态，近些年，劳动力的平均增速基本保持在2%左右，虽然从2015年开始，国家逐步开放二胎政策，但根据我国现阶段的实际情况，劳动力增速不会有太大变化，2019~2030年应保持每年2%的增速。

从全要素生产率增长率看，改革开放前期全要素生产率增速波动较为剧烈，而近年来增速趋于稳定，2011~2018年平均增速为2.26%，于是在现有政策下我们估计2019~2030年全要素生产率增长率以每年0.05%的速度递增。

本章构建模型的劳动产出弹性为0.5949，由于国家人才强国，科教兴国政策的支撑，将加大对人才的培养和教育的投入，因此，劳动产出弹性将以每年0.001的速度递增，而资本产出弹性将会反方向发展。

本章根据对中国经济形势的预判以及对1978~2018年历史数据的分析，对2019~2030年各要素增速变动进行推算，同时对资本与劳动的产出弹性进行了假设，之后预测出了中国的潜在经济增长率（见表7-11）。从预测的潜在经济增长率可以看出，2019~2030年平均潜在经济增长率将在7%左右，并呈现稳步下降的趋势。

表7-11　2019~2030年中国潜在经济增长率　　　　　单位：%

年份	资本增速	劳动力增速	TFP增速	资本产出弹性	劳动产出弹性	潜在经济增长率
2019	9.33	2.00	2.78	40.41	59.59	7.74
2020	9.23	2.00	2.73	40.31	59.69	7.65
2021	9.13	2.00	2.68	40.21	59.79	7.55
2022	9.03	2.00	2.63	40.11	59.89	7.45

续表

年份	资本增速	劳动力增速	TFP 增速	资本产出弹性	劳动产出弹性	潜在经济增长率
2023	8.93	2.00	2.58	40.01	59.99	7.35
2024	8.83	2.00	2.53	39.91	60.09	7.26
2025	8.73	2.00	2.48	39.81	60.19	7.16
2026	8.63	2.00	2.43	39.71	60.29	7.06
2027	8.53	2.00	2.38	39.61	60.39	6.97
2028	8.43	2.00	2.33	39.51	60.49	6.87
2029	8.33	2.00	2.28	39.41	60.59	6.78
2030	8.23	2.00	2.23	39.31	60.69	6.68

第七节 结论

本章基于生产函数法对中国经济发展现状以及未来的经济发展态势做了测度分析。经过改革开放至今40多年的高速发展，现阶段中国经济正处于转型阶段，将逐步迈入新阶段，经济增长速度呈趋势性下降，由高速增长转向中高速增长。造成经济增速下降的原因是复杂的、长期的，从供给侧看，劳动力成本上升，人口红利不断减弱，投资收益率下降带来的投资不足，全要素生产率对经济的贡献不高，这些原因意味着中国经济将难以保持过去的高速增长，中国旧有粗放型经济高速增长模式具有不可持续性，中国经济发展进入新常态。因此，本节提出以下三条政策建议：

（1）劳动力在经济中占有很重要的地位，其对潜在增长率的影响体现在劳动力数量和劳动力质量两方面。所以一方面要继续推进"全面二胎政策"，进一步提高年轻人的生育意愿，抑制老龄化趋势，改善人口结构，促进人口长期均衡发展，增加劳动力的供给；另一方面要继续加大对教育的投入力度，贯彻实施科教兴国战略，深化教育体制改革，促进教育公平与教育普及，大力提高劳动力的质量，创造新的人口红利，建设人才强国和人力资源强国。

（2）创新驱动发展是中国面向未来的重大战略方针，要加快完善创新制度体系，为技术进步提供制度保障。着力构建以企业为主体、市场为导向、产学研相结合的国家创新体系，全面提高全要素生产率。技术的创新和推广对经济增长起着重要的促进作用，要增强自主创新能力，提高科技成果转化率。一旦技术应用出现瓶颈，经济发展就很容易停滞，引进国外技术无法从根本上解决自主创新能力不足的问题。所以政府应当出台相应政策，鼓励企业尤其是高新技术企业增加研发投入，提高企业的技术创新能力和核心竞争力。

（3）要继续贯彻落实供给侧结构性改革，提高劳动、资本、技术等生产要素的配置效率，不断优化要素，显著促进经济增长，有效提高经济的潜在增长率。要大力发展知识密集型的战略性新兴产业，如新能源、新能源汽车、高端装备制造业和新材料，这些产业发展潜能巨大，资源消耗少，综合效益强，其对技术和知识要素的依赖远超其他生产要素，代表着未来科技，可以对经济发展做出重大贡献，并关乎经济社会发展全局和国家安全，对带动经济社会进步、提升综合国力具有重要促进作用。

河南省经济增长潜力测度

河南省地处中原地带,既是我国的农业大省,也是重要的经济大省和迅速发展的新型工业大省。习近平总书记在2014年5月考察河南的行程中第一次提到"新常态"。2012年既是我国经济增长的拐点,也是河南省经济增长的拐点,至此起我国经济进入新常态,经济从追求高速发展转向追求高质量发展。党的十九大报告对中国经济发展阶段做出了新的重大判断:"我国经济已由高速增长转向高质量发展阶段,正处在转变发展方式,优化经济结构,转换增长动力的攻关期。还指出'经济新常态'是社会主义初级阶段的特殊表现形势。"因此,新常态下经济增长的潜力就在于如何促进经济高质量发展。本章在第七章研究中国经济增长潜力的基础上,继续研究河南省的经济增长潜力。

第一节 研究背景

河南省地处中原地带,经济发展落后于沿海经济开放区。2012年,国家正式批复了《中原经济区发展规划》(2012~2020),实施中原崛起战略。经过8年的发展,现已成为中国经济的第五大经济体。在2008年经济危机的影响下，资源、环境、土地等要素禀赋难以维持传统粗放型的经济发展方式，经济发展需要转型升级，新常态下河南省经济增长的要素禀赋结构发生了变化。在这种情况下，本章对河南省的经济发展现状、河南省经济的增长动力和制约因素进行了分析，通过构建状态生产函数模型，能更好地体现出近40年河南省的劳动、资本产出弹性的变动情况，分析各要素对经济的影响情况，测算出潜在产出和产出缺口，为未来河南省的经济发展提供借鉴经验，使未来河南省经济更好、更优质地发展。

第二节　文献综述

本书第七章已对中国经济增长潜力的趋势、增长潜力的因素和增长潜力的测算方法等文献进行了概况总结。对于河南省经济增长潜力的测度问题，本章对地区经济增长潜力的文献做一总结。

彭新永、张卫华（2016）从生产要素、需求和产业等方面分析了广西"十三五"和中长期经济增长的潜力和动力，并提出了从深化改革、城镇化建设、产业转型升级、区域协调发展、开放合作等方面来提升经济增长动力。马婉蓉（2016）首先运用多元统计方法对新疆建设兵团的经济增长潜力进行了综合评价；其次估算了兵团的潜在GDP，并对经济增长潜力和实力的关系进行分析；最后运用灰色预测模型预测了兵团的经济增长趋势。蔡亚楠（2017）运用生产函数法和HP滤波法分别对我国西部地区的潜在产出、潜在经济增长率和产出缺口等指标进行估算，并对西部地区潜在经济变动的影响因素及与实际经济增长之间差异的原因进行了分析，最后预测了西部地区未来的经济发展趋势。昌忠泽、毛培（2017）首先从消费、投资和净出口三个方面分析了新常态下北京市经济增长潜力的制约因素，并在此基础上测算了北京市潜在增长率水平。结果显示，北京市潜在经济增长率未来呈总体下降趋势，未来将保持在一个较低水平。昌忠泽、毛培提出了向消费、投资和外贸要潜力的政策建议。任保平（2017）研究了中国地方经济增长效率及潜力，得出传统的增长模式及经济效率、要素供给、经济结构、外部环境与转型经济不匹配造成中国地方经济增长效率偏低，并提出了通过提高要素生产率和要素供给质量来提升经济增长潜力的路径。李子豪（2019）构建了经济增长潜力开发的理论框架，考察了西北地区经济增长潜力开发的影响因素，并运用广义最小二乘法实证考察西北地区经济增长潜力开发的制约因素。朱长存、陆佳丽、刘云飞（2019）基于可变参数生产函数通过构建状态空间模型估计要素投入的动态产出弹性，对河北省 1985~2016 年的潜在产出进行测算，并对 2017~2025 年的潜在产出增速进行了预测。研究结果表明，潜在产出的平均增速在 6.5% 左右。师博、樊思聪（2020）测度了中国经济高质量发展潜力，并对四个象限内各地区经济高质量发展潜力特征的成因和提升路径做出动态评判。研究结果表明，现阶段单纯的经济增长已无法满足多维度的社会发展目标，要进一步围绕全要素生产率改进、经济稳健增长、社会协调发展和生态环境优化等层面来开发经济的高质量发展潜力。

以上文献为本章研究河南省经济增长潜力提供了思路和方法基础，本章接下来首先分析河南省的经济发展状况，接着分别运用生产函数法和 HP 滤波法对河南省的潜在产出进行测算，并对 2018~2030 年河南省经济增长潜力进行预测。

第三节　河南省经济发展情况分析

（一）河南省经济增长速度分析

为了研究改革开放以来河南省经济发展状况，先对河南省 1978~2016 年经济增速进行分析。对经济增长速度的度量，通常用经济增长率表示。

经济增长率等于本年度经济总量的增量与上年所实现的经济总量之比。由于GDP包含了产品或服务的价格因素，所以在计算GDP时可以分为用现价计算和用不变价格计算的GDP。用现价计算的GDP可以反映一个国家或地区经济发展规模，用不变价计算的GDP可以用来计算经济增长速度。所以本节选用不变价计算GDP，进而得出改革开放以来河南省经济的增长速度。计算结果如图8-1所示。

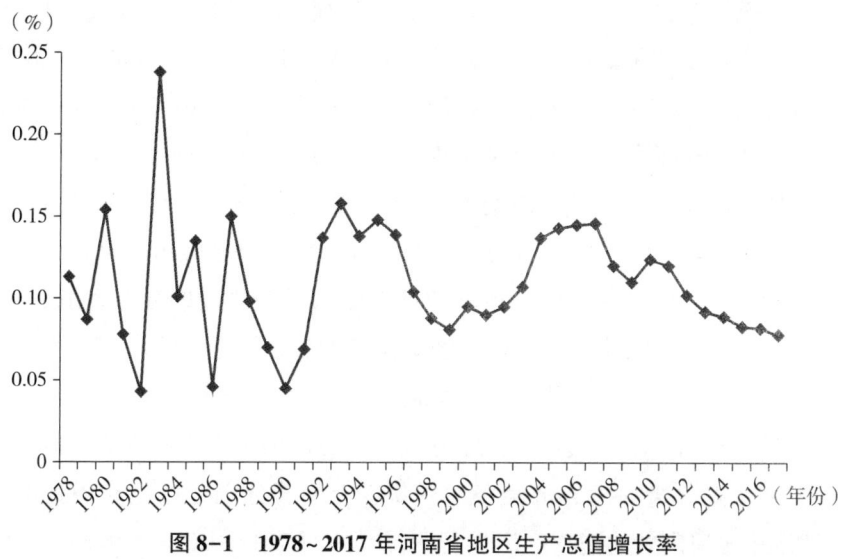

图8-1 1978~2017年河南省地区生产总值增长率

通过图8-1可以看出，1978年至今河南省经济发展增速在10%的水平上下波动。1978~1990年，河南省经济增速的波动比较大，甚至出现了前一年（1982年）增长率极低（4.3%），后一年增长率（1983年）极高（23.8%）的现象，这一时期河南省经济发展处于改革开放初期，经济发展与经济体制改革存在较大联系，如1982年我国实行了家庭联产承包责任制，使河南省的经济得到了飞速发展，经济周期与改革周期基本同步。1990年至今，河南省经济增速波动幅度较小，经济发展稳定性逐渐增强。针对经济下降态势，1990年国家通过扩大投资规模来刺激经济，很快扭转了经济下滑的局势，并于1991年走出低谷，1992年我国实行社会主义市场经济体制，河南省经济保持平稳高速发展，1998年受亚洲金融危机及长江流域特大洪灾的影响，经济出现下滑趋势，步入21世纪，河南省经济进入了一个高速发展时期，人民生活水平大幅提高，但也出现了种种问题，如房价高、基础设施重复建设等。受2008年美国次贷危机及我国经济发展中的矛盾日益加深的影响，2011年起河南省经济呈下滑态势，并于2013年开始进入个位数增长阶段，河南省经济发展进入了新的历史阶段，呈现相对放缓的趋势。至2017年河南省GDP增长率为7.8%，仍略高于全国的GDP增长率。

（二）河南省三次产业构成情况分析

为了解河南省三次产业结构（包括三次产业贡献率）构成情况，本章选择生产总值分产业构成和三次产业贡献率相关数据进行进一步分析，具体数据如图8-2所示。

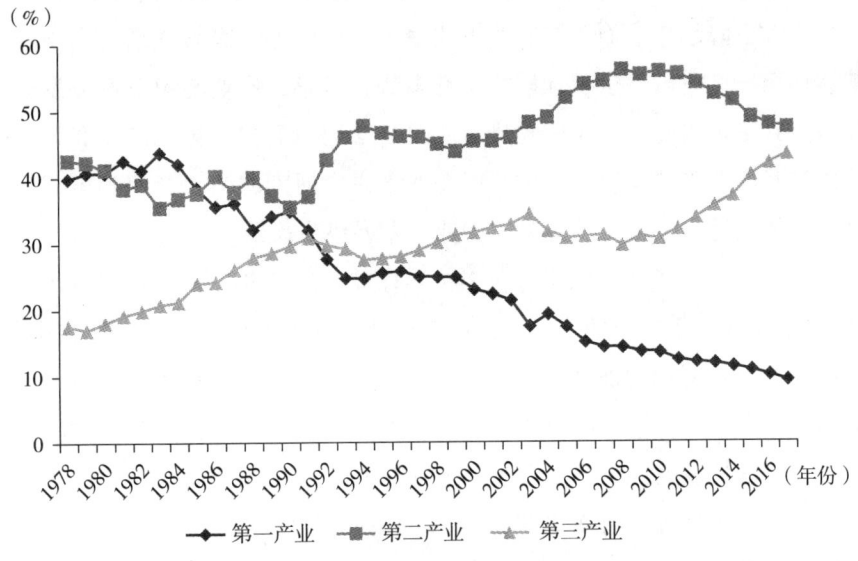

图8-2　1978~2017年河南省生产总值分产业构成变动

从图 8-2 可以看出，1978 年至今河南省的第一产业占比由 1978 年的 39.8%不断下降至 2017 年的 9.29%；第二产业占比情况较为稳定并呈扩大态势，占比由 1978 年的 42.6%不断上升到 2017 年的 47.37%；第三产业占比显著提升，由 1978 年的 17.6%逐步扩大到 2017 年的 43.34%，这说明河南省经济结构呈逐渐调整态势，经济构成日趋合理化。

分阶段看，1978~1983 年，第一产业比重呈缓慢上升态势，而第二产业比重呈下降趋势，且比重低于第一产业，而第三产业比重呈现上升状态；1984~1991 年，第一产业比重呈直线下降且低于第二产业，第三产业比重逐渐追上第一产业且大于第一产业比重；1992~2017 年，第二产业与第三产业比重呈反向增长态势，第二产业比重大于第三产业比重，但差距在缩小，第一产业比重呈直线下降且远低于第二产业和第三产业。农业比重降低，第二产业和第三产业占比提升显著，但还应进一步提高第三产业占比，逐渐缩小第二产业占比，优化第一产业的发展，提高农业现代化水平和工业现代化水平，提高科技创新能力。

本节分析了 1978 年至今河南省产业构成状况，可知总体上第一产业占比呈直线下降趋势，而第二产业占比最大，但由上升态势逐渐转向下降趋势，而第三产业占比呈现迂回式上升态势，且第二产业与第三产业发展的趋势大致呈现出此消彼长的趋势。从图 8-2 可以看出，第二产业和第三产业发展状况关于某条直线对称，但总的来说，河南省第二产业和第三产业都有了较大地发展，尤其是第三产业，发展势头强劲。

根据表 8-1 工业化水平评价指标与标准，2003 年，河南省第一产业占比为 17.45%，第二产业占比大于第三产业占比，河南省进入工业化中期；从图 8-2 可以看出，2010 年是河南省经济发展的一个转折点，此后经济逐渐向新常态迈进。第二产业占比呈直线下降趋势，而第三产业占比呈直线上升且其增长速度快于第二产业的下降态势，第二次产业和第三产业占比逐渐接近，成为带动河南省经济增长的主要动力。2017 年第一产业占比 9.29%，这说明我省工业化水平处于工业化后期。

表 8-1 工业化水平评价指标与标准

基本指标	前工业化阶段	工业化初期	工业化中期	工业化后期	后工业化阶段
产业结构	A>I	A>20%且A<I	A<20%，I>S	A<10%，I>S	A<10%，I<S
人口城市化率	30%以下	30%~50%	50%~60%	60%~75%	75%以上
第一产业就业人员比	60%以下	45%~60%	30%~45%	10%~30%	10%以下

注：A、I、S分别代表第一、第二和第三产业增加值在GDP中所占的比重。

从图8-3可以看出1981~2016年河南省三次产业贡献率变动状况。从整体看，第一产业与第二产业对经济的贡献率围绕着40%这条水平线呈现反向波动趋势。第三产业的贡献率在1981~1992年波动较明显，但1992年之后，第三产业的贡献率呈平稳态势且在20%附近小幅波动。分阶段看，1991年之前，三次产业贡献率波动幅度都较大，且第一、第二产业的贡献率呈反向交叉大幅度波动的态势，第三产业相对两者波动较小。1991年之后，三次产业贡献率趋于稳定，第二产业贡献率在60%上下波动，第三产业贡献率在20%上下波动，第一产业贡献率在0~20%波动且其贡献率逐渐趋近于0。2003年，第一产业和第二产业有了明显波动，第一产业贡献率下降至-5%，第二产业贡献率增至74.6%。2003~2015年，第三产业对经济增长的贡献率呈现稳步上升状态，第二产业呈现下降趋势，但其对经济的贡献率仍然较大，第一产业呈现平稳走低状态。2016~2017年，第三产业对经济的贡献率开始超过第二产业，成为对经济贡献率最大的产业。总的来说，第三产业对经济的贡献率较大，第二产业居中，第一产业贡献率最小。河南省经济发展由第二产业主导逐渐向第二、第三产业协同推进和第三产业主导转变。

（三）河南省固定资产投资状况分析

为了解河南省固定资产投资情况，本章选择固定资产投资状况总额及

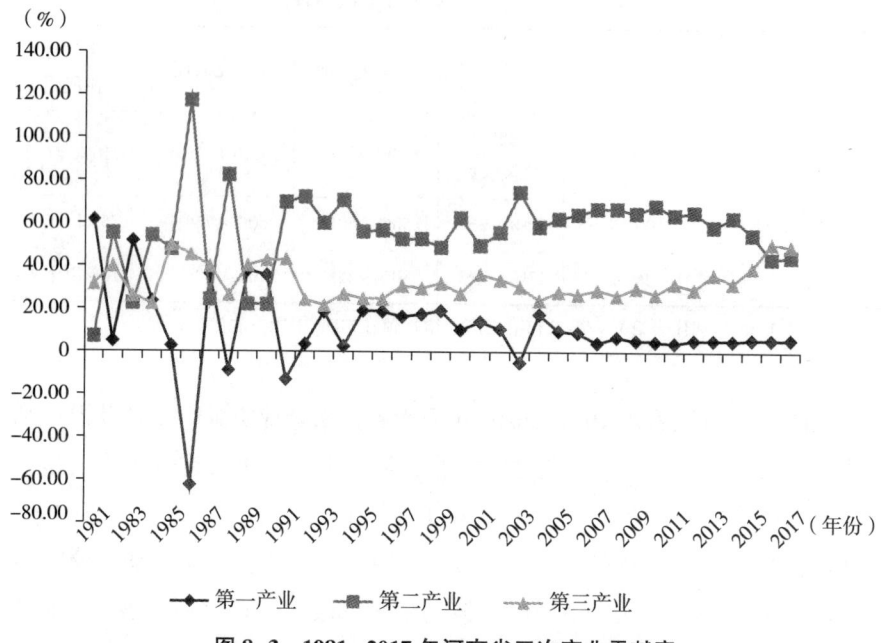

图 8-3　1981~2017 年河南省三次产业贡献率

其变化率和固定资产投资构成变动的相关数据进行进一步分析，具体数据如图 8-4 所示。

河南省的固定资产投资统计是从 1985 年开始的，根据统计口径，我们可知固定资产投资的统计口径在不断调整变化，且统计起点金额不断变大，这说明河南省固定资产投资发展较好。从图 8-4 河南省固定资产投资变动情况可以看出，固定资产投资在 2000 年之前的投资量很小，但是经济增长速度起伏波动较大，1986~1989 年，在 1988 年固定资产投资增速达到 30%，1989~1999 年，在 1993 年增速达到近 60%，此后增速开始下滑；2000~2010 年，固定资产投资额明显上升并突破 1 万亿元，2010 年采用新的口径，所以 2009 年和 2010 年投资额区别较小，但 2011 年至今，固定资产投资额大幅度上升。2000~2005 年固定资产投资增速呈现上升趋势，而 2005~2009 年投资增速缓慢下降，这一时期在 2010 年增速最小，这可能和统计口径的转变有关，2011 年增速回升，但 2013~2017 年投资增速又呈现下降趋势，这一阶段河南省整体经济增速放缓，经济发展进入新时期。

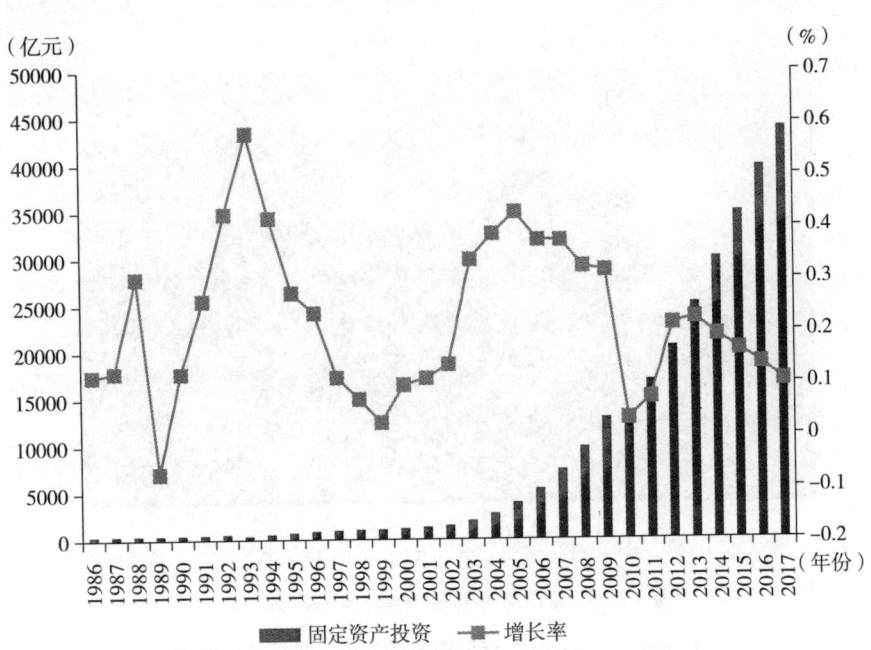

图 8-4 1986~2017 年河南省固定资产投资变动

固定资产投资包括工业投资、房地产开发投资、基础设施投资。由于本章对河南省经济形势的分析，可知 2010 年是河南省的一个经济转折点，因此可以分阶段来分析河南省的经济发展状况，本节选取 2003~2010 年为经济旧常态阶段，2011~2017 年为经济新常态阶段，据此分析河南省经济发展形势。

从图 8-5 可以看出，在固定资产投资中，2003 年基础设施建设投资占比和工业投资占比都各为 45%，而房地产开发投资仅占 10%。随着时间的发展，工业投资占比逐渐增大，而基础设施建设投资占比呈明显的下降趋势，房地产开发投资占比呈缓慢增长态势。从图中可以看出，2010年是一个转折点，房地产开发投资开始大于基础设施建设投资，直到 2015 年这种情况才开始扭转，基建投资重新大于房地产开发投资，但两者都呈缓慢上升趋势，而工业投资占比却呈下降趋势，不过其占比依然较高,约为60%。

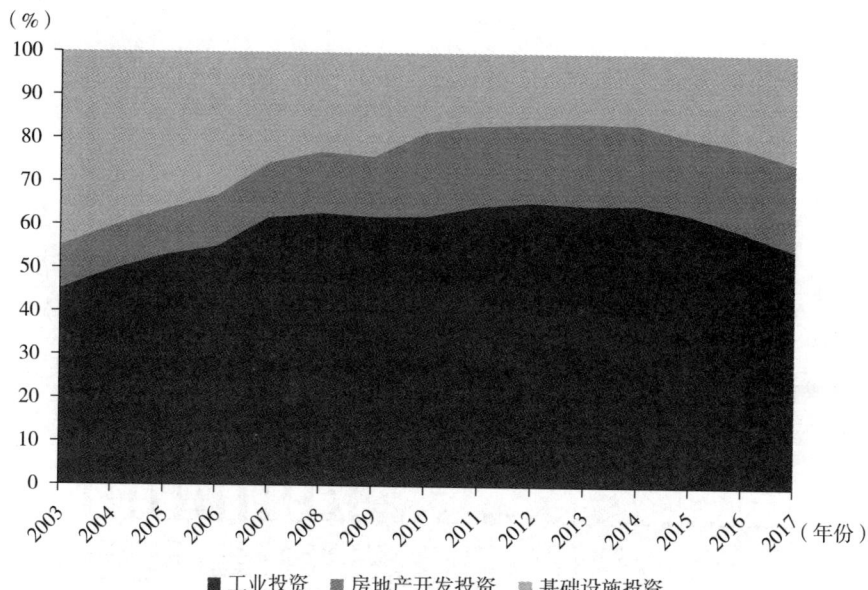

图8-5 2003~2017年河南省固定资产投资构成变动

通过上述分析,虽然2013~2017年河南省固定资本投资增速在下降,但是固定资本投资量依然呈上升趋势。通过对其内部投资结构的分析可以发现,在新常态下,河南省工业投资占比大但呈现缩小态势,房地产开发投资占比也在缩小,但基建投资占比却呈现增长趋势,这和我们国家实施的"三去一降一补"政策息息相关,河南省房地产待售房房屋面积大,因此为了去产能,必须减少对房地产的开发投资,而由于现阶段经济进入高质量发展阶段,许多基础设施老化或者不健全,需要更新换代,因此基建投资占比扩大。

(四)河南省从业人员情况分析

为了解河南省从业人员情况,本章选择河南省从业人口及其构成情况相关数据进行进一步分析,具体数据如图8-6所示。

第八章 河南省经济增长潜力测度

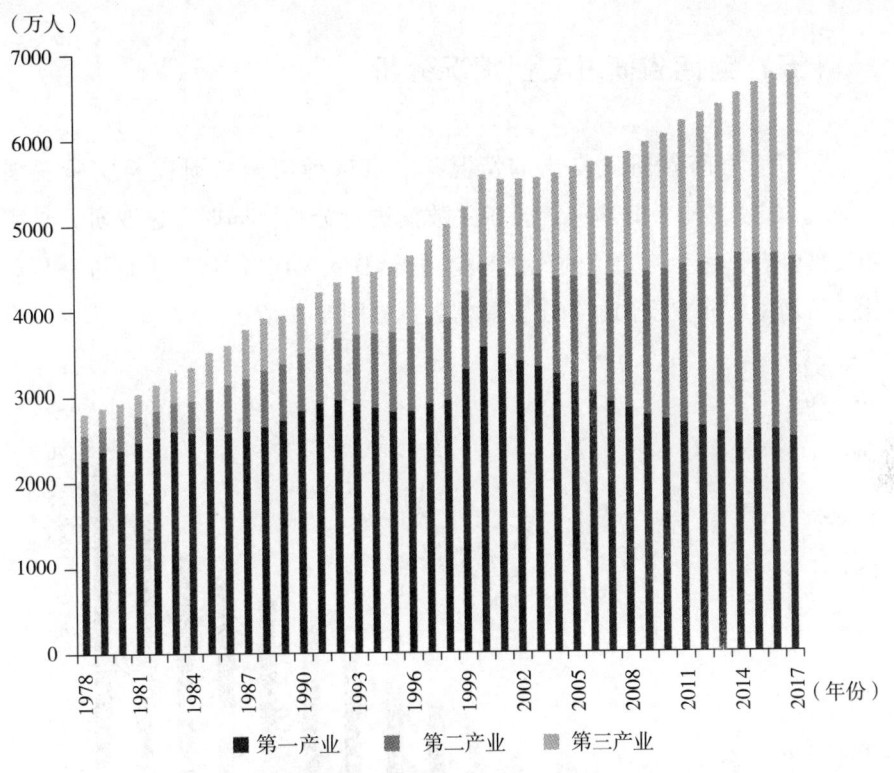

图 8-6　1978~2017 年河南省从业人员及其构成情况

从图 8-6 可以看到改革开放以来河南省从业人口及其构成情况，1978~2017 年，河南省从业人口数量基本呈不断增加的状态，但 2000 年是一个转折点，1978~2000 年，河南省从业人口数量不断增加，第二产业和第三产业从业人数都在增加且第一产业从业人数也保持着增长态势；而 2000 年之后，虽然河南省从业人员数量初期略有下降但整体呈增长状态，且 2000 年从业数量明显大于 1999 年从业人员数量，2000 年之后，第一产业从业人员数量呈直线下降态势，而第二产业和第三产业从业人员数量呈上升趋势。总体上来说，第一产业的从业人数还是大于其他产业从业人数，这也和河南省经济发展相一致。河南省是农业大省，所以第一产业从业人数多，但随着河南省经济的不断发展，第二产业和第三产业发展迅速，尤其是第三产业发展势头更为强劲。

(五) 河南省研发支出情况分析

为了解河南省研发支出的情况，本章选择河南省研究与实验发展（R&D）经费支出及其增速情况相关数据进行分析。同时，选取研究与实验发展经费其占生产总值的比重与全国 R&D 占 GDP 的比重进行进一步对比分析河南省研发支出的情况，具体数据如图 8-7 所示。

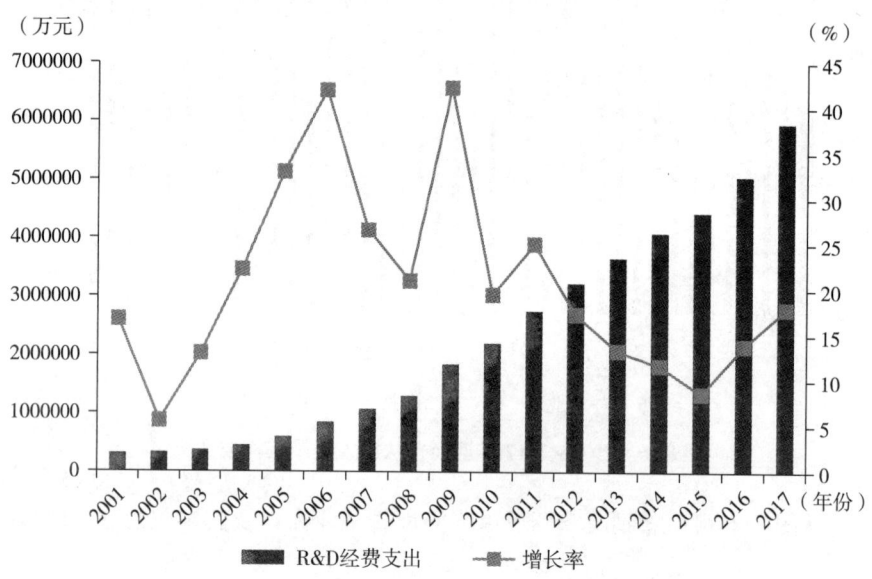

图 8-7　2001~2017 年河南省 R&D 经费支出及其增长率情况

从图 8-7 可以看到 2001 年至今河南省研究与实验发展经费支出及其增速情况，2001 年至今，研究与试验发展经费支出的绝对量呈增长趋势，其增长速度波动幅度较大。从图中可以看出，2001 年至今有两个增长高点，第一个是在 2006 年，增长速度高达 41.97%；第二个是在 2009 年，增长速度高达 42.27%。2002 年增速显著下降，仅为 5.58%，2002~2006 年呈直线递增趋势，并在 2006 年达到增长高点；2006~2008 年增速下降，2009 年又达到增长高点，2010 年增速放缓为 19.49%，2011 年增速略又上升为 25.05%，2011~2015 年增速呈下降趋势，逐渐降到个位数增长，但

2016~2017年增速又有所提升,总体来说,2004~2011年增速都相对较高,在20%以上,2012年至今,研究与实验发展经费支出增速都相对处于低位,增速放缓,这与河南省经济新常态阶段相符合。河南省经济进入新常态,经济发展速度有所放缓,更注重经济发展质量。

R&D经费支出及其占GDP的比重是衡量一个国家科技活动规模和科技投入水平的重要指标,也是反映我国自主创新能力和创新型国家建设进程的重要内容。因此,本章分析比较了2001~2017年河南省与我国的研究与试验发展经费支出占GDP的比重,具体数据如图8-8所示。

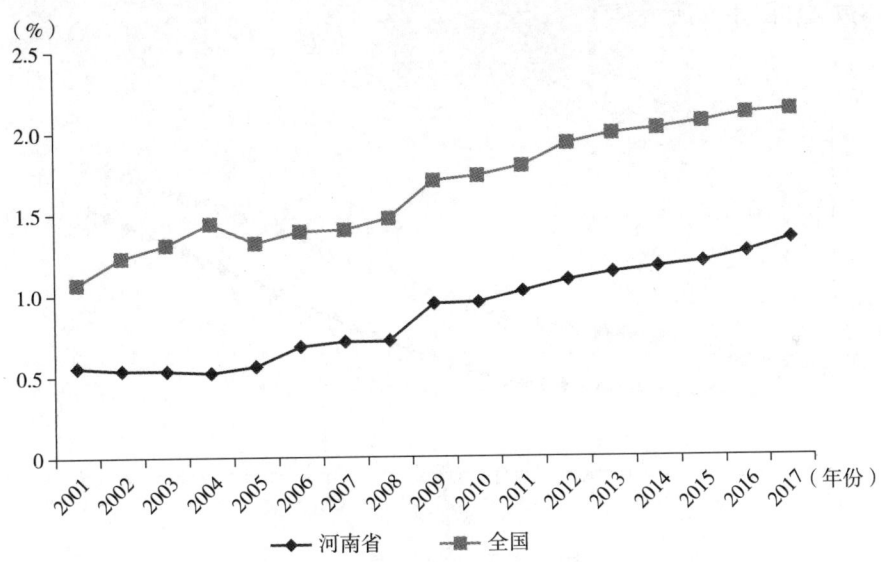

图8-8 2001~2017年河南省与全国R&D经费支出占GDP的比重

从图8-8可以看到2001~2017年河南省与我国科研经费支出占GDP的比重的情况。整体上,河南省的科研经费支出占比均小于国家科研经费支出占比,但两者科研经费支出所占GDP的比重均呈现上升趋势,且其趋势保持一致,基本同步增长。2009年是河南省和我们国家科研经费支出占比的一个快速增长点,而且还可以看出,2010年至今,河南省科研经费支出占比与国家科研经费支出占比的差距有所扩大,这反映出河南省科研规模较小,科研投入水平不足,自主创新能力较弱,所以河南省应该继续加大科研经费支出，提高河南省的科研能力和科研水平，着眼于改变河南省经济发展方式，创造河南省新的经济增长动力。

（六）河南省城镇化水平分析

一个地区的城镇化水平能够很好地反映出该地区经济的发展水平，为进一步了解河南省经济发展状况，对河南省城镇化水平进行分析，本节选择河南省城镇化率相关数据并与全国城镇化率相关数据进行对比分析，具体数据如图 8-9 所示。

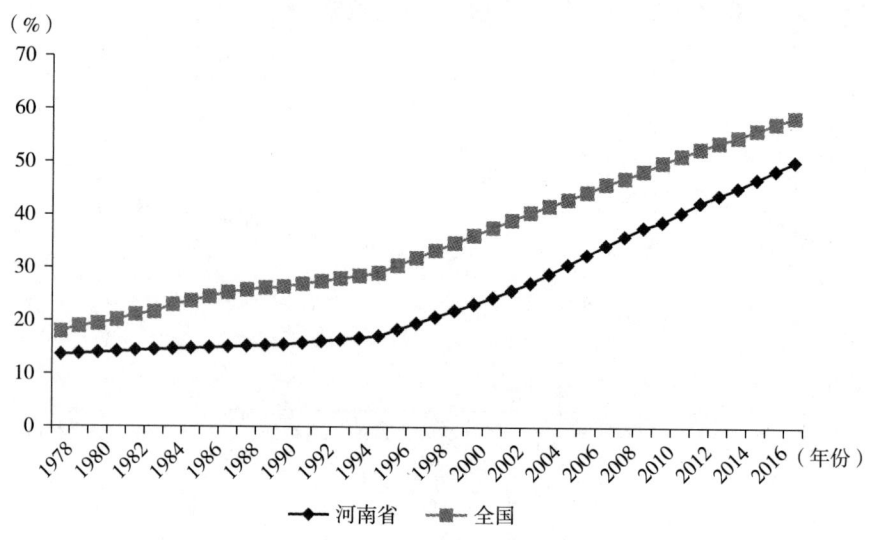

图 8-9　河南省与全国城镇化率对比

从图 8-9 可以看出，河南省城镇化率的变动趋势与中国整体的城镇化率变动趋势基本一致，但河南省的城镇化率小于中国整体的城镇化率，河南省的城市化水平相对较低。分阶段看，1978~1996 年，中国与河南省的城镇化率增长速度都很缓慢，1978 年中国和河南省的城镇化水平都较低，在 15% 左右，而河南省的城镇化水平在这一阶段始终低于 20%，经过这一阶段的发展，中国整体的城镇化水平达到 30%。1997~2017 年，中国与河南省的城镇化率都呈现较快增长,两者近似为平行关系,这说明两者增长速度基本相同,但从 2012 年起,中国整体的城镇化率增速放缓并低于河南省的城镇化率增速。河南省与中国整体的城镇化水平正在逐步缩小,河南省城镇化水平低于中国整体城镇化水平,但差距在缩小,因此,河南省要加强经济发展,提高经济发展水平,相应地促进河南省城镇化水平的提高。

根据工业化水平评价标准及阶段划分,2017 年河南省的城镇化率为 50.16%,根据划分标准,城镇化率在 30%~50% 属于工业化初期,城镇化率在 50%~60% 属于工业化中期,根据本章对产业结构的分析,判断河南省经济发展处于工业化中期,而根据城镇化率分析,判定河南省经济发展处于工业化中期的前期,因此可以判定河南省城镇化水平基本与经济发展水平持平或略微滞后,所以在发展经济的时候注意提高经济发展质量,促进城镇化水平提高。

第四节　模型构建

经济增长潜力的测算方法既可以从供给侧出发,也可以从需求侧出发,基于消费、投资和出口的投入产出模型来测算。柯布—道格拉斯生产函数相对于其他测算方法来讲较为成熟,因此,本章仍旧同第七章一样,采用柯布—道格拉斯生产函数测算河南省经济增长潜力。

柯布—道格拉斯生产函数是从供给侧角度出发来测算经济的潜在产出,探究劳动、资本、技术及制度等因素对 GDP 所产生的影响,其函数的基本形式为:

$$Y = A(t) L^\alpha K^\beta \mu$$

Y 是地区生产总值,$A(t)$ 是综合技术水平,L 是投入的劳动力数量(单位是万人或人),K 是投入的资本,一般指固定资产净值(单位是亿元或万元,但必须与劳动力数的单位相对应,如劳动力用万人作单位,固定资产净值就用亿元作单位），α 是劳动力产出的弹性系数，β 是资本产出的弹性系数，μ 表示随机干扰的影响（μ≤1）。一般来说，生产函数具有规模报酬不变的性质，这不仅是出于分析的方便，更重要的是，从理论上讲，如果生产函数不具备规模报酬不变的性质，那么，当规模报酬为递增时，经济将处于长期扩张；当规模报酬为递减时，经济就会萎缩。这两种情况在要素投入一定的条件下，不是一个均衡的状态，因而生产函数规模报酬不变这一假设有着很强的理论依据。因此，本章在构建生产函数时，假设规模报酬不变，并构建生产函数如下：

$$Y_t = A(t) L_t^\alpha K_t^\beta = A_0 e^{r_t t} (h_t l_t)^\alpha K_t^\beta \mu$$

其中，$\alpha+\beta=1$，A_0 为初始技术水平，$A(t)$ 表示技术水平逐年变化，且每年的变化率不同。h_t 代表劳动力投入的质量，l_t 代表从业人员，而两者的乘积代表劳动力投入，K_t 为资本投入。对函数取对数，得：

$\ln Y_t = \ln A_0 + r_t t + \alpha \ln L_t + (1-\alpha) \ln K_t + \mu_t$

令 $y_t = \ln Y_t$，$c = \ln A_0$，$g_t = \ln L_t$，$k_t = \ln K_t$，构建状态空间模型如下：

$y_t = c + r_t t + \alpha g_t + (1-\alpha) k_t + \mu_t$

状态方程为 $r_t = \theta r_{t-1} + \omega + \varepsilon_t$，$\alpha_t = \lambda \alpha_{t-1} + \phi + \eta_t$

在本章所构建的模型中，y_t，g_t 和 k_t 在模型中称为可观测向量，r_t 和 α_t 称为状态向量，是不可观测变量。模型中假设 2 个状态向量符合 AR（1）过程，θ、ω、λ 和 ϕ 分别为相应状态向量的 AR（1）系数。μ_t、ε_t 和 η_t 均为独立且服从正态分布的随机扰动项。

第五节 数据选取

本节采用生产函数法对经济潜在产出进行测度，需要测算总产出、资本存量和劳动力三个指标。产出数据即为历年不变价的 GDP 数据。资本存量数据采用第七章估算资本存量的方法，人力资本的测度应考虑劳动力的数量和质量两个方面。

本章在测算资本存量时以1978年为基年，1978年资本存量的测算，不同的学者给出了不同的测算方法。郭胜利（2011）在《河南省人力资本与经济增长实证研究》一文中，假定河南省的初始固定资本存量在1978年改革开放时全部形成，且1978年的河南省固定资本存量总额相当于河南省GDP的3倍。代明等（2011）在《集约型城市经济增长潜力及其影响因素分析》一文中，选取5%的折旧率，由于1979年前数据的缺乏，假定1979年资本存量为全社会固定资本投资的5倍。姚李亭和彭香（2014）在测算资本存量时，选取固定资本形成总额作为当年的投资数据，并借鉴张军等（2004）的方法，构造出1978~1992年的固定资产投资价格指数，同时采用Hall和James（1991）的方法，将基期的资本投资额比上某个年限投资增长的几何平均数和折旧率的和作为初始资本存量，参照宗振利等（2014）的做法，确定河南省固定资产折旧率为10.25%，投资增长的几何平均数为4.5%。从而得到1978年河南省资本存量为274.61亿元。

对于折旧率的确定，本章参照袁吉伟（2012）的做法，根据已有研究成果，发现固定资产折旧率有加速的趋势，同时一定时期内又保持相对的平稳性，因而不同时期选取不同折旧率，其中1978~1990年为5%、1991~2000年为6%、2001~2017年为10.25%。

对于人力资本的测算，本章采用第七章关于资本存量的测算方法。郭胜利（2011）在《河南省人力资本与经济增长实证研究》一文中利用相同的算法，测算出了1983~2005年的河南省平均受教育年限数据，本章将直接采用，而2006~2017年的平均受教育年限，本节将根据历年河南省统计年鉴以及国家统计年鉴上的相关数据予以测算，而1983年之前的数据不可获得，所以本节将按照所算出的平均受教育年限首先假设1978~1982年这五年的平均受教育年限分别为3.5、3.8、4、4.3、4.5；其次结合从业人员数据，推算出河南省1978~2017年的人力资本。

根据上述方法计算得到表8-2的数据。

表 8-2　1978~2017 年河南省资本存量、人力资本和不变价 GDP

年份	从业人员（万人）	人力资本（万人）	固定资本投资价格指数（1978=100）	资本存量河南（亿元）	生产总值指数（1978=100）	不变价 GDP（亿元）
1978	2807	9824.5	100	274.61	100	162.92
1979	2873	10917.4	109.5517	303.2066	108.7	177.094
1980	2929	11716	110.3801	340.3202	125.4398	204.3665
1981	3039	13067.7	110.8054	373.1212	135.2241	220.3071
1982	3146	14157	111.22	413.8969	141.0387	229.7803
1983	3289	15852.98	113.1233	471.117	174.606	284.468
1984	3346	16696.54	124.9953	529.0603	192.2412	313.1993
1985	3520	18092.8	140.8307	600.7322	218.1937	355.4812
1986	3598	19069.4	145.7023	679.7123	228.2306	371.8333
1987	3782	19817.68	166.6235	750.2738	262.4652	427.6083
1988	3916	20989.76	156.1381	855.1532	288.1868	469.514
1989	3943	21607.64	162.3067	941.5462	308.3599	502.3799
1990	4086	23371.92	174.4316	1023.878	322.2361	524.987
1991	4216	23946.88	191.1721	1108.418	344.4704	561.2111
1992	4332	25255.56	200.9211	1214.453	391.6628	638.0971
1993	4400	25916	244.2859	1340.525	453.5455	738.9164
1994	4448	26821.44	281.7117	1498.224	516.1348	840.8869
1995	4509	30390.66	310.6732	1690.752	592.5228	965.3381
1996	4638	31816.68	323.5918	1922.848	674.8835	1099.52
1997	4820	34222	326.875	2191.382	745.0713	1213.87
1998	5000	36250	322.4193	2498.319	810.6376	1320.691
1999	5205	36955.5	315.6925	2814.022	876.2993	1427.667
2000	5572	39895.52	321.9539	3155.014	959.5477	1563.295
2001	5516.59	43139.73	323.727	3384.795	1045.907	1703.992
2002	5522	44562.54	322.9305	3662.936	1145.268	1865.871
2003	5535.67	44119.29	329.4078	4025.706	1267.812	2065.519
2004	5587	45925.14	368.9023	4485.145	1441.502	2348.495
2005	5662	45692.34	396.7584	5161.311	1647.637	2684.33

续表

年份	从业人员（万人）	人力资本（万人）	固定资本投资价格指数（1978=100）	资本存量河南（亿元）	生产总值指数（1978=100）	不变价GDP（亿元）
2006	5719	46901.53	415.6956	6076.001	1886.544	3073.558
2007	5773	47648.03	445.5105	7258.634	2161.98	3522.297
2008	5835	49089.86	473.3763	8690.834	2421.417	3944.973
2009	5948.78	50022.15	459.0607	10631.04	2687.773	4378.92
2010	6041.56	52912.98	479.3735	12817.32	3021.057	4921.906
2011	6197.848	53960.28	503.8072	15238.93	3383.584	5512.535
2012	6287.501	54324	507.2162	17948.84	3728.709	6074.813
2013	6386.575	55537.65	504.615	20939.7	4068.056	6627.676
2014	6520.032	56841.64	504.512	24076.86	4422.933	7205.842
2015	6636	57733.2	492.3369	27297.34	4790.036	7803.927
2016	6726.391	58723.23	491.2893	30523.33	5182.819	8443.849
2017	6766.86	59000.25	527.5956	33279.45	5587.079	9102.469

第六节 河南省潜在产出测算

通过对模型的建立、对各项指标的确定，以及数据的选取和计算。本节将进行实证分析，通过 Eviews 软件以及所选取的 1978~2017 年河南省相关指标的数据，结合本章第四节所构建的模型，利用已知数据去测算资本、劳动产出弹性以及全要素生产率。

（一）劳动和产出弹性的估计

状态空间模型需要满足变量平稳或协整的条件，因此，本章对取对数后的数据进行平稳性检验，先进行 ADF 单位根检验，发现所给各变量数据满足一阶单整,通过单个变量的平稳性检验,本章将同阶单整的变量进行协整检验,协整检验结果如表 8-3 所示。

表 8-3 协整检验结果(trace 检验法)

原假设	特征值	迹统计量	5%显著性水平的临界值	P 值
没有协整方程	0.513053	37.96598	29.79707	0.0046
至多存在一个协整方程	0.226649	10.62118	15.49471	0.2359
至多存在两个协整方程	0.022232	0.854330	3.841466	0.3553

表 8-3 显示,在 5%的显著性水平下,原假设没有协整方程的 P 值小于 0.05,所以拒绝原假设,表明存在协整方程。原假设存在一个或两个协整方程的 P 值都大于 0.05,所以不拒绝原假设,因此存在协整方程。本章用 Eviews 8 软件对量测方程及空间状态方程进行估计,得到可变参数估计如表 8-4 所示。

表 8-4 状态模型参数

年份	SV1F2	SV2F2	年份	SV1F2	SV2F2	年份	SV1F2	SV2F2
1979	0.1318	0.4715	1992	0.0101	0.5015	2005	0.0188	0.4853
1980	-0.0189	0.5136	1993	0.0107	0.5007	2006	0.0195	0.4832
1981	0.0159	0.5006	1994	0.0126	0.4975	2007	0.0201	0.4811
1982	0.0069	0.5048	1995	0.0147	0.4938	2008	0.0208	0.4789
1983	-0.0061	0.5121	1996	0.0161	0.4911	2009	0.0212	0.4774
1984	0.0041	0.5054	1997	0.0175	0.4883	2010	0.0214	0.4767
1985	0.0087	0.5019	1998	0.0183	0.4868	2011	0.0214	0.4766
1986	0.0118	0.4993	1999	0.0185	0.4863	2012	0.0214	0.4767
1987	0.0096	0.5014	2000	0.0185	0.4863	2013	0.0213	0.4771
1988	0.0118	0.4991	2001	0.0183	0.4868	2014	0.0211	0.4778
1989	0.0124	0.4984	2002	0.0181	0.4873	2015	0.0209	0.4787
1990	0.0125	0.4983	2003	0.0181	0.4874	2016	0.0207	0.4798
1991	0.0110	0.5003	2004	0.0183	0.4866	2017	0.0205	0.4808

从表8-4可以看出1978~2017年河南省劳动力参数以及资本投资参数的变化，SV1F2代表时间变化的状态参数，SV2F2代表劳动力产出弹性的变化趋势。从图中可以看出，1979~1980年劳动力的产出弹性显著上升，而1980~2016年劳动力的产出弹性呈波动下降态势，但总体而言，劳动力的产出弹性保持在0.47以上，这种发展状况和河南省现今的老龄化状况密不可分。河南省是人口大省，存在大量廉价劳动力，但由于我国实行计划生育政策，加速了河南省老龄化进程，又由于河南省经济发展对人力资本投入相对较少，导致河南省经济发展人力资本产出弹性不断降低，但总体上河南省的劳动力产出弹性还是较高的，且从2011年开始，河南省的劳动力产出弹性呈现上升趋势。资本的产出弹性=1-劳动力的产出弹性，从表8-4中的数据可以推算出，河南省资本的产出弹性总体上大于劳动力的产出弹性，这说明改革开放至今河南省的经济发展是主要依靠物质资本投入的粗放型增长，这要求河南省应该转变经济发展方式，调整省内产业结构，加大人力资本投入，提高人力资本质量，加快科教兴国战略，提高河南省经济发展质量，促进经济更好地发展。

从表8-5中可以看出，最终劳动力的产出弹性为0.4815，而且可变参数的均方差很小，统计检验结果显著，模型估计效果较好，量测方程与状态方程的P值都基本为0，因此模型拟合较好。本章对模型的残差进行了单位根检验，发现残差是白噪声平稳序列，所以本章建立的模型是显著的。

表8-5 模型参数估计结果

	系数	标准误	Z统计量	P值
C（1）	-2.340580	0.160225	-14.60811	0.0000
C（2）	-5.931005	0.302039	-19.63658	0.0000
		残差的标准差	Z统计量	P值
SV1	0.020353	0.000456	44.64720	0.0000
SV2	0.481517	0.004052	118.8209	0.0000
对数似然函数值	35.57170	AIC准则		-1.678585
参数	2	SC准则		-1.594141
扩散概率	2	HQC准则		-1.648053

（二）全要素生产率的估计

经过上一小节对资本和劳动力产出弹性的估计后，本节利用公式 $A_t = Y_t/K_t^\alpha (h_t l_t)^\beta$，把相关数据代入其中，就可以算出每年的 TFP 水平。经过计算得到 1978~2017 年的 TFP，之后本节采用 HP 滤波法，求出潜在 TFP，计算的数据如表 8-6 所示。

表 8-6 全要素生产率的估计

年份	实际 TFP	潜在 TFP	年份	实际 TFP	潜在 TFP
1978	0.1060	0.1040	1998	0.1458	0.1464
1979	0.1040	0.1049	1999	0.1468	0.1498
1980	0.1093	0.1058	2000	0.146	0.1536
1981	0.1065	0.1068	2001	0.1478	0.1577
1982	0.1013	0.1078	2002	0.1529	0.1622
1983	0.1111	0.1090	2003	0.1620	0.1670
1984	0.1123	0.1102	2004	0.1708	0.1720
1985	0.1148	0.1116	2005	0.1820	0.1769
1986	0.1098	0.1130	2006	0.1891	0.1816
1987	0.1178	0.1147	2007	0.1961	0.1857
1988	0.1176	0.1165	2008	0.1972	0.1893
1989	0.1180	0.1185	2009	0.1954	0.1923
1990	0.1137	0.1208	2010	0.1940	0.1947
1991	0.1153	0.1235	2011	0.1968	0.1968
1992	0.1219	0.1265	2012	0.1986	0.1985
1993	0.1324	0.1298	2013	0.1979	0.2001
1994	0.1399	0.1332	2014	0.1979	0.2015
1995	0.1421	0.1366	2015	0.1993	0.2029
1996	0.1481	0.1399	2016	0.2019	0.2043
1997	0.1475	0.1431	2017	0.2076	0.2058

从表 8-6 可以看出 1978~2017 年全要素生产率随时间的变化情况：河南省 TFP 总体上呈上升趋势，且实际的 TFP 围绕潜在的 TFP 上下波动，这说明河南省全要素生产率水平及科学技术水平在不断提高，资源开发的利用效率在改善，规模效应在不断扩大，但可以看出河南省的 TFP 值较小，这说明河南省目前的经济增长方式还是投入型，所以河南省应该调整经济结构，促进技术进步。

（三）要素增长率及其对经济增长的贡献

上小节采用 1978~2017 年的相关数据，根据式（8-1）构建出状态回归方程，并估算出了相关系数：

$$GY = GA + aGL + bGk \tag{8-1}$$

劳动贡献份额：$CL = aGL/GY$

资本存量贡献份额：$CK = bGk/GY$

TFP 贡献份额：$CA = 1 - CL - CK$

其中，GY 为 GDP 的增长率，GA 为 TFP 的增长率，GL 为劳动力的增长率，GK 为资本存量的增长率。利用式（8-1）计算出相应的要素增长率及其贡献率如表 8-7 所示。

表 8-7　要素增长率及其对河南省经济增长的贡献份额　　单位：%

年份	增长率			各要素贡献率		
	不变价 GDP	L	K	L	K	TFP
1979	8.70	11.12	10.41	61.57	62.06	-23.63
1980	15.40	7.31	12.24	22.87	41.21	35.92
1981	7.80	11.54	9.64	71.22	64.07	-35.29
1982	4.30	8.34	10.93	93.35	131.77	-125.12
1983	23.80	11.98	13.82	24.24	30.12	45.65
1984	10.10	5.32	12.30	25.37	63.14	11.49
1985	13.50	8.36	13.55	29.83	52.03	18.14

续表

年份	增长率			各要素贡献率		
	不变价 GDP	L	K	L	K	TFP
1986	4.60	5.40	13.15	56.50	148.19	-104.69
1987	15.00	3.92	10.38	12.60	35.88	51.52
1988	9.80	5.91	13.98	29.06	73.96	-3.02
1989	7.00	2.94	10.10	20.25	74.83	4.92
1990	4.50	8.17	8.74	87.37	100.75	-88.12
1991	6.90	2.46	8.26	17.17	62.04	20.79
1992	13.70	5.46	9.57	19.21	36.20	44.59
1993	15.80	2.62	10.38	7.97	34.07	57.96
1994	13.80	3.49	11.76	12.19	44.20	43.61
1995	14.80	13.31	12.85	43.30	45.02	11.69
1996	13.90	4.69	13.73	16.25	51.20	32.54
1997	10.40	7.56	13.97	35.00	69.62	-4.63
1998	8.80	5.93	14.01	32.43	82.52	-14.95
1999	8.10	1.95	12.64	11.57	80.89	7.54
2000	9.50	7.96	12.12	40.32	66.13	-6.46
2001	9.00	8.13	7.28	43.51	41.96	14.54
2002	9.50	3.30	8.22	16.72	44.85	38.43
2003	10.70	-0.99	9.90	-4.48	47.99	56.49
2004	13.70	4.09	11.41	14.39	43.19	42.42
2005	14.30	-0.51	15.08	-1.71	54.66	47.05
2006	14.50	2.65	17.72	8.79	63.37	27.84
2007	14.60	1.59	19.46	5.25	69.12	25.63
2008	12.00	3.03	19.73	12.14	85.25	2.61
2009	11.00	1.90	22.32	8.31	105.23	-13.54
2010	12.40	5.78	20.57	22.44	85.99	-8.43
2011	12.00	1.98	18.89	7.94	81.63	10.43
2012	10.20	0.67	17.78	3.18	90.39	6.42
2013	9.10	2.23	16.66	11.82	94.93	-6.75
2014	8.72	2.35	14.98	12.96	89.04	-2.01

续表

年份	增长率			各要素贡献率		
	不变价 GDP	L	K	L	K	TFP
2015	8.30	1.57	13.38	9.10	83.56	7.34
2016	8.20	1.71	11.82	10.07	74.72	15.21
2017	7.80	0.47	9.03	2.91	60.02	37.07

从表8-7可以看出1979~2017年各要素增长率及其对河南省经济增长的贡献率。从不变价GDP增长率可以看出，1979~1992年，河南省经济发展增速变动较大，说明这一时期河南省经济发展不稳定，影响经济发展的因素波动较大，1978年我国实行了改革开放战略，1982年我国实行了家庭联产承包责任制，说明在这一个时间段经济发展受政策的影响较大，所以经济发展处于不稳定波动状态；1992~1998年，河南省的经济增速趋于轻微下降态势，但增速保持在8%以上；1998~2006年，河南省经济发展呈稳定上升趋势，保持在10%左右的增长速度；2006~2011年，河南省经济发展增速维持在10%以上的高速发展态势，这与各项政策发展的成熟以及好的国际国内形势有关，2001年12月我国正式加入世界贸易组织，这给我国及河南省带来了很好的发展机遇；2012~2017年，河南省经济发展增速跌破10%，且增速明显放缓，这与我国的经济发展状态相一致，此时，河南省进入新常态，经济发展由高速转为中高速发展，经济发展结构优化升级，发展方式由要素投资驱动转向创新驱动，之前我国及河南省的经济发展都是以追求经济增长速度为主，忽视了经济增长质量，经过改革开放40多年的发展，河南省的各项设施得以完善发展，科学、教育、技术等各个方面有了很大地提高，而受人口老龄化的影响，不能再依靠之前的廉价劳动力发展方式，而应该提高劳动力的质量，进而提高经济发展的质量。

从要素增长率可以看出，1978~2017年，劳动力的增长率较低且呈现下降态势。河南省实施了计划生育政策，限制了人口的过快增长，在一定程度上缓和了人口增长过快对经济资源的副作用，但由于实行计划生育的时期较长，制约了人口的正常增长，且加重了河南省的人口老龄化程度，河南省人口抚养比变大,人口抚养负担重。从表 8-7 中也可以看出,2003 和 2005 年劳动力的增速为负,说明这两个年份人口不但没有增长反而下降,回顾历史情况,发现这两个年份前后分别出现了较大的传染病,因此,传染病对劳动力的影响较大,河南省应该健全传染病防控机制和社会医疗保健设施。而资本的增长率则较稳定,保持在 10% 左右的增长速度。2004~2013 年,资本增速保持在 15% 以上的高速增长,这一阶段资本投资增加迅速。

从各要素对经济发展的贡献率看,1978~2012 年,劳动力对经济的贡献份额低于资本对经济的贡献份额,且从总体看,劳动力的贡献率呈现下降趋势。资本对经济的贡献率除了个别年份较低外,整体上,资本对经济的贡献率都相对较大。TFP 对经济增长的贡献份额不同时期差异较大,波动幅度较大,这说明技术对经济具有较强的推动作用;2013~2017 年,劳动力对经济的贡献份额在下降,资本对经济的贡献份额也在下降,但仍然处于主导地位,技术进步对经济增长的贡献份额在逐步提升,这说明河南省经济发展态势正在逐步转变。

(四) 潜在 GDP 与 GDP 产出缺口测算

本章采用 1978~2017 年的相关数据,构建了状态回归生产函数,求出了相关要素的产出弹性,根据各公式本书采用 HP 滤波法计算出了潜在 TFP 以及潜在就业,通常认为潜在资本投入就是实际资本存量。本节将这些指标代入到回归方程推算出潜在产出。通过计算出的潜在产出可以计算出产出缺口及产出缺口率,计算方法如下:

产出缺口=实际产出-潜在产出

产出缺口率=产出缺口/潜在产出

当产出缺口为负时,表明实际经济发展水平低于潜在经济发展水平,在经济发展中,各种要素没有有效利用,会造成非自愿失业,严重时会引起很多社会问题,造成社会不稳定。当产出缺口为正时,表明实际经济发展水平高于潜在经济发展水平,各种要素资源使用过度,会导致要素价格上涨，最终导致社会出现通货膨胀。

从表 8-8 可以看到 1978~2017 年的实际 GDP 与潜在 GDP 以及产出缺口与产出缺口率。从表中可以看出，产出缺口及产出缺口率存在一定的波动周期，1978~1982 年产出缺口正负值交替出现；1983~1988 年除 1986 年外其他年份产出缺口均为正值，即实际产出大于潜在产出；1989~1993 年产出缺口为负值，1989~1991 年产出缺口率绝对值呈现上升的态势；1994~1998 年产出缺口为正值，产出缺口率绝对值较上一个阶段有所下降。1992 年我国实行了社会主义市场经济政策，受这一政策的影响，经济得到了发展；1999~2003 年产出缺口为负值，产出缺口率的绝对值相对较小；2003~2011 年产出缺口为正值，且产出缺口数额相对较大，产出缺口在 2007 年达到最大值，为 150.913 亿元，2002~2007 年产出缺口率呈现快速增长态势，2008~2010 年产出缺口及产出缺口率呈现下降趋势，但仍然为正值，说明这一时间段河南省经济发展较快。从这个分界点我们也可以看出，2001 年 12 月我国加入了世界贸易组织，这给我国的经济发展带来了发展机遇。河南省是人口大省，充分发挥了廉价劳动力的优势，促进了河南省经济的发展；而河南省经济受到 2008 年金融危机的影响，经济发展速度明显下降。2012~2015 年河南省产出缺口为负值，且产出缺口率绝对值呈现上升态势，2016 年产出缺口和缺口率略微上升但依然是负值，2017 年产出缺口和缺口增长率为正值，但相对较小，说明这一时期，河南省经济发展放缓，这与河南省经济进入新常态阶段相符合。

表 8-8　1978~2017 年河南省产出缺口及产出缺口率

年份	GDP1 实际（亿元）	GDP2 潜在（亿元）	产出缺口（亿元）	产出缺口率（%）
1978	162.92	159.6493	3.2707	2.05
1979	177.094	178.5165	-1.4225	-0.80
1980	204.3665	200.3401	4.0264	2.01
1981	220.3071	221.2517	-0.9446	-0.43
1982	229.7803	245.1213	-15.3410	-6.26

续表

年份	GDP1 实际（亿元）	GDP2 潜在（亿元）	产出缺口（亿元）	产出缺口率（%）
1983	284.468	274.6465	9.8215	3.58
1984	313.1993	304.9732	8.2261	2.70
1985	355.4812	340.0405	15.4407	4.54
1986	371.8333	378.0408	-6.2075	-1.64
1987	427.6083	414.8433	12.7650	3.08
1988	469.514	463.0478	6.4662	1.40
1989	502.3799	508.278	-5.8981	-1.16
1990	524.987	555.4539	-30.4669	-5.49
1991	561.2111	607.1624	-45.9513	-7.57
1992	638.0971	669.5269	-31.4298	-4.69
1993	738.9164	742.4112	-3.4948	-0.47
1994	840.8869	828.9722	11.9147	1.44
1995	965.3381	929.6929	35.6452	3.83
1996	1099.52	1045.325	54.1946	5.18
1997	1213.87	1174.514	39.3561	3.35
1998	1320.691	1317.923	2.7685	0.21
1999	1427.667	1468.25	-40.5826	-2.76
2000	1563.295	1631.283	-67.9877	-4.17
2001	1703.992	1771.399	-67.4067	-3.81
2002	1865.871	1931.844	-65.9732	-3.42
2003	2065.519	2122.353	-56.8337	-2.68
2004	2348.495	2344.786	3.7094	0.16
2005	2684.33	2628.054	56.2757	2.14
2006	3073.558	2970.883	102.6749	3.46
2007	3522.297	3371.384	150.9130	4.48
2008	3944.973	3815.236	129.7372	3.40
2009	4378.92	4349.607	29.3132	0.67
2010	4921.906	4906.163	15.7429	0.32
2011	5512.535	5479.629	32.9061	0.60
2012	6074.813	6077.813	-2.9996	-0.05

续表

年份	GDP1 实际（亿元）	GDP2 潜在（亿元）	产出缺口（亿元）	产出缺口率（%）
2013	6627.676	6698.029	-70.3529	-1.05
2014	7205.842	7319.283	-113.4414	-1.55
2015	7803.927	7935.954	-132.0271	-1.66
2016	8443.849	8540.952	-97.1030	-1.14
2017	9102.469	9070.995	31.4736	0.35

图 8-10 为河南省通货膨胀率与产出缺口率的对比，本节利用居民消费价格指数计算出价格指数的上升率即通货膨胀率。从图 8-10 可以看出，产出缺口率与通货膨胀率在某一时间段具有相同的发展趋势。1986~2004 年产出缺口率与通货膨胀率呈现不同幅度但大致相同的走势，通货膨胀率的波动幅度大于产出缺口率的波动幅度，且产出缺口率变化略微滞后于通货膨胀率，这说明通货膨胀影响产出缺口。产出缺口率围绕 X 轴上下波动，呈现出正负交替的古典经济波动周期。1986~1997 年通货膨胀率波动较大，呈直线上升或下降的态势，且在 1987 年、1988 年以及 1993~1996 年呈现出两位数的通货膨胀率，而根据通货膨胀的程度划分，两位数以上的通货膨胀为严重的通货膨胀，说明这些年份通货膨胀情况较为严重。从图 8-10 可以看出，1980~1983 年通货膨胀率出现平稳并接近 0 的趋势，1984 年后通货膨胀率逐渐提高，且波动幅度较大，这说明了 1985~1996 年这一阶段河南省经济发展过热且经济运行不平稳，宏观调控不成熟。1982 年我国实行了家庭联产承包责任制，1992 年我国实行了社会主义市场经济制度，这表明河南省经济发展受政策的影响，波动较大。1997~2017 年通货膨胀率逐渐缩小，基本在 0~5% 波动，2004~2011 年产出缺口率为正值，并在 2007 年达到最大，2007 年后开始下降，这一阶段河南省经济发展良好。2012~2016 年产出缺口率为负值，通货膨胀率也呈现下降态势，到 2017 年产出缺口率虽为正值，但仍相对较小，说明这一阶段河南省经济发展整体处于下行态势，由于受人口老龄化的影响，河南省对现有的经济资源利用程度还需进一步加深，因此，河南省应该转变经济发展方式，调整

经济发展策略，优化产业结构，促进经济更好地发展。

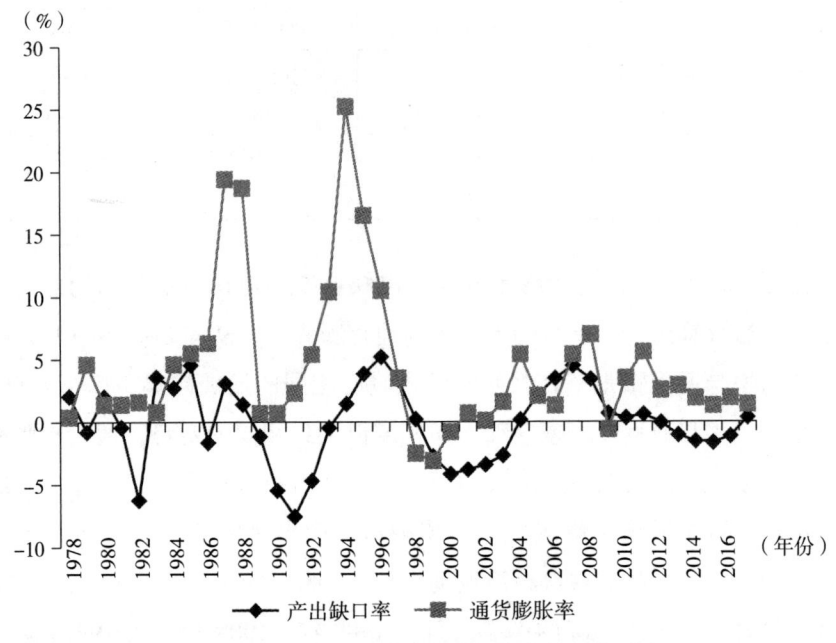

图 8-10　河南省通货膨胀率与产出缺口率对比

从图 8-11 可以看出 1979~2017 年实际经济增长速度与潜在经济增长速度的变动趋势。1978~1990 年实际增速的波动幅度较大，潜在增速波动幅度较小，但总体来看潜在增速与实际增速波动趋势一致，而且实际增速围绕潜在增速上下波动，但不会偏离很远，这符合经济运行规律。这也对我们测度未来经济增长潜力给予一定帮助，这表明我们对潜在增速的测度是有意义的。

本节通过构建柯布—道格拉斯状态生产函数模型，测度了 1978~2017 年河南省的潜在产出及产出缺口。1992~2012 年，经济基本呈现 10%以上的增长速度，这一时期河南省经济发展较快。2013~2017 年，GDP 增速呈现显著下降趋势，增长率跌到 8%，且产出缺口呈现负值，产出缺口率的绝对值呈上升态势，通货膨胀率逐渐降低到 0~5%，这可以看出河南省经济下行压力较大。从总体看，自 2012 年起，河南省经济发展进入新常态阶

第八章 河南省经济增长潜力测度

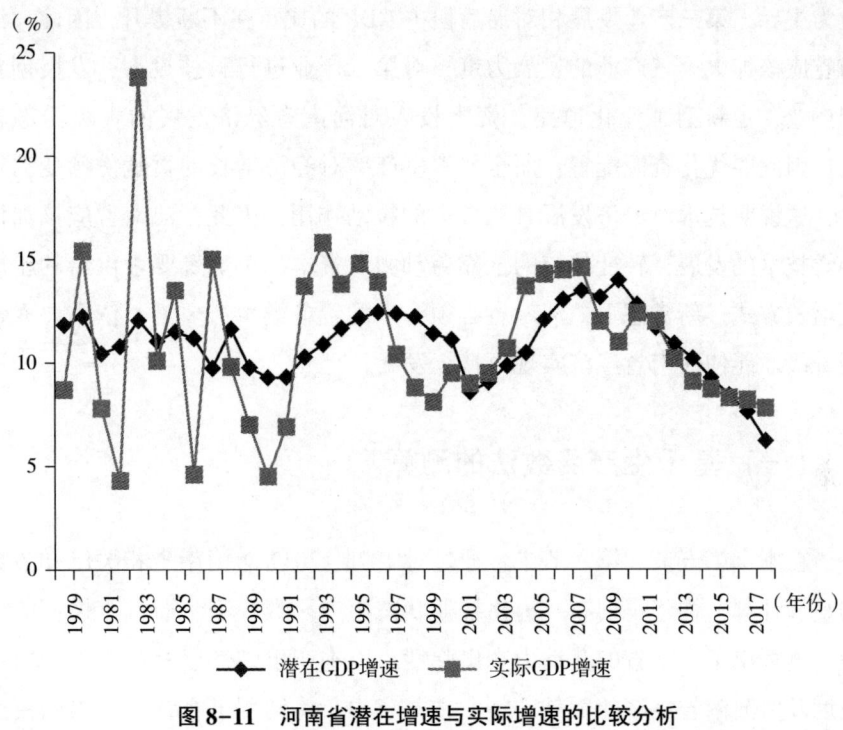

图 8-11 河南省潜在增速与实际增速的比较分析

段，这表明河南省经济发展应该转变经济发展方式，调整经济发展结构，加大科技创新和教育的投入，提高科学技术水平，培养高素质人才，提高劳动力素质，提高现有经济资源的利用率。

第七节 河南省2018~2030年经济增长潜力预测

未来，河南省经济发展机遇与挑战并存，河南省是人口大省，但由于受人口老龄化的影响，人口红利优势将有减弱趋势，因此，河南省不能再依靠之前廉价劳动力的粗放型发展方式，应该加大教育投入和人才培养，提高河南省劳动力素质，提高经济发展质量。现阶段河南省还是以第二产业为主导，第三产业发展相对滞后但占 GDP 的比重在不断提升，因此，河南省应该加大第三产业的发展力度，对第二产业进行科技投入，发展创新型产业，走新型工业化道路。资本投入对河南省经济发展的贡献份额较大，因此要优化资源配置；而全要素生产率对经济增长的贡献份额变动较大，这说明技术对经济发展具有较大的拉动作用，因此，河南省应该加快科学技术的发展，转变传统的依靠劳动力、资本、土地等要素供给的粗放型增长方式。新常态下，河南省必须合理配置各类生产要素，依靠要素转型升级才能使河南省经济实现可持续发展。

（一）基于生产函数法的测算

在本章第五节和第六节中，通过对 1978~2017 年河南省相关已知数据的整理计算，构建了柯布—道格拉斯状态生产函数模型，通过该模型的构建，测算出了河南省的劳动力产出弹性、资本产出弹性以及各要素的增长速度及对河南省经济的贡献份额，在本章中，将利用上个章节求出的模型和相关数据对河南 2018~2030 年河南省的经济增长潜力进行预测。更好地制定宏观调控政策，避免高估或低估经济增速而产生的经济政策失误。

根据式（8-1），如果测算潜在经济增长率，需要知道劳动力增长率、资本增长率，以及全要素生产增长率，对于这些增长率的估算，本节将根据河南省未来的经济形势以及这些指标的历史数据估算出合理的增长率，进而估算出潜在经济增长率。

图 8-12 为河南省 1979~2017 年劳动、资本和全要素生产率增速历史数据，从图中可以看出，大部分情况下资本的增速大于劳动力的增速，资本呈现波动变化，而劳动力的波动呈现下降趋稳态势，尤其从 2003 年开始，劳动力的增速基本保持在 0~5%，是一个稳定的低趋势状态，这与我们国家实行的计划生育政策有关，人口增长缓慢，老年人口增多，人口老龄化严重，人口抚养比加重，劳动力增速缓慢，处于下降状态。从 2012 年开始，劳动力的平均增速在 2% 左右，虽然从 2015 年开始，国家开始实施

二胎政策，但近十年，劳动力增速不会变化太大，受人口老龄化的影响，未来10年依然保持1.5%~2%的增速。

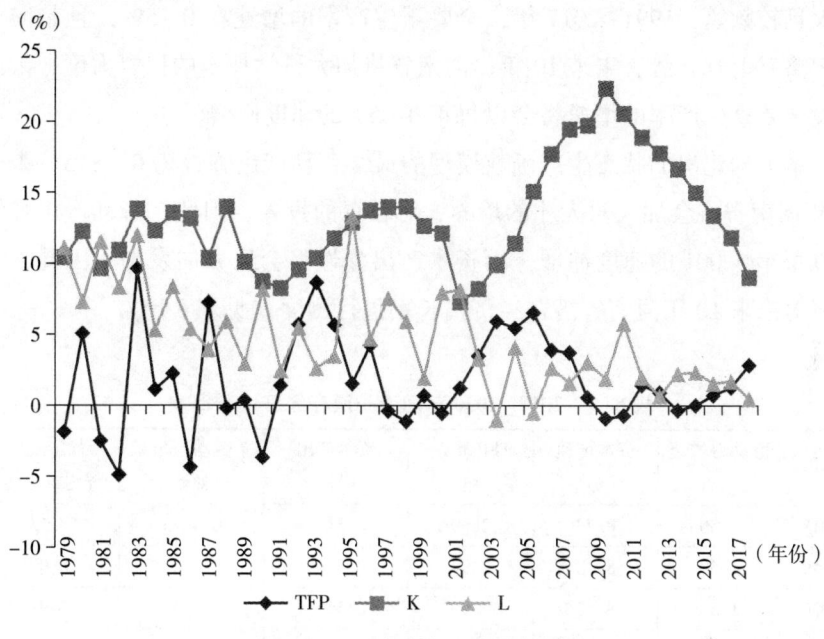

图8-12 河南省各要素历年增速

从资本存量增速看，1979~2004年，资本存量的增速在10%~15%，而2005~2013年资本存量的增速在15%以上，2009年资本存量的增速达到最高点为22.3%，2009年以后，资本增速开始回落，2017年资本存量的增速为9.03%。通过上述分析，我们得出2012年河南省进入经济新常态，河南省经济发展从投资拉动转变为投资、消费共同拉动，产业结构也转变为第二产业占主导地位的结论。河南省属于内陆省份，也是人口大省，经济发展水平落后于沿海地区，各项基础设施建设还不够健全，因此，未来10年，河南省资本存量虽然有所下降，但平均资本存量增速仍有望保持10%左右。因此，我们假设未来10年，资本存量的增速将以每年0.3%的速度递减。河南省依靠传统要素投入的经济发展形式也逐渐转向创新驱动发展，未来10年河南省将加大对科技、教育的投入力度，劳动和全要素生产率对经济的贡献份额也在逐步增强，资本对经济的贡献份额将会缩小，但仍然起主导作用。

从全要素生产率可以看出，1979~1990年，全要素生产率增速的波动较大且较频繁，1991~2017年，全要素生产率的增速在0~5%，且趋向于稳定略有上升态势，未来10年，河南省将加大科学技术的投资力度，因此假设全要素生产率的增速将会以每年0.05%的速度递增。

本节构建出的状态生产函数模型的最终劳动产出弹性为0.4815，未来10年河南省将会加大对人才的培养，对教育的投入，因此，劳动产出弹性将以每年0.001的速度递增，而资本产出弹性将会反方向发展，因此，我们将对未来10年河南省潜在经济增长率进行测度（见表8-9）。

表8-9 2018~2030年河南省潜在经济增长率

年份	劳动力增速（%）	资本增速（%）	TFP增速（%）	资本产出弹性	劳动产出弹性	潜在经济增长率（%）
2018	1.50	8.73	2.89	0.5175	0.4825	8.13
2019	1.50	8.43	2.94	0.5165	0.4835	8.02
2020	1.50	8.13	2.99	0.5155	0.4845	7.91
2021	1.50	7.83	3.04	0.5145	0.4855	7.80
2022	1.50	7.53	3.09	0.5135	0.4865	7.69
2023	1.50	7.23	3.14	0.5125	0.4875	7.58
2024	1.50	6.93	3.19	0.5115	0.4885	7.47
2025	1.50	6.63	3.24	0.5105	0.4895	7.36
2026	1.50	6.33	3.29	0.5095	0.4905	7.25
2027	1.50	6.03	3.34	0.5085	0.4915	7.14
2028	1.50	5.73	3.39	0.5075	0.4925	7.04
2029	1.50	5.43	3.44	0.5065	0.4935	6.93
2030	1.50	5.13	3.49	0.5055	0.4945	6.83

表8-9是本书根据对河南省经济形势的预判以及对1978~2017年历史数据的分析，同时对未来10年各要素增速变动及资本与劳动产出弹性进行假设，预测出的河南省潜在经济增长率。从预测的潜在经济增长率可以看出，未来10年河南省平均潜在经济增长率将在7%左右。

(二) 基于 HP 滤波法的测算

本节对河南省 2018~2030 年的潜在经济增长情况采用 HP 滤波方法进行估计，HP 滤波方法的基本原理是把周期成分和波动成分从时间序列的原始数据中分解出来，本节采用 1978~2017 年的 GDP 增长率数据，通过 HP 滤波方法，首先可以得到潜在经济增长率的数据，其次可以从历史数据的变化趋势推测出潜在经济增长率的未来变化。然而使用 HP 滤波方法的一个重要问题就是对平滑参数的取值，不同的取值采用不同的滤波器，决定了不同的周期方式和平滑度，在处理年度数据时，有两个比较认可的平滑参数，一个是 100，另一个是 6.25。本章对 1978~2017 年河南省 GDP 增速进行趋势分析，选用两种平滑参数，平滑参数选取分别为 100 和 6.25，分解出相应的趋势项，并根据时序图和相关图选取合适的时间序列模型，预测出 2018~2030 年的潜在经济增长率。

本节先选取平滑参数为 100，分解出潜在的经济增长率。对分解出的潜在经济增长率进行分析，分析结果如图 8-13 所示。

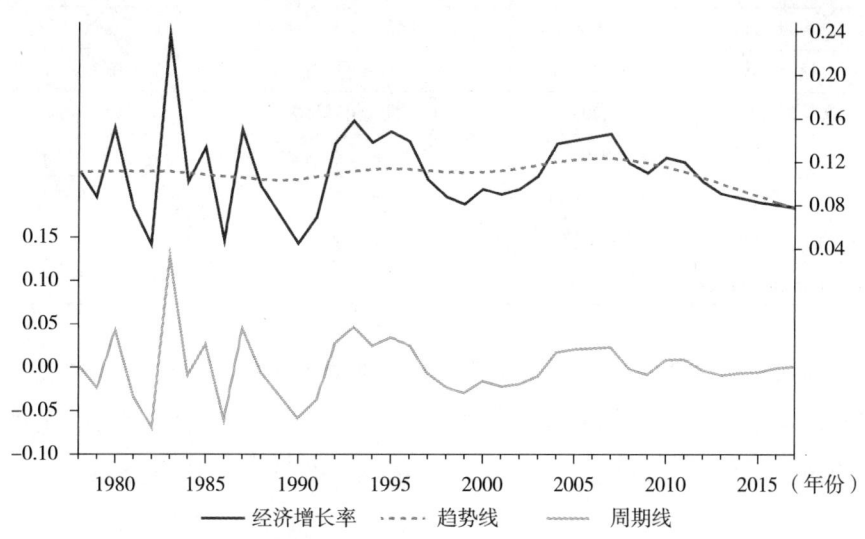

图 8-13　1978~2017 年 HP 滤波后河南潜在经济增长率（$\lambda=100$）

从图 8-13 可以看出，改革开放以来河南省潜在经济增长率可以分为 3 个周期：第一个周期为 1978~1990 年，这一时期，经济增长率的波动较为频繁，且波动幅度较大；第二个周期为 1991~1999 年，这一时期，经济增长率波动幅度缩小；第三个周期为 2000~2017 年，这一时期，河南省经济增长率波动幅度进一步缩小，且经济增长率呈现下降趋势，2017 年回落至 7.72%。从图 8-13 中可以看出潜在经济增长率波动幅度小，基本在 10%~11%，从 2010 年前后开始，潜在经济增长率出现下降趋势。

首先对潜在经济增长率进行 ADF 检验，发现该序列存在单位根，对该序列进行二阶差分处理之后进行 ADF 检验，此时序列平稳。其次对经过二阶差分处理的数据进行时序图和自相关、偏自相关图分析，发现自相关系数拖尾，偏自相关系数二阶截尾，因此，本章通过多次模型拟合发现建立 AR（2）模型的效果较好，具体结果如表 8-10 所示。

表 8-10 AR（2）模型输出结果

变量	系数	标准误	t 统计量	P 值
AR（1）	1.372837	0.132773	10.33974	0.0000
AR（2）	-0.612793	0.132742	-4.616426	0.0001
拟合优度	0.825494	因变量均值		-0.000161
调整拟合优度	0.820361	因变量标准差		0.000764
回归标准误	0.000324	AIC 准则		-13.17905
残差平方和	3.56E-06	SC 准则		-13.09108
对数似然函数值	239.2229	HQC 准则		-13.14835
DW 统计量	2.165851			

从表 8-10 可以看出，模型参数的 P 值都很小，基本为零，说明参数显著，R^2 和调整后的 R^2 都在 80% 以上，且 AIC 与 SC 值都很小，因此，模型拟合效果较好，可以根据模型对 2018~2030 年的经济增长率进行预测。

接下来，选取平滑参数值为 6.25，分解出潜在的经济增长率。本章对分解出的潜在经济增长率进行分析，分析结果如图 8-14 所示。

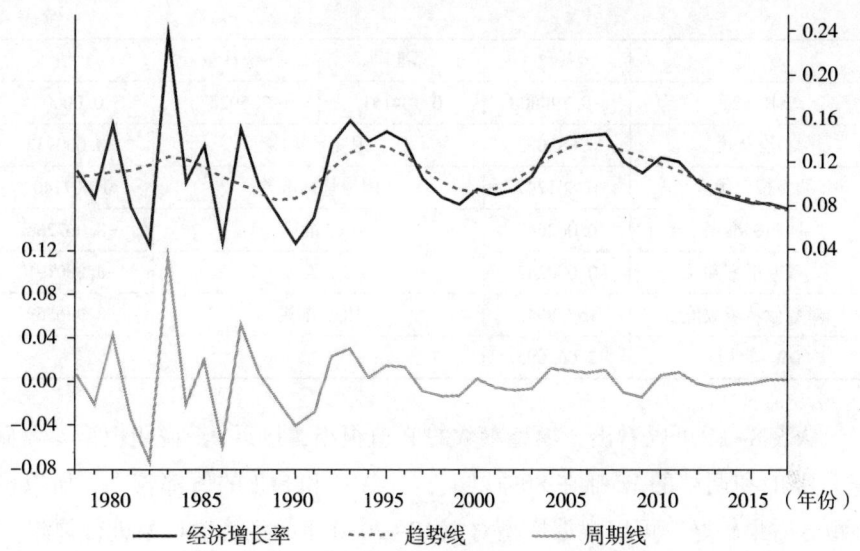

图 8-14 1978~2017 年 HP 滤波后河南潜在经济增长率（λ=6.25）

从图 8-14 可以发现潜在经济增长率的波动趋势与实际经济增长率的波动趋势相一致。从周期波动可以看出：1978~1992 年，周期波动较大，而 1993 年至今周期波动趋于平稳。由此可知，1978~1992 年河南省经济处于改革开放初期，各项设施及政策还不完善，经济受政策的干扰较大，因此，这阶段河南省经济波动较大，而 1992 年之后经济发展趋于平稳，经济发展态势向好。

首先对潜在经济增长率进行 ADF 检验，发现存在单位根，对一阶差分序列进行 ADF 检验，不存在单位根，所以序列平稳。其次对一阶差分的潜在经济增长率的时序图和相关图进行分析，发现自相关系数拖尾，偏自相关系数二阶截尾。因此，本节对该潜在经济增长率数据建立 AR（2）模型，输出结果如表 8-11 所示。

表 8-11 AR（2）模型输出结果

变量	系数	标准误	t 统计量	P 值
AR（1）	1.496773	0.103762	14.42501	0.0000

续表

变量	系数	标准误	t统计量	P值
AR（2）	-0.790808	0.104151	-7.592873	0.0000
拟合优度	0.885032	因变量均值		-0.000932
调整拟合优度	0.881747	因变量标准差		0.007740
回归标准误	0.002662	AIC 准则		-8.967268
残差平方和	0.000248	SC 准则		-8.880191
对数似然函数值	167.8945	HQC 准则		-8.936569
DW 统计量	2.062595			

从表 8-11 可以看出，模型参数的 P 值很小，接近 0，说明模型参数显著，其 R^2 和调整的 R^2 都在 80% 以上，且 AIC 和 SCI 的值都较小，所以模型拟合效果较好，可以根据模型对 2018~2030 年的经济增长率进行预测。

本节对不同平滑参数测算的 2018~2030 年的潜在经济增长率进行对比分析，预测的经济增长率如表 8-12 所示。

表 8-12　2018~2030 年河南省潜在经济增长率　　　　单位:%

年份	经济增长率（λ=100）	经济增长率（λ=6.25）
2018	7.146	7.353
2019	6.568	7.280
2020	5.990	7.379
2021	5.412	7.584
2022	4.834	7.814
2023	4.256	7.995
2024	3.678	8.084
2025	3.100	8.075
2026	2.522	7.991
2027	1.944	7.871
2028	1.366	7.760
2029	0.788	7.687
2030	0.210	7.666

从表8-12中可以看出，当平滑参数为100时，所测出的2018~2030年河南省经济增长速度呈现快速下降趋势，考虑到预测时间越临近，预测结果越准确，因此，在$\lambda=100$中，过远时间的预测可信度不高；当平滑参数为6.25时，所测出的2018~2024年河南省经济增长速度呈现上升态势，从2018年的7.353%增长至2024年的8.084%，2025~2030年河南省经济增长速度呈现下降趋势，从2025年的8.075%下降至2030年的7.666%，整体上维持在7%~8%的增速。为进一步检验估计结果的准确性，查看2019年的《河南省统计年鉴》，发现当年经济增长率为7.6%。而本节通过生产函数法和采用不同平滑参数所测算出的2018年的经济增长速度分别为8.13%、7.146%和7.353%。因此，通过模型所测算的潜在经济增长速度效果较好。

区域经济差异及其适度区间的确定

第一节 引言

改革开放 40 多年来，我国经济增长迅速，但是地区间的发展仍不平衡。它影响着我国的经济繁荣、社会稳定和国家统一，是政府关注的一个重要问题。我国地区发展不平衡主要表现在区域之间的不平衡和省际之间的不平衡：区域间的不平衡表现在东部沿海地区经济增长迅速，而中西部经济发展相对缓慢，且发展差距逐渐扩大。省份之间的差异也较大，2018 年，我国最富省份的人均 GDP 是 140211.2 元，而最穷省份的人均 GDP 是 31336.1 元，相差近五倍。适度的地区差异有利于经济发展，但过大的地区差异将对经济产生不利影响，甚至带来严重的社会问题。那么究竟多大的差异才是适度的？本章就区域发展差距的"适度"界限问题进行探讨。

第九章 区域经济差异及其适度区间的确定

第二节 研究内容界定

(一) 对区域经济差异概念的界定

区域经济差异的科学界定是"一定时期内全国各区域之间人均意义上的经济发展总体水平的非均等化现象"。

(二) 对考察范围的界定

对区域经济差异的研究，首先要确定如何划分地域作为考察范围。从国内文献看，划分地域的方法大多采用两种：一种是以大的地带为区域划分标准，另一种是以行政单元省区（包括省、直辖市、自治区）为区域单位。每一个省区作为一个观察单元，后者的划分方法比较可行。

本章从掌握的资料和研究目的出发，按省级行政单元划分区域范围，选择了 31 个省、自治区、直辖市作为样本，主要考虑以下几点：①省区是一级行政区，地方政府的政策能充分影响各自省区内部的发展，而中央政府的区域经济政策通常也以各省区为指归，从而形成现实的地区利益和地区差别；②国际上研究区域差别一般也采用这种规模（比如美国按州）的地区划分，便于比较；③从资料可得性方面考虑，也是最适宜的。

(三) 反映地区人均经济发展水平的指标

在经济学中，一般来说，人均 GDP 是一个经济发展概念，即反映经济发展水平；而居民人均收入则是收入分配概念，反映居民的收入水平。从生产的角度看，人均 GDP 是反映地区经济发展水平差别的一个核心指标。从收入分配的角度看，居民人均收入指标更能反映各地区居民实际收入水平和生活水平的分配差别。全面地说，反映地区经济差异的还有一些经济结构、经济运行质量和效益等指标。但究竟采用哪些指标更恰当，国内学术界还没有形成统一观点，而且选择指标也往往要依赖于数据资料的可利用程度。

本章主要使用人均 GDP 和居民人均收入两个指标。其理由有以下几点：①人均 GDP 可从反映经济发展差别的角度反映地区差别，而居民人均收入是反映居民收入分配情况的最佳指标。②人均 GDP 是本章的关注重点，是多数研究地区差别者选取的指标，便于比较。③居民人均收入差别的变化与人均 GDP 差别的变化会有所不同，因为从构成上看，人均 GDP 还包含了经过分配过程后成为政府收入和转移支付的部分。

（四）衡量区域经济差异的分析指标

区域差异可分为区域绝对差异和区域相对差异。区域绝对差异是区域之间人均意义上的经济发展总体水平绝对量的非均等化现象，是反映区域之间经济发展的一种量化的等级水平差异。区域相对差异是指区域之间人均意义上的经济发展总体水平变化速度的非均等化现象，它反映区域之间经济发展的速度差异，一般用某些指标的变动率来衡量。反映绝对差异的指标有标准差、平均差等；反映相对差异的指标有基尼系数、变异系数等。本章主要选用了标准差、变异系数、基尼系数、极值差率（最富裕省区人均 GDP（收入）与最贫穷省区人均 GDP（收入）之比）四个区域经济差异测度指标。

第三节 文献回顾

在探讨我国区域经济差异的适度性问题上，很多学者运用不同方法分析我国区域经济发展态势并提出了不同的区间寻找方法：

1. 刘再兴教授关于区域差距的"区间"方案

刘再兴教授认为，公平与效率的结合区间就是关于区域差距的"度"的把握，他用量化指标给出了较为具体的规定。他认为在20世纪内效益与均衡这两个政策目标合理的结合区间应当是：区间的一端以不影响2000年全国第二步战略目标的实现为界限，即保证从1990年到2000年全国国民生产总值再翻一番，全国人均国民生产总值达到1000美元，大体达到小康水平；区间的另一端不致出现两极分化，以保证社会安定为界限，把后10年区域差距扩大的幅度控制在一个较低点上，至少是比20世纪80年代的增幅有所缩小。他认为，区域差距的未来走势是：差距呈扩大趋势，但如果政策适当，差距是可以控制的，可以比20世纪80年代的差幅有所缩小。

刘再兴教授从宏观角度预测了我国区域差距的基本趋势并据此得出的部分结论是合理的，预测方法也可行。但是这一预测结果并没有回答适度的区域差距究竟是什么，单纯的从中西部地区现有的经济总量和设定的增长率出发来探讨区域差距的适度界限问题不太可行。

2. 覃成林博士关于区域经济差异"临界点"的评述

覃成林博士提出的区域发展差距的"临界点"主要是借鉴西方经济学关于通货膨胀临界点的提法。其原意是指，物价的涨幅究竟控制在一个什么样的区间范围，才不会超过人们的经济承受能力和心理承受能力，它为我们探讨适度的区域发展差距提供了方法论启示。覃成林博士认为，从历史的经验看，我国区域经济相对差异在20世纪70年代末和80年代初的状况并未对我国经济与社会发展构成现实危害，从而据此推论，到2000年我国区域经济差异保持在20世纪70年代末和80年代初的水平是可以接受的，并认为我国区域经济差异程度和变化速度的控制参考标准是：①绝对差异的年平均扩大速度不能超过20世纪90年代初的水平；②相对差异应控制在20世纪80年代初的水平；③相对差异的变化速度要低于20世纪90年代初的水平。

3. 李克和周定庆从区域差距根源的角度，分别从定性与定量两个方面分析区域差距界限问题

李克认为，分析"适度"差距的界限问题首先应认清差距的性质，即形成差距的不同根源。根据我国的现实情况，形成区域间差距的根源大致有三类：一是由资源分布、地理位置、气候条件等地理因素以及人文环境、历史渊源等历史因素所致的区域发展差距；二是由市场机制所形成的促进经济发展所必需的区域间的正常发展差距；三是由于市场失效和市场不完善以及政府的政策失当所致的区域不适当的经济发展差距。理论上说，前两类差距可以通过市场力量的自发调节加以自行解决。所以，适度差距问题的提出主要是针对第三类差距而言。第三种类型的差距会影响不平衡发展效率目标的实现，不利于社会公平，而其自身又不能或不完全能依靠市场力量解决，需要政府政策予以协调解决。李克综合运用定性和定量两种方法对适度差距的界限问题进行了分析。

上述各种研究方法为寻找区域经济差异的适度区间提供了不同的思路，具有借鉴意义，但他们均没有给出具体的适度差异界限，缺乏可操作性和实践意义。

本章认为，寻找区域经济差异区间大致有以下三种思路：

（1）公平效率标准。所谓公平效率标准即假定公平与效率成反比，将效率很高且至社会崩溃边缘的区域差距作为上限，将效率不高但社会较稳定的差距作为下限。

（2）外部标准。所谓外部标准即将国外类似国家的经验作为我国区域差距的参照标准，再根据本国情况加以修订。

（3）对中国内部发展过程进行经验观察，认为哪一年的经济发展状况较相邻年份好，且相应的其他社会类指标也较理想，总体发展状况良好，就对这一年度进行深入研究，并且可将临界值定在这一年。而将经济问题和社会问题严重，并且中央频频出台相关政策调节区域问题的那个年份作为临界点上限的年份。

本章主要以第三种思路为基础寻找区域经济差异的适度区间。

第四节 区域经济差异变化态势描述

(一) 区域经济绝对差异的变化态势描述

根据区域经济发展理论，区域经济发展初期，一般采取倾斜发展战略，伴随着区域经济绝对差异（S）的增大，经济发展速度（V）会相应提高，当差异达到合理值（S_0）时，发展速度（V）达到最大（见图9-1）。如果绝对差异（S）继续扩大，区域对差异的承受力减弱，将出现各种经济社会矛盾，从而发展速度（V）也开始回落，这时如果不采取有效的调控措施，发展速度会继续下降，随着各种矛盾的积累与爆发，就会对区域经济发展造成重大影响，甚至导致区域经济停滞。

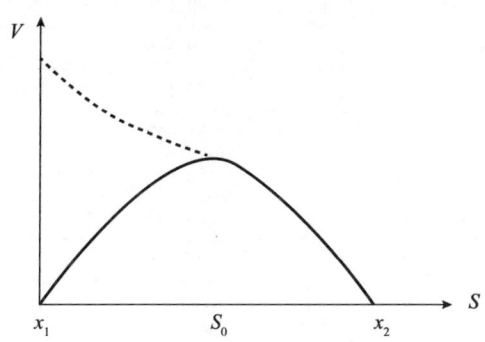

图 9-1　区域经济差异与经济增速关系

当区域经济绝对差异扩大到 S_0 时，如果政府实施区域经济差异宏观调控政策，也就是说政府进行干预，如通过加大对落后区域的基础建设投资、实行规范的财政转移支付制度以及促进发达区域的产业向落后区域转移等措施来加快落后区域的经济发展，同时又使发达区域获得更大的发展空间和市场空间，则差异 S 缩小，发展速度 V 会继续提高，这样就可以保持良好的发展势头，如图9-1中虚线所示，实线大致呈抛物线形状。

由上述理论可得，区域经济差异 S 的取值范围是 $[x_1, x_2]$，合理适度值为 S_0。S_0 是区域政策从提倡效率到效率与公平并重的转折点，故可将其作为区域经济差异适度区间的下限，将区域经济差异上升而速度下降停滞不前作为适度区间的上限。

根据上述理论，本章以1978~2018年的数据为例，对我国区域经济绝对差异的态势进行描述。

测量区域经济绝对差异的指标主要有以下几个：①极差和极均差；②平均差和标准差。学术界在考察我国各地区在经济发展水平方面的绝对差异时，一般选用标准差来衡量。因此，本章也选用标准差作为衡量指标（见表9-1）。

表9-1 1978~2018年我国人均GDP标准差、人均收入标准差与历年增长速度

年份	人均GDP标准差（元）	居民人均收入标准差（元）	GDP增长速度（%）
1978	455.848	80.171	11.7
1979	453.898	89.196	7.6
1980	472.746	86.147	7.8
1981	464.443	81.047	5.2
1982	475.179	82.613	8.9
1983	496.020	85.512	10.8
1984	528.245	102.652	15.1
1985	563.498	115.843	13.4
1986	569.609	136.502	8.9
1987	539.287	151.022	11.7
1988	629.779	153.396	11.2
1989	616.410	153.238	4.2
1990	619.306	158.474	3.9
1991	691.317	184.848	9.3
1992	792.362	209.753	14.2
1993	924.771	261.234	13.9

续表

年份	人均 GDP 标准差（元）	居民人均收入标准差（元）	GDP 增长速度（%）
1994	1003.399	297.271	13.1
1995	1113.790	323.798	10.9
1996	1228.169	330.026	9.9
1997	1309.800	341.165	9.2
1998	1456.700	360.807	7.8
1999	1611.521	430.845	7.7
2000	1789.387	475.137	8.5
2001	1926.354	538.352	8.3
2002	2105.232	561.202	9.1
2003	2365.26	630.083	10.0
2004	2593.531	682.838	10.1
2005	2565.784	727.828	11.4
2006	2768.413	803.716	12.7
2007	2927.365	845.616	14.2
2008	2981.899	893.674	9.7
2009	3289.161	972.636	9.4
2010	3151.427	1043.654	10.6
2011	3166.026	1107.435	9.6
2012	3249.069	1178.642	7.9
2013	3379.283	1270.252	7.8
2014	3529.58	1350.318	7.3
2015	3723.521	1437.316	6.9
2016	4065.263	1527.509	6.7
2017	4195.058	1630.903	6.8
2018	4304.352	1732.827	6.6

注：①居民人均收入是城镇居民人均可支配收入和农村居民人均纯收入通过城乡人口加权得到的。②人均 GDP 标准差用 GDP 平减指数修正，居民人均收入标准差用居民消费价格指数修正，均以 1978 年作为基期。③采用历年按可比价格计算的国内生产总值环比指数（上年等于 100）减 100 作为历年的 GDP 增长速度，为了剔除价格因素的影响，这里采用不变价来衡量。④由于四川与重庆在 1996 年才分开，所以 1996 年以前重庆的人均 GDP 数据缺失，故将其重新归入四川省作为一个省份加以考虑。

资料来源：《中国统计年鉴》（2000~2019）。

从图 9-2 中可以看出，人均 GDP 标准差和居民人均收入标准差在 1978~2018 年大体呈上升趋势，前者较后者的上升速度更快，而 GDP 增长速度的变化趋势不太稳定，可将其大致分为以下几个阶段：

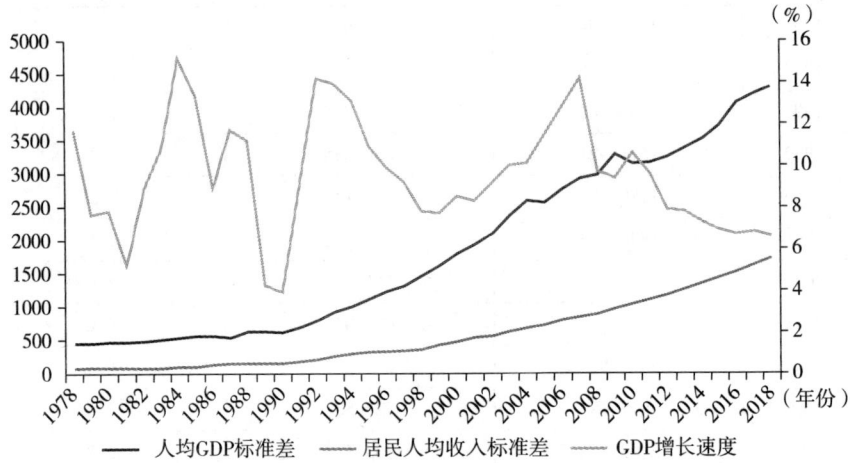

图 9-2　1978~2018 年我国人均 GDP 标准差、人均收入标准差与历年增长速度

资料来源：根据表 9-1 绘制。

第一阶段（1978~1984 年），GDP 增长速度先下降后上升，从 1978 年的 11.7%下降至 1981 年的 5.2%，后又上升至 1984 年的 15.1%，达到历年来增速的最高峰。与此同时，人均 GDP 和人均收入标准差虽有增有降，但大体呈上升趋势，且上升幅度较小。

第二阶段（1985~1992 年），GDP 增长速度从 1984 年的 15.2%先下降至 1990 年的 3.9%，其中在 1986 年有个波动，下降幅度较大，后又上升至 1992 年的 14.2%，这一阶段主要是受到 1986 年的通货膨胀和 1989 年前后的政治因素影响，使经济增长受到冲击，表现出不规则变动。如果剔除这些非经济因素，则速度会较平稳。这一阶段的人均 GDP 和人均收入呈上升趋势，上升幅度较第一阶段大。

第三阶段（1992~2018 年），GDP 增长速度从 1992 年的 14.2%一直下降至 1999 年的 7.7%，后虽有稍微上升，但升幅很小，之后一直呈现下降趋势，到 2018 年变为 6.6%。而人均 GDP 标准差却急速上升，居民人均收入标准差也比以前大。从 1992 年开始，GDP 增长速度和人均 GDP 标准差与人均收入标准差呈负相关关系。与图 9-1 中的 S_0 到 x_2 阶段相吻合。

根据前述理论，笔者绘制了人均 GDP 标准差与 GDP 增长速度的散点图来研究区域经济差异与经济发展水平之间的关系。

图 9-3 是人均 GDP 标准差与 GDP 增长速度的折线图，GDP 增长速度呈现下降、上升、再下降、上升、长期下降的趋势，第二阶段受非经济因素影响较大，进而出现了如此不规则的变化趋势。如果剔除第二阶段的非经济因素影响，增长速度就会呈现出先逐渐上升，后又缓慢下降的抛物线形状。

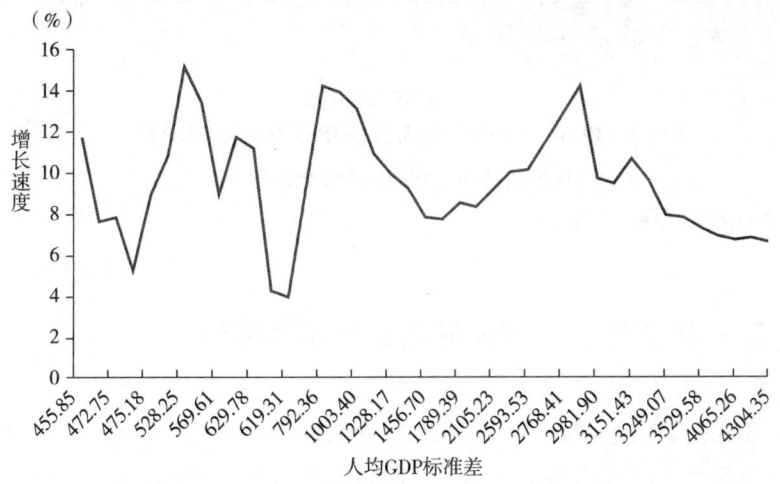

图 9-3　1978~2018 年我国人均 GDP 标准差与 GDP 增长速度的关系

资料来源：根据表 9-1 绘制。

如果抛开图 9-2 中前面一段，则与我们的前述理论基本吻合，1984 年的经济增长速度是历年来最高的，达到了曲线的最高点。而这一年的省际间差异也不明显，故笔者将 1984 年前后的省际间差异作为确定区域经济适度差异区间下限的基础。而第三阶段自 1992 年以后，省际间人均 GDP 的差异一直在不断急速上升，其经济增长速度却在逐年下降。图 9-4 给出了剔除 1985~1992 年之后的人均 GDP 标准差与 GDP 增长速度的折线图，近几年虽然有缓慢上升趋势，但波动强烈。2001 年前后的 GDP 增长速度出现波动，人均 GDP 标准差和人均收入标准差已经很大，故暂且将 2001 年区域间的差异作为确定适度区间上限时的参考依据。

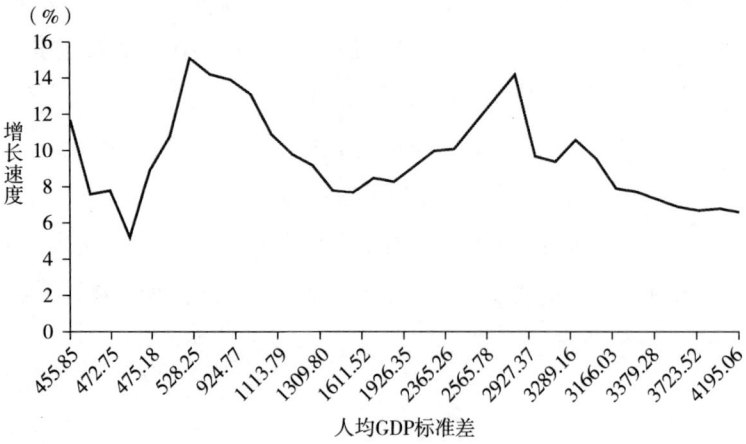

图 9-4 1978~2018 年我国人均 GDP 标准差与 DGP 增长速度的关系（1985~1992 年剔除）

资料来源：根据表 9-1 绘制。

（二）区域经济相对差异的变化态势描述

上述我们运用绝对差异对区域经济的发展状况进行了描述，为寻找区域经济差异的适度区间做了铺垫，下面我们通过相对差异来描述我国区域经济的发展历程。

反映相对差异的指标有很多，国内外学者主要用极值比率、极均值比率、平均差系数、变异系数和基尼系数五种指标来反映地区差异。由于基尼系数在反映差异方面的优越性和普遍性，许多人除了将其用作度量收入不平等的指标外，还用于度量消费不平等、财富不平等、区域不均等和任何其他事物分布的不均状况。基尼系数在统计上的原始算法是首先对资料按从小到大排列，其次进行分组，最后计算结果。如果将基尼系数用于衡量区域差距，相当于将全国所有人口分成 30 个组（将重庆归入四川省），与居民收入有相似之处。故也可以计算区域的基尼系数来衡量区域经济差异的大小。

笔者运用极值比率、变异系数、基尼系数来衡量我国省际间的区域经济差异。

首先计算各省区人均 GDP、人均收入的极值比率和变异系数；其次测得 1978~2018 年的全国省际经济差异的总体状况如表 9-2 所示。

表 9-2　各省人均 GDP 与各省人均收入的极值比率与变异系数

年份	各省人均 GDP		各省人均收入	
	极值比率	变异系数	极值比率	变异系数
1978	14.274	0.974	4.216	0.375
1979	12.588	0.92	9.664	0.38
1980	12.502	0.906	2.962	0.331
1981	11.624	0.857	2.737	0.287
1982	10.349	0.805	2.758	0.269
1983	9.811	0.777	2.452	0.256
1984	8.784	0.742	2.806	0.271
1985	9.179	0.732	2.71	0.287
1986	8.619	0.705	3.023	0.318
1987	13.083	0.663	3.003	0.336
1988	7.556	0.648	3.335	0.342
1989	7.319	0.623	3.352	0.354
1990	7.296	0.601	3.23	0.339
1991	7.762	0.634	3.683	0.374
1992	8.368	0.649	3.673	0.385
1993	9.323	0.67	4.424	0.438
1994	9.79	0.67	4.725	0.457
1995	10.223	0.678	4.906	0.475
1996	11.022	0.681	4.94	0.437
1997	11.625	0.686	4.706	0.429
1998	12.064	0.703	4.313	0.426
1999	12.445	0.726	5.14	0.469
2000	12.980	0.747	5.11	0.491

续表

年份	各省人均GDP		各省人均收入	
	极值比率	变异系数	极值比率	变异系数
2001	12.911	0.752	5.436	0.517
2002	12.891	0.751	5.253	0.489
2003	12.966	0.755	5.483	0.508
2004	13.121	0.744	5.487	0.511
2005	10.189	0.665	4.915	0.506
2006	9.970	0.647	5.083	0.504
2007	9.598	0.626	4.823	0.479
2008	8.287	0.586	4.783	0.465
2009	7.662	0.579	4.679	0.458
2010	5.799	0.509	4.537	0.446
2011	5.192	0.469	4.562	0.429
2012	4.727	0.448	4.436	0.411
2013	4.324	0.435	4.330	0.413
2014	3.981	0.428	4.284	0.408
2015	4.126	0.432	4.069	0.404
2016	4.276	0.446	3.982	0.403
2017	4.527	0.446	3.816	0.401
2018	4.474	0.439	3.713	0.400

资料来源：《中国统计年鉴》(2018)。

从表9-2和图9-5可以看出，人均GDP的极值比率表现为先稍微下降后持续上升后又下降的趋势。人均收入的极值比率先增长后下降，之后小幅上升后又小幅下降。人均GDP最高的省份与最低的省份几乎每年都是上海与贵州。它也映射了我国区域经济相对差异的发展态势。人均GDP极值比率有两个低谷，分别在1990年和2014年前后，人均收入的极值比率的低谷在1984年前后。这说明在生产的差异还在逐步缩小的时候，分配之间的差异在1990年前后开始拉大，后又在2004年前后生产差异与分配差异逐步缩小，但分配差异缩小幅度显然不如生产差异。

第九章 区域经济差异及其适度区间的确定

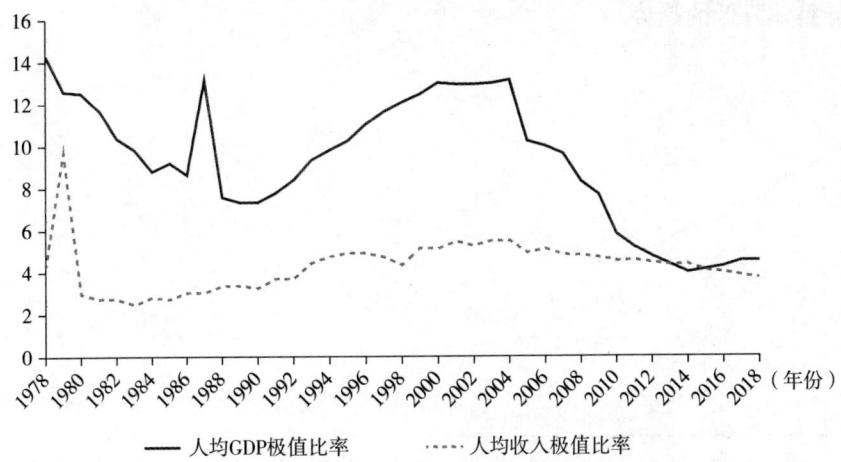

图 9-5　人均收入极值比率与人均 GDP 极值比率

资料来源：根据表 9-2 绘制。

人均 GDP 的变异系数一直以来均高于人均收入的变异系数，1978～1990 年在逐渐缩小，1991～2003 年又逐渐上升至 0.755，后又开始下降至 2014 年的 0.428，之后又轻微上升（见图 9-6）。第一个转折点是 1990 年前后，与人均 GDP 的极值比率的转折点在同一时期。这表明改革开放初期，我国省际间的差异已相当大。改革开放后，各个地方的经济都得到了较快发展，国有企业呈现出了蓬勃的生机与活力，地区之间的相对差距在逐渐缩小。但到 1990 年，国有企业举步维艰，几乎全线破产。中西部的国有企业一直以来都是经济的重心，破产之后，经济赶不上原来的发展势头，而东部沿海地带私营、外资企业的发展蒸蒸日上，弥补了国有企业破产给经济带来的冲击。1990 年以后，各省之间的差异逐渐上升，东部地区的经济发展越来越好，而中西部地区没有了国有企业的支撑，再加上气候、地理等自然条件的限制，发展处于劣势。2003 年前后区域差距有缩小的趋势，这得益于我国开始重视区域协调发展，自 2000 年以后，我国先后施行了西部大开发、振兴东北老工业基地、鼓励中部崛起和振兴中原等平衡区域经济发展的相关政策，使我国省份间人均 GDP 的极值比率和变异系数均有显著下降的趋势。2014 年后虽有轻微上升，但却改变不了区域经济

— 191 —

差异整体降低的趋势。

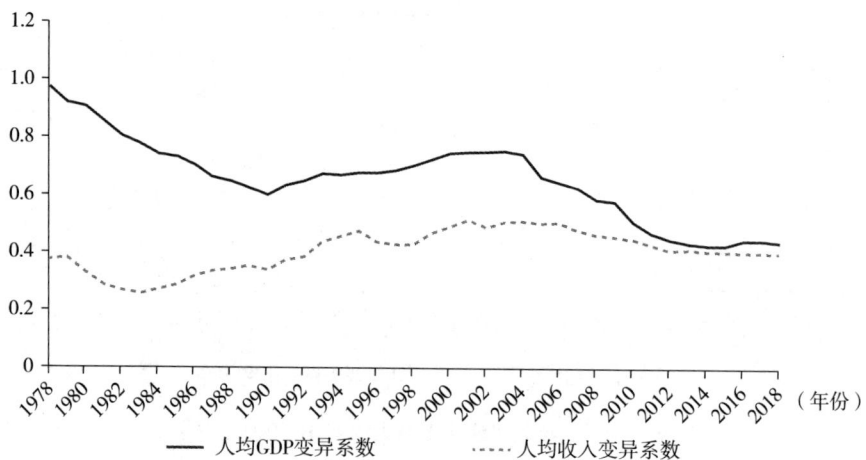

图9-6 人均收入变异系数与人均GDP变异系数

资料来源：根据表9-2绘制。

人均收入的变异系数普遍比人均GDP的变异系数小，1978~1983年逐渐下降，之后一直持续上升至2001年的0.517，2002年稍有下降，2003年后又继续上升，2004年开始小幅下降（见图9-6）。从变异系数指标看，与极值比率一样，分配方面的差异也比生产方面的差异开始拉大的时期早，2004年前后生产差异与分配差异逐步缩小，但分配差异缩小幅度低于生产差异。

综上，从目前来看，生产方面的差异由于受到各自自然条件的限制，西部地区的开发已近乎达到顶点，有的地方甚至还存在过度开发。为了缩小区域经济之间的发展差距只有依靠抑制东部地区的发展，不过，这显然是不可能的。我们目前要做的是合理调整中西部地区的产业结构，以保护生态环境、改善人居环境为目标，以不再扩大地区之间的差异为目标。区域之间的差异更多地表现为分配领域的差异，所以要改变区域之间的差异，就要以改善收入差异为主。

运用极值比率和变异系数描述完相对差异之后，我们再看一下各指标基尼系数的变化状况。

本章选取的这些指标均为离散数据,故用离散公式来计算各指标的基尼系数。离散数据的基尼系数应采用平均差方法,即先计算出平均差和相对平均差,除以 2 即为离散变量的基尼系数。计算步骤如下:

(1) 计算离散指标的基尼系数的平均差。离散的收入分布的基尼绝对平均差定义为:

$$\Delta = \frac{1}{n^2} \sum_{i=1}^{n} \sum_{j=1}^{n} |y_i - y_j|$$

其中,y_i(y_j)为第 i(j)个经济体(省份)的指标值。

(2) 计算相对平均差。相对平均差等于绝对平均差除以收入的均值,相对平均差被定义为:

$$\frac{\Delta}{\mu_y} = \frac{E|y_i - y_j|}{\mu_y}$$

其中,μ_y 为经济体指标值的期望。

(3) 计算基尼系数。基尼系数是相对平均差的 1/2。

$$G = \frac{\Delta}{2\mu_y} = \frac{1}{2n^2 \mu_y} \sum_{i=1}^{n} \sum_{j=1}^{n} |y_i - y_j|$$

根据上述方法计算出人均 CDP 和人均收入的基尼系数如表 9-3 所示。

表 9-3 1978~2018 年我国省份间各指标的基尼系数

年份	人均 GDP	人均收入
1978	0.349	0.200
1979	0.335	0.204
1980	0.336	0.178
1981	0.319	0.156
1982	0.306	0.145
1983	0.302	0.139
1984	0.299	0.145
1985	0.297	0.151
1986	0.293	0.166

续表

年份	人均 GDP	人均收入
1987	0.276	0.176
1988	0.285	0.181
1989	0.277	0.186
1990	0.266	0.178
1991	0.28	0.197
1992	0.291	0.204
1993	0.307	0.228
1994	0.312	0.236
1995	0.314	0.243
1996	0.312	0.222
1997	0.313	0.221
1998	0.319	0.218
1999	0.326	0.226
2000	0.336	0.231
2001	0.338	0.245
2002	0.339	0.237
2003	0.341	0.246
2004	0.336	0.246
2005	0.318	0.242
2006	0.313	0.243
2007	0.305	0.232
2008	0.292	0.227
2009	0.290	0.224
2010	0.263	0.220
2011	0.246	0.214
2012	0.237	0.206
2013	0.231	0.198
2014	0.227	0.195
2015	0.228	0.192
2016	0.231	0.191

续表

年份	人均GDP	人均收入
2017	0.229	0.190
2018	0.225	0.188

资料来源：历年《中国统计年鉴》。

从表9-3中可以看出，人均GDP的基尼系数总体差距相对较大。在1978~1990年基本呈现为下降趋势但均在0.25以上，1991~2003年基尼系数均在0.25~0.35，并且呈上升趋势。2004年以后基尼系数呈基本下降趋势，直到2014~2016年略有上升，后又开始下降至2017年的0.229和2018年的0.225。

人均收入指标的差异也呈现出先下降后上升再下降的趋势，1978~1983年呈下降趋势，1984~1995年呈上升趋势，后有所起伏，于2006年重新开始呈下降趋势。

人均GDP的基尼系数与其变异系数一样，普遍比人均收入的基尼系数大。为便于观察，笔者绘制了图9-7。

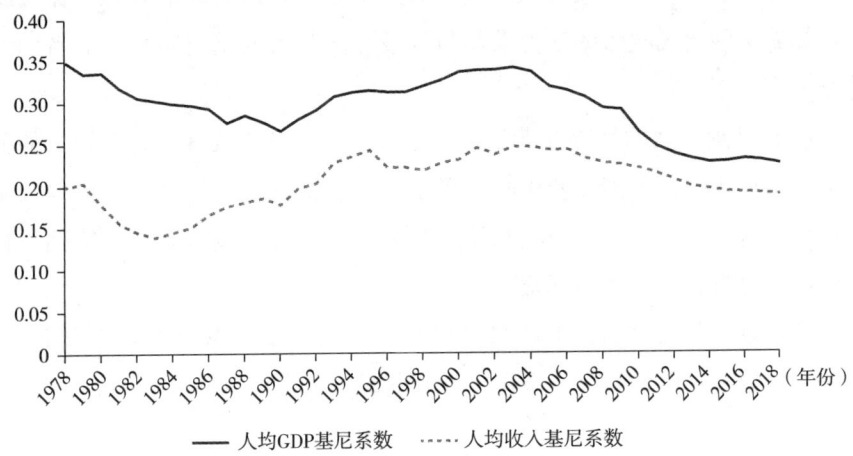

图9-7 人均GDP基尼系数和人均收入基尼系数

资料来源：根据表9-3绘制。

从图 9-7 可以看出，人均 GDP 和人均收入的基尼系数变化态势与它们的变异系数变化态势大体相当，人均 GDP 的转折处同变异系数一样，均在 1990 年。人均收入的基尼系数的转折处在 1983 年，同其变异系数一样。为此，我们分别做人均 GDP 和人均收入的变异系数和基尼系数。从图 9-6 和图 9-7 可以看出，人均 GDP 和人均收入的变异系数和基尼系数的整体变化趋势大体相当。与前述分析基本一致，这又一次增强了我们原先将 1984 年和 2001 年的差异作为区间上下限经验依据的可靠性。

顺便指出，由于基尼系数是衡量收入分配差异程度的指标，并且给出了差异程度的数量界限。一般认为，系数在 0.2 以下为绝对平均；0.2~0.3 之间为比较平均；0.3~0.4 之间为比较合理；0.4~0.5 之间为差距较大；0.5 以上为差距悬殊。由于目前国内文献尚没有一个比较认可的评价标准，那么能否借用收入的基尼系数的标准来评判？文献上有人用此评判，而笔者花费了大量时间研究这一评价标准，最终认为这一判别标准用于评判区域间的差异是不合适的。理由如下：

(1) 区域之间的差异无论如何也不会超过将全国居民收入进行分组之后的差异。这是因为区域之间的差异弱化了居民收入之间的差异。比如我们计算的全国居民收入的基尼系数与区域之间收入的基尼系数，后者的计算结果会小于前者。

(2) 基尼系数的划分标准是世界各国得出的经验数据，各个国家的具体情况不尽相同，各国在使用时也只是将这一划分标准作为参照，并没有严格按照这一标准执行。而将基尼系数运用于衡量区域差异尚不成熟，世界各国也没有长期的经验观察。

基于以上两点原因，本章只是尝试性的借鉴基尼系数的意义和算法，对基尼系数只做定量研究，不做定性判断。

（三）根据绝对差异和相对差异构造区域经济差异适度区间

通过对1978~2018年我国区域经济绝对差异和相对差异的描述，再结合社会经济其他方面的状况，本节将1984年的差异作为区间下限的理由归纳如下：

（1）1984年的GDP增长速度为15.1%，不仅高于相邻年份，也是自1978年以来所有年份中最高的，而这一年的人均GDP标准差和人均收入标准差基本比以后的年份小。这为将1984年的差异作为适度区间下限的经验依据奠定了基础。

（2）1984年的人均GDP极值比率和变异系数基本比以前年份小，人均收入的极值比率和变异系数均比大多数以后年份要小。这进一步说明了1984年的差异相对于其他年份并不算太大。

（3）1984年的人均GDP的基尼系数比以前年份小，人均收入的基尼系数比以后年份小。基尼系数进一步说明了这一年的相对差异是可以接受的。

（4）1984年国家实行了对内搞活经济，对外实行开放的政策，使经济发展取得了显著成效。全国职工平均工资大于相邻年份，城镇登记失业人数比相邻两年少，城镇登记失业率也较1983年显著下降。

基于以上四点原因，本章认为将1984年差异作为适度差异区间下限的经验依据是可以接受的。

将2001年差异作为区间上限的理由归纳如下：

（1）2001年GDP增长速度为8.3%，在这一时期，GDP增长速度都较低，1999~2002年平均增长速度为8.4%，而2001年比平均值还要低。人均GDP标准差和人均收入标准差却急速上升，分别比上年增加7.65%和13.30%。根据前述理论，随着经济差异扩大，GDP增长速度在低谷处徘徊，说明这一时期的差异已经成了经济发展的障碍。这将为这一年的差异作为上限奠定了基础。

（2）2001年的人均GDP变异系数是自1984年以来最高的一年，极值比率是自1988年以来最高的一年。人均收入的变异系数是所有年份中最高的一年，极值比率是自1980年以来最高的一年。这充分说明2001年省际间的差异已经达到了很大程度。

（3）2001年人均GDP的基尼系数是自1979年以来最高的一年，人均收入的基尼系数是自1978年以来最高的一年。这更进一步说明了改革开放40多年来，经济增长速度在倒退，而区域之间差异却在扩大的事实。这种差异已经对社会经济发展起到阻碍作用。

（4）2001年的社会问题也相当突出，农民收入增长缓慢，大量国有企业破产，下岗职工再就业困难，社会就业压力加大。产业结构不合理和经济体制深层次问题尚未解决，生态环境问题相当突出，地方保护主义屡禁不止，市场经济秩序混乱，有待整顿。

基于以上四点原因，本章认为2001年的差异是不可接受的，将它作为适度区间上限的经验依据是恰当的。故可通过计算这两个年份的差异来构造出我国区域经济差异的适度区间。

运用相对差异构造区间比运用绝对差异构造区间具有优越性，并且考虑到判断以后年份经济差异状况时计算的方便程度，本章选取变异系数来构造区域经济差异的适度区间。考虑到收入与生产具有同等重要的地位，因此，本章构造人均收入和人均GDP两个指标的适度区间。

1984年人均GDP的变异系数为0.742，2002年人均GDP的变异系数为0.751；1984年人均收入的变异系数为0.271，2002年人均收入的变异系数为0.489。考虑到经济过程的复杂性和经济后果相对于经济行为的滞后性，将区域差异正好保持在这两年的水平之间显得过于死板，因此，可在这两个年份上予以调整，将人均GDP的变异系数的适度区间定为[0.7, 0.8]，将人均收入的变异系数的适度区间定为[0.2, 0.5]。可用这两个区间来判断未来若干年内我国的省际差异。当差异超出这一区间时，就会对社会发展产生不利影响，政府就要采取措施来调整区域差异。

第九章　区域经济差异及其适度区间的确定

当然，适度区间随着我国经济的逐步发展其标准会发生相应变化，它应该是动态的，但随着我们建设和谐社会的呼声越来越响亮，以及保护环境的重要性越来越突出，区域之间的差距必将随着建设和谐社会目标的实现而逐步缩小。故我们将这一区间作为判断未来若干年内区域间差异程度的一个基础。

参考文献

[1] Balassa B. Exports and Economic Growth: Further Evidence [J]. Journal and Development Economics, 1978 (5): 181-189.

[2] Carsten A. Holz. New Capital Estimates for China [J]. China Economic Review, 2006, 17 (2): 142-185.

[3] David Hummels, Jun Ishii, Kei-Mu Yi. The Nature and Growth of Vertical Specialization in World Trade [J]. Journal of International Economics, 2001, 54 (1): 75-96.

[4] Haishun Sun, Ashok Parikh. Exports, Inward Foreign Direct Investment (FDI) and Regional Economic Growth in China [J]. Regional Studies, 2001, 35 (3): 187-196.

[5] Holz A. New Capital Estimates for China [J]. China Economic Review, 2006, 17 (2): 142-185.

[6] J Rodrigo Fuentes, Marco Morales. On the Measurement of Total Factor Productivity: A Latent Variable Approach [J]. Macroeconomic Dynamics, 2011 (5): 145-159.

[7] Jason Furman. 美国经济的潜在增长率及政策如何对其产生影响 [J]. 新金融评论, 2017 (3): 25-38.

[8] Karen Dynan. 美国财政政策变化及其对美国经济的影响 [J]. 新金融评论, 2017 (3): 10-24.

[9] Perkins D H, Rawski. Forecasting China's Economic Growth to 2025, in Loren' Brandt and Thomas G. Raqski, eds, China'S Great

Economic Trans.

［10］Robert C. Feenstra, Gordon H. Hanson. The Impact of Outsourcing and High-Technology Capital on Wages: Estimates for the United States, 1979-1990［J］. The Quarterly Journal of Economics, 1999, 114（3）: 907-940.

［11］奥利维尔·布兰查德, 杰罗明·策特尔迈尔, 王宇. 危机标配: 低增长、高负债、高利率和民粹主义［J］. 金融发展研究, 2017（10）: 59-62.

［12］北京大学中国经济研究中心课题组. 中国出口贸易中的垂直专门化与中美贸易［J］. 世界经济, 2006（5）: 3-11+95.

［13］蔡昉. 挖掘增长潜力与稳定宏观经济［J］. 中共中央党校学报, 2014, 18（4）: 79-86.

［14］蔡洪杰, 张烨. 贸易平衡目标下外贸对经济增长贡献的测度方法［J］. 亚太经济, 2011（6）: 44-47.

［15］蔡亚楠. 西部地区经济增长潜力与趋势分析［D］. 云南大学硕士研究生学位论文, 2017.

［16］查贵勇. 广东省外贸与经济增长关系的实证分析［J］. 国际经贸探索, 2006（7）: 26-29.

［17］昌忠泽, 毛培. 新常态下北京经济增长潜力研究［J］. 北京联合大学学报（人文社会科学版）, 2017（4）: 76-84.

［18］昌忠泽, 毛培. 新常态下中国经济潜在增长率估算［J］. 经济与管理研究, 2017, 38（9）: 3-14.

［19］陈栋生. 我国区域经济的总态势及区域政策分析［J］. 中州学刊, 2005（7）: 31-33.

［20］陈慧芬, 周纯. 对江苏省外贸依存度的分析［J］. 中共南京市委党校学报, 2008（2）: 19-22.

［21］陈乃斌. 辽宁省外贸依存度的测算与分析［J］. 沈阳理工大学学报, 2011（10）: 27-32.

［22］陈如斌. 中国潜在产出增长率变动原因分析［D］. 华南理工大学博士学位论文, 2016.

[23] 陈相成,汪彩玲. 从社会分工和统计核算的角度解读中国经济的高速增长 [J]. 统计研究, 2011, 28 (6): 109-110.

[24] 陈秀山,徐瑛. 中国区域差距影响因素的实证分析 [J]. 中国社会科学, 2004 (12): 117-129+207.

[25] 程承坪,张蒂. 中国经济的八大增长潜力 [J]. 当代经济管理, 2015 (7): 38-43.

[26] 迟福林. 走向公平可持续增长的转型改革 [J]. 经济体制改革, 2013 (6): 5-7.

[27] 崔苏卫,夏凡. 外贸依存度内涵的再考量 [J]. 江苏商论, 2013 (8): 30-32.

[28] 代明,刘俊杰,韩启钰,袁沙沙. 集约型城市经济增长潜力及其影响因素分析——以深圳为例 [J]. 广东工业大学学报 (社会科学版), 2011, 11 (3): 1-5.

[29] 樊纲. 对2015年中国经济增长保持乐观 [J]. 财经界, 2015 (3): 69-70.

[30] 付强. 我国外贸依存度问题新探 [J]. 世界经济研究, 2007 (3): 44-49+88.

[31] 高铁梅,梁云芳. 论中国增长型经济周期波动及适度增长区间 [J]. 经济学动态, 2005 (8): 37-43.

[32] 高志刚,韩延玲. 新疆区域经济差异预警研究 [J]. 新疆大学学报, 2002 (3): 21-25.

[33] 高志刚. 区域经济差异预警:理论、应用和调控 [J]. 中国软科学, 2002 (11): 94-98.

[34] 管晓明. 结构转型与中国潜在增长率变动分析 [J]. 金融理论与实践, 2014 (4): 35-41.

[35] 郭萍. 解决区域发展不平衡的国际经验及启示 [J]. 唯实, 2000 (7): 56-59.

[36] 郭胜利. 河南省人力资本与经济增长实证研究 [D]. 暨南大学

硕士学位论文,2011.

[37] 郭树清. 中国经济发展的潜力和问题 [J]. 国际经济评论,2010 (6): 7-13.

[38] 郭腾云,徐勇. 1952~2003 年我国区域经济发展不均衡的长期变化态势 [J]. 地理科学进展,2005 (1): 21-30.

[39] 郭学能,卢盛荣. 供给侧结构性改革背景下中国潜在经济增长率分析 [J]. 经济学家,2018 (1): 29-40.

[40] 郭羽诞. 外贸依存度指标存在明显缺陷 [N]. 解放日报,2004-11-06.

[41] 国家统计局城调总队. 地区经济不平衡问题研究 [J]. 长江大战略,1997 (4): 7-11.

[42] 国务院发展研究中心课题组,张军扩. 中国经济未来的增长潜力 [J]. 西部大开发,2014 (11): 100-103.

[43] 韩蓓. 北京市潜在经济增长率测算与 HP 滤波平滑参数探讨 [J]. 云南财经大学学报,2009,25 (2): 139-146.

[44] 贺菊煌. 我国资产的估算 [J]. 数量经济技术经济研究,1992 (8): 24-27.

[45] 胡国强. 从对外贸易分析看河南省的产业关联 [J]. 经济经纬,2004 (5): 33-35.

[46] 胡乃武,田子方. 新常态下我国经济增长的基本特征及前景 [J]. 经济纵横,2015 (8): 1-6.

[47] 黄继忠. 区域内经济不平衡增长论 [M]. 北京:经济管理出版社,2001.

[48] 黄勇峰,任若恩,刘晓生. 中国制造业资本存量永续盘存法估计 [J]. 经济学(季刊),2002 (1): 377-396.

[49] 贾芳芳. 新常态下我国经济增长的潜力分析 [J]. 商场现代化,2016 (1): 258.

[50] 贾蕊. 河南省外贸依存度的实证分析 [J]. 企业导报,2014,

(2): 14-16+19.

[51] 贾蕊. 河南省外贸依存度的实证分析: 1978-2012 [J]. 企业导报, 2014 (2): 7-9.

[52] 姜鸿. 中国理论外贸依存度的测度与国际比较 [J]. 经济社会体制比较, 2007 (6): 146-150.

[53] 孔淑红. 中国区域经济不平衡发展的动态分析 [J]. 经济评论, 1995 (2): 18-22.

[54] 李京文, 郑友敬, 杨树庄, 龚飞鸿. 中国经济增长分析 [J]. 中国社会科学, 1992 (1): 15-36.

[55] 李京文. 对1998年中国经济增长速度的分析 [J]. 数量经济技术经济研究, 1998 (7): 3-5.

[56] 李克. 适度差距与系统优化: 中国现代化进程中的区域经济 [M]. 北京: 中国社会科学出版社, 2000.

[57] 李琳琳. 近年来我国对外贸易依存度下降原因浅析 [J]. 商场现代化, 2014 (4): 67-68.

[58] 李善同, 侯永志, 刘云中, 何建武. 中国经济增长潜力与经济增长前景分析 [J]. 管理世界, 2005 (9): 7-19+27+171.

[59] 李善同, 侯永志, 翟凡. 未来50年中国经济增长的潜力和预测 [J]. 经济研究参考, 2003 (2): 51-60.

[60] 李宪锋. 广东外贸依存度研究 [D]. 暨南大学硕士学位论文, 2008.

[61] 李哲伦. 新常态背景下的中国经济增长分析 [J]. 时代金融, 2017 (9): 6+11.

[62] 李子豪. 西北地区经济增长潜力开发的制约因素研究 [D]. 西北大学硕士学位论文, 2019.

[63] 梁建章. 希望经济学家关注中国低生育率的长期负面影响 [J]. IT时代周刊, 2014 (23): 11.

[64] 林毅夫, 李永军. 出口与中国的经济增长: 需求导向的分析 [J]. 经济学季刊, 2003 (7): 779-794.

[65] 林毅夫. 中国经济的后发优势 [J]. 市场经济与价格, 2014 (6): 39-40.

[66] 林毅夫: 中国经济持续增长潜力依然强劲 [J]. 山东经济战略研究, 2014 (5): 4.

[67] 刘斌, 张怀清. 我国产出缺口的估计 [J]. 金融研究, 2001 (10): 69-77.

[68] 刘乃全, 贾彦利. 中国区域政策的重心演变及整体效应研究 [J]. 经济体制改革, 2005 (6): 10-15.

[69] 刘培林. 区域发展水平收敛意味着未来增长潜力缩小 [J]. 投资北京, 2013 (3): 23.

[70] 刘瑞翔, 安同良. 中国经济增长的动力来源与转换展望——基于最终需求角度的分析 [J]. 经济研究, 2011 (7): 30-64.

[71] 刘伟, 张立元. 经济发展潜能与人力资本质量 [J]. 管理世界, 2000 (1): 8-24.

[72] 刘伟. 经济新常态与供给侧结构性改革 [J]. 管理世界, 2016 (7): 1-9.

[73] 刘夏明, 魏英琪, 李国平. 收敛还是发散?——中国区域经济发展争论的文献综述 [J]. 经济研究, 2004 (7): 70-81.

[74] 刘学武. 投资、消费、国际贸易与中国经济增长: 1989~1999年经验分析 [J]. 世界经济, 2000 (9): 39-45.

[75] 刘再兴. 中国区域经济: 数量分析与对比研究 [M]. 北京: 中国物价出版社, 1993.

[76] 刘振林. 经济发展新常态下中国经济的增长潜力 [J]. 决策与信息, 2015 (10): 64-66.

[77] 刘遵义, 陈锡康, 杨翠红, Leonard K. Cheng, K. C. Fung, Yun-Wing Sung, 祝坤福, 裴建锁, 唐志鹏. 非竞争型投入占用产出模型及其应用——中美贸易顺差透视 [J]. 中国社会科学, 2007 (5): 91-103+206-207.

[78] 刘遵义等. 非竞争型投入占用产出模型及其应用 [J]. 中国社会科学, 2007 (5): 91-207.

[79] 陆天惠. 基于外贸依存度的河南经济开放程度分析 [J]. 管理工程师, 2013 (4): 29-32.

[80] 马骏. 结构性因素对中国长期经济增长潜力的影响 [J]. 新金融评论, 2014 (4): 62-66.

[81] 马婉蓉. 兵团经济增长潜力研究 [D]. 石河子大学硕士学位论文, 2016.

[82] 潘璠. 理性看待经济增长潜力与速度的关系 [N]. 中国信息报, 2015-03-31 (005).

[83] 彭福伟. 怎样看待目前对外贸易对国民经济增长的作用 [J]. 国际贸易问题, 1999 (1): 15-19.

[84] 彭莉, 黄国华. 如何客观评估外贸对我国经济的贡献 [J]. 调研世界, 2015 (8): 46-49.

[85] 彭新永, 张卫华. "十三五"及中长期广西经济增长的潜力和动力 [J]. 宏观经济管理, 2016 (2): 83-85.

[86] 任保平. 新常态要素禀赋结构变化背景下中国经济增长潜力开发的动力转换 [J]. 经济学家, 2015 (5): 13-19.

[87] 任保平. 中国地方经济增长效率及潜力研究 [J]. 社会科学战线, 2017 (7): 31-43.

[88] 沈坤荣, 滕永乐. "结构性"减速下的中国经济增长 [J]. 经济学家, 2013 (8): 25-32.

[89] 沈利生, 吴振宇. 外贸对经济增长贡献的定量分析 [J]. 吉林大学社会科学学报, 2004 (4): 67-78.

[90] 沈利生. 论外贸依存度——兼论外贸依存度的新公式 [J]. 数量经济技术经济研究, 2005 (7): 15-24.

[91] 沈利生. 三驾马车的拉动作用评估 [J]. 数量经济技术经济研究, 2009 (4): 139-151.

[92] 师博, 樊思聪. 中国省际经济高质量发展潜力测度及分析 [J]. 东南学术, 2020 (4): 169-179.

[93] 司增绰, 邵军. 中国经济增长的动力源泉: 基于文献的梳理研究 [J]. 江苏师范大学学报, 2015 (5): 62-66.

[94] 隋妍, 朱孔来. 区域差距衡量指标体系及定量化测算方法 [J]. 统计研究, 2000 (10): 52-56.

[95] 汪彩玲. 地区外贸依存度的内涵及测算方法探讨 [J]. 统计与决策, 2017 (3): 17-20.

[96] 王东, 夏咏. 出口贸易对地区经济增长贡献的模型分析 [J]. 2007 (1): 90-94.

[97] 王建国, 匡王番. 中国部门外贸依存度的测算——基于非竞争型投入产出模型的分析 [J]. 国际经贸探索, 2010, 26 (6): 31-37.

[98] 王磊. 对外贸易对中国经济增长的实证分析——基于1997~2007年中国进口非竞争型投入产出表的分析 [J]. 山西财经大学学报, 2013 (1): 1-18.

[99] 王梦奎, 李善同. 中国地区社会经济发展不平衡问题研究 [M]. 北京: 商务印书馆, 2000.

[100] 王文明. 我国长三角地区外贸依存度问题研究 [D]. 华东师范大学硕士学位论文, 2010.

[101] 王小鲁, 樊纲. 中国经济增长的可持续性——跨世纪的回顾与展望 [C]. 中国经济改革研究基金会, 2000: 11-13.

[102] 王孝松, 翟光宇, 谢申祥. 中国出口增长潜力预测——基于引力模型的若干情景分析 [J]. 财贸经济, 2014 (2): 75-84+102.

[103] 王兴芬, 张荣. 新常态下中国经济增长潜力研究 [J]. 工业技术经济, 2016, 35 (7): 139-143.

[104] 王一鸣. 中国有条件实现中高速增长 [J]. 西部大开发, 2015 (8): 68-74.

[105] 王子先. 更应注重动态效应——外贸在国民经济发展中地位与

作用的再认识 [J]. 国际贸易, 1998 (10): 9-12.

[106] 魏后凯, 刘楷等. 中国地区发展——经济增长、制度变迁与地区差异 [M]. 北京: 经济管理出版社, 1997.

[107] 吴桂珍, 周宏. 地区经济发展的现状和潜力分析 [J]. 当代经济研究, 2006 (5): 62-64.

[108] 吴国培, 王伟斌, 张习宁. 新常态下的中国经济增长潜力分析 [J]. 金融研究, 2015 (8): 46-63.

[109] 吴敬琏. 如何顺利实现中国经济发展新常态 [J]. 行政管理改革, 2015 (10): 2+11-16.

[110] 吴晓宇. 浅谈"中国经济增长潜力"的若干问题 [J]. 科技创新与应用, 2012 (6): 223.

[111] 吴振宇, 沈利生. 中国对外贸易对 GDP 贡献的经验分析 [J]. 世界经济, 2004 (2): 13-20.

[112] 谢锐, 赵果梅. 出口贸易对中印经济增长的影响效应研究 [J]. 国际经贸探索, 2014 (8): 52-63.

[113] 解三明. 中国经济增长的周期性问题研究 [J]. 经济学动态, 2001 (5): 10-16.

[114] 许宪春, 刘启运. 2001 年中国投入产出理论与实践 [M]. 北京: 中国统计出版社, 2002.

[115] 许宪春. 中国未来经济增长及其国际经济地位展望 [J]. 经济研究, 2002 (3): 27-35+93.

[116] 许月卿, 李双成. 我国三大地带经济发展不平衡性动态分析 [J]. 2004 (6): 98-102.

[117] 杨碧云, 易行健. 广东外贸依存度高低的判断及其趋势 [J]. 国际经贸探索, 2009 (1): 9-13.

[118] 杨瑞龙. 经济新常态阶段的新挑战 [J]. 中国高校社会科学, 2015 (3): 135-136.

[119] 姚李亭, 彭香. 改革开放以来河南省资本存量分产业测算 [J].

商，2014（20）：67+83.

[120] 姚愉芳，贺菊煌. 中国中长期经济、社会发展与数学模型（四）——中长期经济、社会发展预测分析［J］. 数量经济技术经济研究，1995（12）：33-43.

[121] 易行健，袁申国，戴艳娟. 外贸对广东经济增长与GDP形成的贡献测算：2001~2012［J］. 华南师范大学学报，2014（4）：82-91.

[122] 于婷婷. 安徽省经济潜在增长率的测算与分析［D］. 安徽大学硕士学位论文，2016.

[123] 愈佳根，崔日明，黄文军. 新常态下浙江潜在经济增长率的测算与分析［J］. 财经丛论，2017（11）：3-10.

[124] 袁富华. 增长、结构与转型：中国经济增长潜力分析Ⅱ［M］. 北京：社会科学文献出版社，2014.

[125] 袁吉伟. 基于生产函数法的我国潜在经济增速分析及预测［J］. 金融教学与研究，2012（5）：31-35.

[126] 袁晓玲，张宝山，杨万平. 潜在经济增长率与中国区域经济协调发展［J］. 商业研究，2009（1）：29-33.

[127] 袁晓龙. 四国经济增长潜力初步比较分析［J］. 北京交通管理干部学院学报，2003（4）：34-37.

[128] 曾五一，赵昱焜. 关于中国总固定资本存量数据的重新估算［J］. 厦门大学学报（哲学社会科学版），2019（2）：49-59.

[129] 仉建涛. 区域经济非平衡增长论略［J］. 河南师范大学学报，1998（1）：10-13.

[130] 张敦富，覃成林. 中国区域经济差异与协调发展［M］. 北京：中国轻工业出版社，2001.

[131] 张敦富. 区域经济学原理［M］. 北京：中国轻工业出版社，1999.

[132] 张二震. 外贸对经济增长是"负贡献"吗？［N］. 人民日报，2013-01-29.

[133] 张芳. "三驾马车"对国内经济拉动作用的再评估——基于针

对加工贸易的非竞争型投入产出模型 [J]. 统计与信息论坛, 2011, 26 (6): 59-65.

[134] 张海芳. 新常态下包头经济如何寻找突破口 [N]. 包头日报, 2015-01-16 (A03).

[135] 张京红, 王生辉. 加工贸易出口对我国经济增长的影响——基于协整检验与分位数回归的分析 [J]. 经济问题探索, 2016 (12): 130-135.

[136] 张军, 章元. 对中国资本存量 K 的再估计 [J]. 经济研究, 2003 (7): 35-43+90.

[137] 张军扩. 中国追赶型增长的阶段转换与增长前景 [J]. 经济体制改革, 2015 (1): 5-7.

[138] 张连城, 韩蓓. 中国潜在经济增长率分析——HP 滤波平滑参数的选择及应用 [J]. 经济与管理研究, 2009 (3): 22-28+86.

[139] 张林. 中国潜在 GDP 增长率的测算 [D]. 华南理工大学硕士学位论文, 2013.

[140] 张晓婧. 中国经济增长的影响要素分析——基于柯布—道格拉斯生产函数 [J]. 中国市场, 2013 (41): 117-118+133.

[141] 张馨艺. 中国对外贸易依存度在近年不断下降的原因分析 [J]. 中国商论, 2017 (4): 53-54.

[142] 张延群, 娄峰. 中国经济中长期增长潜力分析与预测：2008~2020 年 [J]. 数量经济技术经济研究, 2009 (12): 137-145.

[143] 张耀辉等. 区域经济理论与地区经济发展 [M]. 北京：中国计划出版社, 1999.

[144] 张勇, 古明明. 重新评估我国的增长潜力 [J]. 经济科学, 2013 (2): 5-19.

[145] 赵建伟. 外贸依存度对中小企业影响的实证分析——以广东省为例 [J]. 沈阳：辽宁大学, 2012 (5): 22-24.

[146] 赵志君. 论中国经济增长潜力与发展战略转型 [J]. 经济学动态, 2013 (9): 11-19.

[147] 郑晶. 对外贸易对广东省经济增长作用的实证研究 [J]. 国际贸易问题, 2006 (4): 60-66.

[148] 郑新立. 中国经济潜力还可保持20年的快速增长 [N]. 中国经济导报, 2012-06-16 (B01).

[149] 中国人民银行营业管理部课题组, 杨国中, 李宏瑾. 基于生产函数法的潜在产出估计、产出缺口及与通货膨胀的关系: 1978~2009 [J]. 金融研究, 2011 (3): 42-50.

[150] 中国银行"中国经济发展新模式研究"课题组, 陈卫东, 宗良. 中国经济潜在增长率的估算与预测——新常态新在哪儿 [J]. 金融监管研究, 2016 (8): 41-66.

[151] 周爱农. 广东省外贸出口对经济增长影响的实证分析 [J]. 全国商情, 2010 (3): 99-101.

[152] 周国富. 中国经济发展中的地区差距问题研究 [M]. 大连: 东北财经大学出版社, 2001.

[153] 周国富. 中国经济发展中的地区差距问题研究 [M]. 东北财经大学出版社, 2001.

[154] 周国华, 彭鹏等. 二十世纪九十年代我国区域经济发展不平衡性的测度及评价 [J]. 中国软科学, 2002 (10): 88-93.

[155] 周惠慈, 关士来, 张后启. 我国现阶段经济增长潜力的定量研究 [J]. 经济研究参考, 1992 (5): 38-40.

[156] 朱长存, 陆佳丽, 刘云飞. 新常态下河北省经济增长潜力测度研究 [J]. 石家庄铁道大学学报 (社会科学版), 2019 (1): 10-18.

[157] 朱明春. 区域经济理论与政策 [M]. 长沙: 湖南科学技术出版社, 1991.

[158] 祝宝良. 我国经济仍具备保持中高速增长的潜力 [N]. 中国经济导报, 2015-08-15 (A02).

[159] 宗振利, 廖直东. 中国省际三次产业资本存量再估算: 1978—2011 [J]. 贵州财经大学学报, 2014 (3): 8-16.

后 记

经过一年时间的努力，《外贸与经济增长的统计研究》终于要问世了。激动之余，也多了几分心酸，想起最开始着手整理书稿时的紧张，想起签订出版协议后的心慌，想起被初审提出无数修改意见时的羞愧。整个出版过程中责任编辑杨雪与我进行了无数次沟通，虽然期间也有烦恼和忧愁，我甚至度过了无数个不眠之夜，但这些都随着书稿最后的付印出版而烟消云散了。现在我的心中异常平静，充满了对帮助过我的各位老师的感激。

首先要感谢的是本书的责任编辑杨雪，没有她的督促和修改，我的书稿就不能如期完成。杨编辑对工作认真负责、耐心细心，她不厌其烦地指出书中的文字错误和图表不规范之处，让本书得以顺利出版。

其次要感谢我的导师曾五一教授和陈相成教授。我的书稿题目一直没完全确定，当我向他们请教时，他们都认真地提出了非常中肯的建议，再次向他们表示感谢！

最后要感谢我的家人，特别感谢妈妈帮我承担了部分照看孩子的责任，感谢爱人一直以来对我精神上的支持。

我想说，没有你们就没有这本书，谢谢你们！

汪彩玲
2020 年 5 月

迷途之旅 / 194
比生活贫穷更可怕的是什么 / 205
爱心是什么 / 210
人的位置 / 213
替妞妞活着 / 216
愿生命从容如水 / 221
感动的周围 / 225
街灯下的秋天 / 228
是什么挡住了他们的路 / 233
残疾人路上的软障碍 / 236
中国梦在我们的行动中 / 239
碎思四则 / 241
人为什么活着 / 245

第四章　诗意的栖息 / 247

诗歌与诗人 / 248
诗歌是我存在的特征 / 253
读书路上我们相识 / 257
一本可以取暖的书 / 262
唯有残缺通向完美 / 265
有根的诗 / 267
见到张海迪 / 270
拾起烟火，奔向红尘 / 274
写诗是我爱的方式 / 276

此书谨献给追梦路上平凡而伟大的人们

序

　　认识刘厦是在我的课堂上。那天，教室里来了两个坐在轮椅上的特殊学生：一个是刘厦，一个是她的姐姐刘宁，她们的母亲陪同两个行动不便的女儿来学习。之后，刘厦时不时地有问题来问。再后来，刘厦发给我两篇散文作品，希望我提提意见。看后着实吃了一惊，完全没有料到她的散文写得如此的好！之后我了解到刘厦的一些情况：1985年出生于河北晋州的一户农家，不幸的是，她患有"先天性脊髓肌萎缩症"，因此，不得不终身与轮椅为伴。但她凭着坚韧的毅力和聪颖的悟性，勤奋写作，已经在各类报刊上发表了几百首（篇）诗文，出版了诗集《长草的时光》，成为河北省作家协会会员，并靠自学成为国家级心理咨询师。最近，刘厦把她刚刚完成的散文集《遇见生命》寄给我，希望我能写个序言。我当然义不容辞，也恰好趁此机会，谈谈对刘厦散文的印象。

　　大胆剖露心迹，写出真实的自我是刘厦散文的突出特色。比起诗歌、小说、戏剧来，散文似乎要好操弄些，但散文写好却不易。过去，我们讲散文，说"形散而神不散"，"神"是什么？我觉得就是"自我"。一篇好的散文里必然有着鲜明的个性，它要真实地剖露心际，来不得半点做作。古今中外，凡是流传千古的好文章，莫不如此。我读刘厦的散文，时时感觉到一个敏感而要强、自卑又自尊，羸弱又刚强的抒情主人公在文字间闪烁跳跃。她心比天高却命运多舛，她热爱生命却无时不处于死亡这把达摩克利斯之剑的威胁中。她用异于常人的独特的眼睛观察世事，洞察人情。在《轮椅老了》一文中，一把坏了的轮椅，让她写得熠熠生辉。她从七岁坐上它，已经二十二年，她由怨恨轮椅到离不开轮椅，一把无生命的铁轮椅，在刘厦的笔下"活"了起来，它成为她身体的一部分，"这么多年了，我们仿佛已经长到了一起，我的血液流进了它的铁管中，我的坐姿让它改变了形状，它的形状也造就了我的坐姿，我们成了一体。"她对轮椅的这种情感，打上了刘厦生命体验的强烈印记，显得真实而自然。

唯有"自我"，才真实，唯有真实，才感人。《关于母亲的描述》就曾使我抑制不住地几次泪涌。这实在是一篇难得的好文，某种意义上说，它简直可以直追史铁生的《我与地坛》。作者以饱蘸激情的如椽大笔，仔细描述了一个真实、立体、丰富的平凡而又伟大的母亲形象。作品不仅写出了母亲的善良天性，无私大爱，忍韧坚毅，同时也写出了母亲面对不幸命运的孤独无助，烦躁挣扎，无奈懦弱等内心深处的种种困扰、不甘与抗争，写出了母亲的艰难成长。

文章选取了具有典型意义的几个细节来塑造立体的母亲。为了给两个患病的女儿治病，母亲常年奔走于河北与京城的各大医院之间，甚至连与自己母亲的最后一面都未来得及见，这成为母亲人生的巨大憾事，为了给女儿尽一个母亲的责任而错过了作为女儿向父母尽孝的义务，母亲后来常常愧疚难当。孝顺父母，呵护儿女，是一个人最基本的善良天性。这种善良不存在于任何逻辑之内，不需要任何理由。对待自己一对先天残疾的女儿，除了这种无私的爱，刘厦也深入到母亲的灵魂深处，通过母亲三十多年来常常做着的一个噩梦：在汹涌的黑水中，一个人于泥泞中跋涉、挣扎，解释了母亲潜意识中的几个词：拯救、惶恐、冷漠、无助。"母亲的心是纯粹的，就像一只小船，只承载着我们，然而它却要在波涛汹涌的大海中一路搏击。小船内是柔软的光明的，而小船外却是无边无际的狂风暴雨，天昏地暗。"而且，正因为这孤独、无助、恐惧，才使得母亲更加要强，更加需要拥有尊严。也使得母亲更加严格地教育女儿们，希望她们有尊严地活着。正是母亲给她们身上打上了一份高贵的光芒。然而，母亲毕竟是一个普通的人，她的内心的伤痕，面对命运的不公，使得她也必须有一个发泄的出口，母亲也有脾气。刘厦真实地写出了有脾气的母亲曾经对自己的"伤害"。青春期的小女孩的反抗是极端的，她想象着"出走"，还曾尝试着自杀，时过境迁后，刘厦终于明白，"我那段痛苦的日子，正是母亲挣扎的阶段，而且母亲那个阶段远比我开始得早。她说的每一句狠毒的话，都是她的伤口在痉挛、在流血。每一句话，都是她黑夜与光明的斗争，是她脆弱与坚强的较量，是她消极与不甘的纠缠。只是母亲释放了出来，然而对于母亲来说，这是她唯一的跋涉之路。这样的声音，无一不准确地抵达我内心深处的创面，让本就疼痛的地方更加疼痛。我曾经诧异，为什么母亲总能准确地击中我的痛处，却原来，我和母亲拥有一个共同的伤口。"生活的磨难使母亲成长，母亲逐渐变成了一个"心大"和"乐观"的人，然而，只有女儿明白，母亲的这种"心大"和"乐观"是经历了怎样的炼狱般的修行才得来的。刘厦描述了自己生病住院，面临生死考验时的母亲的孤独和无助，以及母亲的憔悴和突然变老。那种对母亲无法言表的感恩与愧疚，真真令人动容。类似的文章还有很多。比如《留在心中的对不起》写父爱以及对父亲的愧疚之情；《旧时光里的院落》写祖父和朋友都是感人至深的好文章。

　　向生命的深处开拓，体悟生命的意义是刘厦散文的又一突出特色。某种意义上说，刘厦的文字不是墨写就的，而是残酷的生活本身馈赠给作者的一种生命自白和命运的喟叹！阅读刘厦的文字，感受到的不是一种轻飘飘的饶舌的撒娇，或者是怨天尤人的斤斤计较，也不是那种貌似深沉的心灵鸡汤，而是沉甸甸的存在的质感，一种疼痛和直面这种疼痛的不屈不挠的勇敢而高贵的灵魂。刘厦有一颗热爱生命的心，她的心是阳光灿烂的，她用自己的纯洁的眼睛寻找光明。《走进另一个夜》，一个坐在轮椅上的残疾女孩儿，在午夜之后来到了街上，她要看一看夜的样子。她从来没有见过的夜晚的街道，对于她而言，一切都是陌生的，然而，"夜晚是灵魂的根"，"每个人都有自己的夜晚，生活中的夜晚有人共度，而灵魂的夜晚是否有人做伴？或许有人看见了你夜晚的模样,但夜晚永远都是你自己的,我们在自己的夜晚中都是孤独一人。"在这个夜晚,刘厦领悟了孤独是生命的本色。

在《路过另一个我》中,作者作为诗人去参加一个诗会,主办方不知刘厦的实际情况,将她与其他人安排在一个房间。于是,坐在轮椅上的刘厦每次都要路过贴着刘厦名字的房间。这触动了刘厦的生命感慨,她将自己分裂成两个刘厦:残疾的刘厦和完美的刘厦,完美的刘厦一米六的身高,身材苗条,一头披肩秀发,有一双清澈而有神的大眼睛,她自由而自信;然而,现实是残酷的,真实的刘厦却永远地坐在轮椅上,"她们擦肩而过了"。刘厦感受到了深入骨髓的自卑。"为什么会成为这个刘厦而不是那个?"这的确是生命终极的困惑,是灵魂最直接的不安!于是,刘厦领悟了生命的奥秘:"生命没有完整的,因为具体的个体就是局限的,是局限的就无法满足灵魂的需求,所以,每个意识到的人都会向往一种圆满,那另一个自己便出现了。上帝通过残疾让我看到了这一点,而每一个平凡的人又何尝不是如此呢。"

生与死是生命的最基本的问题,向死而在这一存在主义的命题,在刘厦的笔下显得那样的自然而真切。在《病房》一文中,她由于姐姐住院,看到了一个个病人的生与死,她感受到了活着的珍贵。在《关于母亲的描述》中,母亲与她们讨论死亡是经常的事。病和死在刘厦的生活里,是一个必须时时面对的问题。刘厦常常谈到局限性,生命本身就是一种局限,但生命也是一种风景,刘厦像一个战士,她承认局限并勇敢地挑战局限,《愿生命从容如水》,正是刘厦对生命意义了悟之后的平静阔达的自白。

刘厦的散文是质朴的,但又是别出心裁的。她有一双明睿的发现的眼睛,她往往在一件很平常的事物上发现美。墙上的几颗铁钉(《岁月的遗物》),广场上的长椅(《秋风中的长椅》),田野中的小路(《那条路还在》),普通的大学课堂(《课堂笔记》)等,都能进入她的敏锐的视野。刘厦散文的语言骨骼清峻,铮铮有声,极富哲理,颇耐寻味。

当然,收在这部集子里的文章非一时一地所写,但从创作时间来看,是越写越好了。衷心祝愿刘厦在文学的道路上越走越远,真正实现生命的超越!

是为序。

郭宝亮(河北师范大学文学院教授、文学评论家)
2018年10月6日于石门

自序

生命这个命题，对于任何一个个体来说都是巨大的，因为一个具体的人就是一种局限，被自己的形式所局限。当我们想到这个大命题，都会一脸茫然，都会感到自己的渺小。仿佛一个答案被撕成了千万个碎片，扔在了人间。但是，我相信任何一个人都这样问过自己，我是谁？生命的意义是什么？

我有幸能够通过这个叫刘厦的人进行寻找，体验一次生命之旅，虽然我所有的遇见也逃不出刘厦的范围，然而，这又是十分合理的，生命的存在，在于它的主观性，如果他人存在，生命便会片面成一个角色。虽然这个刘厦极其微小，但这种微小是一个入口，它通向一条向内的路，当我跟随这个人的困惑和贪婪，脆弱和勇敢，去体验和思考她所有的遇见，当我真的能够理解这个人了，我相信，我便理解了生命。

当下的人们，在一个个具体的事件中忙碌，这些忙碌所指向的是何处？人们在一个个小事件中承受着巨大的压力，这种压力又蒙蔽了多少敏感的神经？置身于吵闹人群中的人，是否还能听见自己的声音？是否还记得生命最初的、最终的、最深的期待？

我不能明确说出这本书能给读者带来什么收获，就像火车的鸣叫只能召唤那些期待要远行的人。

生命是一处壮丽而多姿的风景，大有横看成岭侧成峰的意味。一个人一生领悟不出的道理，另一个人很可能看成是不言自明的废话。

我在人生的边缘处，置身于习以为常的生活中，同时又和这样的生活拉开了一些距离，让我可以将生命从常规状态中剥离出来。热眼凝望，也冷眼旁观。或许我所看到的景象，你并没有经历过，但通过不一样的人生，是再一次抵达生命的方式。

2019 年 1 月 24 日

第一章
风吹的日子

走进另一个夜

有些事物离我很近,但我一直没有见过它们。直到我感觉到了周围的陌生,感觉到了自己的局限,感觉到一些东西隐藏在我附近,不去认识它们是我的一种缺失。

所以在凌晨以后,我走出了家门,来到了这个阒无一人的街上,我只是想看看,那些白天熟悉的景物夜晚是什么样子,看看人们离开后这里是什么样子。

所有的灯都熄了,所有的声音都安静了,每一条街道都空了。整个村子好像睡着了,又好像一切都醒着。这个我熟悉的地方露出了让我陌生的表情。

不知是喧闹离去了夜才来了,还是夜来了喧闹才离去了?

如果说白天的喧闹是欲望驱使的,那夜晚就是人间最干净的时候。

白天,这里人声重叠,车声稠密,闲聊的人和路过的人,农用车和小卧车,传统小吃的香气,演绎着生活的热闹。我一直以为生活就是这个样子,没想到他们说消失就消失了。

这里的夜,是不是生活的背面?

这条凹凸的路不再尘土飞扬,此刻,它是多么空荡,像一条河,我向它的流向望去,那是许多故事消失的地方,也是许多梦开始的地方。这条路不再承担忙碌的重量,在月光下歇了。路过的人都走了,它还留在这里。我看见路是彻夜不眠的,它在等待下一个路人。

墙根那堆土上还留着孩子们用小碗扣的馍馍。路旁的槐树在风中摇曳着疲惫。它们好像这村里的老人，选择在路边，白天看来往的车辆和忙碌的人，夜晚也不肯离去，因为自己没有故事了，所以只有用别人的故事来填充自己的故事。可是夜晚呢，用什么填充，没有什么再能掩饰他们生命的真相。

月亮还在，抬头望月的人们都低头回到了各自的夜晚，没有了仰望，月亮的夜晚才真正来了，感谢月亮，在每一个夜晚，给予每一个人月光的照耀。

风围绕着我，辨认着这个突然而来的人，虽然我白天经常出现，但这夜风并没有见过我。如果这时有人看见我，就算知道不是鬼，也一定会被吓到。因为一个行动不便的人，半夜坐着轮椅出现在这里，是难以理解的，是违背常规的，违背常规的行为同样是可怕的。

所有的门都关闭了，不再等待谁。白天的人们都去了远方，好像夜晚的梦在日头下不见了一样。不管他们白天在做什么，此刻的归宿是一样的。人们是多么相似。

夜晚是一个人最真实和无助的时候。孩子在天黑时，没有母亲在身边会哭闹；外出的人为了天黑前到家，会匆匆赶路；老人会在失眠的夜晚中承受无声的恐慌。

我很想去打开一扇门，看看一扇门里没有防备的样子，那里的夜一定是另一番景象。一个赤裸的人睡在另一个赤裸的人身边，他们一定是最亲的人，母亲的左边是未成年的孩子，妻子的右边是酣睡的丈夫。一个人夜晚的接纳与排斥说明了距离的远近。如果你问你是否某一个人最亲的人，那就看你是否有资格与他／她共同面对夜晚，如果没有，那请在夜晚来临的时候回到自己的夜晚。

我没有走进哪一扇紧闭的门，我知道，那是我的远方。我不敢走出我生命的格式，我不想让我的世界变得畸形。而现在，我第一次看见了我村庄无人的夜，我的世界已变得和以前不一样了。

我慢慢移动在这无人的街上，在这离我很近，我却从未来过的夜晚，我发现，那么多夜晚隐藏在生活中，那么多远方我不能抵达。我看见了生活的陌生，我看见了我与世界的距离。我不会再说我多么熟悉生活，因为有那么多人和物的夜晚我没有见过，我不知道它们各自的夜晚是如何度过的，是安详还是不安，是温暖还是孤单。它们的夜晚经历了什么，或许没有人知道，但那必定影响着白天的结构。因为夜晚是每个灵魂的根。

这是不是我茫然的原因？如果是，那么一个弱小的生命注定无知。

每个人都有自己的夜晚，生活中的夜晚有人共度，而灵魂的夜晚是否有人做伴？或许有人看见了你夜晚的模样，但夜晚永远都是你自己的，我们在自己的夜晚中都是孤独一人。

在这么多夜之外，我看见了一个夜晚的门向我开着，那里有我的灯光，有我的母亲，有我的书堆，有我的诗，有我的梦和恐惧。那就是我的夜晚，我的夜晚同样在风中孤独地摇曳。

2014 年 8 月 19 日

病房

姐姐住院我得跟着,不是为了让我照顾姐姐,而是为了照顾姐姐的父母可以顺便照顾我。或许我们四个命运连得就是这么紧,无论去哪里都得在一起。

我的轮椅右边靠着姐姐的床尾,后面靠着病房窗户,左边又是一张无人住而放杂物的床。这两张床之间的空地好像是专门为我准备的。在这里我是个闲人,什么也不能做,所以什么也不用做,或许我只是个有思维的静物,一件母亲从家里带来的行李。

在这里我可以看到病房的全景。这个房间阳光充沛,但空气不新鲜。护士轻健的脚步和病人家属匆忙的出入,都会搅动起令人作呕的气味。

要不是村里的医生怎么也找不到姐姐的血管了,我们也不会当即决定来医院输液。本来我打算这两天把小说《白鹿原》看完;我那篇预谋已久的短篇小说也该动笔了;还打算在淘宝网买件毛衣;并准备告诉父亲,把我的书送给我不想送的人对我是一种侮辱。可现在想来,这些都好像是上辈子没有做完的一些事了。

同屋的人们时不时互相看一眼,对于他们来说,看到老两口子给一个孩子看病,还带着另一个孩子,是有些奇怪的。我们是陌生的,我们之间隔着不同的生活,而又感觉是没有距离的,因为这一刻我们放下了各自不同的生活。

我想他们和我一样,没有准备突然就来了,突然之前是一个世界,突然之后又是一个世界,突然是很遥远的一段距离。

挨着门口的那张床上的老人，看样子快走到生命的尽头了，他的儿女无疑是孝顺的，可这孝顺又怎能抵抗生命即将逝去的悲凉和无奈。他输着氧，说话也含糊不清了。有痰也不会吐了，需要他的儿子从喉咙里给他掏出来。一个近五十岁的男人和一个四十岁出头的女人和老人长得很像。他们话语不多，配合默契。看着他们，我像看到了一对夫妻在照顾一个孩子，我看见了一个生命的轮回。

看着那个老人，我想象着，他曾经是一个多么健壮和忙碌的人，多少个傍晚，他抱着女儿领着儿子去买糖吃，那灿烂的晚霞和邻人的笑语都是他现在最美好的回忆。他一定这样哄过他的儿子："再吃一口好不好，要不就长不高了。"就像他的儿子现在对他那样："爹，咱喝点牛奶吧，这样病才好得快啊。"他一定在某个冬日的阳光下，为他出生不久的女儿翻晒尿布，那沉稳的动作就像他的女儿现在把他的小垫子叠整齐一样。时间是一个多么神奇的东西，在无声无息中就完成了人生角色的转换。让人不敢相信那些故事是真实存在过的，但那些故事的确都真实存在过。或许生命就是一个简单的轮回，老人即将回到来的地方，回到大地的血脉中去，去完成一个更大的轮回。

"你们是哪里的？"他的儿子与我攀谈了两句。"后彭头。""哦。""这是你的父亲？""嗯，脑血栓几年了，又肺栓塞了，嗨，老了。"我看见他的眼中，死是很自然的事，对于父亲将要离去，又有什么可悲痛的。

他睡着的父亲咳嗽了一声，他立刻走了过去，看见父亲又安然睡去，他又回去坐下了。一个中年人对生死的豁达，并不妨碍他对父亲尽孝。

就算一个人经历了沧桑，亲情在他心中仍然存在。

人生中有很多情感，只有亲情是迎接生命和送走生命的情感，或许这就是血脉的传承，就是生命温度的连接。

中间的病床上是一个青年。他被推进屋时紧张的气氛就跟了进来，那紧张的气氛最先来源于一个中年妇女和一个年轻女性惊慌而又充满血丝的眼睛。后来得知那是病人的母亲和姐姐。他的母亲和姐姐推着移动床，后面跟着一群亲戚。这是一个刚被抢救过来的急性胃出血患者。我看见，他名牌运动鞋上满是黏稠的血，他崭新牛仔裤屁股和大腿处浸透了黄澄澄的尿，这让我感到恐惧。他的姐姐把他的鞋脱下来就扔在了我的面前，我觉得那血溅到了我的身上，这一刻死亡离我好近。

我稍稍有些发抖，我不知道我在害怕什么。他即便死亡也不会威胁到我，他也不是我的亲人。我也不是害怕有鬼，我不是鬼神论者，即便是有鬼，在我看来鬼和人是一样的。我害怕的是那股无形中的力量，那股力量不会同情任何人，也不讲任何道理。而且是那么的强大，在它面前人们都只是蚂蚁而已。最可怕的是它无处不在。它可以让一个注重形象的小伙子尿裤子，可以让他不顾一切地把血呕出来，可以让他的母亲惊慌地哭泣。三根输液管子和一根输血管子接在了他的身上，剩下的时间人们只有等待了，面对命运，除了这些，人们还能做什么呢。

他的母亲守着他无声地流泪，可她又能为儿子做些什么呢。每个人都不能真正到达别人的命运中，人最终还是孤独的。她的儿子独自面临着生死，她只能承受一个母亲的悲痛，坐在一边小声聊天的亲戚们只能承担做亲戚的责任，谁又能替谁承担什么呢。

我为他祈祷，希望那冰凉的血液流进他的身体时，能多带一些阳光进去，从某种意义上说，生命就是温度的持续。

我看见窗外的树在午后的阳光下格外安宁，几只麻雀落在树尖上，那麻雀多像我院中常住的几只啊。我突然有些想家了，想念我安静的书架和温暖的床，想念那院中的月季和邻人说话的声音。我对母亲说："如果姐姐的检查结果没问题，我们就扎一个留滞针回家输吧。"母亲同意了。我期待命运再一次恩赐，让我可以回归生活，再回到那烟火人间。

我相信从这里回去我将获得更多的幸福。

来到这个房间的人都变得极为相似，无论你有怎样的身份，无论你做着什么事情，突如其来的病灾让人们回到了原点，回到了生命最本真的状态。

那些离生命远的东西将退到远处，那些离生命近的东西将回到身边。来到这里，你会觉得以前那个自己很陌生，你会问自己为什么会做一些事，为什么还没有做一些事，为什么会离开一些人，为什么还没有走近一些人。你会看出一些事情是错误的，一些人是重要的。来到这里，你会放弃许多浮华的欲望，重新获得生命本身的渴望。来到这里，这里的一切会唤醒你麻木已久的知觉。

只有远离了生活，才能看清生活的模样，只有来到生命的边缘，才能懂得珍惜活着拥有的一切。

或许这就是这个病房在人间的真正用途吧。

窗外的世界依然喧闹，忙碌的人们继续忙碌。也许人们忘记了不远处的这个病房，但这个病房却等待着每一个人。

2013 年 11 月 1 日

岁月的遗物

总以为自己还太幼稚，但不经意间回头望，却发现，自己已经有些老了。心上已留下了很多沧桑的痕迹，岁月就这样悄悄流逝。

岁月中能被记住的是少数，更多珍贵的东西都被遗忘了。但很多时候，我会感到一种莫名的痛，因为一些什么东西，让我回想起了那早已被遗忘的记忆。那记忆带给我的痛，让我之所以成为我，那记忆带给我的痛，是我无法言说的。

直到有一天，我发呆时，看到墙上的一枚钉子，突然，我找到了寄托物，不，那是我内心深处的东西，我看到了它。它孤单地在那儿，没有用途。它一定是因为曾经的需要而被钉在了那里，因为需要，墙面接受了疼痛，它现在无用了，但墙依然疼着。

我看见那么多往事悬挂在这枚钉子上，我看见墙上有那么多钉子，我看见它们都在诉说。

我努力回想着这些钉子的来历。

门上方的那个，是我们刚搬进新家时，为挂钟表而钉的。我们精心安排每一个家具的摆放位置，盘算冬天和夏天住在哪个房间。我们兴奋得不知道将钟表钉在哪里好，对未来的生活仿佛一颗心爱的糖果，舍不得动。那个时候我还不知道什么叫真正的惆怅，那时候我的父母还年轻，那时候远方还很远，世界还很大，我还无所不能。而现在，那时候的新衣裳已经穿不得了，那时候流泪写下的日记已经发黄了，那时候的天空、阳光、笑语都留在了那里，那时候时不时来玩的朋友已经找不到了。

衣橱旁边那个，是为挂蚊帐而钉的，多少个夏天的夜晚，母亲放下蚊帐，驱赶蚊子，为我和姐姐收拾好每个细节，我们安然睡去。但母亲却在蚊帐中久久地坐着，劳累过度引起的胸闷会因为天热更加严重。如今，那个又大又柔软的蚊帐已经和其他的废品一起扔掉了。

但接近房顶的那个，窗棂上的那个，墙面上错落着的好几个，我怎么也想不起它们的来历了。仿佛那里有我从未经历过的生活，从不知道的故事，又仿佛我已经忘记前生的来世了。

把它们相连是一条怎样的路，把它们排列是一张什么样的图。那条路或许就是生命内在的纹路，那张图或许就是生活的另一种解码。

突然想到我十五岁那年，要拆除老房子的那一刻，我特意一个人在那屋里待了一会儿，和那承载了我太多岁月的房子告别。那房子已经老得不成样子了，所有的家具，墙上的照片和字画，还有这里生活的人们都离开了。留下的只有那满墙的钉子。

那里有更遥远的故事，我在那里出生，并长成了少年。那个时候的物资还没有那么丰富，卧室东墙上那十二张比我的记忆还早的画，在搬家的过程中，已经不见了，只留下那一枚枚钉子了。现在，那多年来我一睁眼就会看到的熟悉得不能再熟悉的十二张画，已想不起是什么画了。

有些东西太熟悉了，反而没有给你留下什么印象，就像生活大部分的内容。

木门后面旮旯处的那枚钉子，一直挂着我的书包。那个时候的书包大多是自家用小碎花布做的，虽然我们不能去上学，但在和我同龄的孩子都背着书包上学去的时候，二姨也给我和姐姐做了两个。我的书包就挂在那里，里面装着我的课本、练习本、铅笔盒，还有很多好玩的东西，弹簧球、彩贴、漂亮的纽扣和好吃的糖果。那时候鼓捣书包是我的一大乐趣，每到星期天，小朋友来找我玩，我的书包总会给我们带来无穷的快乐。我的书包是我童年的一片纯净乐园。

搬家的时候我把书包带上了,而那枚钉子却是我无法带走的。它将那么多的记忆留在了那里。

那一枚枚钉子仿佛证明着曾经的岁月确实存在过,证明着这房子的沧桑,证明着这里曾有多少故事。那一枚枚钉子是岁月的遗物,没有被岁月带走,也不会被明天的日子接纳。它已经和老房子长在了一起,它已经成为老房子的一部分。

一枚钉子钉在了墙上,就再也拔不下来了,直到房子老了,人走了,事儿了了。它终将会和那房子一起倒塌,就是倒塌了钉子依然在房子的身上。

现在回想起那座老房子,就像一位老人逝去了。

多年过去了,我越来越觉得自己像那座老房子,只是还没有彻底老去。还立在风雨中,还有很多事需要经历,还活在岁月里。无论多少人和事走近了我,但都会和岁月一起流走,无论有多么珍贵的画面,也不会永远定格。

此刻,我感觉自己是活在明天的记忆里,这些终将远去的东西还没有远去。眼前的一切是如此的亲切和遥远,我终将会怀念现在的一切。

我已经被钉上了许多钉子,并将被钉上更多的钉子。每一次钉钉子,是对生命的伤害,还是对人生的完美?每一次钉钉子,是让一个人变得成熟,还是让一个人变得沧桑?

那些钉子如果拔出来就是无法愈合的伤口,而留在那儿,便是持续的疼痛。直到我像老房子一样倒塌。

或许只有那些钉子才是岁月留给我最终的财富。一个人就这样被岁月弄伤,也被岁月馈赠着刻骨铭心的疼痛。

我看见了钉在我血肉中的钉子,它们就像我的诗一样沉默,一样孤单、平静。在这个喧闹的人间,无用地留在被忽视中,什么也不说。

而当我看到它的时候,它却有无尽的诉说。

2016 年 3 月 18 日

轮椅老了

我以为我的轮椅和我一样，被时间忘了。可是一天中午，午饭后我从厨房出来的时候，它塌了，这二十二年来它给了我一次最大的颠簸。轮椅右边的支撑铁管断了，我右边身子陷了进去，我成了从来没有过的姿势。虽然我知道轮椅下面开焊了，但我每天还是照样坐，我没有感觉到我的轮椅在慢慢变老，它的衰老对我来说仍然是突然而来的。

从我七岁坐上它到现在，二十二年了，它经历了我每一个日子，它知道我的一切。

求医的路上我们风雨同行，学习的时光我们朝夕相伴，它经历了我和家人、朋友欢聚的时刻，我一个人的时候它也从未离开。多少次我趴在它的钢管上偷偷流泪，多少次我在扶手上用指甲刻着我的梦想。

从我的小脚丫够不到脚踏板到我的腿长出去，从我挺拔地坐着到歪坐着，从我童年到少年再到成年，它见证了我的成长，见证了我如何从幼稚走向成熟，从脆弱走向坚强。它记录了我的春夏秋冬，记录了我走过的路。

我的事它都知道，没有谁比它更了解我，但是它的语言无人能听懂。或许就是我的事把它压塌了。

这么多年了，我们仿佛已经长到了一起，我的血液流进了它的铁管之中。我的坐姿让它改变了形状，它的形状也造就了我的坐姿，我们成了一体。母亲像爱惜我一样擦洗它，它哪个细微处损坏了，母亲也会像心痛我的身体一样心痛它。同样，如果有人把脚无意踩在我的车轱辘上，我也会感到不舒服，甚至会气愤。因为那就像踩在我的身上一样。

我以为它会与我同在，可是它坏了，我看到坏了之后的它是那么狼狈，那么锈迹斑斑，原来它只是一辆轮椅，一辆被用坏了的轮椅，一堆铁与人造革的组合。

大多的时光我忽略了它，就像忽略我身边的爱一样。

我也曾憎恨过它，就像憎恨我的命运。在我心灵路程最艰难的那段日子，我觉得轮椅就像一个牢笼，我在里头，世界在外头。那么多精彩我不能抵达，就算走得再近，它也将我与世界隔开，我和朋友远远地说话、微笑，我是多么熟悉他们眺望我的眼神，和那眼神中送来的安慰。在这一个人的牢笼中，我是多么孤独和渴望自由。轮椅是我的障碍，是我的累赘，我为摆脱不掉它而痛苦，我一次次被它的铁管儿凉到。

不知过了多久，不知我经历了什么，我发现，如果没有它，我只是一个静物，一个床上的病人。如果那样我会是静止的吗？我的世界会缩小多少倍？是轮椅让我的世界变得宽阔，让我的角度变得多样，让我的视线变得流动。我对我的轮椅充满了感激，有它一路的陪伴，是我勇敢的理由。

当我和轮椅一起走过了二十二年的风雨，我在阳光下看见了，我的轮椅那耀眼的光芒。

我的轮椅坏了，我躺在床上，度过了一个孤独而无助的下午。就像一个离开母亲后的孩子，有些茫然。

我习惯了它的存在，我不知道没有它之后，日子会是怎样的。一条路说没就没了，另一条从未走过的路突然来到了我的眼前。无论是否愿意，我都会继续向前。

还有什么会突然老了。我看着眼前的这一切。我的太阳，我的月亮，我的亲人，我的身体，会不会突然就消失了？没有什么会永远伴随你，所有的陪伴都只是或长或短的相聚。无论什么，我们终将分离，没有告别的机会，却留下长久的怀念。

我仿佛看见时间就隐藏在我背后，悄悄地让我有血有肉的轮椅，瞬间变成了一堆废铁。悄悄地偷袭着我生命中重要的东西。

　　坏了的轮椅是无用的，就像我曾经的岁月无人再提起。但是，今天的我就是从昨天而来。

　　我的轮椅将被废弃在今天的一个角落。在与我分离后，它仍然被时间的风吹拂着。

2014 年 9 月 10 日

旧时光里的院落

1

每个人都有一处精神的故乡，我的精神故乡在我的记忆中，那是我青灰表砖的院落。

那个院落在十几年前拆了，我们盖了新房。那时候，我们向往更明亮宽敞的房子，老房子注定在一个时间节点上被丢弃了。

最后一次离开它的时候，我知道我再也回不来了。看着它的墙上到处都是我画的小人、小花，我突然明白了，有一个我将永远留在这里。也就在那一刻，这里被尘封在了我的记忆中，躲开了时间的氧化，躲开了季节的风，躲开了生活的打扰，永远留了下来。

所谓表砖，就是里面是土坯，外面横立着一层青灰色的砖，为的是里面的坯少受雨水侵蚀。那是那个年代常见的盖法儿。那房屋是我父亲三岁时建的，他隐约记得上梁的情景，有人在高高的房顶上逗他。那是他最早的记忆。而我，是那个房子迎接的最后一个女孩儿。在这期间几十年里，它陆续迎接了我的三个伯母和母亲嫁进来，迎来了我的一个个堂哥堂姐的出生。也陆续送我的老姑少姑出嫁，送我的曾祖父母以及我的祖父母离开人世。这院落在饱经沧桑之后，我来了，它又成了一个孩子童年的记忆。

现在我才知道，一个老院落，一个到处都是岁月痕迹的背景，对于一个孩子是多么珍贵，那是一生的财富。

我在那个院落里出生，并长到了十五岁。那是我人生最美好的一段时光。

我睡觉的屋子就是曾祖父母去世的屋，偶尔提到这些，母亲总会感到有些别扭，而我并不以为然，这些和我又有什么关系呢，那是遥远的别处。我并没有意识到，它所有的历史与我血脉相连，我也将成为它历史的一部分。

那个院落是华北平原上极其普通的。五间北屋两个门口对称着，东边的两间是爷爷奶奶住，西边的三间是我们住。每间屋子也就十几平方米，如果按照现在的感官认识来感知，它是那样的矮小，可那时却觉得空间是那么合适，就像天空与大地一样，是自然而正确的。

屋子虽然小，但我们家大部分活动都在这里，很多时候我们都是听众，他们说话分几组，高一声低一声地互相打扰，很热闹。

有时候局限也是一种开阔，没有那个小空间的限制，我会少知道很多事，就像现在环境更自由了，每个人都有自己的房间，但每个人的世界里只剩下了自己。

我还清晰地记得每一件家具的位置。我们外间屋的东北角是一个高低柜，用来放碗筷和一些杂七杂八的食物，而柜的上面却是我们的天地，我们的课本、练习本、课外书很多都放在上面，只有近期不看的才收起来。我弟弟的奖状也贴在这一面墙上，每年增加一张，这一片便贴满了。我每一幅正在画的素描，也都会摆在这里，远一些看看，再继续画。我的父亲也总喜欢把我的画靠在这里欣赏，如果来人看到了，他便会介绍一番，赢得许多夸赞。母亲也很喜欢装饰这里，三月，外面的梨花、桃花开了，而我们还不敢出去，母亲就折一两枝，插在一个玻璃瓶里，并在瓶中放上水，摆在高低柜的最高处，我们的春天便来了。

屋子的西北角是一个画着熊猫吃竹子的半人高柜，柜里有什么我不知道，但有一些我是知道的，那就是一个黑皮箱装着的我和姐姐的许多病历，北京301医院的，北大附属医院的……

正北边是传统的方桌，上面是母亲陪送的红玻璃花瓶，花瓶的上方是一副中堂画，画两边的对联是：涓流渐汇成沧海，顽石频添作泰山。小时候我并不知道是什么意思，但记住了。

在时间和母亲年复一年的擦拭下，每一件家具都焕发出岁月的光。这光中，渗透了我们家的许多故事。当我们遇到困难，它们的表情是那么肃穆、沉重，当我们有了好事，它们的姿态是那么轻松愉悦。它们听见了我们所有的话，它们在冬天和我们一起围坐着看电视，它们和我们一起感受冷暖。

我和姐姐也仿佛是这屋里的家具，我们的轮椅也有着准确的位置，靠着西边的墙。因为这里既不影响别人出入，也方便我们看到进来的人，更重要的是，这里可以紧挨着暖气，是我们家冬天最温暖的地方。

我们的院子是南北长的，除了北边用水泥铺了一块晾晒谷物的平台和去西屋、大门的小路用砖铺了，其他都是赤裸的土地，爷爷整理得平整瓷实，走在上面没有声音，或许这就是那个时候安静的原因吧。整个院子都是土色和青灰色的，阳光照在这里也从不刺眼，仿佛世界是那么柔和。

院子的东边北半部分是柿子树和葡萄架，每年九月末，爷爷都会把收获的果实用秤称了，再按户头分份，四个儿子、两个闺女还有五个妹妹。爷爷称得精准，想得周到，收获的喜悦谁都不会落下。

院子的西边是四间西屋，西屋很矮，但那个时候站在房上就觉得离天空很近，不像现在，在几十层的楼顶上也觉得天空是那么遥远。

大门在西面的中间开着，父亲说那是以前的大门，有一百多年了。我凝望着厚厚的抽丝木门，多少时候我看见，夕阳的红光落在了它上面，它神秘不语。

每天早晨第一个起来的人的第一件事就是打开两扇大门，直到晚上最后一个睡觉的人临睡前才插上大门，这是我们家多年不变的习惯。

大门的南边两间小西屋的门前，有两棵高大挺拔的槐树，我记事时已很粗了，应该与这房子的年龄相仿。我和姐姐弟弟，有时候也有堂姐堂弟喜欢在那儿玩，那里能够看到门外过道路过的人，而且因为有树阴和过道，风也格外凉快，更重要的是树上会掉落许多有趣的东西，可以算命的树叶，可以吃的槐花，以及又怕又好玩的小老虎（一种蛆）。

对着门口一个小影壁的后面，也就是院子的中央，是一大片月季花，这些花年龄比我大，每一种都有它的名字。我们姐弟三个尽管非常喜欢，但从来不敢随便摘花，因为我们知道那是爷爷的爱物。爷爷总是把花间扫得很干净，每个傍晚都会剪去开败的花朵，这样花就能开得很大。这些花会开在我童年的整个夏天和秋天。不经常来的人一进院子总会惊叹：呵！这花真好看！

这个院落，不仅因为这些花，还因为爷爷总是打扫得非常干净，归置得十分整齐，而有了一种钱财之外的富贵，那个时候我经常听到，人们因这个院落而夸赞我们家的人品。

2

我对祖父的记忆，是与那个院落长在一起的，他是那个院落的灵魂。正因为有祖父，那里的砖瓦才如此憨厚，那里的阳光才无比慈祥。

在我的印象中，祖父总穿一件青灰色老式褂子，那是和老房子一样的颜色。他总是穿一条深卡其色的捻腰裤，那是土地一样的颜色，他总是箍一块白毛巾，像那个时代的白云一样白。蒜疙瘩扣儿、捻腰裤是那时老人的特征，在祖父以后，再老的人也不穿老式衣服了，那是一个时代的结束。

我总是看见他在院中拾掇，规置杂物，在西屋里一个上午不断地传出声响。或在某个午后，在大槐树底下，修理一件农具，夏日的阳光透过树叶之间的缝隙落在他的背上，炎热并不能打扰他的专心致志。或在每一个傍晚，将整个院子打扫一遍，院子很大，他却不用扫把，而用笤帚，一笤帚一笤帚地，不落掉每一个脏或不脏的地方。一些树叶渣儿和面面土在祖父的笤帚下聚集，整个院落就光堂多了，这也昭示着我们家的一天平稳结束了。那个时候有祖父时刻收拾着这个家，让我以为世界是安全的。

祖父除了种花、打扫卫生，还有一大爱好，那就是养鸟。每个鸟笼两只，七八个鸟笼，有鹦鹉、白眉、白玉、画眉、百灵等，虽不是什么稀有品种，但十几只鸟祖父伺候着，每天给它们打扫粪便，把小米和鸡蛋黄一块蒸了，再搓成小疙瘩喂它们。可以说，我从小到大的背景音乐，就是这些清脆悦耳的鸟鸣声。

祖父无数次跟我们讲鸟下蛋的故事，这些鸟如何喂养就可以下蛋，一窝下几个，能孵出几只小鸟，一只可以卖多少钱。虽然这样讲着，但他的鸟却从来没有下过一个蛋，所以后来再听这个故事的时候，我们就把它当成了传说。有人开玩笑说他，这么老了还财迷啊。其实祖父不是个财迷的人，四个儿子他每年每人只要一百元的供养，在那个年代这个数也是非常低的，但谁要多给，他说什么也不会接受。直到现在，我才有了一些理解，人无论在什么时候，都是需要盼望的，即便在人生的暮年，也需要一个眺望的空间和距离，这是人活着的必要条件。

我有记忆时，祖父就七十岁了，不再是地里的主力，但在家中他也闲不住，只有母亲去地里或去赶集，他才会搁下手里的活，给我们做伴。

祖父会给我们画各种飞虫，用他的话说，都是心里出的，也就是在地里见多了，就会画了。他没受过任何专业指导，但透视、比例甚至章法上的安排，都十分到位。祖父的笔一勾，两根胡须让蟋蟀活灵活现。我们总是让祖父画知了、螳螂、蟋蟀，拿着祖父用铅笔画在我们练习本上的画，如获珍宝。我喜欢画画正是来源于此。那几年我非常喜欢画画，几乎每画一张都要拿给祖父看看，仿佛得到他的肯定，就算成功了。其实，每次都会得到祖父的夸赞。在那样的氛围中，我已立志成为一名画家。父亲也为我买来素描书、专用画纸、铅笔。我用心练了几年。看到我画的人都会说，我随祖父。要不是命运剥夺了我的画笔，或许我真的可以把祖父绘画的艺术细胞发扬光大。

不画画的时候，我们就让祖父念嘴儿，也就是民间流传着的有故事性的歌谣。念了很多遍了，还要祖父念，我们都背过了，还要祖父念。

馋老婆，不奏（做）活，东家子出来西家子磨。东家子烙哩大白饼，西家子蒸哩大白馍。人家光顾着吃没顾着让她，馋哩她哏喽嘎啦咽唾沫……

爷爷再念一个！

说胡话，胡话胡，荞麦地里耪两锄。一耪耪哩枣树上，落哩任子（桑葚）黑大呼……

母亲没有听过祖父念嘴、唱戏，因为严谨的祖父是不会在儿媳妇面前失态的。有一次母亲赶集回来了，但祖父有些耳聋，没有听见，我们听见了也不告诉他，就是想让母亲听一听祖父唱戏，母亲笑着进屋来了，祖父才赶紧停止。哎呀，不唱了。祖父也尴尬地笑了。

祖父虽然有十一个孙子孙女，但因为祖父和我们在一个院中生活，我们总认为祖父是我们家的。改善了伙食，祖父自然不用做饭了。我们有什么好吃的，也要让祖父尝一尝，但想让他吃一口也是困难的，他总是说，大人吃了有什么用，你们吃吧。有一次把姐姐急哭了，祖父只好哄着她吃了一口。至今我仍然清晰地记得祖父那一刻幸福的微笑。

但现在想来，祖父是孤独的。尽管儿孙满堂，但各过各的日子。奶奶去世后，祖父一个人做饭吃。记得有一次，我去茅房回来时，看见祖父吃着吃着饭睡着了，脑袋一栽一栽的，还流着哈喇，当时我觉得祖父好笑极了，便慢慢地凑过去，猛的一声喊：爷爷！爷爷被我吓醒了，惊慌地看着我，笑了，笑着说，我怎么睡着了！

如今，我的父母也老了，我才隐约感受到，一个人多么的无趣，吃饭才能睡着。祖父一辈子为一大家人忙活，当屋里只剩下他一个人时，是一种怎样的无法说出的孤独。

或许正是因为这种孤独，祖父有一个习惯，就是每天晚饭后，来我们这屋坐会儿，拎着他的马扎来，守着我们一起看电视，或者大家围坐着剥花生、聊天。

祖父从来不和人抬杠，孩子们和他说什么事，他从来不提反对意见。村里公认祖父是老好子，也就是逆来顺受的老百姓。祖父从来没有说教过谁，但在他平时的话语中我经常听到，吃点亏心里平妥。这句话无疑进入了我的价值体系。直到现在我都认为，不占别人便宜是做人做事不变的基础。

祖父从不向别人诉苦，从不给别人添麻烦，但他对别人却非常实在，总想着给孩子们多干点活，特别是我们家，因为我们姐妹两个离不开人，祖父怕我们家地里的活忙不过来，就大晌午扛着锄头去给我们的地锄草。对陌生人也一样，有一次晚上，几个外地铸锅的来我们家求助，祖父就率领我的父母烧火做饭。

我十二岁那年离春节仅有十天的时候，祖父去世了。那是他脑溢血一个月后，人们都以为祖父的病情稳定了。那天阳光温暖极了，祖父被父亲背到外间屋的圈椅上，正对着门口晒太阳。冬天我们很少出屋，但这天我们竟然出去晒太阳了，母亲把我们推到祖父的跟前，我和姐姐喊了一声"爷爷"。祖父睁了睁半睡半醒的眼，用含糊不清的声音说：新鲜。祖父是在说我的帽子。眼前的这个祖父让我感觉到了距离，他面如土色，没有精神，没有了我熟悉的慈祥面容、和蔼微笑。我竟然不知道该跟爷爷说些什么。

母亲把我们推回屋的时候，我竟然感觉到这是我最后一次见祖父了，我的眼睛使劲向后看，直到祖父的身影消失在了我的小眼角。

下午三点，我们姐弟三个在看电视，突然听到祖父屋里响起了可怕的哭声，那种声音之前我只听到过一次，那是祖母去世的时候。

我知道祖父走了。在姐姐和弟弟还没有反应过来的时候，我便失声痛哭。我反复说：怎么着啊？怎么着啊？这是我从小到大最无助的时候常说的口头禅。那是我第一次体会到失去亲人的悲痛，也是我第一次感受到冥冥之中那股可怕的力量。那两天看到帮忙的乡亲们说笑都让我痛恨，我爷爷死了，你们还笑！

现在想来，我对祖父并不了解，我只是他漫长岁月结尾处，一个他疼爱的孩子。我不知道祖父为什么对小动物从无恻隐之心,还专门制作了工具抓黄鼠狼,抓住以后放在布口袋里摔死,然后剥皮。仿佛老鼠、狗都是他的仇人。我不知道祖父年轻时在他父母的逼迫下,经过一个怎样的心理过程,多次打奶奶。我不知道祖父怎样让他的习惯和威严,成为孩子们不可侵犯的领域。我所熟悉的只是一个老人经过大半辈子后,剩下的慈祥和释然。

祖父留在了那个院子。二十一年了,他又时刻与我同行,在不同的阶段给予着我不同的提醒和引导,像一把斧头修正着我的人生道路。我已习惯了,在遇到不明白的事时,在心里跟爷爷说说,就知道是什么事了,就知道该怎么做了。

3

在那个院落里,我记住了春夏秋冬最初的模样,而四季给我印象最深的是夏天和冬天。

记得夏天,我们很少在屋里。上午,我和姐姐就在院子东边柿子树下写作业。母亲把我们打扮得像花一样,我梳着两个紧紧的辫子,辫子上梳着粉色或黄色的绸。地上的影子从西边慢慢退过来,快晒到我们的时候,母亲就向后推一推我们,我们就是不愿进屋。

而午后就必须待在屋里,外面的知了叫得人有了倦意,父母总要我们去睡一会儿,有时候姐姐和弟弟投降了,但我却坚持不去睡,一个人画画。汗珠一个接一个流下来,但不觉得热,更不知道什么叫疲惫。只等着傍晚来临,那有意思的事就多了。傍晚的时候孩子们就会来,我们可以在院子里玩一大会儿。母亲也可能推我们去当街或村外,那凉爽的风至今在我心头吹拂。吃过晚饭后,也是好玩的时光,我们一家人围坐在院中乘凉,有时候还有邻居家的孩子们,有时候我们还会放一张床,躺着或坐着,讲鬼故事,看星星。这时,孩子们开心,大人也好像轻松多了。母亲用蝇栓,也就是一根棍上绑一块布，像道家的拂尘，为我们驱赶蚊虫。直到弟弟睡着了，直到有一些潮湿了，我们才散去。这样夏天的夜晚，在有了空调之后，便很难再有了。

而冬天，我们的领地就局限在了屋里，因为我和姐姐天冷的时候，要咳嗽好长时间，我们一冬和初春都在屋里度过。有时候索性就不下床了，早晨穿好上衣，坐起来，一边放个枕头，把被子缝压实，两个枕头之间还可以放一块木板，当桌子，看书、写作业。或许是因为有母亲无所不在的爱，或许是因为有姐姐时刻的陪伴，更或许是因为当时内心的纯净和丰盈，那样的岁月幸福快乐极了。我通过窗口看到的雪花和邻居房顶上扫雪的人，让我记住了冬天的温暖。我通过窗口看到的烟火和飘动的风筝，成了我心中年味最浓的春节。那段岁月也告诉我，外界给予的不是真正的幸福，真正的幸福和外界无关。

那时候生活简单极了，完成了自己给自己留的作业就万事大吉了。那时候世界辽阔极了，我总问姐姐一些无边的问题。那时候不需要意义，时间却比任何时候都充实。

4

那时家里来人很多，伯父伯母、老姑少姑来得比较频繁，邻家的妇女也常纳着鞋底、打着毛衣来找母亲聊天，那时候时光缓慢，人们并不着急去做什么"有用"的事，所以她们一聊就是一晌。再就是来找我们的孩子。能跟我们玩住的，都是比较安稳的孩子，坐不住的很难成为我们的朋友。

朋友来了，我们会一起看书，打扑克，下棋。或许正是因为有了性格安稳这个条件，她们大多数学习都很好，所以后来也都考远了。我能感觉到，按照自然的发展，在我们有了不同的世界之后，我们的友谊就该结束了，但她们刻意维持了下来，直到现在我们还连接着。这源自她们的善良和无名的责任，我为有这样的朋友而感动。但每每想到我的朋友Y，我内心总会有隐隐的疼痛。

和别的孩子玩，多少会有一些比试，和 Y 却不会。Y 是个傻姑娘，但她和别的智障者不一样，她只是有些愚钝，愚钝地从一年级读到六年级，又从一年级读到四年级。她只是有些软弱，软弱到孩子们往她身上扔坷垃，她从不还手。她只是过于善良，她想象不出别人有坏心眼，从来不懂得防人。

自从 Y 跟着堂姐来我家玩，以后我和姐姐就成了 Y 唯一的朋友，Y 说：你们不欺负我。说的时候眼圈红了。

Y 比我大六岁，可她凡事听我的。那时村里有彩贴可以买，真是把我们迷坏了，我出钱差 Y 去买，都是明星照。买回来是一大张，得按明星的轮廓剪下来，Y 用大剪刀，我用小剪刀，然后贴满了我的铅笔盒、夹板甚至课本上。还要分给 Y 一些。或者让 Y 帮我和姐姐整理书包，有用的笔和舍不得用的好看的圆珠笔，练习本、课本，还有各种好玩的折纸、弹簧球、糖果。都捣出来，再一个个整理回去，其乐无穷。

有时候我们聊天，Y 很喜欢谈论她的梦想，她指着我书上的一个高楼插图问：这是哪儿？姐姐说：这是深圳。Y 用手摸着正经地说：我以后跟着姨父学裁剪，有了本事就去那里。我们一起憧憬着未来。

还有的时候，我们写作业，Y 就在我们对面坐着。安静的眼睛望着我们，脸上总挂着腼腆的微笑。屋子虽然小，可我们坐在那儿，空间是那样的合适。没有回音，说话清晰、安静。棉门帘上方很少有光线进来。这样的冬天，成为我记忆中时常出现的画面。

Y 家是村里最穷的，至今如此。我问她，你吃过香蕉吗？没。面包呢？没。我为此感到难过。就趁母亲不在屋的时候，告诉 Y 好吃的放在哪里，让她吃。其实母亲和我们一样，也经常给她一些炒花生、粽子（她家没人包）、袜子什么的。

Y 在时，如果别的孩子来找我们，Y 就走了，如果不走，她们也不和她玩。我知道她们嫌弃 Y，但没有想到的是，随着年龄的增长，我也开始嫌弃她。当我看到别人看 Y 的表情，看到 Y 在别人面前的羞涩时，我都感到很别扭。我越来越不知道和 Y 有什么好玩的了。

我开始躲避 Y，她慢慢地来少了，我们搬进新房子后就几乎不来了。

但我一边躲避 Y 一边问自己，我也像别人一样瞧不起她了吗？这让我感到自己的陌生。随着时间的流逝，我越来越感觉到，自己成长过程中膨胀的自尊心一定伤害到了 Y。她说过我们是她唯一的朋友，而我们也抛弃了她。她会不会恨我？

直到多年后的一天，Y 来了。她还是那么瘦弱，还是那腼腆的笑容，只是眼中时不时露出以前从未有过的焦急和无助。她结婚了，生了一个男孩，倒插门的丈夫也心眼不多，所以家里依然贫穷。Y 来借一百块钱，给她娘买药，钱数是我力所能及的，我便毫不犹豫地拿给了她。我为 Y 的命运难过，但也为她在困难的时候想到我而感到高兴，Y 依然把我当朋友。我突然明白，Y 是不会恨谁的。

我希望 Y 的生活有所起色，无论精傻，善良的弱者应该得到幸福。

和 Y 的友谊永远留在了我那老房子里，成了我童年抹不去的、最纯净的记忆。

5

那个院落最热闹的日子莫过于过年了。那时候，一进腊月我就开始盼望，期待着过年的日子早日来临，那是多么好的事啊。我想象着，那一天我要把屋子布置得特别漂亮，折许多五颜六色的小船、幸运星，还要买一些小灯笼。我要穿好早早预备下的新衣，还要把送给朋友们的贺卡制作好。到了那天，我就十一岁了，十一岁太大了，肯定就不是小孩了，所以从那天开始我要学会大人一样的表情，像大人一样说话。年味儿就在我这样的期盼中越来越浓。

春节不是一个具体的日子,而是一个漫长的期待过程,更多的年味在准备之中。人们一进腊月就开始陆续置办年货,那时候物资没有现在丰富,人们也没有现在富裕,但每家置办年货的数量和规模都比现在大。把各种年货置办齐全了,年就到了。

父亲也会买一大块猪肉放在院中的大缸中,那是天然的冰箱。等到临近春节的时候,再分割制作。把肥瘦相间并厚实的部位,切成四寸见方的大肉头,煮一大锅,主要备用熬肉菜、蒸碗、上供。再把剩下的肉剁成馅,汆丸子和包饺子。我们家还会为我和姐姐炸豆腐丸子,因为我们很多春节都在咳嗽中度过,不敢吃肉。豆腐丸子就是把豆腐挤压成豆腐泥,再加入葱姜末、香菜末、鸡蛋和淀粉,再加入少许食盐,炸至金黄色。豆腐丸子外焦里嫩,豆腐香里透出清香。仿佛那就是我童年春节独特的味道。有人说,世界上没有美食,只有美好的记忆。或许就是因为童年的岁月太美好了,所以豆腐丸子至今是我的挚爱。

还有花糕、笼糕、豆包、年饼子也是要准备的,图的是蒸蒸日上,一年比一年高的寓意。除了有寓意的,平时舍不得吃的贵菜,比如银耳、木耳、金针,仿佛有了犒劳自己的理由,大可买来享用,过年了嘛。每家主妇都要忙活,但辛苦中有一种喜气。

现在做这些准备的,大多都是上岁数的,年轻人觉得没有必要了。一些有寓意的食物太麻烦,平时又没什么舍不得吃的。没有了准备食物的过程,年味就要减去一大半了。

对这院落的布置也是大事,挂灯笼、贴春联,还有我们这里特有的吊挂,也就是带着两个尾巴的小彩旗。每年冬闲以后,卖吊挂的人就开始制作吊挂。把一尺见方的毛头纸按照一定规律折叠,各个角蘸上不同颜色的洇色,再打开来,便形成了各种新鲜的花形图案。在底部粘上两个长三角形的同样五颜六色的尾巴,便制作完成了。等到进了腊月便拿到村里的集市上去卖。除了有丧事的人家三年不挂红,家家户户都要买。把吊挂按照一定距离粘在一根绳上，在院中东西屋之间抻上几绳。人们已不太清楚为什么要挂吊挂，但人们已经习惯了这样的传统，就像我们血液的颜色一样重视和认可。

春节的风吹得新鲜的吊挂舞动着，让这热闹中添了一份孤独。正月里总有一两场春雨或春雪，吊挂就湿了，那湿了的胭脂要比桃花浓烈得多。春风再一吹，就破了，就掉了，掉落在泥泞的春天里。

除了家家相同的布置，我们家还会有一些独特的。祖父是个有心气儿的人，他不但把屋里屋外收拾得整洁干净，还在大门洞和影壁之间的南边挡起刨子，这样就有了一堵墙，为的是挡住那边的凌乱（其实并不凌乱，只是祖父希望院落更加整齐），再在这面临时的墙上贴上大红福字，挂起灯泡，这个院落真的就有了新气象。

三十晚上我们会亮起家里所有的灯，尤其让人注目的是祖父自己制作的灯笼。他用铁丝弯成骨架，有大长方形的和小长方形的，再糊上纸，非常周正精致。还有挂在影壁的靠山灯，它更像两个圆形的大灯罩。

两个靠山灯分别画着有故事情节的画，那应该算是工笔，先用线条勾出轮廓，再涂上颜色。再在画的一边题上像打油诗一样的注解。无论是构思还是作画，都是祖父的杰作。可惜我当时年纪太小，没能记住那画的模样，难得的是，大表哥是个有心的人，他竟然还记得那画上面的打油诗："行路深山，虎把路拦，你看烟鬼多么消瘦，只有骨头没有肉，猛虎一见发了愁。他的身体像肥牛，吃他顺嘴拉拉油，猛虎一听心中乐，树上有个大胖货。"现在也只能通过这样的语句，来追忆那时过年的气氛，来感受祖父的情趣了。

除夕之夜，邻居们会来欣赏，聚在我们院中说笑，孩子们跑动着，再放一些烟花，便是高潮了。之后大家会聚在我们屋里看春节晚会，晚会演的什么，并不重要，因为我们屋里更热闹。

那时候，我总觉得年味我们家最浓了。那时候，总觉得年是一个很神秘的东西，在一个神秘的地方藏着，我们在召唤和迎接它。然而后来我才发现，从个人角度说，年就在每个人的心中，当我们把期盼、祝福和感恩外化出来，年就到了。

　　春节包含的东西太多了，它不仅包含中华民族的大传统，也包含一个地域的风俗，甚至还包含一个村庄的特点，甚至还包含一个家族的家风和习惯。如果你想研究中国人，研究春节是再好不过的了。而且一定要以家庭为单位，一定是要有老人和孩子的大家庭，这个家庭最好是在农村，因为那样的春节中，每一个细节都连接着中国人的基因密码。

　　祖父不相信鬼神，但却一直继承着上供的习俗。上供是一个精细且准确的仪式活动。无论是位置还是供品，都不能随意和出错。我们家供奉的神仙有七八位，正房正北边是老母，锅台是灶君，门后是财神，院子南边是观音，月台东边是天地，猪圈台是猪神，大门洞里是宅神，正屋西边是老艮。除夕晚上我们家接神，祖父负责安神，就是在每一处都贴上画像或写着名称的红纸条，摆设蜡烛、香、供品，然后磕头念告，邀请神仙来我家过年。这时候父亲就要点燃鞭炮，让整个仪式隆重热烈。那时候上供的人家比较多，接神的鞭炮声就连了音。各路神仙就齐聚我们家了，包括仙家和佛家。记得那时我有些纳闷，各家邀请的几乎一样，那神仙到底在谁家呢。从除夕晚上接神开始到正月初五，再从正月十二到正月十五每晚要点蜡上香。每到晚上，看到门后和月台等一些地方点着小红蜡，摆放着饺子，就感觉我熟悉的院落变得神秘了，冥冥之中一定有我不能侵犯和估量的东西。当自己在屋里时便会有一些害怕了，特别是祖父会将芝麻秸撒在院中，说这样踩上去有声音，鬼就不敢来了。这会让我在夜里睡不着，担心地听着外面的动静，稍微有些风吹草动，我就想象着鬼来了，在大家安然睡去的三十晚上，把自己吓个半死。

　　大年初一早晨是最忙的时候，母亲四点就起来帮祖母装碗、摆供，天地神位前要摆五碗，一碗丸子，一碗肉头，一碗炸豆腐，一碗粉条，一碗黄花菜。老母面前是五碗素供。其他神仙都是一个肉头和一个点着红点的圆卷子。那时倒也没人疑惑，观音菩萨到了我们家竟然开了荤戒。这顿饭是神仙来我家享用的最丰盛的大餐，所以我们家每年初一中午都是吃神仙们剩下的，用这些供品熬一锅菜，就是我们这些凡人的大餐了。然后祖父焚香祷告，父亲放鞭炮，祖父率领全家人磕头，祈求保佑全家人健康平安、人丁兴旺。在天亮之前，完成一个家庭神圣的祝福活动。

但在我十二岁那年过完春节之后，祖父把神仙送上天了，他把神相和牌位放在一个破盆子中烧了："你们上天吧，我老了，不伺候你们了。"虽然母亲早就跟祖父祖母说过，愿意接替，请他们放心。但祖父还是体谅孩子们辛苦，主要因为有我们累人，而且我们家又都是明确的唯物主义者，如果仅仅作为对老人的安慰，祖父觉得就没有必要了。

祖父或许有先知，因为这真的是他的最后一个春节了，就在这一年祖父去世了。

和祖父一起远去的年俗不仅有上供，还有磕头拜年和请媳妇。

请媳妇是把这一年家族中刚进门的新媳妇请到家中吃饭，新媳妇可能是一个，但陪客却要一大桌。从正月初二开始，新媳妇就要到家族中各家吃请。现在这样的活动已简化成了送红包。

磕头是一种拜年方式，大年初一早晨，父亲兄弟四个以及母亲妯娌四个先给祖父祖母磕了，再去转当家，也就是给族中的大辈磕头拜年。毕竟是祖辈生活的村庄，所以他们一磕就是几十户，这个是不能丢掉哪一户的。家里也会不断迎来拜年的人，即便是主人有不在家的，也不能少了他的头，祖父祖母总会说："有了，都有了。"

这样的仪式的确让人辛苦，但正是这样的仪式，明确着族中血脉相连的关系，提醒着长幼的次序，维系着亲人之间的情感。

这样的仪式消失以后，家族中不常来往的人失去了唯一的见面机会，多年过去后，一些辈分已经记不清了，家族的观念在年轻人心中已逐渐淡化了。

现在的年味儿越来越淡了，只因为我们内心一些东西远去了，一些东西不再重要了，让更多与"年"无关的东西占据了位置，年味儿自然会淡去。

岁月匆匆，或许真的有很多东西必须留在昨天，就像每次搬家，我们只能带走重要的东西，而更多的记忆和物品无关好与坏，也只能留下。然而，对于那些记忆终将无法忘记，也不该忘记。

那年味浓郁的春节留在了那个院落中，留在了我童年的记忆里。每每回想起来，我都会再一次意识到，我从何处走来。

6

这个院落中的记忆，不仅有无忧无虑的时光，也有苦难挣扎的日子。虽然小时候我生病是常事，但我并不知道我正在经历什么，很多痰在气管里响着，只要能呼吸，我就在念儿歌。直到我十二岁那年的一场病，才是我真正意义上的劫难。仿佛我的灵魂该睁开眼了，我的生命也到了上路的时候，以一场病的方式唤醒我新的旅程。

那是初夏，多少天阴雨连绵。我四天高烧后，开始呼吸困难，我得了严重的肺炎。但母亲斟酌后，决定不去医院，她对二伯说：哥，你就看着下药吧（二伯是村里的医生）。有时候一个时期的想法是另一个时期无法理解的，我不知道母亲为什么决定不去医院，或许她觉得二伯比医院的医生更可靠。

我的肚子使劲起伏着，每呼吸一次我都觉得再也没有力气了。母亲不停地哭，让我焦急；父亲偷偷地哭，让我恐惧；来看望我的亲戚都哭红了眼，并悄悄说，到时候就把我的画笔放在棺材里，这让我知道我快死了。

可是，我的母亲是丝毫不肯放弃的。十多天她一直守着我，白天坐着，晚上也躺不下。我不能睡，母亲这十多天也似乎没有睡过。母亲握着我的手，把她的力量传给我，她的眼睛一刻也不肯离开我，好像一眨眼我就会消失。她哭着说：让所有的灾难都降临到我身上吧，让我的孩子好起来吧。听着母亲的祈求，听着死神的脚步，我心中有了强烈的求生欲望：别让我离开母亲，我要活着，我要活着！

这十多天就像十个月一样漫长，我们一分钟一分钟地坚持。终于，母亲把我从死神的手中夺了回来！我好起来了，上帝又把一个虚弱的孩子还给了她。母亲瘦了，也老了许多。可她脸上露出了发自内心的笑容，因为她又可以为我受累了。

当我重新坐了起来，我托不住我的头，父亲就在我的下巴下垫了好几本《词语手册》。我的胳膊瘦得像竹竿一样。我的身体状况向下迈了一个台阶，但我的灵魂却长高了。

当我再一次来到了外间屋，我看见，那方桌、高低柜以及我的书包，是那么的熟悉又陌生，那墙上的阳光有无限生机，那门上的福字变旧了，院中的槐树更茂盛了。是我，让这个院落又沧桑了一些。

这场病仿佛让我离开了我的生活，走了好远又回来了。我开始无比珍惜眼前的一切，我能畅快地呼吸，能看到阳光和天空，能尝到人间的味道，能与亲人说话，这多么幸福！

也从那个时候起，一个自然生长的生命，真正意义上踏上了属于它的生命之路。

7

我知道，我永远也无法说出老房子的丰厚，无法说出它给予我的，无法说出我们共同的记忆。有一些不会说，有一些不想说，还有一些与我同在我却说不出来。就像铸就我灵魂的无数平凡的日子，就像母亲的血液在我体内无声地流淌。

多少年过去了，我仿佛已经过了几个轮回，看着老照片中那青灰表砖的院落，以及那院落中的我们，恍如隔世。

但那院落再遥远，也与我连着。我在那里出生，在那里缓慢并不停歇地生长，长出了我内心最柔软和最坚强的部分。在那里我认识了烟火人间，那烟火让我记住了快乐的滋味，并养育了我的梦想。在那里我第一次经历生死，并懂得了珍惜，在那里我开始了写诗。在那里我获得了为人处事的标尺，方向的辨别力，生活难改的习惯。

多少个轮回了，那里的阳光依然温暖着我现在的冬天，那里的安静依然净化着我现在的吵闹，那里的蛐蛐依然会在每一个秋天叫起，那里夜晚做下的梦我依然带在身上。

如果把一个村庄当成故乡，那么还可以回去看看，让那些变和不变的，安慰思念的心，而我的故乡是那个院落，那个院落已无处可寻，我永远回不去了。在它的位置上，前半部分是我们新盖的房子，后半部分已是别人家的院子了。那青灰的砖一些送人了，一些在过道的角落已被风吹了很多年。那院子中出入的人，很多已去世，还有一些也变成了另外的人。那院子中的说话声和所有动静更是不知去向。

我甚至想，按照推算的位置，在夏天的上午，再去那两棵柿子树下坐一会儿，从那里看看世界，看看阳光的挪动，然而那位置已是别人家的羊圈了。

现在我把家的含义定得更虚了，我说，有父母的地方就是家。因为无论我身在何处，都觉得自己是一个漂泊的人。

但在孤独中能够怀念那个院落，是幸福的。那是我生命的根，无论我身在何处，根始终都在那里，我就不是一片无根的落叶，而是一棵旺盛的生命。

我说过，我是一棵草，所以我的根也庞大不了，它只在那个青灰表砖的院落吸取营养。然而，那个院落不是和华北平原的大地相连的吗，那百年的风不是日夜吹拂着它吗，我的父辈、亲人多少故事不是年复一年滋养着它吗？

感谢上帝给了我一个无忧无虑的童年，更感谢给了我童年一个青灰表砖的院落。因此，我可以相信，我是一个幸福的人。

2017 年 12 月 19 日

关于母亲的描述

1

多么温暖的冬天啊，尽管外面的雪没有化的迹象，屋里却是阳光充沛。大块的阳光从玻璃窗进来，落在书橱上，落在地板上，落在姐姐的轮椅轱辘上。我在靠近窗户的地方看书，只为尽可能多地置身于阳光中。当该翻页的时候，我抬起了眼睛，回到了现实，我注意到了屋里的一切。

一切都那么安逸，在整体的整洁和局部的情趣中，仿佛有一种说不出的喜悦。

母亲照常做着一切，为我们洗漱完后，热上牛奶，把被子叠整齐，并将床单铺平整，她不允许床上有一点皱纹。她还会将桌子和所有摆设擦一遍，把不脏的地墩一遍，把茶杯刷一遍，把昨天我们换下的衣服洗好、晾晒，在这个过程中，随时为我翻书，为姐姐调整姿势和操作电脑，为我们及时更换热水袋的热水。

只有我知道，这样的时光母亲是快乐的。她会边干活边唱歌，她会将我好看的杂志立起来，她会将掉落的绢花顶在电脑屏幕上。母亲陪我们走过了多少风雨的道路，度过了无数个同疾病争夺我们的不眠之夜，坚持了千万个疲惫不堪的时刻。母亲别无他求，这样的日子是她最快乐的时光，这是太多苦难才能酿出的知足。

这么多年了，母亲仿佛已经成为我们生活的底色，让人注意不到她，然而每一件事，每一个时刻她都在。

我这个没有见过大世面的人，倒也有一些独特的经历，其中一个就是——我始终都有人陪伴。我曾在一首诗《一个人》中透露过对独处的向往，我把这个当成一种遗憾，但这又何尝不是一种幸福呢。

我离开母亲独自与这个世界相处的时间最长的一次是四十分钟。我们在课堂听课，姐姐要去厕所，母亲便先推她回宿舍了，我留下继续听课。我竟然注意力不能完全集中了。我开始想，如果下课时母亲来不了会怎么样呢？一下课教室会瞬间吵闹起来，我的声音很小，要想跟谁说话可能听不到，不过他们肯定会发现我滞留在这里，同学 X 和同学 Z 一定会问我走不走，我可以让她们把我推出教室，那就干脆把我送回宿舍，可是那个台阶如果没有母亲，可以顺利通过吗？我这样想太多余了，因为肯定是好几个同学一起送我的。我干吗为这点小事费神，真是幼稚。但我还是无法集中精力。还差几分钟就下课了，母亲怎么这么慢，她不会找不到教室了吧，毕竟在她看来教室都很相像。我的思维继续涣散，如果突然发生地震，大家慌乱地往外跑，会有人救我吗？教室里的那一只苍蝇，正在课桌和讲台间玩耍，如果它落在我的身上不肯走怎么办，那多尴尬。

我看着教室窗外，没有风的树停止了晃动，阳光仿佛也停止了移动。我发现，我只是一个静物，一个有思维、有感官的静物。是母亲推动着我的时间，与其说我在世界中移动，不如说世界在我的面前移动，是母亲搬动着一切，我的世界便活了。

就在下课前一分钟，母亲来了。她气喘吁吁地从后门进来，轻手轻脚地又坐在了我身边。我的心瞬间落地了。

这一点我多么接近一个婴儿。或许从某些方面说，我的心理成熟度已超越了同龄人，但在安全感获得方面，我依然需要从母亲那儿获取。就像一个学龄前的婴儿一样。

都说给孩子喂奶的母亲是最美的，这份美丽中一定有母亲的安详和幸福。

从这个角度说，在生活的具体细节中，我的母亲是幸福的。因为我们没有离开，更没有实质的否定和背叛。

很多时候，我看着母亲照顾我们，专注于每个细节，像一个小女孩在包两个布娃娃。我的眼睛便偷偷湿润了。这个世界还有什么，有她们三个在一起"玩"，其他什么都不需要了。世界原本是这样美好和简单。

母亲为我们穿衣服，系鞋带，把衣领抻平，整理头发，天冷了就披上披肩，盖上毛毯，灌上热水袋，温度降低了不管用，温度高了又怕烫着，所以要反复调整位置，不断地掀开毛毯再盖上。脚歪了要随时摆正，裤腿也不能拧着。坐的时间长了，母亲就给我们活动活动，她动作很快，看上去很幽默，我们便都笑了。

我们的每一个细节都在母亲心头，除此之外，在母亲的生活中我再也找不到别的大事了。

或许我什么都不算了解，但是不能说我不了解母亲，因为母亲是相对于孩子而存在的，而我始终都是一个孩子，每时每刻的第一角色都是一个人的孩子。

从我这里看，我看见了那么多的，那么深的，那么柔软的，那么坚硬的，那么细微的，那么宽广的母亲。

然而，我想写一写她却感到了巨大的难度。因为她离我太近了，近得我看不清她的轮廓，近得我分不清哪里是她哪里是我。我从母亲的体内，来到了母亲的体外，但我仍然在母亲的其中。

2

当初，命运刚刚显露出冷酷的面目时，父母是如何辗转于医院，如何听医生的解释，如何抱着孩子、背着包袱上火车的。如何因为没有粮票了，而向食堂里要了一碗面汤喂我们。实际上，这些我在场的经历，我却都是缺席的。

只有两周岁的我,并不知道正在经历什么,不知道为什么在车水马龙的北京街头,天快黑了,我们还不能回家。每经过一辆公共汽车,我都盼望父亲出现,不停地说:"是俺爹来了!"我每天傍晚都哭闹着要去等车,盼望着某一辆车门打开,父亲突然就出来了,我们就可以回家了。不知道为什么我们会和另外一家人住在同一所地下室的房间里,我对那个陌生的每天哭泣的男孩(病友)很好奇,我至今记得他袜子上的花纹好看极了。更不知道为什么那长长的针每天要扎我,我每次都会用家乡最粗鲁的语言,也是我学会的第一句脏话骂医生。医生听不懂,以为我在叫她阿姨,还夸我懂事、坚强。

关于那段经历,我大部分是通过母亲片段的回忆感受的,我知道,有一些母亲说出来了,还有很多母亲是无法说出的,只能留在她的内心深处。

母亲每次回忆,都会提到姥姥的死。

为了不耽误父亲上班和种地,母亲和我十五岁的表姐带着我们在北京治疗。上午打针,姐姐打八针,我打六针,在全身的关节处打药水。下午气功,候诊的时间要比治疗的时间长很多。每天经历过这些后,母亲便带着我们去医院对面的小山坡上坐着,看天上的云,看路上的车。那是一个小土山,山坡上有许多小枣树,结着满树又红又小的枣,弯弯的树枝随风晃动着,一阵阵传来秋天的消息。母亲在这里的一个月,或许已忘记了季节。而此刻她是否有些想家了。然而回家不是容易做出的决定,虽然治疗周期已接近尾声,希望也越来越渺茫,但现在回家就是放弃。在这个人生地不熟的北京,母亲独自被风吹着。

在那样的日子里,有一天父亲来了。在那个没有手机没有网络的年代,这样突然的重逢,让人欣喜却又不安。父亲说姥姥病得重,让我们回去,车票都买好了。父亲刻意平静的态度,简练的语言,让母亲感到事情的严重。她顾不得多想,匆匆收拾行囊,抱着我们踏上了回家的火车。

当火车快到县城火车站的时候,父亲从他的腰间扯出一条白布,那是给母亲的孝,他说姥姥没了。听到这个噩耗,表姐哇的一声哭了!悲痛的气氛瞬间蔓延了整个车厢。母亲听到这个晴天霹雳的消息失声痛哭。这个消息太突然了,我们离家的时候姥姥还好好的。

下了火车,母亲便直接带着我们和行李回娘家奔丧了。有时候,从一个悲痛中迅速脱离出来的方法是走入另一个悲痛。姥姥的去世,让母亲暂时放下了给我们看病的失望。在姥姥的丧事上,她哭得最凶,这止不住的泪水中,有失去母亲的悲痛,有对母亲的愧疚,更有对命运不公,对内心委屈的宣泄。母亲压抑的眼泪都流了出来。

姥姥是肺心病,常年咳嗽、哮喘,那次病情突然加重,去医院三天就走了。

母亲每次说到这里,都会说:"你姥姥最不放心的就是我,就盼着你们能好。你姨说,你姥姥临走的时候已经糊涂了,清楚一阵就说,谁知道小乔家的孩子好了吗。人走了,眼睛还瞪着。"

那一次去北京,就是姥姥从舅舅屋的黑白电视机里看到,北京某某干休所可以治疗我们的病,便满怀希望地告诉母亲,让我们再去看看。妗子还让表姐跟我们一块去,帮母亲带孩子。我们才再一次踏上了去北京的路。

母亲临走之前回娘家和姥姥告别,姥姥把母亲送到了村口。姥姥穿着黑色的斜襟褂子,绑着裤腿,她的个头像母亲一样,或许因为年龄大了,更矮了一些。她反复叮嘱母亲:"能看好就看,看不好就回来,别让孩子们受罪,这就是你的命,你就认命,别疯了傻了的,让人家笑话。"

姥姥的这段话,在母亲心里起着至关重要的作用,在后来的日子中,多少找不到精神支柱的时候,这些话就是母亲苦难岁月中的中流砥柱。

母亲每次回忆到这里都会说:"谁知道这竟是最后一面了。"泪水便在眼中转圈,有时候流下来,有时候流不下来。

她说:"两个老人我都没伺候了,我这个闺女白养了。"每到这时,这愧疚还会让母亲联想起我的姥爷。"你姥爷临走那一个月你正在医院呢,一死一活的,我哪走得开,只匆匆地看了一眼。那时候他就什么也咽不下去了,你妗子给他冲半碗茶汤,喂一小勺就吃不进去了,你妗子就倒进泔水桶里,刷了碗。"

母亲每次都要讲这个过程的细节,或许当她看到这个程序仅仅是程序的时候,每一个画面便像钉子一样,刺痛并深入了她的内心。

母亲和女儿这两个先赋角色,在我的母亲这里却成了冲突,命运让她不可调和地选择一种疼痛,选择也是必然的,因为母亲的角色超越了一切角色,疼痛却也是深远的,因为它在生命的最深处。

对爹娘的愧疚,仿佛是母亲内心没有愈合的伤,没有因为岁月的流逝而慢慢结痂,反而随着她的苍老而日渐扩大、加深。

或许就是因为这愧疚,母亲的兄弟姐妹中唯有母亲叨念姥姥最多。尤其是这些年,母亲总是时常说起姥姥的一些事,语气中充满了心痛。说姥姥一辈子受苦,纺棉花、织布到深夜。说姥姥死了一个女儿,便开始抽烟了。说姥姥经常挨姥爷的打,去世的时候脑袋上的包还没有落。说姥姥一辈子不会骂人,说姥姥对谁都是实心实意的,不知道藏奸。

姥姥去世的时候我才两周岁,姥姥在我印象中留下的只是一个模糊的黑色的身影。

小时候母亲说,我也只是听听,但多年过去后,仿佛等到我经历了该经历的,等到我足够成熟了,才真正听见母亲的诉说。

在母亲的讲述中,我仿佛很熟悉姥姥的生活,跟随母亲的情感,我感受到了过去的事。褪色的往事在今天又鲜活了。有时候真感觉生命是一个圆,在远离的同时,是另一种接近。

姥姥的很多话还在我们家流传着。"哄死人不偿命",是说对别人好没有极限,更没有错。"抓起灰来比土热",意思是一家人总比外人强。这些家常的人生哲理,无时无刻不在指导着母亲。

如果问母亲的精神依靠是谁,那无疑是姥姥。尽管她已经去世三十年了,但她仍然活在母亲的心中和生活里，陪伴着孤独的母亲。

3

十三年前，一个近五十岁的记者采访我们，他问母亲：当初知道孩子的情况了，你有过怎样一个思想斗争？

母亲说：没经过什么斗争。

他更直白地说：就没有想过放弃？

母亲说：没有。

他很不满意地说：不可能。

他觉得母亲装腔作势，不够坦诚。而母亲也感到十分为难，因为无论做事还是聊天，我的父母都喜欢迁就别人。现在她觉得自己很对不起这个关注我们家的记者，可是我的母亲却怎么也想不出，自己应该有什么思想斗争。

母亲出汗了，她悄悄走过来问我，这该怎么说啊！

我说：他爱信不信，你实话实说就行了。

当时，如果不是有熟人介绍，幼稚的我真想中断这样的采访，我又何必让母亲遭受这样的质问。

不过，他的提问让我有了从来没有过的一个疑惑，一个母亲，难道不是无条件地接受她的孩子吗？没有考虑过放弃是不真实的吗？难道考虑放弃才更真实，更容易让别人理解？

多年过去后，我才明白：一个人可以为自己的残酷说出一个合理的逻辑，找到一千个理由，而一个人要想为自己的善良说出什么逻辑，找到什么理由，是困难的。

如果可以，那其中应该包括两种可能，一个是那并非真正的善良，而是一种生存技巧。还有一种就是后来加上去的，是后来推理的定义。因为真正的善良，不在任何一个逻辑之内，不需要任何理由。母亲又哪来的思想斗争呢。

我们居住在母亲内心最柔软的部位，这里只有两种东西，一种是母亲把孩子视为自己一部分的自私的情感，另一种是善良的人被需要她的弱者唤出的无私的大爱。因此，我们可以幸福地存活。

母亲这个称谓是高尚的，因为无论谁，当她成为一个母亲后，一定会将她最多的爱给予她的孩子。但面对一个残疾孩子，这份爱的表现方式是不同的，这不仅关系到单纯的亲子情感，更关系到一个人的境界层面，价值认识，人格和良知。

在复杂的人性面前，我的母亲做着最简单的事。

然而，我的母亲又哪能只有纯粹的简单呢。

母亲有一个梦，做了上百遍了。很多早晨，她都带着昨夜那个梦的惶恐和不安醒来，仿佛还分不清什么是真实的什么是梦。她会不由自主地开始讲，还不肯睡醒的我有一句没一句地听着，有时候嗯一声。每次母亲都讲得非常认真，而我已经不在乎了，因为不听我也知道她在讲什么。

梦中，母亲抱着我们，背着包袱，从娘家回来，天快黑了，还下着雨，路很难走，母亲找不到道儿了，往哪里走啊！母亲不知道问谁。地上的水不知有多深，不敢下脚，只有一条容一个人过的泥路在水的中间，母亲说，这还掉下去了哩！她硬往前走，因为没有别的路了。那路特别的软，根本站不住，包袱掉下去了，孩子也掉下去了，又是泥，又是水，越陷越深，可是我们软得像面条一样，怎么扯也上不来。母亲就一边喊叫一边扯。母亲这个时候会说梦话，很多时候天已经有些亮了，母亲带着哭声的喊叫，一句也听不清，但那急切和无助却从梦中溢了出来。我会叫她两声，她嗯一声，我们继续睡。我以为这样就打断了母亲的痛苦，但只是让她的梦不连贯了。母亲带着我们回到家中，每当这时，她总会着重描述当时的场景，那棵枣树还在呢，院中晾晒着好多祖父的衣裳，祖母在烧火做饭，祖父在扫院子，可是谁也不搭理她。父亲在屋里算账（那是他多年来做会计常见的场景），也不搭理她。母亲跟祖父祖母说好话，跟父亲理论，母亲就这样又哭醒了，一整天也不会逃脱这焦灼的心情。

这样的梦，我小时候她就做，现在还做，发愁的时候她做，不发愁的时候也做。这样的噩梦伴随了母亲三十多年。

小时候听母亲讲梦，只觉得可笑，梦还当真。后来，我接触到了弗洛伊德对梦的研究，便开始暗暗拿母亲当实例来分析，才发现，母亲的梦怎么能是无稽之谈呢。那是母亲和真实的生活有着一脉相承的联系，当然不是和外在的生活有什么直接联系，我的父亲、祖父祖母远不是那样无情的面孔，而是母亲以及她创造的生活内在的揭示。

用多年的时间，像缠一团线一样，慢慢地，通过母亲这个一再重复的梦，我隐约看见母亲的内心深处有这样几个词，拯救、惶恐、冷漠、无助，而母亲每天所做的事，又何尝不是在这些词的推动下，变化着模样的，讨好和斗争呢。

母亲的心是纯粹的，就像一只小船，只承载着我们，然而它却要在波涛汹涌的大海中一路搏击。小船内是柔软的光明的，而小船外却是无边无际的狂风暴雨，天昏地暗。

母亲用巨大的恐惧，保护了微小的幸福。

4

正是因为母亲的孤独，她成了一个极其要强的人。家里的事她总是冲在前头，无论好和坏，责任都揽在自己身上。

很多人都说，你们可以找找上头，一个农村家庭有两个这样的孩子，政府不会不管。但母亲却从来没有向政府申请过什么救助，找过什么政策，她说自己生的自己养活。

我去大学听课，为了减轻父母的负担，我同意了Z帮我拍卖诗集，也就是接受了捐款。虽然母亲支持我所有的决定，但在一次疲惫中她发牢骚说：

有钱就念没钱就不念，干吗要人家的，丢人现眼！母亲的话就像一个秤砣，瞬间扔进了我的心里，砸得生疼。

或许母亲的要强有些过激，但对于她的人生，却是必然的。大多数人的要强来源于理性，而母亲的要强来源于对我们的爱，对我们的爱早已超过了理性的认识。有很多东西靠理性是无法做到的。

母亲不但这样要求自己，还同样要求我们。

小时候给我留下严厉印象的，是母亲不允许我们哭。无论是看病还是打防疫针，母亲都会严厉警告我们不许哭。那时候的我无法理解母亲为何如此重视我们的表现。

肌电图、针灸、打针、输液，受罪是小，恐惧却是一个孩子难以吃得消的。但母亲每次都告诉我们：不许哭，你就说没事，不疼。虽然我很多时候做不到说那么坦然的话，但基本可以忍耐着不哭。我不知道为什么，只知道母亲说的是对的。因为母亲的要求，很多医生护士都夸我勇敢。

记得我六七岁那年夏天的一个晚上，灯光灰暗，我在蚊帐里躺着，痰呼噜声很大，大人们说我在发烧。医生便出现了。打青霉素针需要做皮试，这是比打针还要疼的，那次又碰巧把我的胳膊拉到我的面前，让我眼睁睁地看着，那针头扎进我的肌肤，再向上一挑，疼痛瞬间钻入心脏，或许是因为我看着，医生也有些紧张了，这一挑，便穿了，所以要再进行一次，可怕的是又穿了，要进行第三次时，我便控制不住自己的恐惧了，开始号啕大哭，喊叫，并奋力做着身体的反抗。在我的挣扎中，第三次皮试终于成功了。但我却不肯接受打针了。我能看出母亲已经很生气了，因为她脸上的笑容已变得焦急僵硬，而我顾不了那么多，继续喊叫。医生没有陪着我耗下去的耐心，便说先吃点药吧。母亲送走了医生，回来便开始了对我严厉的训斥，母亲具体说了什么我已经记不得，只记得母亲的态度让我感到恐慌，只记得我感觉自己犯了一个天大的错。母亲后来哭了，哭得很无助。这样的情景告诉我母亲遇到了困难，母亲的困难基本都是我无法解决的，而这次是因为我，我是可以解决母亲这个困难的。我的态度便转变了。

母亲再去请医生之前,严厉地对我说:不许哭了。我没有说话,但从此以后,再没有因为打针输液这些皮肉之苦而流过泪。

不仅这一条,其他方面也是如此。母亲不许我们在外面耍嘴、耍赖,说话要懂礼貌,识大体。母亲不许我们违抗她让我们洗头洗脸的命令,她每天把我们收拾得像过儿童节的小朋友一样。

我的头发光滑黑亮,又特别多,母亲每天都变着花样为我梳辫子。母亲的衣服虽然一件可以穿好多年,但她舍得给我们买衣服,虽然不昂贵,但必须整洁干净,鞋是鞋,袜是袜。不仅是我们身上,我们的周围母亲也不肯放松。母亲说:你们是花,周围的环境就好比绿叶。

从母亲的回忆和姨她们的话语中,我得知母亲从小就是一个爱干净和追求情趣的人,母亲做闺女时就爱在家里扫院子、擦桌子,以至于没有心思学会针线活儿。母亲经常说以前生活水平低,没有干净的条件,现在多好。谁谁谁邋遢了一辈子,不像过的。在母亲的心中,干净是生活质量的重要标准,或者说是一个人尊严的体现。所以母亲对我们这方面怎么能要求不高呢。

母亲总喜欢在别人面前夸赞我们,爱学习,学得快,既懂事又聪明。那时候我总觉得母亲虚荣。母亲从来不说照顾我们的辛苦,当别人说体谅她的话时,母亲总会把我们说得什么事都没有,仿佛她每天都非常清闲。那时候我总会觉得母亲很虚伪。

实际上,母亲每个昼夜都被照顾我们的事务占据,没有空闲。这些事虽然细小,但很重大,什么时候该喝水了,什么时候该加衣服了,什么时候该吃药了,在母亲心中,这关系着我们的安危。冬天,把我们的脚放在专门做的棉兜里;掀门帘也要防止寒风进来;我们的身边又有许多别的大人舍不得给孩子买的课外书。所以很多小朋友都羡慕我们。记得其中一个孩子的母亲后来还跟我母亲讲,谁谁回到家后说我是后娘,宁宁她娘才是亲的呢。两个母亲都笑了。

有时候我想，很多残疾人小时候都受到小朋友的排挤，而我却没有这样的体验。可能是因为我身边的孩子们很善良，可能是因为我比较幸运，但有一个原因是肯定的，那就是母亲给我们全身打上了一份高贵的光芒。

多少年后，我才明白，母亲所做的一切就是弥补我们命运的缺失。仿佛我抵达生活的路有很多鸿沟，母亲用她的岁月、汗水、疼痛、希望去填充，让我们可以到达普通的生活，让我们在生活中的不同看上去是那么微不足道，让我们躲避了很多风雨，拥有了那么多幸福和快乐。

也正是母亲高标准的要求，让我意识到，我必须比别人更优秀，更懂事，更坚强，而这份必须同样也带出了一个问题，那就是我为什么要必须。

母亲就这样，把坚强给予我的同时，顺便也把自卑给了我；把乐观给予我的同时，顺便也把悲观给了我；把阳光给予我的同时，顺便也把阴影给了我。不，或许母亲早已看见，我生命中的自卑和悲观是早晚要被唤醒的，那就让制约它们的力量来唤醒吧。这样，当敌人来临时，我站起来就是一个战士。所以，虽我失败过，但从未丢失过那份尊严。

我隐约看见，母亲内心深处有一份恐慌，所以她多年穿着威武的盔甲，母亲内心深处有一片悲伤，所以她始终都把笑容挂在脸上。在母亲的心里，有一个悲惨世界，她要逃离，要离那里远一些，再远一些。母亲每天都带着我们走在这条逃离的路上。每一个生活细节都是她的跋涉，母亲太多的心血、纠结和信念，融在了其中。

我就在母亲这年复一年的跋涉中慢慢长大。这样的日子我每天获得的是安逸，而母亲每天却要走过她的千山万水。

5

在过去很多年里，母亲的数落我是很难吃得消的。现在回头望去，或许那些伤痛被我当时的脆弱夸大了，但我并不笑话曾经的自己，我更多的是感谢自己，能够在无声的呐喊中，无形的流血中走过来。

很小的时候，只觉得母亲数落的时候是阴天的，只要母亲雨过天晴，我的天也就立刻恢复了晴朗。但我十二岁以后就不一样了，仿佛我的内心本就有一缸满满的悲伤和愤怒，而母亲却偏要往里扔石子。所以很多时候，母亲的数落会引发我激烈反抗，以至于引发我和母亲的战争。

母亲数落的内容，大多数我都忘了，可能就像弗洛伊德说的那样，因为潜意识的躲避和拒绝，所以忘了。少部分典型的还记得，但我不想重复了，一是那些话仍然会刺痛人心，二是单独听到，怕日后曲解了母亲，因为母亲远不是那样狠的人。

我太熟悉那样的时刻了，母亲在为我们倒水、倒药、洗衣服时，常常伴随着洪水一样的话，那些话都是对当时的我刺激性极强的语言，但却要听着，反复听，没完没了地听。我想逃跑，却不能，我想堵上耳朵，也不能。我第一次感受到了命运的强暴，赤裸的灵魂在无助地受辱。

然而引起母亲爆发的并非我的错，而恰恰是我无法改变又无法接受的，命运给予我的那部分。这让当时的我感到无辜，更感到一种无法言说的疼痛。

在沉默不下去的时候，我会选择回击，而事实证明，这样的冲动是错误的，因为没有像我想象的那样，母亲在我的话语中惊醒，而有所改变。反而是被我激发新的高潮，加大语言的力度。那个时候，我又怎么能明白，一个母亲怎么可能在孩子的反抗中认识到错误呢，怎么可能在与孩子的争吵中放下威严呢。更何况，和母亲斗争的那个人，并非我。

声泪俱下地喊叫，没多大会儿我就没劲了，所以我又转向无声的反抗。我一顿不吃饭，母亲就气势大减，两顿不吃饭，母亲就彻底败下阵来，一轮战争就宣告结束了。遗憾的是，母亲并不能把战争的原因归结到正确的地方，而被定义为我又耍脾气了。所以这样的战争还会出现。

我曾多次想象过离家出走。

在月光明亮的夜晚，我睁开了眼睛，看着衣橱泛着光亮，被子上牡丹花蕊都能看得极为清楚。我想象着，就在这样的夜晚，我轻轻地穿衣下床，我紧张得不敢喘气。我背上书包，装上我所有心爱的物品，还要尽可能地多装一些馒头、饼干。把我的压岁钱放在贴身的兜里。开门的时候不能出一点动静，母亲睡觉是非常轻的。院中一定安静极了，但也一定更加明亮。我一个人走了出去。在天亮之前我能走到哪里呢？我要从307国道上一直向西，最好能过了县城，不，我不能顺着大路，应该拐向田间小路，这样才更安全。我憧憬着家人醒来后的急切，我为将独自面对未知而兴奋。

在这样的想象中我睡着了。第二天早晨醒来，依然是原来的生活，现实依然没有丝毫改变。而那个醒着的梦，只会让我更加悲伤。

那时候，我不仅被母亲的话语而伤害，更为母亲不能体谅我的痛苦而难过。

我一直试图改变这样的困境。我向父亲寻求支援，向他说了我的感受，我不想证明母亲是错的，只想表达她不经意间说的话，给我造成了多么大的伤害，只是希望能够听到理解。但是我听到的却是极其温和的教育："你跟你娘一样着干吗，又不是别人，她愿意说什么就说什么吧。"父亲的话让我彻底绝望了，因为他说的太正确了，这个终日为我操劳，视我超越了自己生命的母亲，我除了感恩，还能去纠缠这些"小事"吗？我发现我不能再向谁寻求理解了，因为那只能让别人觉得我自私和幼稚。

我因此更加孤独了。

有一天，在又一场战争的后半段，应该是快吃晚饭的时候吧，我在旧房的西屋里，从窗口望去，柿子树已经非常暗了。我的轮椅刚好挨着案板，案板上躺着一把菜刀，我突然看见了它，我想到了自杀。因为那是唯一逃避痛苦的方法，接着我想到，这是给母亲最有力的报复，这个想法瞬间对我有了巨大的吸引力。我忍不住付诸行动。我将手慢慢地挪过去，那时我的胳膊已经不能直接到达那个范围了，但借助案板慢慢爬动，还是可以到达的。当我的手触到了菜刀，我变得小心翼翼，我像大人那样试刀够不够快，横着摸刀刃，感觉到了它的硬度，我知道只要我改变方向，就不一样了，我轻轻地试了一下，没有挨住，我决定大胆一些，稍微向前了一些，瞬间，我的汗毛竖了起来。我感觉到了一种锋利，一种无形的力量，瞬间找到了我的缝隙，侵入了我的内部。我把手收回来。我看着自己的手指头上出现了一道红痕，并且这道红痕慢慢变宽，血量还不够滴落，但它是那么扎眼！

我仿佛看见，我体内的瀑布已经倾泻，我体内的火焰已经燃烧。这红色的血痕是那么的醒目，看着它，我突然感觉，我已经自杀过了，我仿佛已经为了自己的尊严而英勇就义，我已经成了一个英雄。

我仿佛看到了这悲痛的边缘，看到了它的边缘，就不再觉得它那么无边无际了，不再觉得它那么庞大了。这让我和现实的处境拉开了一些距离，仿佛可以到达这个处境之外了。我因为母亲的数落而最痛苦的日子也就宣告结束了。

随着岁月的更迭，我已离母亲的数落越来越远了，不是它离开了我，而是我跋涉着离开了它。

这是一条漫长而曲折的路，我走了十几年，回头望去，看见曾经的那个孩子，用纯净而伤悲的目光望着夕阳的余晖，她窄小又柔弱的心灵承受着第一次悲痛，那悲痛是那么真切和巨大，她并不知道，与后来的日子相比，那悲痛是多么的微不足道。

在这条路上跋涉时，我发现，母亲也在一点点远离她的数落。

她不再那么暴躁了，面对生活，母亲平静了许多，仿佛有很多话已经说够了，有很多东西已经懂得了，有很多东西已经不在乎了，有很多东西已经放下了。或许这是岁月带给母亲的成长。

当那段日子过去后，母亲已经淡忘了她说了什么，因为那对于她仍然是被动的，就像哭的时候，谁又记得流过多少眼泪。

我突然发现，我那段痛苦的日子，正是母亲挣扎的阶段，而且母亲那个阶段远比我开始得早。她说的每一句狠毒的话，都是她的伤口在痉挛、在流血。每一句话，都是她黑夜与光明的斗争，是她脆弱与坚强的较量，是她消极与不甘的纠缠。只是母亲释放了出来，然而对于母亲来说，这是她唯一的跋涉之路。这样的声音，无一不准确地抵达我内心深处的创面，让本就疼痛的地方更加疼痛。我曾经诧异，为什么母亲总能准确地击中我的痛处，却原来，我和母亲拥有一个共同的伤口。

所以，我又怎么能说那是母亲给予我的折磨呢，那是命运给予我们的炼狱般的修行。

我看见，母亲跋涉的那条路，远比我的这条更加漫长和坎坷。没有人知道，她那一段段路是如何走过来的，我同样无法体会。而现在，只是看见，只是远远地看见了。瞬间，对母亲的心痛溢满了我的胸膛。

感谢局限，让我没有在无知的年纪成功出走或自杀，让我有机会去理解我所经受的一切。尤其是我的母亲。

6

孤独的母亲独自面对属于她的灾难，即使是我，也无法分担，就像我的灾难母亲无法分担一样。不一样的是，在这灾难中母亲想的是我，而我想的却是我自己。

那是一个最寒冷的日子，天就要黑了。我刚刚输完液，母亲把我抱上轮椅，给我先拌了碗疙瘩，我却无法吃了。我感觉到生命的危机在我体内以突飞猛进的速度来临。越来越憋气，气管中的浓稠痰更加多了，仿佛无数的石头和淤泥堵在那里，气流通过，发出艰难的呼噜声，每一次呼吸变得无比吃力。心跳加速，濒死感瞬间淹没了我。输液五天后，我的肺炎加重了。

母亲也看出来了，焦急让她呼吸急促。父亲和姐姐也紧张了起来。一个抉择堵住了我的路，要么等死，要么全力挣脱，去赢得那微弱的生机。我选择了后者。我说娘打120，去省二院（虽然县医院更近，但没有气管切开的技术，危急时刻是不能进行抢救的）。母亲匆匆打了电话。她其他的已经听不进去了，只听着我的决断，她知道那是对我最有利的，因为我是自私的。

我被抬上担架时，天就黑透了，这次出门不知道我还能不能回来，很可能就是永别了，所以我郑重地说：姐姐，我走了。姐姐被母亲安置在床上，这个夜晚她该怎样度过，但母亲却必须丢下她了。

在救护车上，母亲的情绪极度紧张，要在高速公路上停车，她要下车透气。我看见她的嘴那么白，那么干，她痛苦地恳求车上的人们，大家都劝她忍耐一下，而我却沉默地看着母亲。她哭着说：你不管娘了。那声音让我的内心至今疼痛，让我认为那是世界上最无助的声音。

我知道，母亲快被我逼疯了，接下来的不测，她不知如何承受，接下来的选择，她不知怎么面对，可是她无路可退。我的每一声求救，都使母亲痛彻心扉。这样的危急关头，母亲经历得太多了。

我四岁时，肺炎合并肠炎，在医生想要放弃的时候，母亲跪下来祈求医生救我；我十二岁时，急性肺炎，十多天母亲白天夜晚都不肯躺下，守着我看着我，我好了，她的屁股坐出了血印；我十九岁时，发烧半个月，那是非典时期，母亲不敢把我送医院，怕被隔离，就去很多药店求情，购买一些退烧药；我二十六岁时，痰出不来，母亲就整夜整夜给我拍背助力，冬天只穿着一个秋衣，却连感冒也顾不上。而且除了我还有姐姐，所以这一次次磨难就都成了双倍的。

然而，母亲并没有百炼成钢，反而没有当初的果敢和淡定了。当一个人的心已伤痕累累，便再也禁不起折腾了。就像生命一样，是一条弧线，这是时间的作为，也是自然规律的无情。

母亲真的老了。

急救室的灯光很亮，人声杂乱。我看不见大厅的整体格局，只看见很多人在我身边走动着。我的右边是一对夫妻愉快地聊天，我看不见他们，只觉得他们的声音特别烦人，我的左边是一个痛苦呻吟的妇女，她穿着破旧，头发蓬松，她身边的男人同样穿着破旧，头发蓬松，男人面无表情，不为她的痛苦而动容。这些，母亲后来反复地回忆。

不断地有医生护士过来询问、记录、测血压、输液、抽血，黑红色的血、鲜红色的血，一管管从我燥热的体内抽出来。濒死感迫使我催促父母，快去告诉医生，我要切开气管，我甚至觉得已经来不及了。父亲焦急地奔走着找医生、办手续。我向路过的护士反映情况，护士便开始给我吸痰。她迅速地将吸管插入我的喉咙并迅速拔出，第一次一无所获，第二次便是一管的血，母亲慌了。痰没有出来，我却开始吐血。这时，呼吸科和耳鼻喉科的大夫拿着手术包裹来了，几个穿白衣服的人和两大包用白布包着的手术用具，瞬间把我带到了生死的边缘。医生说，这毕竟是一个手术，你们自己决定，而且切开之后就不能说话了，她的身体状况是否还能恢复自主呼吸是无法保障的。医生的话让我感到了另一种恐慌。就在我感觉被逼上绝路的时候，接近我喉咙的一口痰出来了！我的气管瞬间通了风，好像有一丝微弱的希望进入了我的身体。母亲说咱怎么着啊。我说先等等吧。

因为我真的无法衡量出不能说话，不能脱离呼吸机和现在憋死，哪一个更可怕。

护士说我们可能需要在急救室待多天，因为呼吸科床位非常紧张。可这里没有系统的治疗，没有安静的环境，费用还不能报销，父母便开始联络谁能帮我们住进病房。

急救室后半夜非常冷，人流不息的门口敞开着，腊月的寒风一阵阵吹着这里的人们。母亲还穿着没有来得及换的拖鞋。我将近六十岁的父母，坐没地方坐，站没地方站，奔走、求人，又不知道求谁，时刻注意着我的状况，又被下一分钟的不测吓着。而这一切我都看在眼里，却不放在心上，我想的是，我真的要死了，我怎么样才能救自己。那一夜是漫长的煎熬。

幸运的是，在表哥的联系下，第二天早晨我就住进了呼吸科病房。

我不知道那是多少天，我被疾病折磨着身体，更被死亡的恐惧折磨着心灵，这恐惧甚至让我失去了理智，我不得不说，我真的是一个少见的怕死鬼。

翻身弄不好了、我说话他们没有听清了，我都要冲父母吼。我看见她在看着旁边那个病床上的老头儿吃饭出神儿，大病初愈的那个老人把凉拌芹菜咀嚼出清脆的响声。我便又开始吼，你光看着人家干吗？你傻啊！母亲缓过神来：你这孩子，我光看着你行了吧。其实我知道那是母亲暂时的逃避，她在对平静生活的向往中休息一下。

母亲总在我稍微稳定一点的时候说，我回去看看你姐姐行不？而我总是不允许。有时候，我们还会因此争吵，母亲便急哭了。我也开始哭，娘你走了就见不着我了。从争吵变成了央求，母亲的心便被撕裂了。其实，我也在担心着姐姐，把她交给弟弟这么多天了，真的像她在电话中说的那样没事吗？弟弟的老板是否会允许他老往家跑？也同样在咳嗽中的姐姐病情有没有加重？可是我想再坚持两天，等我脱离了危险，再让母亲回去看姐姐。那天晚上11点了，二伯打来电话，他说小宁在家输了三天液了，她不让告诉你们。

这个消息让我们惊慌。母亲压抑着情绪，郑重地对我说，我回去看看行不？我说嗯。那时正好二姨和表哥也在，深夜12点表哥开车把母亲送回了家。

又经过一番周折，姐姐也住了进来，幸运的是和我住进了一个病房。

当弟弟把姐姐推进来时，我感到重生一样的幸福，在病房中，我们又团圆了。

姐姐是真菌肺炎，需要按疗程治疗，也就是说，春节前我可以出院，而姐姐却要留下继续治疗。

父亲留下，母亲陪我回家。这对母亲又是一次生离死别，不同的只是住院的换成了大女儿。

我在电梯口等母亲出来，电梯上来下去，下去又上来，母亲才从病房中出来，边走还边叮嘱姐姐。突然，我看见蹒跚着过来的母亲，是那么憔悴，像生了一场大病。

回家的车启动了，我看着这个华灯璀璨的城市，看着慢慢远去的急诊大楼，看着姐姐所在的窗口，我抑制不住眼泪流了下来，我感觉对不起所有的家人，尤其是母亲。

死亡的恐惧刚刚放过了我，内疚和自责又淹没了我。

多年来，母亲就像我的一根救命稻草，在波涛汹涌的洪流中，我紧紧抓着不放，却没有想过，这根稻草是否禁得起，没有想过，她和拦腰折断只有一线之差，但为了救我，她坚持着。

母亲多么的孤独啊，在我上救护车的时候，没有人对母亲说，你别去了，再把你急出个好歹。在我被吸痰器吸出血的时候，没有人拍着她的肩膀安抚她，告诉她这只是喉咙黏膜出血了。在漫长的病房中，没有人能替她照顾我，没有人能让她放心。更没有人替她承担我生死的责任，也没有人替她作出抉择。然而这一切，在别人看来都觉得，你又何必如此痴心。就连她为之付出的我，也自私地将她忽略了。

这是母亲人生的缺失。

在医院里，六十多岁的老人身边最容易看到一个和她长得很像的年轻人，搀扶着她，给她安慰，给她解释，给她跑腿，给她挡事。三十而立的儿女们不再忍心也不再需要母亲去承担什么。母亲这个角色便转化了一种存在形式。然而我的母亲，却无法完成这种转化。无论她有没有能力，都仍然要为我们支撑起生命的天空。

岁月让母亲老了，却没有让她的孩子长大成人。这个命运的结构或许就是母亲的终极悲哀。

当有人问我的母亲，你老了怎么办啊？母亲的回答总是：我不会老，我不能老。这是母亲的决心，也是母亲欺骗自己的谎言。因为越过了这个谎言就是绝路，有这个谎言相伴，母亲就可以度过走到绝路之前的所有日子。

我不能弥补母亲人生的缺失，唯一能做的或许只有，在危险来临时，微笑着对母亲说：娘，我没事。

7

经常听到遇到难事的人在母亲面前说：我得向你学习，你心真大，真乐观。

只有我知道，母亲的心很小，如果谁说一句让她伤心和生气的话，她都会翻翻好多天，并引发很多人生感慨。然而，老天却将山一样的灾难压在了她的这颗心上，但就因为她的善良，她承受了，一天一天地在崩溃的边缘，一天一天地坚持着，那疲惫我看见了，但只有她独自面对。或许这就是人们在她身上看到的"心大"。

母亲爱说爱笑，还很擅长鼓励别人，然而，这不是装给别人看的，而是给自己看的。她需要现实中有一个坚强的形象，这是外骨骼。或许这就是人们在她身上看到的"乐观"。

如果这个"乐观"的人，突然自杀了，人们一定想不通。

但实际上，这很正常，就像一个炸弹，可以沉默多年，也可以瞬间毁灭。这两种状态就真实地存在母亲身上。

母亲和我们谈论死是常事，这是无路可走时必然会看到的一条路。

母亲希望我们活着，又希望我们死在她前面。

母亲说：过不了了，咱们三个就吃安眠药，娘把你们生下来，娘还把你们带走。母亲仿佛找到了好办法地说：咱们穿好躺好，一起走了，那我可就心静了。

母亲一边说一边给我们倒感冒冲剂，落日的余晖透过玻璃杯发着光。或许傍晚会让母亲有一些恐慌，所以她经常在这个时候，一边忙碌一边说着。

姐姐说：不用安眠药，那还要攒，心得安（普萘洛尔）更方便。

母亲说：只要你们别怪娘就行。

我说：到时候再说。

我更多的时候是沉默。她们说我不知道事儿。其实我是存在侥幸心理，总觉得还有别的路可走。我的确是一个贪生怕死的人，很多时候我是把生命放在第一位的。我告诉父亲，如果我病重的时候失去意识，你就告诉大夫，我愿意接受一切形式的抢救。但是，那是父母完好无损的情况下的选择，有父母在，世界上就有我的位置，如果没有父母给我这个位置了，我自己也没找到自己的位置，那么我还会这样选择吗？当我活着就是勉强活在别人的怜悯和厌恶的交叉地带，每天忍受身体和心灵的痛苦时，我还会贪生怕死吗？

不管怎么样，这样一个打算会让母亲减轻一些心理压力，仿佛就不再怕什么了，不必想着应该托付给谁，如何哄人，不必想没有她了我们的惨状。就像一个战士，做好了牺牲的准备，便可以从容面对现在的日子了。

从这个角度说，这个计划并非消极的，因为它起到了建设性作用。

但另一个问题又会袭来，那就是我们死后的去向。母爱是不会在她的孩子生命结束后戛然而止的。

母亲不知该如何安置我们。我们这里的风俗是闺女不让入祖坟。如果谁家的闺女死了，无论年龄大小，都要先安于荒地，等找好了死婆家，再入人家的坟。那是母亲难以接受的。母亲无法接受我们先被扔入荒野，更无法接受那愚昧的打发，在她看来那是对我们的一种亵渎。

母亲会冷不丁地说：大人疼了一辈子，死了还不定扔哪里去呢。

面带愁容的母亲，会扔下手里的活发一会儿愁。

姐姐说：把遗体捐献了多好。

姐姐不止一次地这样说过。然而，母亲却始终不赞成。我不知道一向开通的母亲为什么这件事想不通。

我说：把骨灰撒了吧，田间、路边哪儿都可以。对于活着的人来说，这样既省事又少牵挂，对于死去的人来说，这样既干净又自由。如果灵魂真的和骨灰同在，那就可以随风飘荡了。

我这样说只是为了安慰母亲，帮助她们想办法。其实我并不在乎这些，如果和人间的缘分尽了，自然有下一个去处。

这个方案得到了母亲的认同，仿佛这个方法配得上我们。但是母亲又立刻担心我们会成为孤魂野鬼,便说:我也撒了,咱们三个就又可以在一块了。

我说:好。

我只是想让这个问题尽快了结。

但是父亲很认真地说:那就弄个排位放在我坟里,就当我是光棍。父亲无法接受。母亲这样的选择仿佛是对他的抛弃和一生的否定。

我们都看出父亲的委屈,我觉得父亲这么认真很好笑,我就开玩笑地说:我们四个都撒了吧。

而父亲却一本正经地说:不。

父亲的严肃让我意识到这不是一个玩笑,父亲的生死观和我毕竟不同,一向先进开明的父亲,让我们触碰到了他人生观框架的边缘。这和鬼神无关,和别人的看法无关,这是他内心的一种归属,一种认同,无论是传统思维还是性格原因,让他认可了那一种回归的方式。

每每这时,还会引起父亲和母亲的一些争吵。然后都是以母亲的"恍然大悟"结束:不想了,过一天就乐一天。

或许这是母亲身上特有的能力吧。

母亲会很快投入到家务中,全心地烧茄子、炸土豆,把厨房擦得锃亮,母亲会唱歌,歌声就像一条河,把她无尽的惆怅带向远方,让她的悲痛尽情地流淌。每次听到母亲唱歌,我就知道她又经过了一次挣扎,出来了。

我们都知道,母亲终归逃不过前方的那场劫难,如果我们先离开,我难以想象母亲如何面对,如何送我们走,如何和我们告别,如何与没有我们的时光相处。如果我们走在母亲后面,她又怎能闭上眼。

8

对于母亲来说,我们对她的意义早已超过了一般孩子对母亲的意义。

我们对于母亲是一条路,这条路太难走了。我看见,走在这条路上的母亲从未停止过脚步。她的个头那么矮，却要翻越一座座高山；她的身手那么笨拙，却要跳跃一道道鸿沟；她那么怕水，却要蹚过一条条河流；她那么恐惧黑，却要走过一段段夜路。然而，这条路没有尽头。

我们对于母亲又是一个巨大的行囊，这个行囊是她所有的财富，她多少年中，抱不动了就背着，背不动了就扛着，扛不动了就拖着，拖不动了就守着。她把这个行囊放在身上，压得直不起腰来，却也让她感觉无比富有。

我们对于母亲还是一个生活的坐标，以我们为中心画出的一个圆，就是她日子的范围，母亲所有的岁月和生命，都以这个坐标为角度，在这个圆中布局。

对于我来说，母亲对我的意义早已超过了一般母亲对孩子的意义。

母亲对于我们不仅是养育和教育，她已分解在了我的生命中。母亲对我无处不在，当我在路上，她就在我的身后，当我在安睡，她就在我的身旁；当我高兴，她就在我的轻松中；当我沉重，她就在我的阴影里；当我喊娘，她就在下一秒的答应中。

时间让一切都在改变，而母爱却像太阳一样，叫人难以仰望它的周期，而变化的只有四季。母亲老了，对我们的爱也改变着容颜。

再抱我们上轮椅时，要把脚踏板用绳子先绑起来，因为腿脚不利索了，要防止绊倒。再为我们洗衣服时，要狠狠心挑一些放在洗衣机里，不能再嫌洗不干净了，因为真的已力不从心了。这些细微的变化，却让我更清晰地看到了母爱。就像冬天的柿子树，当树叶都落光了，枝条变得干枯，才让我看见，那依然悬挂在树上的柿子是那么红，红得让人痛彻心扉。

多少年了，我经历着母亲慢慢地衰老，那衰老无声地藏进了母亲的皱纹里、目光里，但我听见了它们的呐喊超越了生活的嘈杂。我用母亲的衰老，看着这个世界，我看到了一个人是如何被社会结构边缘化的，如何被迫出尘，如何从强者变成了弱者，如何感受到了一个邻居家的孩子，突然两鬓斑白，如何体验那生命的夕阳中，说不出的壮丽和凄凉。有时候，我仿佛用我自己经历了我的前半生，用母亲品尝了我的后半生，我已经知道了整个人生的滋味。

然而，母亲又何尝不是在用我看世界呢。一只潮虫在我们看电视时爬了进来，父亲要踩死，母亲却不让，她用卫生纸把虫子捏起来，从窗户扔出去。她说："要是你俩出去玩了，被人踩死了，家里还急死了呢。"

我带给母亲的并非只有磨难，至少还有这弥足珍贵的、与时间抗衡三十年的陪伴，母亲慢慢地衰老，至少有我看着。母亲有放不下的牵挂和期待，有用不完的悲悯和坚强，有改变不了的惆怅和知足，这又何尝不是一个母亲的最大幸福呢。

我一直愧疚，无法回报这份恩情，后来我发现，不用肢体，我也可以在寒风中为母亲披上一件温暖的外套。

我的母亲是普通的，只是命运把她从常规生活中剥离了出来，给了她不一样的实验液和培养皿，让她呈现出了不一样的状态，这就是一个纯粹的母亲心。

也正因为命运如此的安排，让我们成了不一样的母女。

如果说，人生是一次战役，是和一个又一个的磨难斗争，那么，我们和母亲就是一个战线的战友，我们有着共同的目标和信念，我们无比默契，我们相互鼓励，团结和无私是不可超越的战斗力！

如果说，人生是一次旅行，是在一段又一段的路上体验，那么，我们和母亲就是一起出发的旅友，因为我们同在，每一处风景，都是有声音的，每一个时间，都是有色彩的。伤痛和风雨也将成为最美的记忆。

一个人和世界又有什么关系呢，正是因为有了他身边几个重要的人，他和世界才有了关系，也正是这几个人，让他相信并看到了世界的美好。

感谢上帝，让我有了一次生命之旅，更感谢母亲，与我一路同行，让平淡的生活也有意义，让漆黑的夜晚也不恐惧，让无论生与死都注定我是一个幸福的人。

2018 年 8 月 3 日

窗口

每个人都有自己的角度,这个角度是超越所有现实身份的。我的这个角度就在窗前。

在外面看,这个窗口很小,可在里面往外看,它的确是辽阔的。它什么也挡不住,挡不住很多东西进来,更挡不住很多东西从这里流失。我在窗前从小孩子长成了大孩子,从大孩子变得不再是孩子了。

记得多年前,很多长辈感叹我:这孩子真灵。其实,很多事我是被窗外一阵阵秋风刮懂的,如果你像我一样,在窗前听秋风的呼吸,看云朵的流失,辨认麻雀的表情,你也会懂得许多事情。

无论做什么我都喜欢挨着窗口,喜欢一抬头就能看见院中所有的变化和不变,侧耳听院中的每一点动静。这个窗口随着岁月的流逝也上演着不同的景象。

坐在窗口中间位置,可以看到院中的柿子树,走动的亲人,向上看,是一块平行四边形的天空,这天空有时候是蓝的,有时候是灰的。是蓝的时候,如果飘过几朵白云,会让人觉得这天空特别大,因为不知道那云朵从何处来又要到何处去,那是多么遥远的距离。是灰的时候,你会特别希望有一只鸟飞过,没有叫声也没关系,只要有它的出现,那天空就活了。

坐在窗口的右侧,会看到东屋顶,以及东邻居家那棵高过屋顶的核桃树。还有他家那更高的炊烟,每天都会升起。炊烟飘散中我听见有人喊:吃饭啦。我想他家的饭菜一定拌着柴火的味道和熟悉的声音。而我家的饭也就掺上了他家的柴火味和他家的声音。这或许就是人间烟火的味道吧。

坐在窗口的左边，就可以看到我家斜对门房顶上那只和我一样安静的猫。它也看着我。它看着我的任何动向，我丝毫不避讳它，因为它知道了我的任何秘密，我的秘密还是秘密。或许有时候暴露只是一种轻视。

还有西屋房顶上那巨大的树帽，那是春天和秋天来临最明显的消息来源。这棵树长在我家对门，那是一个多年无人居住的院落，人走了，院墙倒了，几间破房子变矮了，可那棵树还活着。许多年后，人们突然发现这里有一棵大树，没有人知道它是怎么长大的。当一阵秋风刮来，它的许多叶子纷纷落进我的院子，仿佛一生都在等待这阵秋风，抵达它们眺望的远方。我的院落是那些叶子的远方吗，如果是，它们到了。

记得小时候，我希望父亲早点下班回家，当我看见父亲在窗口给我做鬼脸时，我便开心得要跳起来了。我的事儿也就多了，让父亲给我整理书包，让父亲陪我下棋，让父亲给我买好吃的。因为父亲不会像母亲那样，动不动就训斥我。那个时候父亲很有耐心，陪着我们玩好像他也非常快乐。

可多年后却不再是这个样子了。母亲变得很有耐力了，仿佛她经过了和岁月的磨合，而习惯了一切。父亲却变得经常把烦恼挂在脸上，容忍度也低了。仿佛岁月已将他内心某一种美好的东西消耗得差不多了。如今我每天通过窗口看见忙碌的父亲回来了，我感到的是一种无言的踏实。

很多东西说消失就消失了，我在窗口怎么张望也找不到了，我曾为这个问题苦思冥想，后来我明白了，那些东西是被秋风刮走的。就像那些美丽的叶子，飘飞进了岁月的长河里。

正如我的一些伙伴，从他们的头高过窗台到他们的身子高过窗台，再后来，有一些人就不再出现在这个窗口了。但还有一些人一直会出现在这个窗口。还有一些新的人也出现在这个窗口，他们都是我现在可爱的朋友。我知道我们之间有一种超越时间的东西。

我很喜欢突然从窗口看见哪个朋友来了，我的喜悦也会先在脸上绽放，当她走进屋来，第一眼看到的便是我的笑容了。

记得很多次，我希望我的朋友L能来，L是三天两头来且与我无话不谈的朋友。我便在窗前和姐姐说，要是现在L来就好了，然后我就用不知哪首歌的曲调唱她的名字：L、L、L。突然L就出现在了我的窗口，这真是让人无比喜悦的事。

我常常想，外面的世界多精彩，他们却会穿越人群，经过大街再拐进小路，来到我这间偏僻的小屋，出现在我的窗口。这个来时不会站起来迎接，走时不会跟他们摆一摆手的人有什么好呢。某一位作家说过，人的精神世界也是有亲缘关系的。这句话让我觉得十分合理。正是因为我们的精神有着血脉的联系，无论我们相隔多远，差距多大，都割不断彼此的牵挂。我们坐在一起无论谈论什么，都是灵魂的回应，这就够了。友谊不需要理由，更没有目的。友谊是人类最纯粹的一种精神情感。

我感谢并珍惜出现在我窗口的每一个朋友。

每天在窗前发呆已成为我的习惯，或者说是一种迷恋。

在某一个早晨，经过一个失眠的夜晚，我望着窗外，我看见了天亮的速度。我看见了黑夜是怎么一点点藏起来的，藏得无影无踪。窗外的景物越来越具体而真实，越来越强的日光已让月光销声匿迹了。

在无数个傍晚，我看见那晚霞红透了，它知道天就要黑了，抢在天黑前，它释放出所有的爱。这晚霞多美啊，它是平凡的日子中被忽略的壮丽。

夏天，母亲在院里洗衣服，我看见汗珠在她额头闪亮；秋天，母亲在院中扫着落叶，我看见她头顶的白发又多了。母亲重复着这一切，仿佛什么都没改变，却有东西悄悄流逝了。改变的是母亲的步履蹒跚了，没变的是母亲依然支撑着我的一片天。

在阳光明媚的日子里，在阴雨绵绵的日子里，在雪花飘飞的日子里，我在窗前度过了无数发呆的日子。

我在这儿，想明白了许多问题，还有许多问题正在苦思冥想。编织了许多梦想，一些破灭了，还有一些仍在憧憬。在这里我看见了别人的生活，更看见了自己全部的心事。在这里我发现了自己的所在，那落叶不是我吗？那绽放的花朵不是我吗？那雨中的树不是我吗？在这里我获得了细腻，更获得了勇敢。

只是在起风的日子里，我满眼尘土飞扬，我理不出头绪。烦躁中我想离开这个窗口，却发现无论我在屋中的哪个角落都躲不开这个窗子了。

这个窗口在我的每一个房间里，在我的每一个日子里，在我的过去和将来。

我将始终在这个窗口前，无论我将去何方。我都会坐在这里，看一个叫刘厦的人慢慢地活着。

2013 年 11 月 10 日

借书的好处

记得我在十五六岁的时候,迷恋上了文学,那时网购还没有诞生,买书是要去书店的。县城的书店也就那几本书,古典名著、外国名著,厚厚的精装本上落满了灰尘。能够供你选择的很少,即便是从哪里听到一本感兴趣的书,想买到也是不容易的。

因此那个时候,借书便成了一种不错的选择,不仅省钱,而且朋友之间还可以互相推荐,互相交流,很多时候都是朋友借的朋友的书。仿佛一个迷人的消息,在某种默契中传播,仿佛一缕无声的春风,在期待生长的生命间流动。

看书大部分需要借,这可以说是一种条件制约的现象,但现在看来,却有不少好处呢。

我看书很慢,不是看不快,而是看快了,会丢很多的东西,便觉得无味了,由此可见自己很愚钝。再加上生病的时间多,能够安下心来看书的时间就少了。所以,别人一个星期可以看完的,我得要个把月。

记得有一次,朋友知道我想看《钢铁是怎样炼成的》,便从她的朋友那儿给我找来了。我很是高兴,但一个星期后,朋友来拿书了,她那个朋友说有人借。可我还没有读完,保尔·柯察金还没有将自己炼成钢铁。但也只能还给人家了。突然从一个故事中抽出来了,感觉那天空落落的。

事后我恨自己看书太慢了。但从此以后,书是要还的,这便成了我督促自己加快阅读的动力。有期限,才会懂得珍惜,对于人这种有惰性的动物来说,需要这种警告。那几年,我所读的书大部分都是借的,所以也养成了自我督促的读书习惯，直到现在，即便书不是借来的，我也不会再拖延。

借书的好处，还不仅此。

借书，准确地说，不是想看什么就借什么，而是借到什么就看什么。朋友拿到我面前的书，很多都是我不知道的，更不知道好与不好。甚至有一些，是我当时那个年龄感觉不到好的，但就是因为是借来的，便很珍视地读下去了。

现在想来，读了那些当时我不是很喜欢的书，对我日后的帮助很大。被动地读一些兴趣之外的好书，其实是一种引领和开阔。如果一个人只读他喜欢的书，那么他的认识，甚至是胸怀难免就狭隘偏僻了。更何况人在有了一定的基本认识和知识面之后，才知道自己真正的兴趣取向是什么。其实无论什么时候，人不仅要读自己有兴趣的，也要读一些自己没兴趣的，甚至要读一些自己不知道有没有兴趣的书，因为人的一生都是在寻找或者说成长当中。

那段日子，我的朋友L带到我面前的书最多，而且大多都是我不知道的但读起来却让我眼前一亮的。《平凡的世界》《哭泣的骆驼》《人间词话》《呼啸山庄》……每一本仿佛都让我找到了我的一部分，一点点让我这个迷茫的灵魂壮大而丰富了起来。我不禁感叹于文学的伟大，更从中看到了一种爱意和力量。仿佛我看到了另外无数个世界，仿佛一切我即将找到意义，仿佛我已经找到了对抗虚无的信仰。

比我大十一岁的L，几乎每天都会走进我的房间，来送书，讨论书，或从书进而讨论人生和人。

她是个了不起的人，有着一个女人的自恋、聪明和傲气，也有着一个男人的胸怀、野心和果敢，很像《飘》中的思嘉。但是她是一个会隐藏的人，没有人可以看到她的锋芒，也很少有人知道她内心的丰富。在当时的生活圈，她有着不错的社会身份和地位，但我知道这和她真实的形象并不符合，或许只有我知道，她并不属于这个生活环境。

我想，她在这个人群中也感到了孤独和这孤独带来的清醒，才会看到我这个同样孤独的人，虽然我们客观引起的孤独原因不同，但更多的孤独却来自生命最本真的状态，这是我们相同的，同样相同的还有，这孤独所引发的疑问和寻找。

很多人无法理解，她这个有两个孩子的女人和我这个轮椅上的病孩子有什么好说的，事实上，现实身份的确没什么好说的，而我们的灵魂却是一起在前行。

后来，L 真的离开了这里。

人和外界终归是需要统一的，她去寻找自己的世界了。我一直想写一篇关于她的文章，但这是后话，此刻，我只想说，她是我那段路程重要的同路人。

在晚霞灿烂的傍晚，或者晚风徐徐的夜晚，她来了，我们便仿佛瞬间抵达了一个自在的地方，这个地方和世界遥遥相望。即便是在俗世之中，也会脱离浮躁，获得一种纯净。这是一份亲近的陪伴，在这种陪伴下，对世界的认识无比清晰。

具体地说，因为有她我看到了一本书中更多闪光的东西，也因为她和我在同一本书上会有不同的认识，甚至同一个人物身上有不同的理解，从而引发我更多的思考。这都是独自一个人读书所无法有的收获。

也因为书，我们找到了一条通向彼此的路。我们的灵魂难得地亲近与真实。在没有人关注我想什么的时候，她给予我的思想最积极和最尊重的回应，她让我知道我有着睿智的思想和脱俗的悟性。在我为别人对我某个作为的看法而纠结时，她告诉我，没有人比你更在乎你自己。我一下子就清醒了。有这样的朋友是一件幸事，这便又是借书带给我的好处了。

借书的日子已经远去，现在想看一本什么书是很容易的，信息渠道无所不在。但回想起借书的日子，我看见，因为有局限，才会有眺望，因为有边界，才会有开拓。

借书的日子保持了一种纯净，这种纯净滋养了我跳动的青春岁月。

2017 年 6 月 5 日

温暖在冬天

冬天是寒冷的,但在我的印象中,冬天是温暖的。

我喜欢在冬天回忆那些温暖的画面,因为那些画面可以让我从中取暖。

小时候,我和姐姐一到冬天就咳嗽,一冬天我们都会待在屋里。多少个寒冷的傍晚,我们都盼望着父亲下班,我在玻璃窗的里面,冷风在外面。母亲忙活着晚饭,裹得严严实实的父亲在夕阳落尽的时候回来了,屋里就亮起了灯光,温暖和炒白菜的香气就弥漫了我的家。不会发脾气的父亲,可以让我们缠着下棋,买好吃的。花生牛轧、泡泡糖,简单的零食,成为我记忆中最好吃的味道。

多少个欢乐的冬夜,我们全家人围着火炉,烧花生、烧枣,听爷爷讲早年的事。那简陋的木门挡住了寒风,温暖和亲人们的说笑就留在了我童年的岁月里。

多少个冬日的星期天,我们的小屋都格外热闹,朋友们会来找我们玩。我们一起写作业、玩扑克、聊天,我会忘记病痛,那种投入和开心,是多少物质都无法换取的。

冬天的早晨,赖在被窝里是温暖;寒夜里,母亲放在我脚上的热水袋是温暖;无意间,我听见朋友的脚步走进了我的院子是温暖;过年了,院中挂起了红灯笼是温暖。

或许正因为外面巨大的寒冷,才让温暖聚集在了这个小屋中,或许正因为生活的简单,才留下了这深刻的幸福,才让我记住了那伴随我一生的温暖。

长大后，我经历了许多个人生的冬天，走过了一段段寒冷甚至绝望的日子，而现在回忆起来，也是一段段感动温暖心头。

多少无助的时候，总有温暖的手鼎力相助，让我渡过难关；多少孤独的时候，总有懂我的心与我同在，无论眼前还是远方；多少次在路上，沉默擦肩而过，总有一份向往在心中跳跃；多少场风雨中，无论痛苦还是欢喜，总有亲人在我身边。

如果人生的冬天有这些，那么寒冷便是温暖，坎坷便是精彩。

冬天是一个巨大的考验，而一个生命能顽强地挺过来，我相信，它们都有自己温暖的所在。树根在深层的土里等待，动物在巢穴里冬眠，人则在爱中取暖。是爱给予我们维持生命的热量，是爱给予我们抵抗寒冷的力量，在这冷与暖之间，我们便获得了成长。

记得一位多次经历磨难的人说过：上天给我们灾难，是因为它信任我们，上天相信我们有承担磨难的能力。

她的话让我对生命状态有了更广阔的认识。面对磨难，我们奋力抗争，在逆境中前进，体验着坎坷人生路上的真谛，用艰难激发生命的力量，用残缺眺望完美的光芒，用局限抒写自由的魅力，用失去昭示存在的珍贵，用难得证明拥有的幸福。或许这就是上天赋予我们的使命。

上天之所以在人间制造冬天，是因为只有在寒冷中才能体会到温暖，在温暖中才能知道爱的存在，相信有爱，生命才可以获得战胜残酷的力量，才能迎来春暖花开。

更重要的是，冬天不是一个简单的过程，不是为了春天而存在。冬天，有其他季节不可代替的风景和意义。

对于生命而言，只有艰难的时候，我们才能看到自己真实的需求；只有荒凉的时候，我们才能发现自己的情感；只有危险的时候，我们才能激发潜在的能量；只有灰暗的时候，我们才能看到生命的光芒。

一次生活的重大变故，可以让一个纨绔子弟清醒；一次突然的生存危机，可以让两个老死不相往来的人化敌为友；一次生离死别的疾病，可以让一个幼稚的人发现生命的真谛。试想，如果人生一切顺利，一个孩子从小到大体验到的只有快乐，那么他的人生该多么缺乏，他的内心该多么无知。

  磨难不仅让我们顽强，更让我们的内心丰富、深刻。如果人生是一场对灵魂的洗礼，那么磨难才是生命的本质。

  慢慢地，我发现，冬天里的温暖，其实才是人间最美的风景。面对磨难，面对寒冷，我便有了一颗感恩之心。

2014 年 10 月 19 日

路过另一个我

我那么近地路过了另一个我,我第一次在现实中接近了她,仿佛就要见到她了,却路过了。

我路过那个房间门前,我看见,那门上贴着我和另外一个参会者的名字,那是诗会主办方提前安排的。我到来的时候,他们才知道我有家人陪着,所以又重新给我安排了另外的房间。每次出入,我都路过那个贴着我名字的房间,感觉就像路过了自己。那是另一个自己。

这么多年来,我对那个刘厦是如此痴迷和向往,她牵引着我的一切,我所有的选择都和她有关。

她在我眼前是那么清晰。

那个刘厦一米六的身高,身材苗条,因为在我八九岁时,有邻居指着我的腿说过,"这孩子的腿骨节长,如果能站起来,长大了个子小不了"。所以那个刘厦可能会像她的大姑或者说我的大姑那样高,也会像大姑那样苗条,因为我三岁以后就没有再胖过。

那个刘厦留着披肩的碎发,很多时候头发是梳起来的,还有一些梳不上去而散在脸颊两侧。因为她不太白,所以突出了她清澈而有神的大眼睛。她穿着一条牛仔裤和一件白色柔软修身的衬衣,让人感觉安静而有质感。诗会报到这天,我想她就是这样背着一个背包来了,一个自由而独立的年轻人就这样出现在这里。

在会议期间她会换一身装束,那是她的另一面。她会穿一条长裙,虽然参会的大部分女诗人都穿着长裙，但刘厦穿的不会那么艳丽，她穿的是一条牛仔蓝复古长裙，柔软的布料随风摆动，她会散开头发，让头发和思维一样自由。

她温文尔雅又朴素自然，她低调，但低调中却透出一副傲骨。阳光因为她更加明亮了。她会赢得世界的爱慕。那个刘厦的诗歌和她的人生完美地统一在一起。

那个刘厦会和其他的女诗人出入结伴，会和志同道合的诗友们私下外出，她会有更多的遇见。她也会因为这次在诗坛的第一次亮相，而开阔自己的创作道路，她会有学习到更多东西的机会，也会有更大得到认可的可能。

她会去做我想去做的事，她会成为我想成为的人，她会获得我所追求的人生。

我终于没有按捺住敲开那扇门的冲动。

"你好，我叫刘厦。"我冒昧地敲门问好。

一个穿着艳丽长裙的女子从一张床跳到另一张床上，并用紧张的口气说："你睡那儿吧。"

"我不住这儿，我就是过来看看本来安排谁跟我一个房间。"我善意地笑着解释道。

"你不住这儿！"

"对。"我的笑容有些尴尬了。

此后便是锋利的沉默。这个沉默让我觉得自己的到来是多么莫名其妙。当我赶紧告辞退出来的时候，那个女子却紧追了出来。

"阿姨，她这是怎么了？"她问推着我的母亲。

她的表情带着惊讶，带着厌恶，带着躲避，带着可怜。就在这一刻，我彻底明白了一个事实，那就是今生我都无法见到那一个"刘厦"了。

我们擦肩而过了。

我感觉到了今生不可弥补的缺失。

参加那次诗会的所有人都没有见过刘厦。或许他们并没有想象过,这个在《诗刊》发表过作品的85后女诗人的样子,但当坐着轮椅的我出现在这里时,我仍然觉得自己是一个冒充的。只因为我和刘厦有着相同的名字和联系方式,只因为那些诗歌那些文字是我们一起写的。所以我底气十足地来了。

我跟随着这一个刘厦,感觉并没有真正地抵达。

尽管我看上去和其他的人一样来了,一样听课,一样讨论,一样发言,一样照相。但这一切离我都是那样遥远,我看见,那遥远的目光,或暖或冷;我听见,那遥远的叹息,或惋惜或敬佩。我知道这距离是这个刘厦巨大的特征造成的。

这个刘厦坐在轮椅上,被父母推来,和她一样的姐姐也一起来了。他们就像一个小小的团体,保护着也淹没了刘厦。

这个刘厦一头短发是母亲理的,不分男女也看不出性格,因为这样最省事,她不想再因为头发这种无关紧要的事,再给母亲添负担。她穿一身三年前买的灰色的休闲夏装,中性是她掩盖差异的方式。她脊柱有些侧弯,声音也不够洪亮。除了她的眼睛和语言可以找到我的一些线索,其他的地方都无法与我联系起来。

外在的形象虽然不能代表一个人的人格和价值,但从某个层面说,它是一个人生活背景的体现,更是一个人命运特征的外化。

我在这里感受到了深入骨髓的自卑。无论怎么说,自卑是件丢人的事,所以我用说笑隐藏。

在这种情况下,没有产生自卑感的人不是坚强,而是无知。

几年过去了,我觉得我是一个比较坚强的人了,所以我敢于承认,我是自卑的。

无论看上去是否能联系起来,我都时刻与这个刘厦在一起,无论我是否愿意,我都跟随着这个刘厦来了。

看这个刘厦,在这里认识了几个朴素善良的朋友,在这里发言获得一次又一次掌声。看这个刘厦，在这里获得特殊的照顾和正常的打击，在这里获得前进的鼓励和生命的启迪。看这个刘厦，被省级文学刊物重点推荐，被主流媒体关注报道。看这个刘厦走在她特殊的路上。

我又怎能说我没有来呢，我的确来了。只不过，我抵达的是这个残缺刘厦的诗会，而不是那个完美刘厦的诗会。

我又怎能抵达命运之外。

这么多年来，那个刘厦忽远忽近，我不能抵抗她美好的吸引，我奋力挣脱着残缺刘厦的囚困，虽然那光芒还在远方，这个刘厦却走出了她的一条坎坷的路。

我为什么会成为这个刘厦而不是那个？

我又问到了这个终极的问题。在荒废的时光里，在路过的人群中，在没有尘埃的窗前，在冥想的深夜，我都无数次提出了这个问题。

这个问题是无数个连锁问题最后得出的问题，这个问题就像一个黑洞，如果掉进去，根本无法被救援。这个问题同样也会繁衍出成千上万的问题，这成千上万的问题还会演变成更多的或许、可能、会不会……它们最终会凝聚成一股巨大的向往。这向往或许就是残缺刘厦和完美刘厦之间的关系。

我想一定不止我有这样的疑问，不然人间就没有那么多叹息、失落、奋斗、梦想了。

这个问题是生命终极的困惑，是灵魂最直接的不安。

生命没有完整的，因为具体的个体就是局限的，是局限的就无法满足灵魂的需求，所以，每个意识到的人都会向往一种圆满，那另一个自己便出现了。上帝通过残疾让我看到了这一点，而每一个平凡的人又何尝不是如此呢。

那个刘厦是存在的。她就在不远处活着。正是有了和那个刘厦的一次次擦肩，有了那个刘厦一直的吸引，我才看清了真实的自己，才获得了力量和方向，才能够完成我在人间的这番旅行。

我相信，在街头、书店或医院，那个刘厦一定看见了我，并一眼就知道这个人是另一个她。当她看见父母推着这个残缺刘厦的背影远去的时候，她一定也在这个残缺刘厦这儿获得了她所向往的另一种生命的圆满。

2015 年 1 月 12 日

无法愈合的伤

我的好友 M 邀我给一个残疾人征文活动做评委,我一再推辞,因为我知道残疾人的文字都是用泪和血写成的,在这样的文章中去评头论足是困难的。而且每篇文章都承载着一个卑微生命的巨大希望,那希望对残疾人是多么重要。M 再三说,耽误不了多少时间。我不是怕耽误时间,而且我也希望为残疾人做些什么,所以我还是接受了。

我之前并没有认识多少残疾朋友。记得年少时,如果有人对我说,看这个人和你一样坐轮椅,你可以和他交朋友啊。我便在心里恼了。怎么不给我介绍画画和下围棋的朋友呢?以我的轮椅分类,分明是一种歧视。多年后我才知道,轮椅对我的影响远远超出了我当时对它的认识。这种共同特征远比共同爱好大得多。

这次有机会走进这么多残疾人的故事和心灵,认识他们让我感到惊讶,惊讶的是那文章中到处都是熟悉。

每一篇文章中我都看到了自己。仿佛无数个我被遗弃在了不同的生活里。我看到了那么多熟悉的东西:敏感、自卑、不服、羞愧、疾病、母爱、孤独,还有那特殊的生活方式。我以为这些东西是我自己的,原来这些东西会在这么多人身上存在。他们与我有着不同的生活背景和性格特征,就因为残疾这个词而存在了。

S 对知识的渴望和学习过程多像我童年所经历的。

X 的梦想和现实处境差距甚大,他依然坚持追求,多像我那么多不自量力的想法。

C 的特殊考试，像我一样要感谢那么多为我而变通规则的人。

H 已经四十多岁，他的母亲八十多岁了，得了脑血栓后依然在为他端尿盆……他感觉到自己的衣服明显脏了……这是不是我的明天？

他们的亲人多像我的亲人，他们的疾病多像我的疾病，他们的梦想多像我的梦想，他们的困难多像我的困难。

许多残疾人都生活窘迫，只因为残疾消耗了他们太多的能力和勇气。除非你有过人的才能和超常的努力，而我们大多都是如此平凡的人啊。就算你通过努力收获了很多改变了很多，但依然不能改变的是残疾带给你的命运特征。残疾用强硬的方式昭示着天意不可违。

在一些文章中我看到作者在表达这样的观点，残疾让我学会了什么，让我拥有了什么，甚至感谢残疾的存在。这真的是一种打掉牙往肚里咽的坚强。我很多时候也是这样说的，但当我真正有勇气面对残疾的时候，我想客观地承认，不管怎么说，残疾是可悲的。

从这个角度虽然可以看到许多珍贵的景象，但凄凉和恐惧却始终在你的左右。

我相信很多残疾朋友和我一样，面对残疾，曾努力去甩掉它，并坚信可以甩掉。但后来发现这是不可能的。我们唯一能做的或许就是别让残疾带着我们走，而是我们带着残疾前进。别让我们成为残疾的一部分，而让残疾只是我们的一部分。

残疾在社会中，就像一个放大镜，放大了人性中的丑和美，放大了人群中的冷和暖，所以残疾人的悲喜极为强烈。

残疾在人生中，就像一道难解的题，即便有人告诉你答案，你也想知道为什么会是这个答案。就算再伤神你也会重新解一遍，才会最终理解答案的意义。

残疾在一个人的心中，就像一块永远无法愈合的伤口。并不是只要你坚强了乐观了，它就被治愈了。它永远不会被治愈，它一辈子都不会结痂，它会受外界刺激而随时疼痛。你选择了活着，就要有勇气面对随时的疼痛，接受疼痛的陪伴，并学会在疼痛中微笑，在疼痛中欣赏生命的景象。

2013 年 10 月 23 日

秋风中的长椅

秋天的广场上,那条长椅一直在那儿。

路过的时候,我总会向它注目。它的后面是一棵百岁的银杏树,它的左边是一盏路灯,它的前方是一条路,它的周围是空旷的风,它的远处是川流的生活。

秋风一阵阵加速,每一阵都会吹走许多事物。有时候一片落叶会随风落在上面,一片金黄而曲卷的树叶会在这个长椅上坐一会儿,仿佛一个远行的人,在这里歇一歇脚。当另一阵风刮来,它便又启程了。

没有人追究一片落叶的去向,只有这条长椅目送着一切。人路过了,风路过了,季节路过了,一切都路过了。一场等待,等着等着就等成了一场送别。

在黄昏或在早晨,我的轮椅喜欢停在它的旁边。这个城市有多少双眼睛就有多少个版本,有人在赶路中看它,有人在脚手架上看它,有人在高高的玻璃窗内看它。不知为什么,我总想看看这条长椅角度中的事物。

这座城市依然是那么繁华,车水马龙的街上,廉价的欲望和失望,像随意发送的广告单。行走的人们,他们要去哪里?他们多像穿着衣服的蚂蚁。互相躲避,也互相辨别气味。但当秋风刮过长椅,一切都远了。

我也在这里行走。带着我的轮椅和母亲,带着我的名字和体温,带着我的记忆和诗稿。我不知道我是越来越轻了,还是越来越重了。我不知道是我在走,还是风在刮着我走。

那是一个黄昏，我坐在出租车上，我的头靠着车窗，仿佛我已经把疲惫的自己交给了风。看着窗外飘移的景物，就随波逐流吧。

为了梦想，我对所有人微笑，我不停地奔波，我仿佛坚不可摧。而梦想却始终在远处，仿佛不在意我付出的一切。泪水涌上了我的双眼，但我不能让它流下来。我告诉自己，现在还不是哭的时候。那什么时候才是痛快哭的时候？我突然发现，我只是在等待一个哭的时候，我只是在寻找一个哭的理由。

这时候，我经过一片空旷，我看见了广场上那一条长椅，那是我第一次看见它。它在那里空着，无声地空着。我路过它就像慢镜头一样，仿佛一个轮回，一切都安静了，人群不再吵闹，我内心翻涌的大海重回了平静。

我仿佛卸下了许多行囊，又重新上路了。

多年过去了，我看见，我路过了我曾经走过的路，我看见，我路过了无数个自己。如今的我，是一个穿着大衣，目光平静，却行色匆匆的人。

只要我路过，我总会望向它，它始终在离我不远的地方。在这个城市里，在白昼与黑夜里，在春夏秋冬里。

它像一个括号，缺乏而又完整，它像一首乐曲的留白，展开了无限空间。

那也是一个秋天，那个夜晚美得像诗一样。我在这个广场上散步，我走近了这条长椅，我看见，一对恋人坐在那里。

男的三十多岁的样子，灰色的毛衣在他胸前柔软地皱起，他的右腿搭在左腿上，仿佛已经忘记了奔波。灰黄的灯光落在他的脸上，凸显了立体的线条，特别是他挺拔的鼻梁。他的眼睛在这灯光下格外明亮，我惊讶于一个将近中年的人，眼睛中透露出的安静和纯洁。他的左胳膊打开着，臂弯中一个女子倚着。这个女子靠在他的肩上，柔顺的头发别在耳后。她穿着一件卡其色风衣，纤细的手指垂在膝盖上。灯光照在她脸上，让她的脸富有光泽，也格外白皙。她是那样美丽，让人看不出年龄，仿佛是一个女人最好的年纪。

他们不说话，他们看着远处，他们仿佛微笑着，是比快乐更深刻的幸福。

他们在想什么。不像是在回忆，也不像是在展望，仿佛只是在享受现在这秋夜的时光。

他们可能一起长大，因为什么分开了，经过了好久又重新团聚了。他们也可能刚刚相识不久，彼此在人群中寻找，走了无数条路才相遇。他们不会是一对夫妻，因为他们之间没有现实的障碍，比一对夫妻更加亲近。

他们没有年轻男女的兴奋和脆弱，他们不是封闭在小我里，没有自私地将世界遗忘。他们与这个夜晚同在。他们让这个夜晚高贵而庄重。

他们是这个夜晚的主角，而我是一个观众。他们旁边那盏路灯的光晕，便是舞台的范围，我进入了光晕，我轻轻地走着，目光也轻轻的，怕打扰了他们的安静。

然而，又有什么能够打扰他们呢。

那还是一个秋天，那个早晨风很凉。我在这个广场边上等人，等待一个暂时同路的人。我感觉等了好久，这里太冷了，他再不来我就要换个地方等了。

我看见那个长椅上坐着一位老人，他穿着羽绒服，戴着棉帽，他的双手搭在不锈钢防滑手杖上。我发现他在看着我，在我发现他之前就开始看我了。

周围一些拿着扇子晨练的老人走过了，去找自己团队的场地了。这个老人显然已经过了可以跳广场舞的年纪。

他不冷吗？他布满褶皱的脸是否已不再畏惧寒风？

他好像想对我说话，又像没有说话的意思，他一定是在看着我想事，想他以前的事。我可能让他想到了年轻的自己，或者他的某个亲人。我可能是对他露出了一点微笑，因为他看上去是那么熟悉。

我的爷爷也经常这样坐着，什么也不做，坐着看人、看天。小时候我不理解，觉得那样有什么意思呢。现在好像有一些理解了。有意思的事，到了那个年纪就没意思了，可喜的不再令他欢喜，可悲的不再令他悲伤。反而，年轻的时候觉得没意思的，倒有了另一番滋味。

他经历的时间将近一个世纪了,他走过怎样的路,他做过多少事,才走到了这里,才什么也不用做了。他也曾在眼前的人群中奔波,但时间的洪流把他冲上了岸。与他同行的人们,可能已去了天堂。他的孩子们,仍然在人群中奔波。

　　这里可能是他的异乡,他的根在远方,他就像一片树叶一样,飘了很长的路,落在了这里。这里是他小时候眺望的天边。

　　而现在,他是否觉得他的一生还有意义,我不知道。

　　我离开的时候,他还在那儿看着我,我回头看了一眼,我看见了多年后的自己。

　　现在已是深秋,风很凉了,吹透了我的大衣,吹散了我的体温。它把我吹小了,小成了一片落叶在翻飞。

　　我还在路上,还在嘈杂中。但那条长椅还在秋风中空着,每每想到它,这个城市便不再吵闹,我便抵达了秋天的深处。

2017 年 11 月 2 日

那条路还在

我再次走上这条路是多年以后,我已经不记得最后一次走上这条路是什么时候了,就像逝去的童年,没有告别,远去了才知道远去了。

在我经过了无数条路之后,在这个黄昏,我又走上了这条路,这条路还在这里,还是老样子,近二十年的时光消失了。

路边的树没有长高,路也没有长宽,庄稼没有成熟,来往的人也没有变多,天空中的燕子仿佛还是那几只,只是落日落下去了一小截。

那个时候,我们所有的时光都是用来玩的。

在多少个夏日的早晨,我们边玩边走,清凉的风饱含水分,一阵阵吹拂着路旁摇晃着树叶的杨树和湿漉漉的小花,也吹拂着我的辫花和裙子。在这样的风中,弟弟推着我,母亲推着姐姐。我们总是一阵阵加快脚步,仿佛再跑几步,再张开双臂转个圈,就飞起来了。

或在秋日的傍晚,金色的夕阳下,会飞来许多蜻蜓,它们透明的翅膀都带着光芒。它们飞得很低,一点也不怕人,我们不会去抓它们,只看着它们飞。

路边的庄稼地低于路面,视野很开阔,可以望见远处另一个村庄。

我们总是喊叫:那边的花多!远处的那片更好看呢!这条小沟我能跳过去你们信不信……

在这片田地中,我们变得很小,声音也变小了,怎么喊声音都远不了,好像被风送回来了。

我们总是清楚地知道，这棵树到哪儿了，前面是一片什么庄稼，路上的那条小岗快到了，过去之后，路的右边会有一小段篱笆墙，上面结满了又小又红的枸杞。

曾经的那些画面又都来到了我的面前，我看着他们继续往前走，走过了这最后一座房子，就出村了，赤裸的落日和我对视，我们之间只有辽阔的原野，原野当中一条平坦而安静的小路把我们相连。

每当走到这里我都是兴奋的，仿佛前面有好多好事在等着我。而现在可惜有个人和我打招呼，让我又发现了我现在是谁。突然，我发现了自己的陌生，我像一个外来者，我怎么会穿这样的衣服，面带这样的神情。唯一能证明我和以前那个我有关系的，是我的轮椅和推着我的母亲。

那片葡萄地看似安静，但你顺着树趟看去，就会突然看到一个人在锄草，她离你是那么近。二十年后，我再一次向那儿看去，依然是那个人，二十年了，她没有变老，还穿着那样的衣服，还是满脸笑意，直起腰来和我说话。我开始怀疑，时间并不能带走什么，只是让一些东西换了换位置，让一些东西远了，让一些东西分开了。

趁着落日的余光还在，我想去寻找那一棵树，那是一棵非常高的杨树，就在那拐弯之前。寻找我在那树上刻下的我的名字。

它变大了，每一笔画也变得粗壮，我的名字看上去更像是许多重叠的疤，和这树长成了一体。当初我只是想留下一些记忆，让它和树一起长大，而现在我发现，一些美好的往事，长着长着就长成了疼痛而刻骨的疤痕。

我继续走着，不为去哪里，只想让时间摆脱掉用途和目的，只想模仿小时候，在天黑的时候再回家。

我走到了两边都是老梨树的地方，这是我梦中经常出现的场景。春天的时候这里开满了白色的梨花，梨花的香气仿佛变成了春风。一阵阵的花瓣落在我们身上，让我以为是那路过的白云掉落的。如果是夏天，树上未成熟的小梨可爱得总让我们忍不住摘一个。树下路边就有几个坟，我们不知道是谁的坟，但我们围着它们玩，丝毫不会害怕，仿佛它们和不远处那个窝棚一样，里面也住着一个看地的老人。

　　记得我在树下吐过一个泡泡糖，弟弟用小树枝把它滚成了一个泥球，用小树枝撕扯，拉力极强。我们说，看地的老头儿一定会发现这块特殊的泥土，没错，一定会感到奇怪。我们感到神秘和好玩极了。

　　现在，这几个坟一点也没有变旧，不远处的那个窝棚响起了一个孩子的笑声。

　　天暗了下来，我还在继续走。这条路原来很短，走不了多大会儿就到头了。

　　我即将走进另一个村庄，这个村庄好热闹，卖菜的，卖熟食的，聚在街边，挂起了电灯，散发着烤鸭、炸香肠的味道，吸引来好多购买幸福的人。其实幸福是可以购买的，它就存在于这些商品中，让人们直接拿在手中。

　　这不是我要去的地方，但是我走到了。

　　我回头望去，那条路还在那里，还会有像我一样的孩子在那里玩。而我，只是一个过客。

　　我看见，我的车辙，我亲人的脚印，我们的笑声和话语，留在了这里。我说我那么多东西怎么找不到了，原来掉落在了这条路上，这条路永远收藏着我的往事，我相信，它会记住每一个来到这里的人。

　　有一些事物时间并不能将它奈何，它将长存于岁月之中，但没有谁能够与它相守。

　　我走了，把一条路留在了那儿。

2017 年 10 月 22 日

留在心中的对不起

每个人在成长过程中都难免经历痛苦,在痛苦的伴随中挣扎出新的自我。我同样经历了一次次蜕变,更经历了每一次蜕变中那漫长的挣扎。而让我不能原谅自己的是,我将太多的挣扎之痛抛给了父母,尤其是我的父亲。

记得在我十三四岁的时候,我总是"阴着天",脑袋歪在轮椅靠背上,一整天不说话。那时候我刚有了很多美好的幻想,也就在那时我看见了现实这张冷酷的脸。就好像一只小鸟被天空吸引,想去飞翔的时候,却发现自己没有翅膀。

多少回,父母央求我吃饭,我却依然发我的呆,母亲一会儿哄我一会儿训我,我却软硬不吃,哄得烦了,我就接过碗,直接摔在地上,小米粥就撒了一地。每当这个时候,母亲的巴掌就落在我的身上。我便开始大哭了。而我的父亲,总会严厉地制止母亲:你打孩子干吗?孩子还禁得住打啊!父亲会默默去打扫我的"杰作"。当我哭声渐弱,父亲就又会过来哄我,带着最和蔼的笑容问我:你想吃什么,我给你做去。

那时候无论我怎么过分,父亲都不会生我的气,也正因为他的耐心和包容,让我总是把他当成发泄情绪的对象,所以父亲不小心就会惹着我。

记得那次,我写完日记要父亲帮我收起来,虽然我很不希望别人碰我的日记本,但我的胳膊活动范围已经很小了,并不能打理自己的东西。父亲在放回抽屉的瞬间,无意间掀开了一下,我便开始大吼了。我那满是眼泪的文字被人看见了,我仿佛像一个狮子失去了最后的领地。我开始哭闹:谁让你看的！谁让你看的！父亲赶紧说：我什么都没看见。而我歇斯底里地说：看见了！就是看见了！父亲怎么解释我也不听。仍然用全身的力气哭着喊着。我清晰地记得，父亲那无计可施的样子，他用手使劲地搓额头。后来我由愤怒变成了无助，就重复着一句话：怎么办啊！怎么办啊！这样重复到了夜里十一点，姐姐和弟弟都被母亲安排睡觉了，我依然在外间屋里哭闹。哭声已经很疲惫了。这时心力交瘁的父亲说：我给你跪下行不行。说着父亲真的跪在了我的面前。我的心一下子就碎了。我哭得更厉害了。

这是我在成长中最惨烈的一次抗争，对命运的抗争，对现实的抗争，可是谁又能摆脱掉命运，谁又能摆脱掉现实，我还是一点点接受了。

我就这样在对父母的折磨中一点点挣扎着长大了。

我成人之后，虽然不再无理取闹了，但是，我又经常和父亲发生一些争吵，原因是，我不许他在别人面前讲我的一些他认为的成绩，而他却乐此不疲。

父亲总是喜欢跟别人讲我发表了多少作品，我又获了什么奖，并擅作主张拿出我的许多获奖证书和样刊来展示。我能感觉到父亲在炫耀时心里的喜悦，但我仍然觉得这是一件很尴尬的事，特别是我在对方的反应中听到了什么，过后我都会责备父亲。

比如，在父亲炫耀时，我听到有人说：正常人干这点事不算什么，就是因为你们是残疾人。那人这样大胆泼冷水是另有原因的，但不管什么原因我都被他的冷水凉到了。我听到有人问：光采访，给钱吗。本来兴致勃勃的父亲便开始了无奈的解释。遇到这种情况，过后我都会更加严厉地阻止父亲。

记得我与父亲为此发生过一次激烈的争吵。我冷冷地对父亲说：以后我的事不要跟任何人说了！父亲不理解地问：还保密啊？我越说越急：你烦不烦，你都快成祥林嫂了，他们又不懂。父亲也有些生气了：人家怎么不懂，你不说，更没人懂。父亲接着用非常正式的口气说：别人知道了才能瞧得起。我被他的这句话激怒了：知道了也瞧不起！你太天真了！你不要再自取其辱了！以后我的东西你少碰！如果你不听，我就当场跟你翻脸！父亲彻底恼了：翻吧！说完将我的书橱重重地关上走开了。

父亲是个心气儿很高的人，是父亲从小领导着不能上学的我们在家自学。他给我们借书要试卷，给我们买的各式各样的课外书，总是让我儿时的伙伴羡慕不已。也正是这些书，让我的童年变得丰富多彩。有多少残疾孩子的精神世界被荒废了，而我们却没有。

记得那年，我从小玩到大的朋友要去省城读中学了，父亲便对来与我们告别的朋友说：要是小宁小厦好好的，我们说什么也得让她们和你一块儿去石家庄读书，你们三个准是大学生。父亲那充满遗憾的笑容深深地留在了我年少的记忆里。

我十三岁时在日记本上写下这样两句话：我要让父母为我而骄傲，我要让父母为我而自豪。当时我就像一个壮士写下誓言一样满含热泪。这两句话正是我开始投稿的原因。我以为只要能够发表一篇作品，我就可以让父母为我而自豪了。但当我的名字在各文学报刊出现越来越频繁的时候，我却发现什么都改变不了。我仍然是一个不能自理的残疾人，父母仍然是每天的疲惫不堪，这让我意识到，这点小小的成绩怎能托举起我的尊严，怎能抵抗我命运带给父母的巨大悲痛。

所以父亲的炫耀只能让我强烈地看到我的无能，只能让我明显地看到我的理想与现实有多遥远。

多年以后我才明白，当时的我比父亲更想证明给别人看。

从那次大的争吵之后父亲的确说得少了，但不久之后的2011年春节，父亲一个在县城工作的朋友来做客，他们在外间屋里聊天时，母亲推着我进来了。我看见沙发上摆着我的样刊，父亲拿着一本正向人家介绍，我看见父亲看到我后那紧张的眼神，就像一个犯了错的孩子，不知如何是好。突然一股酸楚涌上我心头。

除了我的父亲还有谁如此在乎我这点成绩？还有谁为我的这点作为而如

此高兴？这份打击不下去的执着，不正是坚定的父爱吗？

　　如果父亲能在炫耀时，感受到暂时的骄傲和幸福，我又何必去阻止呢，我又何必因为别人的态度，而去打击爱我的亲人呢。

　　此后，我没有再因此事和父亲争吵过。

　　我从小到大，因为我的自私、敏感、倔强，不知给父母造成了多少伤害，但在他们的心中，孩子没有错，所有的不懂事都可以包容。只要我高兴了，他们就什么都忘了。

　　我心中的那句对不起又何必说呢，说出来对他们又是一次新的伤害。我愿把这句话留在心中，我相信，这句对不起将成为我永远的动力。

2015 年 4 月 11 日

生命中的月光

我出生在秋天一个最美的日子，仿佛一片落叶，无声地飘落在人间。

多年前的一个中秋节，早上七点我来到了人间，仿佛怕错过了那轮月，便早早地来了。

我想，那天晚上我一定见到了月亮，至少见到了月光，再至少月光一定见到了我。我躺在母亲的身边，当母亲睡熟了，当姥姥和姐姐也睡熟了，懵懂中我睁开了双眼，这秋、这月色，便渗入了我的生命，便给了我一个属于我的世界。

从此我与秋相连了，从此这月光便成为我生命的底色。

这月光是凉的，因为这时风会吹来一些词：枯萎、离别、死亡。谁也挡不住这秋风的到来，这冷会慢慢地渗进每个生命的骨缝。

秋天的生命将越来越衰败，每一种植物都满怀悲情，不管多么热爱这个世界，都改变不了将要离开的事实。

天空表情凝重，大地落满寒霜，世间仿佛冷酷无情。每一条路上都有许多慌张而孤零的落叶，在跟着飞驶的车辆一阵阵翻飞，却搭不上一辆回家的车。带着一个春天的梦，在秋天流浪。

我在风中，和所有的生命一样，寒冷进入了我的体内。当一种疾病落在我身上，我的生命注定衰败。我以轮椅的方式前行，带着一个春天的梦，却走向一个悲凉的结局。一路跋涉，我向着成熟却接近了枯萎。悲伤是我无法掩盖的特征。

秋叶或者我，看上去都是那样平静，却在平静中经历着一场场生与死的寒流，这寒流是剥夺还是给予？

我或者秋叶，是悲伤的，但在这悲伤中我看见，心中那个春天仍然在诉说，那份多情，在秋天说出来，便成为伤感，那份温度，在秋天遇到了寒冷，便出现了生命的硬度。

我曾不敢向外界表露一点伤感，以为命运坎坷的人再去抒惆，是羞愧的。然而，在经过了许多个月光净化的秋夜之后，我看见，悲伤使我高贵，它没有让我消沉，而是更加顽强，它没有让我冷漠，而是更加热爱。

当中秋夜静，皎洁的月亮升起来了，我便觉得这轮明月是为我而来，它懂我并理解我所有的心事。

月光与我同在。我的秋天就变换了容颜。

在皎洁的月光下，我看见了我皎洁的灵魂，它是清澈的，冰凉的。在皎洁的月光下，我看见了我微小的阴影，它是孤独的，沉重的。

因为那轮月亮，我的秋天便有了灵性。

在我的秋天，虽然月光无声，却给万类带来动人的旋律；虽然月光无实，却给万类带来最柔软的抚摸；虽然月光无痕，却给万类留下绚烂的颜色。从此，我懂得了伤感，拥有了凄凉，学会了流泪。与此同时也开启了枫叶的红、菊花的黄，让我记住了秋风中的劲草。

在我的秋天，我看到了其他季节无法代替的风景，秋日的阳光是那样温暖；秋日的原野是那样辽阔；秋日的大雁是那样自由。这里没有狂风骤雨，没有轻浮招摇，房子和街道、树木和流云都淡定从容。

这是秋天中的生命才有的智慧，这是月光的普照才有的境界。

我看见，秋天是所有生命的一个狂欢，果实鲜艳得透彻；大地沉默得坚定；月亮充满了无尽的爱恋。那秋云不是辽远的吗，那阳光下的臭虫不是安逸的吗，那飞舞的红叶不比春天的花朵更加美丽吗？

就在这一刻，离别不再悲痛，死亡不再恐惧。生命已穿越了层层迷雾，该放下的都放下了，该表达的都表达了，生命因此而完整。

我在风中，和所有的生命一样，像一个苦行僧，走在修炼的路途上，在逆境中，有形的沧桑了，无形的升华了。这才是一条真正信仰的生命之路。

只有在秋天，我才会懂得，衰败的别称叫作生长，春天和秋天都是向上的生命状态，凋零也是一种绽放。

冷风尽情地吹吧，寒霜尽情地来吧！当生命以月为魂，便生长出一个缤纷灿烂、热情精彩的秋天！

一片枯萎而灿烂的树叶，在秋风中将翻飞出怎样的意义？这样的秋天是一个开始，我上路了。

2017 年 9 月 30 日

若无闲事挂心头

1. 小雨

我被它吸引了,我走到屋檐下,欣赏起了这难得的小雨。小雨似乎是没有声音的,很轻。细看半空中,绵绵雨线,有的打在墙上,红砖墙越来越亮了。地上这儿一块那儿一块地湿。雨点突然落下,又很快不见了,那是被大地珍贵地收藏了起来。

细细听来,它又是有声音的。就像一个少女轻声的低语,却只说给那有心聆听的人。当我听见了这轻柔、真切的雨声,便没有了其他的声音,整个世界都安静了下来。

突然有些感动了,这场小小的春雨,足以告慰那孤独的一冬,足以召唤那深藏的灵魂。

多少树木一冬都和干柴没有分别,谁也不知道它是活的,但当春天来了,它就变了模样。多少野草根在冰封的土地下沉睡,但它们是有梦的,当春风吹来,它们便破土而出,最先绿了。春天撒下的种子,不会辜负每一份期盼。春天,带给大地多少生命!

院里唯一的一块裸地,已被父亲撒上了花籽,栽上了菜秧。他说这点雨对它们有好处。

柿子树、葡萄树已长出很多叶子了,叶的绿是鲜嫩的。月季开出了第一朵花,是红色的,红得热情。在这美好的季节里,如果没有赶上一场雨就太遗憾了。不是狂风暴雨，没有电闪雷鸣，是绵绵的春雨。仿佛生命感动时刻流下的眼泪。清凉的春雨，浓浓的春意，滋润着大地上的每一棵小草。

雨中的农民仍然会去地里，雨中的少年会去野外踏青，雨中的诗人你应该提笔写些什么呢。

我伸出双手去感受这春天里的小雨。让它滋润我一冬的干枯。

2. 大雪

雪从前天早晨一直下到昨天傍晚，紧紧慢慢直下了两天一夜，可算是一场大雪了。

如果抛开扫雪给父母带来的劳累，我是爱雪的。我喜欢它的安静，更佩服它的能力，它以安静的姿态，改变了这个世界。静静的，屋檐上，树枝上，眼前的一切，都因盖着厚厚的雪而变得不同。瞬间让我熟视无睹的院落、街道以及行人都变得陌生，也因为这陌生而变得亲切。

小时候，每次下雪都让我兴奋不已。每次都吵着让母亲推我去看雪，尽管母亲怕我冻着，但也只能让我快去快回。

那时候，真感觉自己来到了童话世界，小矮人就住在某一个戴着雪帽子的屋子里，它可能会突然出现在我面前。我还会让父亲堆雪人，就像《雪孩子》中的一样，在我的眼中，小雪人是有生命的。尽管我知道那是想象，但我仍然乐此不疲地想象着。

当我读了《红楼梦》后，对雪有了不一样的认识。当推开门，看到大雪覆盖了天空下的一切事物，心中便多了一分悲伤，便会想到那一句"好似食尽飞鸟各投林，只落得片白茫茫大地真干净"。大雪无声无息，一夜之间就掩埋了红尘世界，一切热烈和繁华都是短暂的，我苦苦追求的是不是执迷，天地间那个远去的红斗篷才是故事的结局？

这样的雪，驱散了青春的浮躁，降温了发热的头脑。让我发现了一双冷眼，我仿佛成了一个槛外人。尽管有万语千言，都不及一声叹息，能道出内心的一股凄凉。

大雪之上，仿佛新铺展的一张白纸，天地间一切又重新开始了，还有什么不能释怀。我走过，也只是空荡中的两行车辙，冷风在我身后吹过，渺小和孤独不言而喻，一切应照了——我只是一个独行者。

当时二十岁出头的我，在一场雪的教化下，瞬间成熟了很多。将我内心的一个边缘设定成了一片无边无际的大雪。

后来，我离开了熟悉的家，在密集的人群中隐藏，有时候感觉自己就是一股隐形的风，不注意就忘了自己的存在。但当这个陌生的世界一场雪来临，我会突然发现我的存在。当我从宿舍楼或住院部下来，满眼的雪让我觉得好熟悉，仿佛家乡的亲戚突然来看望我了。这里的雪没有家乡的自由，早早就被赶到了路边和街角，人们急着开拓出自己的地盘。

我望着那孤独和脏兮兮的雪堆，有些想家了。

那里的雪自在而有尊严，它被笤帚轻轻地推出一条小路，它会看见就那几个人出出入入，它会听见各家房顶上扫雪人的说笑声，它紧紧靠着熟悉的房子，每当夜晚来临，屋里亮起灯光，那白白的雪堆上，就映出灯黄的窗格子。如果是过年，家家户户都挂上了红灯笼，贴上了春联和窗花，地上落满了红炮皮儿，跑动着戴着红手套和红围巾的孩子，天地间就只剩下了白色和红色，只剩下了纯净和火热。

想到这些，我的眼睛湿润了。

如今，我身在家中，又下雪了。

在雪中，炊烟照常升起，白事和红事照常聚集着人群，一切按部就班地继续着。我发现，于我这个世俗的人来说，雪也是生活的一部分。

它就像一个大隐之人，隐于尘世之中。以铺天盖地的形式呈现出至高无上的真理，但它不为展示给谁，因为它本来就在。

所以我愿意将每一场雪，当成一个庄严而高贵的仪式，当成一个受礼的时刻。

这安静、干净、纯白的雪，这该化就化，一化什么都留不下的雪。它给了我一个美丽的梦，给了我无尽的启迪。

3. 阳光

晴天了！满屋又亮堂堂的，真好。

不知道为什么，我是喜欢阳光的。在阴天的时候，我的心情也会随着阴森森的。只要天一变晴，我的心情也就立刻随着晴朗起来。也许是喜欢它的温暖，也许是喜欢它的光明，不管什么原因，我是偏爱它的。

特别是冬天，阳光更珍贵。无论是看书，还是与他人聊天，无论做什么，我总选择一个阳光照得到的地方，就像一只猫选择在屋顶上睡懒觉，那是多么安全和惬意。

把手和脚这些怕冷的部位，放在它慈祥的目光里，我会觉得轻松。温暖流进血液，流遍全身，流向我的心脏。在阳光的怀抱里，手捧着书，是一种绝对的幸福。

早晨我喜欢被阳光叫醒，告诉我新的一天开始了，这样我一醒来就有一个好心情。阳光降临到这个屋子，地上窗棂的影子越发明显了。一只臭虫爬到阴影处竟停住了，它竟拐了弯。我笑了，原来它和我一样喜欢阳光。

前两天下了一场雪，网络上也跟着下了一场雪，博客和论坛上到处都是写雪的文字。那纯净的雪的确会让人生出灵动的诗意，我也不例外。但是当阳光再次回到我们身边时，却很少有人写有关阳光的文字，即便是有这个词，也只是背景描写中的。尽管不被注意，但阳光还是来了。

在我的诗歌中，阳光这个词和母亲、梦想、生命这些词一样，都是我最常用的。或许是因为我内心阴暗潮湿的地方太多，需要阳光来补充我自身的缺失，所以我喜欢这个词。

在我看来，不管什么与这个词相连都是一种幸福的组合：麻雀在阳光下跳动；被子在阳光下松软；老人们在阳光下下棋。我曾经用这个词形容过很多东西，我说亲情就像阳光一样，温暖又持久；我说朋友就像阳光一样，无私又明亮；我说梦想就像阳光一样，总是可以给弱小的生命带来生长的力量。但是当我想写一写阳光的时候，却找不到可以完整形容它的事物，我只能说，阳光就像阳光一样美好。

细细想来，阳光更像一种基础元素。它的意义在于结合在其他事物之中。当阳光在春天，它和干燥的风一起开启冰封的门，唤醒了生命；当阳光在冬天，它就是人们对于温暖的寄托，对抗着严寒；当阳光在家里，它永远都是幸福的底色，是人对家回忆的一部分；当阳光在路上，它让你勇敢地前进，并且可以选择方向。

在农民眼里，是阳光催生了五谷；在画家眼里，阳光是所有物体存在的前提；在诗人眼里，阳光是他们创作的源泉。

没有谁不需要阳光，不管是哪一种生命，也不管是马斯洛的哪一层需求。

虽然在日常生活中，阳光就是平常的物什，不像少有的风花雪月那样容易引起人的注意。但它却与任何一种生命有关，它无处不在。阳光本身就是一切物质发展的原动力，是一切积极的力量。世间的爱和正义等一切美好的东西都是源自它的存在，源自这无私的阳光。

很多时候，我也是忽略你的，而你却从来没有忽略过我。在无数个寒冷的日子，在无数个感受世界的时刻，你安静地与我同在。你让我知道，有价格的东西再昂贵，也不及你昂贵，你是无价的，所以白白送给了我。

完稿于 2018 年 4 月 6 日

雪落大地

下雪了!

无声的雪花,在天地之间,飘飞出最大的声响,落在我熟悉的这片土地上。

离这里最近的山,是太行山,离这里最近的海,是渤海。这一片华北平原像敞开的胸膛,宽阔而坦荡。如果说大山里下雪了,那跌宕起伏的曲线,可以让人的目光翻涌起无数波浪,那么大雪覆盖的一望无际的平川,便可以让你的目光最大限度地伸展和飞翔。尤其是在没有高楼的农村,比如我的村庄。站在大雪覆盖的田埂上,喊一声,声音就被风带走了,因为没有障碍,就带远了,远得连自己也听不见了。这里更不知道什么叫隐藏,所有的田野,敞开的院落,每一条大路和小路,以及路边自在的老磨盘,都面朝苍天,都接受着上苍赐予的洁白。

这里镌刻着很多慷慨悲歌,走出过很多名人大家,但这里更多的是如庄稼一样,一茬一茬生长的老百姓。

如果快速地播放这里的历史,就会看见,他们在这里盖起平房,升起炊烟。他们把路蹚开,再淹没,他们垒起墙头,又推倒,他们走不了多远,就会回来,他们说过的话,还会反复说,他们让大片的田野绿了又黄,黄了又绿。他们在雪地里,披红挂绿地迎亲,他们在草长莺飞的季节,穿白戴孝送别掉落的亲人。他们在这里经受着四季的轮回。

他们死去了,就像没活过一样,就连坟头也没有一块墓碑。茂密的衰草覆盖着那稍稍隆起的坟头，那隆起的部分是他们经历过的传奇，领悟出的真谛，是一段段鲜活的历史。然而，他们无声的故事只有大地记得，他们是大地的一部分，他们就是大地。

他们当中有我的父辈，有我不知名的先人，然而，我又何尝不在其中呢。

我看见，我坐在窗前，是那个眼睛因为雪光而更加明亮的孩子。我不知道我在期待什么，但我内心充满期待的欢喜。

在大雪覆盖的早晨，除了跳动在雪地和枝头的麻雀，第一个在雪地踩出大脚印的是我的祖父。他穿着一双大草鞋和只有最冷的时候才穿的，套棉衣的黑色袄罩裤罩。他带着脚印去房外的柴火垛边、废弃的小院和村外的地里观察，因为这雪会把各种动物暴露无遗，祖父总能在野兔、刺猬、田鼠的各种爪印中发现黄鼠狼的踪迹。这让我总觉得祖父和雪有一种神秘的约定，他能知道雪深处的秘密。

但雪给我更多的是亲切的记忆。每当大雪初停，父母和邻居们都会上房扫雪，那时候看不见楼房，相似的平房因为大雪就更加像了。它们整齐、谨慎，一排紧挨着一排，足够生活行走的小路将它们连接着。没有个性，更谈不上创意，就像这里的人一样，更愿意做群体中的一员，和别人一样地活着。

扫雪是很热闹的，人们在屋顶上见了面，总会你一句我一句地说笑。我日后才发觉，那声音，是平原而造就的，发声点儿不在口腔，而在胸腔，通过喉头的推送，直接出来的，是拐弯最少，修饰最少的腔调。虽然现在我觉得普通话要比我们的方言省劲儿，也好听，但我仍然认为只有这样的土音是最适合说实话的。

我也曾在那屋顶上瞭望，我看见了世界的大，我可以俯视远比我高的大人们，我相信那是最高的地方，多年后，当我看见了这平房的矮小之后，当我攀登了一座又一座高楼之后，当我用岁月丈量了世界的大之后，当我再次站在平房之上眺望，我就更加相信，这平房之上是最高的地方。这里离天空和飞鸟最近，在这里眺望是最长的目光。

大雪覆盖的村庄又是暖和的。院中，不走动的地方都堆着雪白的雪，雪堆看着走动的人，守着平庸的日子。直到院中的过冬葱绿了，才彻底化尽，化尽的时候也是雪白的。

母亲像这里的每一个女人一样，掀开雪下的麻袋片，抱出水桶一样的白菜，母亲一层一层剥掉青帮老叶，沉默的白菜就露出了新嫩的面容。母亲就这样在陈旧的生活面前拨开每一个新鲜的日子，喂养着我的时光。

父亲像这里的每一个冬天一样，掀开压着雪的瓮盖，拿出一进腊月就买下的猪肉，年就真的到了。

在我的印象中，过年就是两种颜色，红和白。红色的对联贴在两堆雪之间，红灯笼映照的雪泛起红光，红色的炮皮落在雪地上。

父亲说：谁谁回来了，谁谁家的谁谁回来了。雪听着一个又一个在外的人回来的消息，我看着他们带回来的熟悉和陌生。多少年都是这样，我和这个村庄一样，是留守者、迎接者、目送者和期待者。所以，过年回家这句话对于我来说，不是遥遥的归途，而是窗前的眺望。

有时候我想，若不是我被疾病强行留在了这里，我一定也是这个村庄的背叛者，我也会留给这里一个背影，留给这里一小块空寂。一边向远处走，一边想念这里，在异乡用一份乡愁疗伤。

但我被留在这里三十多年了，这是这片土地对我的偏爱吗？

让我和它一起感受这里的四季，看着这里的孩子长大，看着他们长大之后离开，看着他们在大雪覆盖的时候回来，看着他们回来得越来越少，看着这里空房子越来越多，看着这里的老人在被遗忘的时间里坚守着别人和自己的记忆。因此，我和这片土地有着同样的角度，我仿佛最能了解这个村庄的心。

目送，目送，一次又一次目送，仿佛一切都是过客，一切都过去后，这里还有什么呢？我看见，无尽的爱已经伸展到了远方。

我也曾从远处回来过，准确地说，回来的那个我，是从坐在窗前的那个我眺望的目光所能及的地方回来的。我在大雪覆盖的时候回来，带着喜悦或悲伤回来。在白茫茫的一片片田野间越走越深，在一段段路程中越拐越熟。我问自己，我这是要去哪儿？空荡的公路通向一个村庄，村庄中有一个院落，院落中有一盏灯。无边的世界中我只需要那个微小的归宿。我突然看见，那个终点是我活着的和死去的亲人的目光，是那些老物件和记忆的目光，是窗前的那个我期盼的目光。

那些目光足够容纳我所有的悲伤，足够回应我所有的荣光，足够安慰我所有的病痛，足够呵护我所有的梦想。正是那些目光，一次又一次催促着我远行，然后期待着我归来。那些目光聚集的地方就叫故乡。

无论走多远，一个人永远属于一个地方。我永远在我的村庄看世界，用这里的土音对生命表白。

然而，每一个游子又何尝不是一块流动的故乡呢？仿佛故乡长了腿和眼睛，并可以用独一无二的乡音说话。在繁华的世界里，带去某一个地域的灵魂，在异乡流浪着无数的"村庄"。

对于华北平原上平凡无奇村庄里的孩子来说，在大雪飘落的时候，都该归位了，下雪了，就该回家了。一场大雪，就是一场浩荡的召唤，召唤着每一个远行的人，召唤着人们回到来处，回归那一片初心。

我在辽阔的雪地上走一走，印出两行车辙，就知道该往哪儿走了。

2019 年 1 月

第二章

我只是看看

我的下午

我坐在宿舍的窗前，望着窗外错落的楼群，仿佛这个城市巨大的音符。虽然已是秋天，但阳光充沛，天空晴朗，开阔的眼界仿佛整个世界。

此刻，我竟然在河北省最好的大学里，这让我自己感到惊讶或者说是惊喜。对于别人来说，走进大学是人生的常规事件，而对于我来说，前面就要加上竟然两个字了，我竟然走进了大学。我一次又一次面对死亡，不是大事，我多年来的病痛和孤独，不是大事，但能够来大学旁听课程却是一个大事，或者说是一个奇迹。因为我所居住的现实世界和这里太遥远了。

记得那也是一个下午，也是秋天，我在我的床上歇着。与我们常来往的人都知道下午是我们的休息时间，不常来往的人当然也会提前联系，所以每天的这个时间是很安静的。仿佛大家都在睡觉，而我却总是醒着的。每当这个时候，我都可以听见四季的脚步，听见云朵的呼吸。每当这个时候，我都会获得局限中的最大自由。这自由便是我思想不受约束的时间和空间。我可以没有逻辑的设想和推理。

突然，我能不能去某大学文学系听听课？这个念头出现在我的脑子里。因为那段时间我遇到了创作上的迷茫，我的诗歌走到了一定阶段，我知道它面临的是突破，我的散文应该说刚刚开始，要想写出我想写的东西还很难，因为我不能看见写作中我下一步要解决问题，没有问题就没有路，没有路如何跋涉。同时，面对人生的前路我也同样感到迷茫，我做了很多努力和尝试，我取得了很多成功和失败，但那个梦仿佛还在远处，甚至更远了，因为我看清了许多以前不知道的障碍，我感受到了无力感，我想求救。

一直以来，我知道我的短板是知识和理论缺乏，我缺少的是基础的东西，这会导致一个人的思路狭窄。就算我的长板再长，我的短板也是短的，长板长弥补不了短板短，我的整体容量仍然上不去。虽然天分悟性在先，但学问也同样重要。知识可以唤醒智慧，站在巨人的肩上才能看到更远处。一个人的亲身经历所获毕竟是有限的，更多来源于先人经验的传授，而这经验唯有学习能获。我所指的知识和理论不是单靠书本可以获取的，它更多的是鲜活的、立体的、具体的，或者可以把它说成一种结构、一种形态、一种经历。

也或许可以说是我从未见过的世界。如果从大我的角度说，每个人所经历的、所想到的世界，不外乎这个人的生命版图，那么，这个念头就是我看到的，需要我去开拓的属于我的领域。

后来有朋友知道了我的这个想法，有的赞成，有的并不赞成，说理论是写作的障碍。我觉得他说的可能是对的，理论和创作是两回事，理论很可能限制创作，但我也觉得理论是创作不可缺少的营养，或者说是登高的台阶，是必须经过并超越的东西，先走进理论，再跳出理论，才是写作的成长。如果一个人的创作没有理论的托举，那么他的艺术生命也是渺小和无力的。

仿佛我是为了写作产生了这个念头，但这个念头产生之后，在几秒钟迅速壮大，大得远远超过了写作需求的范围。不知什么，给了它超强的营养。我仿佛在不知道去哪里的旅途中看见了一个去处。

那里的景象不清晰，那里离我很远，准确地说，不是距离长，而是抵达它的路太崎岖，中间隔着几座高不见顶的山，几条波涛汹涌的河。但是我特别想过去看看，我甚至为发现了那个去处而有些激动。因为我隐约看见那里的景象非常迷人，那是我从来没有见过的景象，我更多看到的是雾蒙蒙的，不知道那里是什么，但未知也同样是一种诱惑。

我知道我将向那个方向走去，我看见了我的宿命。

在那个下午，一个原因诞生了，这个原因是什么原因，我还说不清，它是一种召唤，召唤我走向一段新的路程，它是一个消息，告诉我一个新的我即将诞生。

很多时候我都有这样一个感觉，我的人生或许是被我想象出来的。因为有很多事都是由我的想象变为现实的。或者说我可以想到的地方，便是我要走的路。

我十六岁的一个下午，也是在床上休息，我脑袋里冒出了投稿的念头，后来我的作品就开始发表了。多年后的一个下午，还是在床上休息，我想，除了写作或许我还可以学习心理咨询，后来我就成了心理咨询师。如果我怎么怎么做，结果就会怎么怎么样，后来就真的怎么怎么样了。这个时候我不仅有重大发现和重大决定，还会有小的发现和小的决定，面对谁谁我不能再是那样的态度了；面对什么什么事或许那样会更好；我必须做出细节的调整才会向好的方向发展。如果说人的成长是不断地脱壳，那么下午就是我挣脱旧束缚的无声过程。

对于我来说，下午有它特殊的意义，就像每天不同的时间，对我有着不同的意义。

我一般起得很晚，在不吃早饭的情况下，会直接进入我的上午，上午是我看书和写作的时间，这个时间我头脑清醒、注意力集中，如果有什么活动可以由我决定时间的话，我就会安排在我的上午。傍晚是我最快乐的时间，每天这个时候我都可以敏感地体会到身边的一切，那落日的暖暖，晚风的凉凉，都会给我莫名的感动和喜悦，这个时间我可能在看书，也可能在和姐或谁聊天，无论做什么都在一种惬意中，这个时候世间的繁杂和辛苦都在远去，仿佛是一个回归的时刻，回归于安全和宁静。晚上的前半夜是和家人团聚或专心写作的好时候，而十一点以后，当灯光也睡了，我便开始做梦了，自由而美丽的梦伴随着我无数个失眠的夜，或者说是因为那梦的美丽我才久久不肯睡去，那梦是脱离现实的，我不会想它的可能性和实际价值，我会变成另外一个人，遇到我不会遇到的事，我和刘厦不再是一回事，我不再是她。虽然那种梦我不知道来源，也是无用的，但的确是我的一种真实存在经历，就像史铁生所说的那样，虚无是真实的，梦境是存在的。我的梦是我生命的重要部分。

但下午却不同，虽然也是我冥想的时间，但这个时间想的东西和实际有关，和这个叫刘厦的人有关，或者也可以说我在为这个人想一些事情。或许白天人是不能脱离现实的。

这个时候，我会审视她的困境，我会追问她的疑问，我会帮她解决问题，我会帮她寻找希望。我会推测她将来的种种可能，我会决定她下一步该怎么走。可以说这个时候刘厦和我是相通的，因此她会得到很多启迪，包括通过我，我又不知来源的启迪。比如那些让她付诸行动的念头。

就在那个普通的下午，去大学听课的念头出现了，这个念头当然也是普通的，它所带来的变化也应该是普通的，很多不合常理的东西其实都是必然的，没有什么奇怪的。只是我这个蒙昧的灵魂，还不知道，那是什么。

就在那个普通的下午，一阵秋风吹起了一片叶子，这片落叶开始了新的旅行，这和春风唤醒了一颗种子又有什么区别呢。

现在又是一个美妙的下午，这个下午是从那个下午而来，这个下午又将把我带到何处呢。

2015 年 10 月中旬

出发

于丹说，尚未出发，又何谈回归。我一直都觉得这是我人生的一个遗憾。

当Z说听课的事没问题了，当我的这个念头即将成为事实，强烈的喜悦和强烈的忧愁在我内心凝结成巨大的浪头，向我扑来。我知道，我就要出发了。这出发，不是少年意气风发地闯荡四方，也不是庄子逍遥洒脱地周游列国。而是一个无知又贪心的灵魂谨慎地做出了一个冒险的决定。

说冒险，是丝毫不夸张的。对于我这样一个坐在轮椅上，吃喝拉撒睡都要别人照料的人，一个从北屋去东屋都要戴上帽子的人来说，要去大学听课，就好像一个癌症晚期的患者要去烫痦子，让人感觉不知死活。我也觉得我在拿着刘厦的生命开玩笑。

从我有史以来，我和我的家从未分割过，我和它始终是一体的。院子里的天空有我的笑颜和愁容；屋里的家具有我的记忆和希望；这里四季的风把我吹大了；这里有我听见世界的消息。

因为我们总待在家里，所以家里总有人，不但有我和姐姐，还要有人在家照顾我们，这个人是母亲、是父亲，或者是爷爷、是弟弟，所以我们家很少锁门。我们仿佛就是这个家的中心。

多年来，外出的人回到家里，第一件事就是看看我们，下班的父亲看见五六岁的女儿在院子里做游戏，看见十几岁的女儿在屋里看书，看见二十几岁的女儿在电脑前写作，没什么事站着看会儿，他就到家了。谁有了什么好东西，也要拿到我们面前，才不会扫兴，弟弟买了新手机要拿给我们看看，他从医院接回刚出生的女儿要抱给我们看看，小侄女得到了什么好玩的，第一件事就是拿给姑姑看看。串门的或亲戚朋友来了，也要坐在我们所在的屋子里，或许这样才算真的来到了我们家。

这个家仿佛就是专门为我们建造的。一切的首要考虑就是：是否适合我们。所有台阶都铺了斜坡，包括为了夏天停电的夜晚，父亲专门垒了上房的斜坡梯。家里卧室和厨房都装了空调，因为母亲怕我们起痱子。客厅和卧室装了许多暖气片，因为父亲害怕我们感冒。家里的设施都很铺张，但一点都不浪费，因为只要对我们有好处，就是最大的价值。

我之所以能一次次躲过死亡的魔掌，我之所以能活得这么安逸、这么幸福，甚至因为这安逸和幸福，刘夏仍然保持着难得的幼稚和锐利，都是因为父母用爱搭建了适合我生存的结构，他们可以把时间拉长，可以把空间放大，可以让太阳和月亮改变位置。

对于我来说，我的家就像桃花源，不染尘埃，在其中可以笑看世间纷扰，我完全可以那样幸福至死。但可惜，我是一个贪心的人。

我不能确定离开了这个家，离开了我赖以生存的结构，我将会怎样。我面临的是突围，这围困不是冲不出去就是死，而是冲出去了我是否能活？我必须勇敢地做出打破幸福的结构。

人是由灵魂和肉体组成的，它们的关系是：要么灵魂服从肉体的支配，要么肉体成为灵魂的仆人，我的选择是后者。为了信仰献身，我感觉自己像一个壮美的英雄。

当我勇敢地选择将幸福的包围打破后，我竟看见了另外一个围困。

那是无数条锁链，这些锁链捆住了我的胳膊和腿，让我难以挣脱，让我动弹不得。这些锁链不是仅靠勇气就能挣脱的，而是我要承受深深的内疚。

我去听课，母亲肯定得去，那姐姐呢？如果也去，母亲的身体是否能吃得消？（在家父亲可以分担很多。）如果父亲也去肯定就万事大吉了，但是谁来看我六岁的小侄女尚嘉呢？放弃看孙女，父母是不会同意的。而如果留下姐姐，又是否能行得通？还记得前年我去住院，把姐姐留在了家里，母亲在医院每天吵着要回家，因为不放心姐姐，后来姐姐也病了。我们谁也没有脱离过母亲的照顾，我们一直像婴儿般活着。别人的照顾和母亲是不一样的，母爱是无法代替的。

事实上我并没有找到什么好的解决办法，就开始进行了，而且之后一直在调整，母亲和我待一段时间，父亲和我待一段时间，母亲、姐姐和我待一段时间，每一种方式都有弊端，但我仍然在尝试，希望看到新的东西，发现新的天地。因为我相信，看不到路的时候，走，就是路。

所谓三十而立，最重要的是心能不能立起来，但是心立起来了身没立起来也是麻烦事。我追求的是上层建筑，而我的底层建筑却是依靠别人给予的，只因为这一切没有怨言，我便认为它是我的。当父母为我的病痛奔波忙碌的时候，我更多的是伤感，而不是内疚，因为那困难是老天给的。而这次来听课的事是由我的主观意识形成的，所以因此所带来的一切困难可以说都是我给的。

只要我说：娘，我们明天去学校吧。我的母亲便开始打点行装，一包包衣服、用品、药品、书籍，看着她身心疲惫的样子，我真想找个地缝钻进去。我离开家的时候，看着姐姐目送我们的微笑，看着父亲远去的身影，我知道，对不起将永远留在我的心中。这也让我确定，我是个自私的人。

爱的存在前提，或许就是不公平，公平了便是交易，很多爱得不到回报，依然存在，很多爱是自私成就的。

除了家人、亲戚、朋友，还有很多人给予了我帮助，我这点事儿不知惊动了多少人。当时我一直非常纠葛，不知道自己这样做对不对。但是无论有多少退缩的理由，我始终不能做出放弃的决定。

我又看见了我生命中存在的深不见底的困惑。看到了我生命可悲的根源。

记得看动物世界，一头小鹿摔折了腿，它只是走路慢了一些，而接下来却是，它慢慢地跟不上队伍了，它好长时间吃不到东西了，它被一群狮子盯上了，它被吃了。这正是一个残疾者或者说一个弱者在人类文明之外的下场。而人类文明之内的同情、贡献、依恋和说不清的精神上的神性才让与生俱来的弱者得以生存。

正是有了母爱、父爱和所有的亲情、友情以及陌生人之间的大爱，才有了现在的刘厦。我为此而感到幸福，我为此而相信世界是美丽的。

而还有很多时候，我会为此而感到愤怒。

每走一步，都要感谢那么多人。别人顺理成章有的，我却要靠你们的施舍。这让我感到悲痛。悲痛不是因为这不合理，而正是因为它合理。本来你就一无所有，所以得不到任何东西也理所应当，得到的任何东西都是你的幸运，都是别人的爱所至，你活着就是占便宜了。

别去了，别把你累垮了……这么多年了你对得起她们了……别听她的，瞎折腾什么……劝说母亲的人朴实善良，和我们家很亲近。这件事几乎没有人支持我的父母。我可以感觉到，在他们看来，我这个一直都非常懂事的人有些不懂事了，我太不知足了。

J问我，你又不为了考证听那个干什么。我说了一个极没有说服力的理由：为了加强理论，增加知识。我听见她啊声的后半部分明显成了切音。虽然他们不知道我是怎么想的，但我知道他们是怎么想的，因为我是他们当中的个例，而他们是我生长的背景。在他们看来，实实在在的生活高于一切。他们不是找到了推翻我的理由，而是找不到任何赞同我的理由。

这让我想起了一个词"原罪"，我不喜欢这个词，因为它带有明显的宗教色彩，呈现出一种人为的因果关系，用人类的逻辑推理不公平的原因，从而获得平衡。这种推理太狭隘了。我们并不能定义什么是好什么是不好，难道宏大的宇宙要符合社会伦理吗。况且，当涉及面广阔到一定程度，又哪里还有好和不好，而只有不同，不同的位置，不同的局限。所以我不说原因，只承认结果，结果就是：人和人是不一样的。这种不一样在社会的结构里，便有了高低、强弱之分别。这分别形成的原因由生物法则和人类精神的神性所致。生物法则以公平的方式保障进化的秩序，人类精神的神性则以各种方式超越着局限。在历史的洪流中每个人都是有作用的，在上帝的面前一切都是有意义的。所以我想"原罪"这个词是建立在一个局限位置上的，是一种浮浅逻辑的结果。他的根源只是不同，不同的个体，拥有不同的开始，不同的开始，经历不同的过程，不同的过程获得不同的收获，不同的收获完成最终的宏大的意义。

因此我知道了，我有着和大多数人意识形态不同的一部分。因为大众相同的经历我没有，我的经历他们也从未体验过，在互不能交换的位置上，他们是大多数，我是极少数，所以用大众的真理来看或许我是错的，这注定我将孤军奋战，但我必须对刘厦这个人负责。因为没有人从价值上更珍惜她，没有人比我更重视她的人生。我不再奢望理解。

这个理论可以让我跳出悲伤的禁锢，同样，我看见我将在悲伤与幸福的反复中前行。

我在前进中纠结，却在纠结中前进。

春夏交替的时节，天气格外好，让人格外向往大自然。无论我在哪里沉默，它都忘不了它的规律，以及这规律中的我。脱掉毛衣的我看上去格外瘦小，而远处吹来的风与我却格外亲近。

"可能不行，对我们来说，这个事太大了。"姐姐从来不会明确告诉我什么该不该，而是在我面临选择的时候，听我分析，在我做出一个决定时，她说嗯，由衷地赞同，那一定是对的，而如果我得到的回应是，她不确定，继续思考，那一定是错的。

可是这次不同，她的表现我不能接受，我没有像以往那样认为那是对的。我全力反驳她。我知道我在反驳我自己。

为什么不行，谁告诉我们不行，我们的眼光和认识是受目前生活状态所局限的，我们看不到众多的可能，看不到不一样的自己，甚至看不到真正的真理。

一个人的思想意识绝对是受环境制约的，就算她在这个环境中多不同、多超常，但他依然受环境的制约。就像站在第一台阶上绝对看不到第二台阶上的风景，但他唯一可以看到的是那一登台阶。正如，我现在唯一能看到的是我的局限。

我始终都记得 N 在我面前说过的那段话，如果你要扩建军队，你首先要考虑的不是目前的锅能养多少人，而是要考虑你所期待的那个人数需要多少锅。我不想拥有什么军队，但那段话让我看到了更多的可能。

环境和自身客观条件对制约一个人来说，都是次要的，而主要的是这个人的思想和意识。它在给一切规定价值，它在给自己制造障碍，它在告诉自己什么可行什么不可行。由此出现的一切理由都是合理的。

或许我们可以离开母亲的照顾，或许我们可以在寒风和烈日下行走，或许我们可以看到更美的风景，或许我的创作会获得新的能量。就算这些都没有发生，但有一样东西一定会出现，那就是比现在更成熟的自己。

"或许我们会失去一些东西。"

而事实上我们并不能留住这些东西。与其在消失中越活越小，不如去主动放弃，从而获得更多空间。

"可那很危险，会不会……"

没有失败，一切结果都是成功。

打破按部就班的生活是困难的，多年来的日子，一切都有了固定的位置，彼此时间也有了牢固的结构。就像一颗小石子，落在土里，它慢慢陷进去了，路面平整得看不到它，还有小虫在它周围安了家。它如果动一动，会惊动周围的一切。

但我更觉得我像那只拴在木头上的羊，我一生都无法挣脱掉那根木头，但我只是想看看，我是否能拖得动它，让它跟着我走。这本身就是一个可笑的想法。

都说人生的道路千万条，但真正摆在一个人面前的，也只有那么屈指可数的几条，而我面前的，似乎只有一条。

这条路没有任何悬念，好像大家都看到了这条路的尽头，更看到了这条路上的景象。

其实我也看到了，所以我心有不甘。所以我一直在寻找，希望能遇见更多的"意外"。

Z说你带上换洗的衣服、洗漱用具、书籍和电脑就可以了。我说嗯。

我终于要出发了！

当我离开屋子时，我没有了小时候去石家庄玩时那出发前的心跳加速。当车开出院子时，我更没有去省会住院时那与家生离死别的悲伤。我异常地平静。就像从屋里到院里，从院里去过道一样。

但是我知道我回不来了。不管我在外一个月还是一年，我都回不来了。

生活是一种气氛，就像一个水泡，捅破了，哪怕是你回到原点，也不会再有了。

出发的意义或许不在于去哪里，而在于离开，离开原来的自己。

拖着沉重的现实，展开翅膀，我出窝了！

2015年11月19日

造访

虽然只需一个多小时就能到,但那是远方。远方不是地域上的距离,而是在你身边,你却从未到达过,而是在你的生活附近,你却从来不曾体验过的一种存在形式。

就像我生活的村庄,一些过道我至今没有去过;就像我善良热情的邻居,我无法理解她对老年痴呆的婆婆依然恨得那么切齿;就像与我血肉不分的生母,她小时候的所见,将是我与她之间的距离。

很多地方我永远也不能抵达,那是一个人的生命局限。

但还有很多地方是我可以抵达的,只是我一直忽略了。

或许那些地方可以找到我缺失的部分,可以找到我迷茫的解药。

我来学校的时候,正是初夏,天气正好,人的心情也跟着好,仿佛什么美好的事就要发生。

灰色的楼群,朴素又高贵,那灰是我从未见过的灰,它不是沉闷,更不是故作低调,而是一种不用任何表现,也不需任何遮掩的优越。宽敞的道路,让我不敢相信它是在这个拥挤的城市里,在找不到位置的时代,它却有如此富足的空间。路旁新移过来的树,说明了这个校区建成也不过几年,让一百多年的师范大学焕发出年轻的容貌。理工群、公共教学楼、行政楼、时光塔,看到这些名称,我感觉特别的新鲜,更特别的是,我和这里新鲜的一切有了关系。

我多么希望能够像其他人那样,不声不响地走进大学,独自穿行在宿舍与图书馆之间，默默坐在教室的后面做着笔记，惬意地漫步在竹林的小径中。让它完全成为属于我个人的体验，而不是随时需要我表达符合大众期待话语的媒体事件。让我真正成为它的一员，而不是它的垂青才允许我逗留的一个过客。

但那或许就是我为之向往却永远无法抵达的地方吧。

后来，我每天路过它们，或出入其中。

在太阳刚出来的早晨，母亲推着我走在去听课的路上，安静的校园路上，凉爽湿润的空气吸入了我全身的血液，让我轻快得仿佛只剩下无名的喜悦。行人还很稀少，音乐楼里已飘出了歌声，我也跟着唱了起来。如果人生是一个被命运挟持的过程，那短暂的自由也是极为难得的。这样我就记住了理工群、行政楼那轻松愉快的表情。

在月亮升起的秋夜，我去听一位知名作家的讲座，我走在金黄的落叶之上，一阵风吹来，路两旁的树闪着金色的光，飘飘洒洒的树叶落在我身上，一种无声的美将我惊住。我记住了这里壮丽的秋夜。

在熙攘的中午，我停在了食堂门口，因为母亲说面条煮芹菜、面条煮青椒吃得实在不是味了，便进去买了几个馒头和一份饺子。几分钟的等候时间，让我一看到食堂就想起了在这里生活的不便。

我慢慢领略了它们的各种表情。那表情与我的记忆相连了，与我的悲喜融为了一体。这让我看见了它们又一种容貌。就像认识一个人，第一面的印象和熟识后的印象是不一样的。离开的时候我才知道，我与这里的关系已从我是走进这里的外来者，变成它们是我的一部分了。

我的住处在两千亩学校的东南角，一座叫国培大厦的楼里，这座十九层高的楼是用来接待短期培训全国各地的老师们用的。还记得我刚来那天，一进房间门我一阵惊喜，因为它的布局不是普通宾馆的样子，而是学校宿舍的模样，上下铺，四张床，四个桌子，四把椅子。真的要给我造成一个自己是真正大学生的错觉了。

或许这个有上下铺的房间，就是我缺失的部分——人间一个普通的位置。可以拥有被接纳的幸福和被忽略的孤独。

朝南的窗户很大，让房间阳光充沛，我们的窗口正好在对面两座住宅楼之间，在十三楼的窗口望去，视野开阔，只是不知道那些地方是何处？那些建筑是什么？有大片裸露的土地，有貌似厂房的建筑，有不知作何用的烟囱，有不知归处的飞鸟。有一条白色的长宽地带，两头被建筑物挡住了，母亲说那是水面，父亲说那可能是一条新修的公路，但又觉得都不太像，他们经常没事的时候坐在窗前研究。父亲还把我抱起来，举到窗前，以求鉴定。我说那不是一堵墙吗。后来为了揭开谜底，父亲专门跑了过去，就在我们的窗口可以看到的那个不明物的地方打来电话，说那的确是一堵墙。我和姐姐大笑了起来。

来到一个地方之所以感受到陌生，是因为收留你的住所周围是陌生的，陌生的建筑，陌生的人群，陌生的声音，陌生的生活。

弗洛伊德说过，两个人一起去旅游，回来后却讲出了两种完全不同的所见。这就是说世界摆在你面前，你所能看到的只是你熟悉和感兴趣的。

就像来到国培多日后，我才清晰地了解了这座楼的结构，我才知道了它周围的环境，我才看到它对面的住宅楼上就是那群鸽子的家，我才看见三楼的窗口里，每天晚上都有一对十几岁的姐弟在那里不亦乐乎地玩游戏。才在某一个傍晚，母亲推我们在楼下的空地上透气的时候，发现楼前的短墙和墙根的杂草间竟有一个人出来了，原来那有一条不算路的小路，我们却不知道。从这里去买菜，母亲可以节省60%的路程。

一点点发现着视而不见的东西，一点点发现着深藏不露的东西，也就一点点发现着新的自己，这多像人生的特征。

或许人生就是一个求知的过程吧。因为好奇，因为无知，必然有这一遭。

多少次，在夕阳落尽的时候，路过一盏盏灯，我很庆幸，我有一个房间的房卡，一扇门可以被我打开。我可以在其中写作、失眠，可以在其中消化白天的人和事。

  一个初冬的深夜，寒流来临，大风让窗户缝发出山谷的咆哮，仿佛整座楼都在摇晃。我的房间就像一个小小的火柴盒，不知要被这大风吹向何处，我在其中，只能沉默地听从命运的安排。

  当我看到世界的广大，也就认识了自己的微小，当我置身于人流中，也就确定了我是个局外人。

  世界并不是我的，在我和它之间，有呼呼的风吹着……

  无论在这里的停留是短暂还是长久，又有什么区别呢，就像人生一样，我只是一个过客。

2016 年 1 月 13 日

课堂笔记

在这里,我是什么?

整齐的座位间,我是突出的一块,不入行,不入列,在过道处像一个障碍物。还好,座位间的过道很宽,我靠在右边,左边还能过人,不过走到这儿都要慢下来,我让他们有那么一瞬间慢了下来。

我的位置在第二排,左前方便是讲台。听课没有固定的座位,但我右边的座位总会空着一个,虽然我坐在我的轮椅上,但陪我的母亲得坐。所以可以说这个位置是我的。是学校的特批和许多人的努力,才让我在这里有了一个旁听的位置。

来到他们的教室里,我觉得自己像一个化成人形的妖,以听课的姿态,观察着这里的一切,这里的一切都让我觉得那么有趣,都值得去注意和研究。我这个妖没有什么企图,只想多看看人间的景象。

黑板上方的钟表针指着九点五十分,这个点我是熟悉的,以前每天都过,这个时间是宽敞和悠闲的,仿佛我的时间就是那样的。

而现在,我抵达了另一个时间,我看见了时间在不同的地方是完全不同的,不同的速度,不同的容量,不同的色彩。这里的时间是拥挤而刻板的,但其中又深藏着许多丰富的内容,因而极富张力。

可以容纳近两百人的教室里,除了老师的讲课声,还断续有一些其他的声音,喷嚏声、咳嗽声、翻书声、掉笔声、私语声,在老师发问时,还会响起一片起起落落的搭腔声,在老师说到好笑处时,更会响起一片笑声。但整体气氛让人觉得很安静，因为这里有很多东西被隐藏了，有很多声音都沉默了。

我座位前方的座椅靠背上，画着一个便便，黄色的笔画的，很像便便，不知是哪个调皮的学生打发无聊时光的痕迹。

旁边的地上，我看见了一个红润饱满的脆枣，一定是偷吃的同学掉的，这个新鲜的果实被遗落在了这个教室里，没有谁敢去拾捡了。

我看见，我右前方的那个女生在给她前面的女生梳辫子，三条细细的小辫子编得非常细心。我看见，最右边靠墙的那个男生，趴在桌上睡得很踏实。我猜想着，那个长发飘飘，衣着不菲的女生，一定由一辆奥迪送来；我猜想着，那个个子不高，举止利索，普通得让人记不住的男生，将来的职业会是什么。他们每个人各自的世界被我填充着。

课堂，是一个去个性化，极同化人的地方。每一个人的世界都被放在了远处，每一个人都被简化成了一个位置一个学生号，简化成了群体的组成部分。这里除了坐着听、写之外，没有给个人多余的空间。但他们细微的小动作和衣着装扮，却暴露着他们的千差万别，证明着他们是不同的人，来自不同的生活。

是什么让他们选择了这同一个课堂？他们最终还将奔着不同的方向而去，又是什么将决定他们的去向？

很多时候我都忘了自己是一个旁听生。但有两个时候会让我知道，我是他们中间的异类。一是在老师说考试的时候，老师总是说很多关于考试的相关细节，这个时候学生们总会惊讶、感叹，气氛很是紧张。而我却在这紧张的气氛之外，为一个问题纳闷，是学生紧张考试的事，老师才总说呢，还是老师总说考试的事，学生们才紧张了？二是学生们被老师逗笑的时候，在大家都笑了或笑得止不住的时候，我却并不想笑。因为有些事不可思议，但一点也不可笑。

在这里，他们想的事我不用想，而我想的事却是他们不必考虑的。这就是我与他们的区别。这点区别，在我和他们之间拉开了一点距离。

当我置身于一个群体中，我发现一个群体也是有眼睛和表情的。那双眼睛就长在我左边那个女生的脸上。那双眼睛很大很亮，很好看，但那种美是让我感到遥远的。因为那种美，是我不曾也是永远不会拥有的。那种美来源于天生的自信，也来自后天的优越。那美中的淡定，是因为从来没有经历过剧痛，那美中的干净，是因为从来没有受伤结痂过。

通过她的眼睛和神态，我看见，她在顺境中长大，没有重大疾病，家庭也没有重大变故。她在父母和祖父母的疼爱中成长。因为重视，父母会要求到她的坐姿，她说话的语气，她的前途方向。她没有什么假大空的想法，她正在努力考研。她在社会和生活为她铺设的道路上走着。我看见，她未来的日子也是顺利的，她会幸福一生。

由衷地服从家庭和社会期待的人，一定可以成为一个安逸幸福的人。

每位老师上课，其实都需要一份回应，而这份回应就来源于那双眼睛。仿佛每位老师都在对着她讲，她也认为每位老师都在给她讲。她总会跟着内容点头、搭腔、变化着神情。仿佛她和老师的交流是一对一的，旁若无人。

课间休息时，她总会给老师倒水、擦黑板，并用很短的时间拿着书向老师请教，好像有说不完的问题，老师也好像非常愿意跟她讲，每位老师在她面前都和蔼可亲。那天另一位同学也拿着书上讲台去请教问题，两句话老师就不耐烦地把她打发下来了。那个同学对着她的同桌做了一个尴尬的鬼脸。

所有的同学可以被忽略，但是这个有着又大又亮眼睛的女生会被记住，被老师记住，被同学记住。

有一次，我去另一个教室听其他的课，是另外的一个老师和一群同学，我竟奇怪地看见，教室的结构竟是这么相似。我的位置仍然在偏左的过道处，坐在我右边的女生虽然没有那双漂亮的眼睛，但她的举止和反应仍然让她成了老师目光和声音的落脚点，她仍然和老师有说不完的话，她仍然被记住了。

一个群体和一个群体是多么地相似，一两个人会成为主角，浮出水面，大多数人会成为配角，淹没在群体里。那一两个显眼的人不一定有超常的才华，不一定成为伟人或英雄，但一定是接受现实、认可自己的人，也一定是被现实接受、被群体认可的人。

无论是主角还是配角，都是人群的组成部分，都在群体的洪流中翻涌。只是我不知道，拥有不同角色的权力掌握在谁的手里？

不是一个人，也不是一个群体，而是一个人和一个群体不断纠缠的结果。这种纠缠，我们无法找到他的变律。因为个人和群体都是一个谜。群体绝不是一群人的总和。它会让一些东西沉默，让一些东西夸张，并会繁衍出许多只有在群体中才有的新的东西。

我仿佛看见，尘世间有数不清的课堂正在上课，每一个人都是听课的学生。每一个人都在从一个课堂走向另一个课堂，从一个说教走向另一个说教，从一个群体走向另一个群体。

群体和群体相连，连成了更大的群体，这个群体就像一张巨大的网，这张网正在编织中。每一个人都是网上的一条线，在不同的结点交汇，又从不同结点延伸去不同的方向。这些线知道来路，却不知道前方是何处。这些线只能看见近处的相聚和离开，这些线不知道这个网在编织什么，不知道自己在其中是什么作用。这些线在寻找自己的路径，但在寻找中，还要注意给其他线让路，避免被其他线缠住。所以很多时候，没有自己的路径可选，而是置身于无数条线路的缝隙中，躲闪、超越、挤撞，以求生存的空间。只是不知道，在缝隙中活下来的人们，是否还能找到自己最初所向往的路径。

想到这儿，我对教室中的人们产生了一些怜悯。他们从出生时起就进入了群体，这群体的期待给了他们那么多必须、不能，让他们行驶在一条轨迹上，因此他们被局限，被群体给予的责任局限，被群体给予的保障局限，被在群体中获得的角色和身份局限。虽然每个人都在这条轨迹上试图控制方向，但他们能左右多少，而这左右又何尝不是在与外界的不断撞击中，产生的力度所控制的呢？

我曾庆幸自己没有进入群体，庆幸自己逃离了大众的洪流，我以为我拥有更多的自由，而此刻我看见，我不也来到了这尘世的一个课堂上吗，我不也成为群体中的一员了吗？

多年来，我为之努力的是走出我的桃花源，我一次又一次地想挤进人群，就像青埂峰下的那块石头，要去人间经历一番。为了经历一番，我愿意放弃那一份难得的自由。

人群这张网面向我的入口很多时候只有一个，但那并非我要寻找的路径。而我只有两个选择，要么不进入，要么从这唯一的入口进入。而我总是选择后者。这是一个生命无法抗拒的贪欲，这贪欲正是人无法摆脱的宿命之根。

在这张网中，我是与大多数线纹路不同的一条线，我所经历的不是大众的来路与去路，但我同样被编织着。我同样有着我所不知道的用途，我同样被其他线牵扯着，拥挤着。

但我始终没有忘记自己要找的路，没有忘记最初想去的地方。这就注定，我将在人群中，与人群纠缠一生。或许最终当我回头望，看见这一路纠缠的痕迹，就明白了上帝让我来尘世的意图。

而现在的我只是想知道，在无数的课堂与课堂之间，在既喧闹又无声的人群中，这个叫刘厦的人将走出一个怎样的人生？

2015年7月21日

这里与那里

这里没有医院的冷漠,没有商场的招摇,没有私人场所的排他,没有广场的绝对公开。这里是如此悠然、淡定和庄重。

这里是美丽的大学校园,是多少没上过大学的人一生的向往,是多少上过大学的人一辈子的怀念。这里是离柴米油盐的烦琐最远的地方,这里是钩心斗角、利欲熏心最少的地方,这里是生命力最旺盛的地方,这里是人生离梦想最近的地方。

这里对于我可以说是一个全新的环境,一切都需要我建立新的图式。Z开玩笑说,我是刘姥姥进了大观园。所谓全新,不仅是地域、人、物上的,更多是形式和内容上的。

与这里的人接触,让我看到,一些人是这样活着的。

一位四十大几的女老师,她是那样洒脱、朴素、文雅,看一眼就知道,她是典型的知识分子。在第一次听她课时,我想:她对人生有着怎样的理解?她的太阳和月亮必定与我的不同。她的时间里填充的是文学理论,是论文资料的考证。她会努力钻研自己的课题,创作出自己的学术成果。忙碌时她会彻夜批改作业,悠闲时她有足够的时间去度假。

而在农村,这个年龄的女性形象是,黝黑的脸上布满皱纹,或在田地劳作,或在当街拉着一个学步的孩子。

前者说,每个人心中都应该留住诗和远方。后者说,把孙子看大了就完成任务了。前者也曾是农村小丫头,后者也曾有远大的梦想。而如今,她们进入了截然不同的生活。前者承担着传承历史文化的责任,后者坚守着生活具体的根基。

阳光下,刚刚成人的女孩打着伞结伴而行,干净的校园就荡漾着青春的气息。细雨中,稚气未脱的男孩踩着滑板不稳当地飞翔,未知的人生中充满无限可能。在雪后的朝霞里,音乐楼里飘出的歌声,伴随着上课路上轻快的脚步。青春和理想,这两样人生最美好的东西在这里相遇了。一群群青春飞扬的年轻人,在这里过着人生最美好的时光。

在和他们聊天时,我总会想,他们的成长经历会造就什么角度?他们眼中的世界必定与我的不同。

而在农村,这个年龄的人大部分已成为工厂机器流水线的一部分。每天工作十二小时。

前者为了毕业论文,在相关专业中绞尽脑汁寻找自己的选题。后者为了那份薪水,在挨老板训时,告诉自己不要把尊严当回事。前者还在爱情中忧伤,后者已在准备婚姻中谈论彩礼。我看见,他们之间有着难以跨越的沟壑。前者会觉得后者现实,后者会觉得前者幼稚。

我无法定义他们谁的人生价值更大,更无法定义他们谁的生活更幸福。

那天晚上写东西累了,母亲推我们下楼溜达,通往电梯的走廊右侧,有一个空着的厅子,安静宽敞,非常适合母亲推我们两个溜达。一个高大的女人满脸笑意,手里提着看上去非常沉重的礼盒。走到我们面前便放下了,看样子是准备休息一下。我们便开始攀谈。

她是加拿大著名大学的教育专业教授,虽然是中国人,但她的洋气扑面而来,她让我想到了小品中模仿洋人的演员,说话时两手一摊、肩膀上纵。她随和、健谈,短短几分钟的聊天,提到了她的研究方向,中国教育现象,她在国外的情况,以及她对我们农村人竟有如此先进教育意识的好奇。

我可以明显感觉到她所涉及的东西离我是多么遥远。

我和她分别是这两个群体中的一员。与她接触给我的冲击很大,让我更切身地体会到了世界的多样，人和人的差别。

我怀疑她当时略带酒意，不然我们这两个遥远的生物，又怎么能这样无障碍地交流呢。

人和人的本质差距是甚微的，就像白种人和黑种人的基因差别不足1%，但是他们的世界却存在不可跨越的距离。他们有了不同的肤色、不同的文化、不同的历史、不同的生活，以及不同的心态和认识。就像所有的生命，大的生存规律几乎相同，小的细胞组织极其相似，但我能仅仅从这上面去认识它们吗。不能，因为每一个物种都有它的特征，每一个生命都有它的姿态，每一片树叶都有它的纹路。所以，能够领略森林在风中的浩荡，也能够欣赏花朵在雨后各自独特的色彩，才是与世界真实的体验吧。

每个人都逃不出生老病死，每个人都在自己所在的环境内，以自身价值和需要达成统一而生存。但每个人都有他的环境、位置，每个人都以他独特的方式活着。当然方式存在类型性，但更多是类型无法囊括的。

认识到相同，可以让人达成共鸣，让人心灵相通。认识到不同，可以让人包容不理解，可以让人互相借鉴。所以千万不要绝对地用自己的经验去给别人的做法下定义，不要用一种形式去推论另一种形式，更不能一概否定不理解的现象。因为我除了我之外，又能知道多少呢？所以在不懂和不知的情况下，我愿打上善意的问号。

世界不需要同一，但需要同在。正因为不同，才有了空间和内容。

或许可以这样说，世界只有两个地点，一个是这里，一个是那里，这里是我在的地方，那里是我不在的地方。如果我抵达了那里，那里便成了这里，所以这里和那里是两个不能跨越的地方。但我在这里，可以向那里眺望，这样我的世界将增添无限风景，这样我的世界将变得无限辽阔。

世界有多少个"那里"啊！我多想去一一领略！

把心中那扇好奇的门打开了，新鲜的风吹到了我的脸上！

2016年8月22日

大与小之间

有人曾质疑我：你每天都待在家里，没有生活，如何写作？这让我想到史铁生面对类似问题时的回答：难道你觉得我没活着吗？他的回答是准确和令人深思的。这句回答的力度在于它的问号，这个问号同样是对质疑者的质疑。

每一个生命存在，就会有它的感受和认识，上帝给予每个人的24小时不会是空的，我的确没有经历他们所指的生活，但我经历着我的生活，在貌似平淡的一天中，我会走过我的千山万水。

他们用自己的角度去定义别人的存在方式，甚至是别人的存在内容，这无疑是一种错误。

但当我离开自己的天地，进入他们的天地之后，用接近他们的形式活着，我体会到了他们的理解和感受。

我每天都会遇到许多人，甚至每天都会认识新的朋友，他们每个人都带着不同的信息，与每个人接触都会让我发现世界一个新的角度，从而可以看到一些新的景象。我每天都会遇到许多事，而且每一件事都可以引发人的思考和疑问，我每天都会接触到那么多的真理和思想，几乎每天都可以听到新的学说，了解到重要的历史真相。在大学的每一天，我都觉得很长，不是无聊的漫长，而是内容的大和多造成的容量上的长。当傍晚回想早晨时，总会觉得那是今天吗？今天发生了那么多事啊。

那天因为我出门晚了，母亲推着我匆匆走在去教室的路上，正好赶上了学生流，上千的学生向教学楼流去。

在那一瞬间，我正好混入了他们其中。

在这熙熙攘攘的人流中，我突然回望属于我的那个小世界，从这个角度看，那真是一个角落，或者说是一个砖缝，而那个足不出户的人，只是砖缝里的一只虫子，活着还是已经死了，对于外界来说又有什么区别呢。

我突然明白了，为什么那些多年不见的亲戚或熟人见到我们都只会问那一句：身体还好吧？除此之外，就再也开启不了属于我的话题了。因为他们实在想不出这只看上去没有变化的虫子会有什么样的生活。

因此，我纠正了自己给他们下的错误定义。他们那种认识不是错误，准确地说是一种角度的局限。

这局限就在于客观的认识不等于主观的体验。客观的认识只是事物外在的一面，而主观的体验才是事物的主体，才是事物意义的决定部分。

你要想真正了解一个遥远而古老的城池，不能只是在地图上了解它所属的那个国家、地区，是经纬多少度，不能只是从书本上了解它历史上所发生的事件，更不能只是从旅行社了解它的宣传材料。而是要亲身抵达那里，进入那里的生活，和那里的人融为一体，服从那里的风俗与规则，看那里的日出和日落，听从四面八方吹来的风，并学会从那里眺望远方。只有这样，才能真正了解那个地方。

地域与地域的不同，或许就在于它们存在与世界不同的位置吧。这种位置存在着不知，毕竟子非鱼。所以千万不要从自己的角度给别人下定义。

他们没有进入过我的砖缝，不知道在砖缝里会看到什么样的景象，只是在自己"广阔"的天地中向砖缝望去，那真是微小的角落，也因为遥远，所以看上去那里没有空间。

但在砖缝中向外望去与在砖缝外向内望去，景象又怎么能是一样的呢。

我这只小虫身在砖缝中，自有一番景象，我看到的是从砖缝向外望去的世界，而砖缝只是我的一个角度。而且我还会因为这里的安静，而看见和听见更多这个角度以外不能看到和听到的东西,这些东西是我的,这些东西是独特的,这些东西自有它的丰富。

当然,每一只砖缝中的虫子,都会向往更辽阔的天地,期待在外面找到生命的圆满。

人生实际就是一场内与外的互动,我们只有在实践后才会有进一步的认识,我们只有不断地扩大空间,才能不断地认识自己。

但正因为人们对大的向往,而忽略了小的重要,甚至有对小的偏见,认为大就是好的,大作品、大人物、大气磅礴,小就是不好的,小聪明、小气鬼、小地方的人。其实大不一定是强者,小不一定是弱者,大不一定有智慧,小不一定就无知。人们仿佛忘记了在微小的世界里寻找自己的缺失。

虽然他们无法抵达我的砖缝,但每个人又何尝没有自己的砖缝呢?只是他们在辽阔中找不到了。他们在复杂中忘记了简单,在喧闹中忘记了安静,在自由中忘记了局限。

当一个人从繁华的世界退出来,离开了叱咤风云的环境,进入这样一个砖缝,没有了奔跑的条件,眼肌也无法得到舒展,他一定会觉得无趣、寂静,甚至是迷失。那是因为他还不会亲近小中的一切,更不懂理解小中的一切。那需要把角度调整好,把打捞信息的网眼编织得更精密,把心静下来,唤醒内心更细微更敏锐的触角,才能够欣赏这个小的世界。这不仅需要耐心、勇气,更需要一个人高远的悟性。

其实无论是辽阔的世界,还是微小的世界,都是无限的世界。

我们要开阔自己的视野,让自己的心胸变得宽广,让自己的认识更加高远。这种开阔是从个人的角度说的,因为这取决于一个人能看见多少,能听见多少,能发现多少。如果是一个狭隘而且迟钝的人,周游世界又有什么意义呢。

辽阔的胸怀需要更辽阔的天地去驰骋,但能够被环境囚困的胸怀不会是辽阔的。

或许这一点我们已经普遍意识到了，但我们是否也意识到了我们也应该把远望的目光收回来，把辽阔的疆土忘却，对着一只蚂蚁俯下身子，仔细分辨每一朵花的姿态，静静地欣赏云朵的流动。

如果不能感受细微的情感，那我们的故事就只能是一个梗概，如果不能收缩镜头，那我们只能看到苍白的世界地图。

可以宏观，也可以微观，可以发现大的，也可以看清小的，只有学会在大和小之间转换，才能看到真正辽阔，真正精彩的世界，那才是一个人可贵的能力。

大，可以是一个人不断争取的；小，却是他应该永远热爱的。大，可以让一个人自由地飞驰；小，才是他真正的容身之所。

2015年秋

熟悉与陌生

人和人之间,是熟悉更真实,还是陌生更真实呢?

很多时候,熟悉的人之间会有一种不可跨越的障碍,而陌生人反而更容易靠近。给予你最可靠的尊重和理解。来到师大,这个感受尤为明显。

在这里,除了母亲和姐姐,以前所有的人都不见了,每天见到的都是新人,我不知道他们的历史,他们也不知道我的历史,从这个角度说我们是陌生的。他们以不同的方式出现在我面前,就像一个电视剧的开始,让我感到新鲜。

作为一个坐轮椅的学生,我很多时候都需要他人的帮助,让我感动的是,他们总是那么包容和友善。同学们每次下课总会送我回住处,而且还帮我取快递,找学习资料,陪我参加活动。我们也会一起在茶馆因诗歌而相聚,会坐在我的宿舍里聊天。尽管认识不久,但却毫不陌生。还包括一些路人,随手就会给我们一些帮助。比如说上电梯,只要有同行的,大多数都会帮我们按着门,帮着推我和姐姐,还会把我们送上道,有的还会一直把我们送到教室,再跑着去赶自己的班车。

弱者在人群中无疑是会产生焦虑的,但我在他们中间感受到的更多是轻松和愉快,是他们的温暖驱散了我的焦虑。

有时候我会想,这些热心善良的人们,在他们的世界里是个怎样的角色呢?我生活圈熟悉的那些人们,有谁也会像他们那样热心地帮助路人呢?我竟然无法回答自己。

我经常会听到他们说，你们太不容易了，你们真了不起！前一句，说出了他们给予一个弱者的同情，后一句，说出了他们基于这份同情之上的敬佩。同情和敬佩没有互相抵消，而是互相促进。同情加深了敬佩，敬佩转化成了更多的帮助。

文学院里不缺作家、理论家，我这个小巫是不值得一提的，所以说，同学们的敬佩之情，不是来源于我的成就，而是来源于我在苦难中不懈追求的精神。尽管如此，我这个凡人仍然可以感受到一份肯定，对我努力的肯定，甚至是一份存在的价值感。一个人的价值，是在适合的环境中才能体现的，如果让一个作家去做生意很可能成为白痴。在学校这样的环境中，或许学习精神是最有价值的，这正好符合了我这一丁点儿优点。在这里，我觉得那个在空中飘浮的我，终于得到了现实的认证。这对于我是难得的。

因为在我的生活圈里，在实实在在的日子面前，这份无实际价值的价值是不容易得到肯定的。在柴米油盐面前，在激烈的竞争面前，在这种背景下产生的人际关系网面前，我这个无实际价值的人，是被忽略不计的，甚至是不被理解的。

同样让我感受到这一点的是在母亲身上。

一位五十八岁的母亲，独自照顾着两个生活不能自理的女儿，她一个人买菜，一个人做饭，一个人喂两个人吃饭，一个人给两个人翻身，一个人推着两个人走在路上。当气喘吁吁又面带微笑的母亲，把我们一个一个推进教室，整个教室都为这个伟大的母亲而动容。多少善良的人们，为母亲流下热泪，为母亲竖起大拇指。老师 Y、老师 D 特意来宿舍看望我们，关心母亲需要什么帮助，老师 G、老师 H、老师 W 多次嘱托学生们，要多帮助这位善良、坚强的母亲。

一个人究竟有多善良，一个人究竟有多坚强，一个人的爱可以创造多少奇迹，他们在我母亲身上看到了人性的高度。我能感受到，那是一种仰望。母亲寄托了每一个善良的人对人心的期待。她可以让现实中的人们更加相信未来，更加期待奇迹。这一点接近于榜样，或者说英雄。

母亲对我们的付出，无疑是被肯定的。但在我们的生活圈中好像没有那么纯粹。

比如，在有些人眼中，母亲因为照顾我们，没有时间去干常人眼中的活计，而被说成，不被风吹日晒，享了一辈子福。母亲因为无私地为我们付出，而被认为是糊涂。

这些人大部分都是普通、本分，和我们家相对比较亲近的人，而且有这种态度的人也会帮助我们，关心母亲。因为感情在那里，因为包容在那里，唯一缺乏的是理解。当面对这样的曲解时，母亲从来不辩解，不争论，心里也不会责怪他们。

但母亲是孤独的。

如果同样的磨难降临到他们身上，或许他们不会做出与我的母亲同样的抉择和承担，但事实是，磨难并没有降临到他们身上，而是降临在了我的母亲一个人身上。所以我的母亲只有孤独地承受，并承受着孤独。

这样的不理解，我想，少不了这两个原因。

一是熟悉造成的视而不见，对背景的忽略，盲人摸象式地根据局部的定论，人们已经忘记了我的母亲所面对的磨难，或者说，因为太熟悉，已经看不见了。人与人太熟悉了，反而会忽略对方的基本特质、整体线条。当忽略了这些，很多时候就会发生错误的理解。而只是一些具体、片面的认识，并且可能是以偏概全的认识。

我想到了心理咨询经常提到的一个现象，那就是首因效应和近因效应，也就是说，如果你与这个人不太熟悉又很少见面，那么你对这个人的印象主要是第一次见到他的印象，如果是你非常熟悉又经常见面的朋友，那么你对他的印象主要是最后一次见到他的印象。这说明了熟悉程度决定了对一个人的认识角度。或者说距离决定了视角范围，从而决定了粗细程度。

二是彼此利益牵扯造成的错误理解。从某个角度说，人生存的环境的确是一张价值网，人在不同的价值中互相牵制着。这就让人和人之间不再纯粹，而有所求，越是亲近就越是如此。如果说你的作为会影响到某个人的利益得失，那么他还会理性地去看待你的作为吗？

很多时候母亲因为我们无法满足外界对她的期待，这就造成一些人情感上的排斥，这种排斥会形成对母亲一些作为的否定。所以就有了一些带有主观色彩的曲解。

这并不是说，我生活圈中的人们比这里的人们要势力，而是因为角色不同。

而在这里，陌生让我们纯粹，所以就少了很多障碍。没有巴结，没有对比，没有彼此的利益纠缠，只剩下人和人之间简单的尊重、友善，只剩下了简单的共存，人性中闪光的部分，也就自然显现了出来。所以彼此很容易就可以抵达很近的地方，看清熟悉的人无法看清的真实。所以这个环境让我觉得如此亲切。

我一直为不被理解而感到难过，就像很多人对身边的亲人感到失望一样。而现在，当我置身一个新环境中，看到了新的景象，便有了新的认识和思考。

我又何必要在一个人眼中找到全部的我呢，不同的人在不同的位置，从不同的方向和距离投来目光，在不同的目光中会有不同的我，而每一个我都是我真实的一面。我又怎能说他们谁对谁错呢。

这不是谁的错，而是角度的局限。这是新环境带给我的启迪。

叔本华说，人生就像一面镜子，只有走完它，才可以真正看到自己是一个什么样的人。也就是说只有通过与外界不断地接触，不断地自我实践，你才会一点点去了解自己。所以人要不断地接触新环境，只有在新内容、新角色中，你才可以发现新的自我。这多么令人兴奋！

2017 年 3 月 15 日

听老师说

师大那一片公教楼像极了,唯一能够区别的是它们身上那个字母,是A座还是B座,而走进去楼道的样子也像极了,要找到要去的教室,唯一的根据是教室的门牌号。而教室内的环境同样像极了,同样的空间大小,同样的布局安排,同样的座位,甚至是同一群学生。这里没有特点可言,辨识度相当低。

但是因为老师的不同,教室会给人不同的神情,不同的色调。

G老师声音洪亮,态度亲切而富有激情,她上课就像讲故事一样,让学生们听得很有意思。她让我觉得教室是阳光灿烂的,窗外照进金灿灿的色彩,整个教室温暖、舒适。

L老师上课认真,传递出的知识准确。她给我留下深刻印象并让我肃然起敬的是,她每次讲完课都会向学生们深深地鞠上一躬。学生们报以掌声,使我感觉大家是观众,而非受教的学生,要知道我们不是旁观的赏评者,而是一种领受,是一份心血的接收。所以我们是否也应该向老师深深地鞠上一躬呢。L老师的这一躬让我看到了她对教师这个职业的尊敬,看到了她对这份神圣职责的担当。L老师让我觉得,她上课的时候,外面的天空无比晴朗,教室宽敞明亮,发着蓝色的光芒。

M老师则让我觉得,教室是暗紫色的,就像他的脸一样。他每次上课都沉着脸,看学生不能叫看,而应该叫瞪。仿佛他对所有的学生都有意见。我出于礼貌,给新认识的老师都会送一本我的诗集,并自我介绍,但看到这位老师，我的书没敢送出去。我怕引起他注意，如果他说："你是干什么的！你以为这是菜市场啊！"我岂不是自讨没趣。

这位老师是一个老愤青，经常发表对当今社会现象的不满，以及对年轻人的失望。他的课以训斥的基调为主。我坐在那里，感觉自己也是一个不思进取，缺乏道德，价值扭曲的问题青年。

M老师发表的观点基本都是正确的，谈到的不良现象也是的确存在的，但他负面的关注太多了，传递的是消极的态度。

所谓观察者影响被观察者，我真担心坐在这里的孩子们真的会成为老师眼中的样子。

M老师给大家讲了一个例子，他的一个学生考试挂科了，这个学生给他发了一条短信："如你所愿，这次我挂了，痛恨某某主义。"他说："我要是把这件事报上去，他就别想毕业了。"

这个学生极端的表现是所有学生内心对M老师的反抗。

我想，老师的这种严厉管教意图是好的，但是不是让教育本末倒置了？

无论是老师对作业的布置，还是对学生的训斥，都与我这个旁听生无关，我内心对这一个被放弃的位置，多少感到有些悲伤。但又觉得，我坐在这里是最合理的一位学生。因为，我为求知而主动到来，在老师愿意让我听课的前提下，学得如何，如何学习，是我自己的事。

而他们身上让我看到的是有些过多的被动。

学校的要求，老师的督促，出发点都是为社会培养人才，立足点是社会，这没错，但有些时候是不是越权了。个人应该主动承担的责任，反而成了一种被要求完成的任务。大学为培养人才，要制定出合理的制度，提供优良的资源即可。而剩下的事是学生个人的。因为从个人角度说，你要立足社会，要实现自我，并不是谁要求的事。如果个体的积极性强了，自然能达到学校和社会的要求，但如果是学校和社会的要求过强了，那么反而误导个人的认识，甚至会让个体形成叛逆心理。对于个体生命来说，一些东西在这个过程中便有可能被扼杀了。

如果说 M 老师的教学态度对学生是一种强加——外在的制约，学生们的排斥心理还可以形成一种自保的话，那么 U 老师则让学生们自愿接受着他自己的观点。

U 老师是一位典型的老教授，他有学问、有涵养，随和又不失高度。让人感觉他讲的一切都非常珍贵，每次上他的课，学生们都不停地做着笔记。他总是微笑着回答学生们的提问。他也时常关心我在学校生活是否方便，为何上周没有来听课等问题，这让我很是感动。所以 U 老师上课的时候，我感觉教室是稍发黄的浅灰色，那样的色调严谨权威，并富有审美性。

U 老师不会只讲课本上的，还会毫无保留地把相关知识讲给学生们，包括某一段历史的真相，对某个人物的定位，对一些事件的认识，对社会现象的理解，对人生观价值观的把握。我感恩老师无私，敬佩老师的博学。但我看见，很多都是学生们没有涉及过的，没有经历过的，没有辨别能力的，学生们都全盘接收了。把老师的一些片面认识、个人观点或非主流思想，上升到了给事实定位的高度。这样的定位，很可能一生都不会改变了。学生们的全盘接收态度，让我感觉是他们个体的一种损失。

虽然每一个人都是历史的产物，我们不可能没有别人的思想观念，而独立存在于世间，但我们不能让别人的思想随便出入我们的内心，代替我们自己的思想。

老师的传教，不可能脱离他个人的观点。重点是学生自己，要有一个客观认识，更要有自己的主动认识的思考意识。我们可以接受某一种思想，也可以不接受某一种思想，重要的是我们是否正视了这种思想，并对它进行了思考。如果我们有这种过滤的能力，我想我们便是一个独立的人了。

一个人是否能沿着他的最佳状态生长，长成最好的他，这不仅需要合适的环境，更需要他自己的意识，毕竟生长是主动性的，是一个主动和外界互动的过程。

坐在这里，我想到了《庄子》中那个有用和无用的故事，无用的树就像我，没有人给浇水施肥捉虫子，却可以自由生长，有用的树就像这些学生，有人给浇水施肥捉虫子，却要被修剪，被造型。两种状态的人，有着不可代替的悲哀。

我想，只有社会对一个人的要求，正好也是一个人对自我的期待，那么世界上一定会有更多的花朵盛开，一定会少很多的垃圾，每一个人都更容易找到自己的路，社会也会减少很多不必要的消耗。我相信，世界的发展和个人的发展是统一的，如果有所分歧，必有需要改进之处。

2017 年 4 月 3 日

年龄的远与近

很庆幸,我这个旁听生比同学们大八九岁,这让我们没有那么强的对比。与同龄人的对比是很刺激人的,试想,如果我二十一二岁时来到这里会是怎样的感受,我的自卑一定会最大限度地泛滥,语言不再流畅,目光不再淡定,呼吸不再平稳。我会认为所有的目光都时刻注意我,我会把所有的语言和帮助当成伤害,我会把自己当成晾晒在这个群体中的疮口。我很可能在其中一蹶不振。

还好,年龄的差距,让我可以更客观地看待他们的优越,也更理性地看待自己的挫败。这是年龄拉开距离的优点。

而且,因为年龄上的距离,我们从心理上没有了距离。或者说有了彼此更合适的位置。就像两个人如果并肩站着,不舒服也不便于交流。而一个人坐在高处,一个人蹲在低处,一个人和蔼俯视,一个人崇敬仰望,一定是最适合谈心的。

同样,我想也是因为没有对比,他们才更愿意在课间蹲在我面前和我聊天,才更少顾忌地帮着找资料、推轮椅,才会在我面前表露在同龄人面前很少表露的想法。说老师有多看好他;他一定要考上某所大学的研究生;说她不愿意和同学们在一起,总喜欢独来独往;说她的家庭和亲人,说他自己的一些趣事,以及她对学校里的一些事和同学的感受。当然,也不会把我的态度当成同龄人的态度去看待,不会把我的话当成同龄人的话语去听。他们更善意,更包容,更尊敬地听我说话。我猜想,在他们眼中,我是一个他们群体之外的，令人稍有敬佩的弱者。

这也让我有机会走近他们，在我路过了那个人生阶段之后，以另一种方式走近了它。

我不禁要感叹，年龄，自然的排序，天然的位置。

只要你活得相对时间长一些，就算一事无成，年长也是资本。

一个官员看望平民百姓时，遇到七八十岁的老者，也要把正座让给老人的。如果没有相对更多一些的关心和尊敬，一定是不得民心的。

如有两个人因为什么冲突互相理论，一个年少，一个年长，无论谁的理多，年少者都要注意些分寸的，在态度上已经输给了年长者三分。

在生物法则上，年老者必然成为弱者，无论是身体还是思维，都不及年轻人了。如果没有尊敬老人的人文理念，年龄的增长将会成为更可怕的事。

人文法则说到底，可能就是用来与生物法则拉平衡的吧。

虽然和同学们的对比小了，但一些年轻的辅导员都是我的同龄人了。还好，已有些承受力的我只是无奈地笑了笑。

2016 年春季

取快递的路上

又来了一个快件,昨天刚请同学帮忙取了一个,怎好意思再麻烦别人。我们决定自己去拿。

就像母亲说的,都是好道,慢慢走吧。

端午节的校园显得更加宽敞,也更加安静了,想必离家近的学生都回家过节了。母亲推着我和姐姐两个轮椅走在空荡的路上。节日是可以放大人的孤独感的,再加上我们是第一次离家过节,所以我们的内心也不免有些空荡,尤其是母亲。母亲早晨出来前又遇到了一点让人感受到世态炎凉的事,所以敏感的母亲被自己的心情阴冷着。

路上不时有同学跟我们打招呼,虽然我看着人家不熟,但可能因为我们明显的特征,人家容易记住我们吧。每一句问候的话,都提醒我要回到眼前这阳光明媚的好天气中来。

我们停在了一个挂着"租赁修理自行车"牌子的门前,准备给轮椅轱辘打打气。母亲进去看了看,屋里没有人,只有一个通往地下室的入口,母亲喊了两声没有回答,就没敢往里走。我们刚来学校不久,对环境并不熟悉。我们只好继续往前走着找。

路旁停着许多自行车,有新的,也有非常旧的,那是许多青春的遗留物。

母亲说:"这么多车子还能找不到气管吗。"这时我们看到一个坐在自行车上看手机的男生,便向他打听,"同学,你知道哪儿有气管吗?"听到有人问，他转过身来。他看着我们想了想说:"你们等一下吧，我给你们拿去。"他便骑着自行车飞走了。三四分钟后他拿来了气管，并给我们的轮椅打了气。"谢谢你了同学。""没事。""刚才我们在那个修车的地方没有看到人。""我就是在那里借的，他在地下室。""啊!"我们都笑了。我看见健康的阳光在他脸上绽放。

母亲说:"你看人家孩子好哩。"我们继续前进，轮椅轻快了许多，我们的心情也轻快了一些。

我们走过了图书馆，想再打听一下快递点的具体位置。前方不远处一位坐在电动自行车上的男生在和旁边的一位女生说话，我们便走上前去问，"同学你好，国大超市后面取快件的地方怎么走啊?"那位女生指着前面说:"绕过了这个食堂，马路对过就是国大超市，从超市右边绕到后面就是了。"听到这里我有点汗颜了，那简直到了学校的西北角，而我们是从两千亩学校的东南角过来的啊。这时，旁边的男生说，"我给你们取去吧"。我们如遇救星一般把取货的信息告诉了他。那个女生帮着母亲把我们推到了阴凉处等候。女生便告别离开了，男生便骑着电动自行车为我们取快件去了。五六分钟后我远远地看见他回来了，车筐里多了一个快件。我内心瞬间很是感动。"真是太谢谢你了，我们可省事了。""没事，走了啊。"他轻松地说着骑上车走了。我看见那个同学远去的背影落满了亲切的阳光。

我感觉到，母亲的心情晴朗了许多。

这几个帮助我们的同学，我们并不认识，却像熟人一样一点都不陌生。但在生活中，有很多熟识的人都让你感觉到是那样的陌生，或许是因为有太多复杂的东西隔在了人与人之间，这些东西包括:利益、防备、嫉妒，这些东西让人心最美好的部分隐藏不见了。而这时，我仿佛看见无论认识不认识，人和人之间那份最初的关怀。

我这样想着，走在回去的路上。天气有些热了，母亲因此加快了脚步。我听到了她喘气的声音。

走到女生宿舍前时，我看见一个女生刚打开了自行车钥匙，准备走，抬头看见了我们，便对我们微笑着说，"你们去哪儿了？"原来是D。每次下课都有同学送我们回去，而她送我们最多。她当即把自行车又锁上了，打电话推掉了一个什么约会。我很不好意思，就执意阻止她，我说：不要耽误你的事，我们可以的。她却执意推掉了约会。

她推着我，母亲推着姐姐，一路上我们聊得让我忘记了疲惫。D推轮椅的技术已大有提高，有台阶也不用母亲帮忙了。我感觉这个来自云南的小姑娘真像我的一个妹妹。这个小姑娘柔软的声音让我记住了校园里纯净的阳光。

回到宿舍已接近中午。我们冷冷的心已被一上午的阳光晒暖了。温暖让母亲原谅了她内心的阴冷。

取快件的一路上，遇到了这么多让我感动的事，这么多让我感动的人。仿佛上帝的安排，要在这个孤独的节日里给我们更多的陪伴。

我们所遇到的所有帮助，从道德方面说，都是奉献。从心理学方面说，这叫利他。但我想从生命本身的角度说，这是人类最纯粹的爱。它超越了亲情、友情、爱情，因为它是最无私的。

当一个人将这种爱释放出来，那么他的"我"就变大了，他的生命也会因此变得广阔而丰富。这是人类最天然的情感，这种情感就是生命最原本的一种积极状态，只不过是很多时候被生命的另一种消极状态压制了。如果人们懂得了并自觉地选择积极的状态，那么大同世界也就不远了。

我的道路格外艰难，但也正因此，我才看到了那些生活顺利的人无法看到的美景。这美景就是人和人之间的互相帮助，这帮助可以是一份艰难的付出，也可以是一个简单的微笑，但都是能抵抗生命阴霾的阳光。正因为有了这阳光，我才能在坎坷的道路上走到现在。

姐姐说，"世界上总会有美好和丑陋，我们总该为世界的美好而活着吧"。这真的是一个容易被人忘记的真理。

当你为了美好而活着，那么，你必定会存在于美好之中。

如果上帝真的需要每个角度的人说出自己的所见,那么我要说,人间有爱!人间的爱最美!

写于 2015 年 6 月 20 日(农历端午节)

写在母亲节

今天是母亲节。淘宝招摇着中老年服装的广告，康乃馨也被摆放在花店显眼的位置。面对这些，有朋友轻描淡写地对我说：这都是商家的促销手段，掏你腰包呢。没错，但这又让我们想起些什么呢？

这个母亲节我没有送给母亲什么礼物，只因为这几天真是格外忙。不只是课程多，母亲身体不适，还有就是央视新闻记者跟拍了我们好多天。主题是报道我的母亲，多年来照顾我和姐姐的故事。

早晨母亲推着我们俩，走在宽敞空荡的听课路上，远处是一台摄像机望着我们。那一刻，我们被放大了。

太阳在我们背后，我们前方的影子就像一个"山"字，因为母亲在中间支撑着，我们三个就是一座坚不可摧的山。这座山，在风雨中矗立了三十年。

母亲这个词是相对于孩子而存在的。自从我们来到这个世界上，我的母亲仿佛就只是母亲，女儿、妻子、一个独立的人，这些身份都成了次要的。她每天所做的只是照顾我们，其他的事便再无精力和时间去顾及了。母亲用她的爱拼命弥补着我们生命巨大的缺失。

我无论将什么想法付诸行动，同样也要以母亲的付出为代价。我幸运地得到了来大学听课的机会，而让这个机会成为现实，却要让母亲付出多少辛劳。

在学校，母亲一个人照料我们两个人的生活起居，为了让我们的时间符合课程的安排，每天八点上课，她五点就要起床，为我们穿衣洗漱，整理要带的物品，大多时候，是她跑着收拾，也没有吃早饭的时间了。

每一次走在上课的路上，在清凉的晨风里，在干净的阳光下，在宽敞的大路上，我内心无以言表的幸福油然而生。因为我知道，我们走了一个多么漫长的旅程才走到了这里，我们经过了多少坎坷和努力才有了现在这个短暂的美好时光。

而这一切的动力都来源于母亲，是母亲让我的轮椅在前行。

记得去年的第一场雪，母亲推着我们两个去上课。雪一边下一边化，后来又一冻，地上积了厚厚的雪饼，我的轮椅面对这样的路也退缩了。车轱辘就是不转，几乎是每走两三米，母亲就要把轮椅抬起来，往后倒转一下车轱辘，才能继续走。我们用了比平时多三倍的时间才到了教室。那天我听了《红高粱》的复杂结构分析，了解了作品的双重时间。我生怕落下老师的任何一句话，却已忘记了坐在我身旁的，经过一路辛苦后进入温暖教室的母亲，已大汗淋漓。

这就是我们的路，在这条路上母亲从未退缩过。

多少年来，是母亲的爱，在风雨中化作了大伞，在冬天化作了棉衣，在坎坷的路上化作了拉着我们向前闯的老黄牛，在黑夜里化作了我们可以归去的温暖灯光。母亲的爱，就是我的太阳、月亮和时间，母亲用她的生命让我们每天出生一次，母亲的爱让我们像人一样地活着。

面对镜头，被放大的不仅是母爱，同样放大了一个女儿内心的惭愧和自责。

多少次，看着母亲为我们洗澡累得满头大汗，看着母亲生病后独自去医院，看着母亲不小心摔倒，我都看着，却束手无策。

我将有如此爱我们的母亲而幸福的笑容挂在脸上，却将剧烈的疼痛留在心底。我说，我会用尽可能的方式，去回报母亲，去给予她幸福。这多像一句空话。

昨天我和母亲去买药，那是我们常去的药店，坐堂的大夫很健谈，跟我们讲起她的孩子就喜上眉梢，说："昨天晚上我的儿子对我说，妈妈快母亲节了，老师让我祝你母亲节快乐。等我长大了给你买最漂亮的车和最漂亮的衣服。"这位三十多岁的女大夫脸上绽放出一个母亲最幸福的笑容。我说，是啊，明天是母亲节，给你妈买礼物了吧。她说不住在一起，买了也送不过去。她的笑容戛然消失了。并由此讲起了她父母对她的埋怨，以及父母给她带来的众多烦恼。

事实上，生活中这样的情况并不少见，当儿女们成家立业，不再需要父母的照顾了，父母的爱便成了他们的负担。仿佛和父母之间不再熟悉，父母的一些习惯，儿女已经无法再接受了；父母的一些做法，儿女也已经完全否定了。除此之外，随着儿女生活中重要人物、事件的不断增加，父母的位置一再往后排，怠慢谁都会给自己造成损失，但怠慢父母不会。所以慢慢地，父母的感受被忽略了，父母的想法被忽略了，父母的利益被忽略了，甚至是父母的存在也被忽略了。最终，在情感上只剩下了应付，在理智上只剩下了责任。

虽然大多数人不会像我一样，一直需要母亲的日夜照顾，但我相信，母亲的爱是一样的，只是在儿女的不需要中被忽略了。

我不禁要问，难道当一个人独立后，有能力去孝敬父母的时候，孝，就不那么重要了吗？难道让母亲幸福，只是一个孩子的愿望吗？

其实，母亲的命运有着天然的悲剧性，随着孩子成长，对母亲的依赖越来越小，母亲也就越来越孤独了，母亲看着孩子成长而感到的喜悦，也就常常伴随着这种孤独。

龙应台说过，亲人之间无非是一场目送，母亲面对着孩子，目送着他一点点远去，让母亲的爱再无着落。

这和时空上的距离无关，和一个孩子是否孝顺也没有直接关系，这是一个母亲，面对时光，面对自然法则，面对衰老，必须承受的生命的重量。是人所无法改变的。

当我们有了自己的能力和思想，有了自己独立的生活和心灵空间，母亲就再也无法靠近我们，只能远远地望着。

但值得儿女们注意的是，儿女的忽略会让本已孤独的母亲掉入深渊。

虽然母亲的付出不图儿女的回报，但如果自己的儿女是一个不懂感恩的人，在不需要之后，忘记了母亲的付出，哪个母亲会不伤心？那母亲一生的付出只能化作一声叹息了。母亲的爱或许不需要回报，但一定需要回应。

再加上年老的母亲随着能力和社会地位的下降，儿女就变成了她的天，就像小时候母亲是儿女的天一样，但如果儿女不去为母亲撑起这片天，母亲的天就塌了。

虽然谁也无法改变自然的法则，岁月的流逝，但儿女的陪伴、理解、关心，还是可以抵抗生命本质孤独之外，那生活中的孤单、无助以及内心的失望的。

希望所有的儿女，用最大的努力，去弥补我们的原罪，那就是，我们都长大了。

希望我们不要忘记小时候那最初的美好愿望。

母亲节这天，母亲依然在诊所打吊瓶，为了照顾我们，便把我和姐姐一块推了过去。一个同样在那里输液的音乐研究生对我们说，你们两个真孝顺，都来陪你妈。我们笑了，母亲也露出幸福的笑容。或许在这一点上，母亲的确是幸福的，因为她的孩子长不大，永远需要她。

写于 2016 年 5 月 8 日

两个回字

这段时间往返比较频繁，所以感觉这两个地点的距离近了，午后我还浸泡在动画片的吵闹中，但在日落之前我便在六十公里外的大学校园散步了。这样无疑拉近了家和学校之间的距离。

不知这样的感觉会不会在离开这里之后，而重新变回去，我想会的，因为这只是时空上迅速转换造成的错觉，而本质上我和这里的距离并没有拉近，在我的轨迹中它仍然是一个意外的风景。

刚来学校不久的时候，我就发现，我存在角度的混乱。在学校时我说：我明天回家，我这段时间不回家。而在家里我说：我就要回学校了，等我回学校吧。回，是一种归属，你要回到的地方，应该是你所属于的地方。回家、回单位、回国，说这话的人一定是他所要回到的地方的一员。而我无疑不是河北师大的一员。或许我更应该像别人问我那样，用去和来字，你还去学校吗，你什么时候来学校。但是我没有改，因为我觉得这样说更接近我的真实。

记得有两次，我的意识是那样恍惚。

我竟分不清，那个整洁精致的小院和这个宽阔优雅的校园哪一个更真实；我竟不能肯定，那个从我有记忆一直睡到现在的大床和这只容一人的上下铺哪一个更亲切。当然我所说的校园、上下铺不是普遍意义上的，而是对于我个人而言的，从普遍意义上说，我对于这些只是一个过客，而对于我个人而言，这里是我想象出来的，是我期望出来的。

前段时间母亲咳嗽、气喘，输了好多天液，仍不见好转。那天傍晚，母亲焦虑不安地说想回家了,她给父亲打电话,父亲说,这都快黑了,我这两天就去接你们。我看到母亲的表情更加无助和恐慌了,多像我小时候惶恐的样子,而每当那个时候母亲总会不顾一切地保护我,更何况身体不适的母亲再独自照顾我们真的是太吃力了。我便第一次尝试打电话叫了可以装下我们两个轮椅的货的,在天黑透之前起程回家了。因病显得格外憔悴的母亲对我说,孝顺闺女。

我的泪水开始在我的眼睛后面打转转。医生说母亲很可能要留下气管炎的病根了。我深知这种病的痛苦,便无比地自责,如果没有这番劳累,怎么会成为这个样子。如果真的好不了,我将后悔终生。贪心是要付出代价的,而这代价不应落在母亲的头上啊。

我们走得很匆忙,我已经做出了和这里永别的准备。

幸运的是,回家后没几天母亲便好了。

家又恢复了往日的安宁和舒适。

当我重新在书架前看书,转头望一眼窗外,依然是不变的格局,树在那,房子在那,天空在那。亲人在走动,做着每天这个时间要做的事。多年来,我就是以这样不变的角度看世界,仿佛我是静止的,而变化的只有世界,只有风在吹动风中的人和事。

我开始怀疑,我坐在课堂听那些文学理论,我去食堂吃饭,我和同学谈笑,这些是真的吗?在我身处的这个世界,找不到那个世界的任何迹象。这里的人不会提及那里,这里的事和那里的事没有任何关系。但是家里没有我的电脑和枕头,它们还留在我的宿舍里,多像我把它们丢在了梦中。

这里如此安全,如此踏实。但在这里,又有一种说不出的缺乏,有一个我飘浮在半空中,没有着落。

没过几天,同学们让我来参加一个活动,我便回到了学校。

当我又回到学校,我竟然有了另一种回归感。

看到这里的一切,仿佛与血肉相连的亲人久别重逢,伤感而激动。

当我闻到我所居住的楼下那标志性的牛肉面在飘荡的味道,竟有说不出的喜悦。或许这里就是那个在半空中飘浮着的我可以停靠的地方。

当我再一次在宿舍窗前发呆,我竟然开始怀疑,那个三十年伴随我成长的家是否真实存在着。

同样这里也没有那里的消息,所有的人都不知道世界上有那样一个院落,那样一种生活。

我无法把这两个世界融为一体。它们互为虚化。

或许现实的生活,就是一种假象,而内心的影像才是真实的。这里是我内心的指向所让我到达的,所以它更接近我生命的真实。这种真实的意义不再于这里的实际意义,也不是我个人安身的住所,而是路上的一处风景。

我写下过这样两句诗:在路上／我便安下心来。

有人问我,人们都说在家里才是最安心的,你怎么说在路上才会安心?

当时我只是笼统地说,一种是生活上的,一种是灵魂的。因为我一时不能找到合适的词语,如果分析,那是一个精密、细微的结构。

这是两种不同的安心。

家是一个人在世上的根,这里聚集着你为数不多的、至亲的人,有你珍贵的记忆。这里见过你的脆弱和隐私,这里包容着你所有的错误和过失。在这里你可以放松下来,可以远离外面的纷扰,可以调养你疲惫的身体。有家,你就不是一个影子。你就不是走在茫茫大雪中的一只孤独的狼。更因为这里有爱,给了你生命最纯粹的快乐和温暖。我们会感到安宁,但那是一种为身体或者生活而感到的安宁。

当你的内心开始激荡翻天覆地的力量,当你的梦想,开始期待成为现实,一个人的灵魂便醒了。醒来的灵魂不再感受到安宁,而更多的是不安,你听到了自己许多吵闹的声音。

所以你离开了家,上路了。

去寻找一种圆满。

在路上，再多的磨难和风雨，再大的孤独和委屈，都无法让你回头。

因为在这条路上，才能满足灵魂的需求。

所以灵魂的归宿，不是一个点，而是可以在路上，而是可以去漂泊。

从通俗意义上说，这也就是一个人的价值追求和自我实现。只有在这个过程中，我们才可以感受到另一种安宁，这种安宁来自灵魂。

每一个在外漂泊的人，都会说自己是多么思念家乡，最幸福的就是回家。但是没有谁，愿意一辈子守着那份家的安宁，更没有谁能够一辈子只满足于那一份家的安宁。但是每一个离开家的人，也会在一番漂泊之后，回归现实，寻找现实中的安宁。

这是人生的两种回归，一个是现实的，一个是理想的。它们是生命的两极。是永远的矛盾，也是永远的眺望。

这两极，拉出了生命的张力，画出了人生无比魅力的版图。

2016 年 6 月 19 日

国培大厦

国培大厦位于学校的东南角，十九层高的楼身在楼群中凸出来，远远就可以看到。这座大厦主要用于承担短期培训。虽然是酒店，但风格上与外面的酒店大有不同，没有为了突出华贵而刻意追求的奢侈感。它的风格是那么素雅，却不失高贵，和学校的气氛很是吻合。

来到学校，我们首先来到了这里，当我看到前台的几个字：河北师范大学，便被它素雅的高贵所震着了，这种震让我突然无声，却精神倍增、热血沸腾。仿佛一个疲惫不堪的乞丐，突然走进了一个欢声笑语的村庄。

我们在十三楼的一个阳光充沛、宽敞干净的房间安顿了下来。

将近一年半的时间，多少个风雨交加的傍晚，多少个寒冷的冬日，我都奔向这里。无论我去哪里，走了有多远，我都会回到这里。这里给了我一份短暂又微小的安宁。老师同学和亲戚朋友，以及记者和快递小哥，都会来到这里找这个叫刘厦的人，这座大厦就是我的位置。

我离开了那个长久所在的家，拥有了这个新的角度看世界。

刚住进来的时候，和这里的人还不认识，只觉得和 J 亲切一些。我们进进出出经常会遇到她，她扎着一个马尾辫，走路很快，待人热情，是个利索人。她只比我大两岁，但好像大十几岁的样子，不是老，而是她说话、办事都很成熟。那种成熟是因实际经验对人格的塑造而来。后来在聊天中得知，她十几岁就不读书了，从服务员一直干到了餐饮部经理。让我感到对她敬佩的是，一个在社会打拼多年的人，仍然有这么纯粹的助人之心。

我来学校听课，住宿是个大问题，不能太远，出入也得方便。幸亏有 Z 帮忙找，幸亏 Z 找到了 J，幸亏 J 鼎力相助，向她的领导申请，幸亏她的领导慷慨同意。为我们免费安排了房间。这一系列的幸亏，让我感到幸运又不容易，这一系列的幸亏，彻底打通了来学校听课的最后障碍，让我在这个大学校园有了一个容身之所。

J 知道我们有母亲陪同，想到将近六十岁的母亲上下铺会不方便，就给我们的房间里加了一张单人床。后来，每次过完假期，只要我们一个电话，她就会帮我们安排好房间。

有时候我会想，真希望 J 能有什么用得着我的地方，我一定鼎力相助，可惜自己的能力太低了，这份恩情无以回报。

慢慢地，和这里的人便熟悉了。大个子维修工、巡夜的小保安，还有那一群操着老石家庄口音的服务员。慢慢地也知道了，哪个电梯容易颤抖，哪个窗口可以看到太行山。

慢慢地，我熟悉了薄雾的早晨，朦胧中安静的楼身，熟悉了清凉的夜晚，下课路上远远看见楼身上红色的大温度计。我习惯了大风的夜晚，那来自山谷的呼鸣声，习惯了窗外那天空，盘旋的鸽群。

楼道里无论白天还是深夜，都会听到时不时的脚步声、说笑声、口哨声，还有跑调但愉快的歌声。来到这里的人们都像度假一样轻松悠闲。事实也的确如此，他们都是带薪培训，而且有很多的时间可以自由活动。

来到这里的人们，有衣冠楚楚来开会的机关干部，也有穿着土气来培训的基层教师。这些"邻居"短的只住两三天，长的有个把月。有时候长长的楼道说空就空了，一空就是好几天，晚上母亲坐在我们房间外晾热，声控的灯忽明忽暗，母亲会说：这层楼就咱们三个，怕乎乎的。

后来，住进了几个大一的学生，四个男生一间宿舍，两个女生一间宿舍，他们经常在楼道里打闹。母亲说：住着几个孩子挺好。

女生经常敲着男生宿舍的门喊一个叫家奇的男孩，拿着篮球出去玩的男生也会喊这个名字：家奇快点。可见那个男孩是很受欢迎的。那天我们去听课，刚准备上电梯，发现两个轮椅有三个轮胎没有气了。那几个男生的房间正好挨着电梯，母亲就去问他们有没有打气筒，一个瘦瘦的男生拿出了给篮球打气的打气筒。他随即叫出了这个叫家奇的男孩帮忙。是一个高高胖胖的男孩，笑起来很像孩子，十月份了还穿着短裤。这个叫家奇的男孩以很快的频率打了几百次，终于让三个轮胎鼓了起来。我说：谢谢你家奇。他惊讶地说：你怎么知道我的名字。我说：你的名字被他们使用率最高了。我们便笑了。慢慢地，我们便像邻居一样熟识了。这个男孩会帮我们调空调温度，还会在着急上厕所的时候才发现没有手纸，赶紧来我们房间要一点。

后来，过了一个寒假，我们再去的时候被安排在了别的楼层，而去年那层开始装修了，此后就没再遇到过那几个孩子。

人和人的相遇就是这样随机，风吹动着浮萍，也吹动着人群。

星期天没课的时候，我们多数会在房间待一整天，到傍晚的时候，母亲会说：出去转转吧，快黑了。

我们会在大厅外的露台上吹吹风。露台正对着学校的东南角，没有几步远就是一段短墙，走过去只到人的胸口处。而墙的那边地面要低将近一人高，是一个旧的小区，几座住宅楼和国培大厦仿佛对坐着，能看见彼此的窗户和那窗口中的人。但仿佛又是无话可说的，因为这段短墙隔断了那边一条小街的去路。

我们在露台上，可以清晰地看到那街上的景色。街边简陋的门市外摆放着"蔬菜、面条"的招牌。路边的烧烤摊在傍晚又红火了起来，烟火味飘进了这边的大厅。摊位旁几张桌子也陆续聚集起喝酒的人。偶尔会有一辆车从坑坑洼洼的陈旧路面上驶过来，看到这段短墙，才知道这已经不是一条路了，只好从一边的建筑垃圾旁绕走了。

我看见，一丛草后面，短墙不知被谁偷开了一个小缺口，偶尔会过来一个人，我想象着他的来历和去向。而这边也会有三三两两的人被那边的烧烤味吸引过去。

  仿佛短墙那边是社会的下层建筑，这边是社会的上层建筑，它们互不可缺，它们紧紧挨着，却又无法融合，我不知道这是一种和谐还是不和谐？

  我感觉自己也像从这个缺口溜过来的。我不属于这边，我也不是那边的人，身份认同的焦虑再次打扰了我这个俗气的人。

  当一阵晚风吹到我的脸上，当我看着这座大厦进进出出的人，我觉得自己很愚蠢。人生何处是归处，哪里不是逗留呢。每一个人都在路上，在一个个身份中转换，在一个个地点逗留，在相遇和离开中前行，没有人确定前方是什么，自己会成为谁。

  这座大厦的一个房间就是我现在的住所，我在我的路上走着。想到这里，我便安下心来。

2017 年 3 月 30 日

演讲后记

收到如愿短信时，距离演讲只有四天半时间了，我应该给大一的学生们讲些什么呢？

我知道辅导员的期待，希望用我们超常的人生苦难和建立在这苦难之上的精神毅力，去激励学生们。前者的意义是：看到比他们不幸的人，能感受到自己的幸福和满足，从而懂得珍惜。这意义来源于他们那里，不是我所能控制的，命运给予我的苦难，如果对他们有用的话，我想那也挺好。后者的意义是：对待人生的方式和态度，从这个叫刘厦的残疾人身上获得启发和动力，希望她能给大家带来更多的正能量。我很感谢，无论谁对我有这样的期待。这后者的意义应该大部分决定于我的演讲内容。

人总是期待有发言机会的，或许从某种意义上说，每个人都在争取的其实是发声的机会，努力工作，是为了拥有更好的生活和提高社会地位，赢得相对较高的社会地位，是为了自我有机会得到发挥，而这发挥很大意义上就是发声（当然，希望发声，不代表发的声有价值）。我的写作如此，我的一切努力也是如此。

其实我想对世界、对所有的人有很多声音要发出，为残疾人发声，为社会的弱者发声，为迷茫的人发声，为追梦的人发声。无疑这些对于这次演讲来说都是不合适的。

第一，我还没有这资格，这样的命题应该由哲学家、学者和成功人士来谈论，而我只能算是一个精神可嘉的奋斗者吧。

第二，对于刚进入大学不久的孩子们来说，这些还很遥远，即便是真知灼见，因为他们的成长底色没有在那，也是无法理解的。就像发展心理学说的那样，教育应该走在发展的前面，但这个前面，必须是下一步要走到的地方。

考虑到导员的期待，考虑到学生们的接受阶段，我做了题为"感恩与梦想"的演讲。

通过我的经历和体验，诠释了感恩对我的意义，表达了我对梦想的理解。其实这两个词是相连的，也是我体会比较深的，最重要的是，我相信这两个词是贯穿人生始终的。在人生丢失任何东西的时候，这两个词没有丢失，大方向就不会错。所以人生的坐标这两个词应该排在首位。

关于感恩，我说：如果说我是一粒种子，命运的磨难就是压在我头顶的石块，那么对所有的爱怀有一颗感恩之心，就是我破土而出的力量。当一个人真正学会了感恩，那么你就成熟了，就强大了。

2015年5月摄于河北师范大学（左姐姐刘宁、右刘厦）

关于梦想，我说：或许人生的意义就是对梦想的追求，而目的绝不是梦想的实现，而是在追求梦想的过程中，去寻找自我、去创造价值、去体验人生。梦想会在不同的人生阶段表现出不同的形态，也会因现实的困境而改变存在的方式，但一个人的终极梦想是不变的，那就是，生命之花的绽放。

最后我说：生命的存在状态千差万别，每个人面临的磨难和选择也不同，但是，感恩和梦想的意义对于我们是一样的。只有学会感恩、坚持梦想，才能拥有属于自己的精彩人生。

这些话都是我掏心掏肺的，都是我走过一段段心路寻找到的沉甸甸的真理。当然，我认为人生经验是不能复制的，别人告诉你的结论，和你自己得出的结论是不一样的。我不知道对于这些 90 后是如何理解的。我只是在演讲的过程中，看到无数专注的眼神，看到很多会心的微笑和抑制不住的眼泪。

文学院书记闫东利在讲话中诚恳地说：希望你们看到她们就不再抱怨老师管得严，不再抱怨课程的繁多，不再抱怨生活中的一点不如意。我想，或许演讲效果如她所愿，但肯定是暂时的。一个人的人生体验终归要回到他自己的环境基础上的。当然他们的烦恼也好困惑也好，是别人无法体会的。不过我倒是觉得，分享他人的经验和理论，是可以帮自己开阔眼界、增强智慧的。我只希望我的演讲能给同学们在潜意识中留下一些印象，在需要的时候，感恩和梦想这两个词更容易被自己发现。

我相信，颓废的人不会因此而不颓废，努力的人会因此而更努力。

演讲后，我回答了同学们的一些提问，朗诵了自己的诗歌，两个学生也朗读了我的诗歌，并播放了我创作的歌曲。

因为我的麦克风效果不好，担任现场主持的男生便蹲在我旁边，坚持全程为我举着麦克风，现场主持的女生口齿伶俐、反应机敏。面对在座的 400 个同学，我依然感觉到了轻松和亲切的气氛。或许这就是 90 后年轻人所散发出来的震动波吧。

我对 90 后印象很好，特别是来到大学进入他们中间后，我可以感受到他们真诚的善良、朴素的热情、踏实的做事态度、具体的思维模式，让我感觉是非常有为和靠谱的。大众对他们有很多偏颇的认识：没有独立能力、不能承受压力，这些都是一个时代新出现的问题，但希望人们在看到这些问题的同时不要以点带面。

他们也是可以担当起社会责任的一代，可以创造出更加先进文明的一代，是可以出现了不起人物的一代，但方式和状态与任何已有的历史状态不同是肯定的，或许这就是发展。所以要用新的角度去看待新的事物，而不是用旧的图式去硬套。

当然，每个时代都需要英雄，我们的社会同样需要榜样，而一个榜样的诞生，不是这个榜样有多么超常之处，更不是靠宣传和媒体制造的，而是大众，大众能够有统一的认识，价值标准。正如，在那个集体主义突出，崇尚无私奉献明显的年代，雷锋才能出现，雷锋精神才有那么大的影响力。所以，说到底是信仰，当我们的大众有了明确和崇高的信仰，有了坚定和共鸣的信仰，才会有真正的、深入人心的榜样诞生。

2015 年 12 月 11 日

死亡或出生

非常巧，这最后一堂课，正是我第一天听的那一门，而且是相同的教室和老师。

我曾在这里满怀欣喜，而今却在这里满怀伤感。

一年多的时间，生活方式足够让一个人形成习惯，生活内容足够让一个人形成错觉，我竟然觉得我是他们其中的一员了，此刻才明显意识到原来不是。

我走近这里的一切时，感觉是额外的收获，而离开这里的一切时，却成了一种割舍，感觉失去了我的一块血肉。这不仅是一个人的贪，更因为在这个过程中，这个人已经完成了一次新陈代谢，改变了这个人世界的组成部分。

老师把没有讲的内容，在这一堂课上统统都塞给了学生，学生们匆忙地记录着一个个知识点，这一点倒像一切结束时的常态，那就是有太多来不及了。除此之外，一切像往常一样。

下课时，除了几个同学找老师要课件，更多的人照常迫不及待地走了，没有人和老师道一声别。或许这就是一种群体的冷漠吧。

我在原地没有动，等着拥挤的学生离开后和老师告个别。

……

我最后一次跨出了教室门槛，最后一次走在下课的路上，最后一次感受这强烈又清澈的阳光，最后一次路过食堂、宿舍、守正园的石碑，这里的一切已经熟悉了我，但我将在这里消失了。我知道，现实的洪流将我冲走后，并将越冲越远。

我感觉自己真像一个生命走到尽头的人，无比留恋世间的一切。我又尽量拖延了两天，跟文学院的领导、老师、同学以及所有帮我实现这次听课的人告别。我又抓紧时间去了一趟学校心理咨询服务中心，拜访了一位心理咨询的成功人士，也接受了一些文友的来访。好像什么事也不能再拖延了。

我的行李已经收拾得差不多了，宿舍已经看不出我来过的痕迹。

我望着窗外，天阴得很低，燕子们不知去了何处。

这里的一切都是那样美好，给了我无限的吸引。不仅因为这里汇集了理想和青春，不仅因为大家对我的爱戴，不仅因为这里靠近文学，更重要的是，在这里可以做我想做的事，所有的遇见都是我主观选择的结果，我觉得这属于我的生活。我甚至想留下来，哪怕做一个永远漂泊的人，也要漂泊在自己的世界里，不再做谁的附属品，不再做生活的旁观者。

这样的贪念，足以让我陷入巨大的悲伤中。我看见开阔的视野尽头，是绵延的山。

我再一次看到了局限，这个局限不在于外界，就在我自身，它存在于客观的我和主观的我。客观的我的局限就是我并非一个行动独立的人，主观的我的局限就是我并没有超越客观局限的能力。

父亲惦记院子里的菜有没有人浇，母亲想着柜里的被子该晾晒了。要不是为了完成我的意愿，他们哪有这番长征般的辛苦。他们拿着老命，扛着不是，陪我"玩"的时间不短了，是时候回去了。

土归土，尘归尘，我这个妖来人间游历一番之后，终归要回到我的妖界的。

我体验着一个凡人巨大的失落和迷惘。

J姐来送我们，她依然是那样热情开朗。就像她来接我们一样，她又帮我们将行李搬上了车。这多像一个圆满的结局。

与她告别之后，我的车子缓缓驶出了河北师范大学。我作为一个过客而来，又作为一个过客而去了。

我为我从出生一直到死去都将在同一个地方而感到羞耻，我为我从未远行过而感到遗憾。所以在一年前，我勇敢地，而且唐突地打破了安稳的现状，带着期待和很多问题，不惜代价地，不计后果地来到了这片新的天地。因此我的生活发生了翻天覆地的变化。

虽然这里是学校，相对社会而言是比较简单的环境，但是它同样是社会的一部分，有着社会的普遍特征，而且因为是文化理论集中地，所以更可以摸到明显的当代意识形态的脉络。不仅如此，更因为我的特殊，让我不能像一个普通学生那样单纯地听课学习，我需要接触更多的人，处理更多的事，不断地接受采访，不断地参加活动，所以我要面对我的迷茫、抉择和承受。在这个过程中，我一次次超越了自我，我看到了自己更多的潜能，很多时候我都佩服自己，因为我知道我有多么愚钝和脆弱。

我的很多问题找到了答案，我的很多期待得到了回应，我对自己和世界也有了新的认识。这让我感到成功，我为此而感到欣喜。

但是，尽管有了翻天覆地的变化，也只是内容上的。我的存在形式并没有发生改变，依然是我苦难的命运和可嘉精神博得了施舍，以及由此产生的社会效应。并非我能力所致。因此，谈不上成功与否，只能算是幸运。我为此而感到可悲。

雨点落在了车窗上，没有打扰在这里生活的人们。我走在来时的路上，貌似原路返回，但我已经回不去了。

我这条沉睡多年的蚯蚓，向外探了探头，早已惊动周围的土壤、小虫、石子，我周围的结构已经发生了改变，所以，我再回去也不是原来的位置和环境了。更何况我看到了很多以前看不到的东西，我理解了很多以前不理解的现象，包括别人与我自己，一切随我的认识发生了改变，所以，我将踏上一段新的征程，新的征程的坎坷我可想而知。

出发的时候我说，不管前面是什么，只要能打破生活固有的格局，我希望在毁灭中得到重生。我的出发的确打破了现状，但是能不能重生我还不知道。

　　追求梦想的过程，也是对梦想损伤的过程，无论是否能够实现梦想，它终将一点点消失，转化成生命的代价。这个过程需要一次次死亡和一次次出生去完成，我再一次死去了，我走在再一次出生的路上。

2016 年 7 月 4 日

第三章
独白者在

独白

这是一篇关于残疾人的,不,是关于残疾的,不,是关于人的,关于人的深层冲出与困惑的文章。

——引言

1. 独白者在

世间有千万条路,每条路上都有许多的同路人,走在这样的路上,人们可以结伴同行,可以相互问路。花香鸟语彼此可以分享,风霜雨雪彼此可以搀扶。但是世间还有一条小路,这条路就在人群中隐藏。这条路偏僻而崎岖,这条路唯有寻找者独自行走。

这条路是一种境遇,一种逻辑,一种缺失,甚至是一句话的叙述方式。我在这条路上独自行走,你也在,其实每个人都在,但我们却老死不相往来。

我要虔诚而勇敢地将我看到的一切说出来,不管是可悲还是可笑,不管是不是使命,却是一种必然。

就像苍茫黑夜里,远处那一声无名的鸟叫,没有人知道它在哪里,没有人知道这一声鸣叫在呼唤什么。但这一声鸣叫,叫出了黑夜的苍茫,叫出了大地的辽远,叫出了灵魂的孤独。

这一声鸣叫,不为什么,只因为,独白者在。

2. 鬼在我这里

自从我以轮椅的形式存在，从某种意义上说，我与人群就成了两体，我和世界便遥遥相望。

但开始我并不知道，直到我看到一个狰狞的鬼，我惊慌地对所有人说，你们看有鬼！他们说，哪里有鬼？这时我才知道，原来他们都看不见，鬼只在我这里。

但我仍然希望他们能够知道，我所看见的这个鬼有多么可怕，我说，真的！真的！太可怕了！

或许也正因为他们看不见，所以有些人相信了。

我便给他们讲鬼的模样，我说，它日夜与我同在，白天每时每秒跟着我，夜晚挥之不去的影子让风高月黑。它让我吃什么都失去了味道，它让我开始讨厌别人的欢笑。只是无人知道这一切。

我以为他们知道了，就可以帮助我对付鬼。但是我错了。他们刚开始觉得刺激，也很同情我的遭遇，但是后来觉得太阴森，就不愿意继续听了。这时我发现，我如果继续说下去，我就是鬼。

因为没有人愿意走近鬼，没有人向往痛苦，躲避不幸，是人生存的本能。

那个鬼始终在变幻着模样吓唬我，每一次都让我毛骨悚然，每一次都让我想大喊有鬼！但我不会喊了，我得自己想办法对付它。

我想让人们离我近点，或者说我想离人们近点，以此抵消我的恐惧，就挑他们爱听的说。

我发现，他们喜欢听英雄的故事。

后来我说，鬼又能怎么样我，说的时候配上灿烂的微笑。瞬间，鲜花和掌声便来了！我觉得好热闹。

原来他们需要有非常人去面对鬼，去创造奇迹。这样他们便有了抵抗他们恐惧的希望和信心。

我以为，有鲜花和掌声簇拥着我，有那么多目光陪伴着我，我就不害怕了，那鬼就不敢来了。但当鬼再一次出现，我发现，他们簇拥的不是我，那是一颗遥远的星星。

我依然在这里，他们依然在那里，这里除了鬼对我不离不弃，空无一人。

3. 内部的异类

残疾人的处境，从情感上没有人能够同感，但从理性上推论，残疾人的痛苦其实也简单，我打个比方你就明白了。

比如，你看到那个你爱慕已久的人，正坐在舞会的一个角落喝酒，身边变幻的美女都注意到了他，而他忧郁的目光望向远处，你知道他在期待一个美丽的灵魂，于是你决定出现，但当你优雅地走到他面前，却突然发现自己是一只让人作呕的蛤蟆。

此时，你不知道应该继续站在那里，还是找个缝赶紧钻进去，继续站在他面前，是对他的侮辱，找个缝钻进去，是对自己的侮辱。正在这尴尬的时候，他面无表情地看了你一眼，然后就走了。

我怎么会是一只蛤蟆？每一个残疾人都会反复问自己这个问题，累了就歇一会儿，然后继续问。

这话如果你问别人，得到的回答是，你本来就是蛤蟆啊，你是一只不接受现实的蛤蟆。回答的方式不同，但意思是一样的。所以又会出来另一个问题：并不是你有了一个不该有的身体，而是你有了一个不该有的灵魂。

于是你决定尝试着忽略灵魂，服从现实，安心做一只蛤蟆，但当难看的蚊虫飞到你面前时，你却怎么也不想吃。

很多大师告诉你，这就是命运，将人的灵魂放在一只蛤蟆体内，是上帝的兴趣。

你便反驳，我凭什么要听他的！我为什么要听他的？

可是，如何才能违抗他的决定呢？如何才能逃脱命运的安排呢？苦思冥想后，好像只有那一个方法，那就是死，只有死可以破坏上帝强加给你的模式。可这不是彻底的失败吗？那就活着奋力抗争，可这多像一个圈套，如同蒙着眼拉磨的驴，不停地逃跑，才是它无法逃脱的枷锁。那么如何才能打败上帝？是生存还是毁灭？

更多的凡人告诉你，做蛤蟆要知足，你要有一颗感恩的心。我们提倡生命是平等的，所以你这只蛤蟆才可以在社交场合出入，甚至可以成为某一个爱心人士的宠物。你要勤奋地吃蚊虫，做一个对社会有用的益虫。

吃蚊虫是你唯一的出路，第一，你活着就必须吃饭，而上帝分配给你的食物就是蚊虫。第二，这样你对人类社会也就有用途，你在这里便有了角色。

凡人的好意，大师的点拨，都让一只蛤蟆，不，都让一个人的灵魂遭受挫折。

但还有一方面的原因，会让你开始练习跳高，练习伸舌头，积极地学习捕捉蚊虫的本领。

那个原因就是，只有这样，你才可以听到人间的声音，才可以看到人间的颜色，才可以闻一闻烤鸭的味道，才可以躲在某一个臭水沟里，偷偷守在那个你爱慕的人的身旁，看他过着人间的生活。这个原因超越了所有的理论。

具体欲望指引的力量远远大过事物的意义。具体的欲望不可抗拒，也无须争辩，更找不到理由，但它的力量却无比强大。

就这样，一个人的灵魂便以一只蛤蟆的形式存在。

4. 灵魂和肉体

人们并不将不能飞翔当成自己的缺陷，只有超出了常态，才会引发思考。但我们谁又不向往飞翔呢？

残缺不仅存在于残疾人，灵魂和肉体的不统一，是每个人存在的特征。

当把残疾这个词放在了一个人的身上，这个人便以夸张的形式暴露出灵魂和肉体的分裂。

灵魂和肉体仿佛是两股力量，或是相互对抗，或是相互撕扯。

从这个角度说，世界其实没有其他的东西，只是灵魂和肉体的较量，人生要做的事也只是在满足灵魂或者肉体的要求。

和一个人过不去，又有多少这个人的因素呢，更多的是自己心里的坎过不去罢了。我们做的每一件事，追根溯源都是灵魂或肉体的派遣。

一个人的幸福和痛苦也逃不出这两者的手掌心，当灵魂或肉体其中一方获得成功，另一方也正好没有意见，幸福便来了。但如果一方获得成功或正在努力，而另一方却和它不断地争论，不断地吵闹，痛苦便来了。

一个人为了心智而努力，大多要劳其筋骨，饿其体肤，那便是肉体的痛苦了。而一个人为了名利不择手段，大多要寝食难安，魂不守舍，那便是灵魂的痛苦了。

仿佛人们都希望这两者握手言和，保持平衡，而且几千年来人们也在为之不断地探索，但能够做到的智者却还未出现。

从灵魂和肉体的相处之道来看，人可以分为三种。

第一种是灵魂的崇尚者。这样的人在生活中比较理想化，注重精神需求，有做人的原则，对自己要求严格。这样的人内心有一片远离尘世的净土，有一份永远美好的孤独。这样的人做每一件事都以灵魂的需求为主，而肉体则成了灵魂的仆人。或许它并不是完全听话，但它的位置是不变的，那就是灵魂在上，肉体在下。

第二种是肉体的疼爱者。这样的人在生活中比较现实，注重实际利益，不看重虚无的原则，但服从现实的规则。这样的人能够清晰地分析出怎样更有利于他这个具体的人，在平庸的生活中看上去更精明。这样的人做每一件事都是以肉体的需求为主，而灵魂则更像它的俘虏，被肉体裹胁。所以它们的位置肯定是肉体在上，灵魂在下。

无论这两者谁占上风，差距小便无妨，如果差距极端化，都是危险的。

如果灵魂的崇尚者和肉体的疼爱者发生争执，往往是后者更强势，因为前者依据的是虚无的理论基础，后者依据的是现实的理论基础。而灵魂或许只属于个人，无法和他人进行争辩，没有公开评论的标准。

第三种是灵魂和肉体的平等者。这样的人灵魂和肉体的踪迹是最明显的，因为他们不分尊卑，所以也因此纠缠不清，始终在较量，永远不分对错。这样的人是一个矛盾体，他一生的路线就是灵魂和肉体斗争的路线，他总会陷入痛苦之中。

我认为我就是这样的人，我熟悉这样的斗争和痛苦。

这样的斗争是以自我矛盾体现的。

记得我十七八岁的时候，我的朋友D，去另外一个镇上高中了，是寄宿，我们便经常写信。也就在那时我发现了书写的神奇，有一些东西说话不能表达，而文字可以。

在信中，我曾提出一个很幼稚的问题：如果一个人身无分文又流落他乡，几天都没有乞讨到食物，马上就要走不动了。他此刻面临两个选择，一个是饿死在街头，一个是去偷吃的。他应该怎么做呢？

这个问题看似无聊，却是我在反复思索得不到答案后提出来的，因为它关系到我生命的意义，所以这个比喻的提问是精神的求救。

D刚刚收到信正好休息回来了，我们便当面说起这个问题，她说：那可怎么办哪？要不就先偷一些？等有钱了再去还给人家。我说：那是不是就说明为了生存的需要，可以损害他人的利益？她说：是呀，那也不能当小偷啊。我看见她很认真地思考，因为她知道这个问题对我的重要性。但她却无言了。无论D的聪明才智还是思想品德，都是值得我学习的，她的无言，让我看到了这个问题的难度。

那个年纪的想法都是非黑即白的，才会拿如此幼稚的问题请教别人。但这个问题的性质却始终存在。

我之所以提出那样的问题，是因为我看到了我的寄生性，也就是说我的存活要损害他人。

母亲为我们的生活细节日夜操劳，为我们的身体消耗着自己的生命。如果我多喝一杯水，便意味着母亲多弄我上一次厕所，然而她的胸口早已因为反复抱我们而长期充血，心脏也变得肥大。

县医院的一位医生消极冷漠，小时候我多次生病落入她手，每次我都能感受到她对我的轻视，我因此会更加主动地求生，因为我的主动，她会更加反感，因为她的反感，我会更加迫切，这时候我会看到她的嘲笑，她的嘲笑中仿佛出现了两个字"无赖"。

此后我便经常用这两个字来否定自己生存的意义，你活着就是死皮赖脸。

无论我做什么，都要给母亲增加辛劳，我决定经历的风雨，却要母亲一起经受。这让我为梦想努力的过程中，总自责道：你越努力越能证明你的自私。

仿佛上天在惩罚我，而我却在其他无辜的人身上寻找弥补，相当于我在惩罚别人。

如果说这样的矛盾与别人有关，那么还有一种矛盾是属于个人的。

在我第一次面对是否接受采访时，就开始纠结，在这样的纠结中，我接受了多次，也拒绝了多次。

史铁生和其他几位作家合著的小说《男人、女人、残疾人》，主线就是主人公舒展是否要接受采访而展开的讨论。因为这件事极具代表性。它体现出了，理想自我和现实自我的差距，精神捍卫和生存需求的冲突，灵魂和肉体的矛盾。

接受采访的动力包括：现实虚荣心和利益。对我这个被社会忽略长大的人来说，当摄像机和话筒对准你，无疑具有诱惑力，因为任何一个人都希望得到关注。当以赞赏的角度宣传你，无疑你会感受到外界的肯定。这样作为一个社会人的虚荣心就得到了满足。另外就是媒体引起的社会效应，有名的残疾人和无名的残疾人得到的待遇是不一样的，有名的更容易享受到一个残疾人应有的福利，无论是政策条款中的，还是社会主旋律倡导的，而无名的要想得到应有的福利也是有一定难度的。所以有名会让我在很多方面减少难度。

不接受采访的声音却只有一个，那就是灵魂的高傲，对精神洁净的捍卫。或许从这一点上看，我是有精神洁癖的。因为接受采访，就意味着你接受了他人的塑造，而且这种塑造对于你内心的高傲来说具有贬低性。这种塑造总是冷静而刻板地给你加上一些标签；这种塑造总要无情的挖掘，让你大有伤口被利用的感觉；这种塑造用引导和筛选，将你刻画成简单而肤浅的"励志猴"。在不违背实际情况下，在不弄虚作假的前提下，你依然会被媒体塑造成为一个社会需要的榜样，但那个人不是你。在这种肯定中，你仿佛否定了自己。

接受的动力来源于肉体的层面，而不接受的声音来源于灵魂的消息。

如果接受所有的，或许我已经获得某种成功了；如果拒绝所有的，或许我可以将内心的纯净保存得更完整。但我却在摇摆之间。

其实我很不喜欢这样没有坚定认识，矛盾的人，但很可惜我就是，这又是一种矛盾了。

从客观出发，很多人把灵魂和肉体看成一体，让它们有福同享，有难同当。不过这也难怪，因为对于外界来说，它们是一个单位。

但在这种情况下，灵魂更容易感到委屈和孤单。因为灵魂毕竟是虚的。而肉体才是实的，即现实的。灵魂要想与外界交流，必须要通过现实，这就很大程度上要受现实的制约。

残疾人让这种制约明显化了。很多时候我都感觉残疾人是不立体的，因为他的很多"我"是无法实践的。比如，我想驰骋疆场或隐居山林都是无法实现的。所以我总是有这样的错觉，那就是我从未上路。

但是我的确以现实的方式存在，在一种无法选择中做着选择，这让我又看到了灵魂的脚步,它在前行。

或许正是因为有了残疾,我们才意识到灵魂和肉体是两部分。

比如人们常说,身残志不残,虽然这句话明显体现出了对残疾人认识的浮浅,但至少证明人们从残疾这个巨大的伤口处,发现了灵魂和肉体不同的踪迹。

人的存在,或许就是为了将这两股力量彼此牵制,彼此制约的吧,因为只有肉体的局限才能将虚无的灵魂聚集起来,只有自由的灵魂才能让沉重的肉体飞起来。只有灵魂和肉体相互制约和牵扯,才能彼此实现。

5. 门与窗

灵魂和肉体虽然时刻同在,但灵魂意识到肉体(现实自我)有时候是突然地,突然感觉那么陌生。

我想起了很久以前的一件事。小时候我和姐姐不能上学,只能在家里学习。堂姐比我姐大三岁,她学习好,对课本也很爱惜,所以她用过的课本我们正好接着用,仿佛一切都很正常。那时我还很有优越感,因为我的进度比同龄的人快,看着他们为我已经学会的问题犯难,很是自得。那时候,我以为除了学习地点不同,我和他们并无两样。

但是那天,堂姐的弟弟来拿他姐姐四年级的语文书了,学校的课本没有发下来,为了不耽误学习,老师让他们各自想办法借书。而他和我同岁。

他理所应当地拿走了他姐姐的书,我顺理成章地就没有书了。第五课的课后题我还没有做完,但轻易就被中断了,与他们相比,我的学习是否会被耽误仿佛不重要。我感觉到了委屈,但却不知道是谁在欺负我。

我的优越感瞬间消失了。本来我在一片小树苗中快乐地吸收阳光,但当主人来施肥,我才发现他路过了我。原来我只是树苗当中的一棵草。

我清晰地记得,我连续好多天高兴不起来。那时候我自己还无法描述内心的体验，但我看到了一个难题，这个难题让我感到恐慌。这个问题就是：是谁剥夺了我的"书"？

这是我第一次意识到不公平的存在。

在我刚刚看到不公平的很长时间里，我都在怨恨我命运的决定者，就像一个孩子怨恨父母偏心一样。我的委屈和无助，随时转换成暴怒，发泄在亲人和我能触及的物品上。

思来想去，每个人都是对的，谁都没有剥夺我的书，而我，原来是没有书的。

自卑就在那个时候一泻千里，淹没了我。也就在那时，我隐约看到了一股庞大的力量在左右着这个世界，而我，是他不喜欢的一个孩子。

我发现我其实在一片荒野中，这个地方，阳光灿烂，花香鸟唱，我快乐，仿佛有无边的自由，时光任由我嬉戏。但当风雨来临，当黑夜来临，当寒冷来临，我却无处可去，没有人来拉住我的手，带我寻找安全。天地也任由我自生自灭。

我和世界有关系吗？从此，我和所有的人有了一种距离。

记得小时候，每当有人发现了我的聪慧，在夸赞的同时，还要配上一个叹息和惋惜的目光。而我总会想，你们不懂，虽然我不能走，但我还有很多事情可以做啊。我想，我小时候自学的主动性，或许也来源于此吧。我要向不懂的人们证明。后来却证明了我的无知，原来，即便是你有很多事情可以做，但你不能走。这句话逻辑的颠倒并不是一件容易的事，它是每一个残疾人无数次痛苦之后认识到的现实。认识到这个事实之后，我想每一个残疾人都仍然向往着另一句话，那就是：只要有事可以做，不能走又何妨。但我们知道，一句简单的话要想达到这个逻辑，路途更加遥远。

后来我走上了写作的道路，算是在荒芜的地方做一些无用的事吧。一些朋友为我感到高兴，便感叹道，上帝关上了你的一扇门，就会为你打开一扇窗。我便说，还是门好。

人们仿佛愿意用这样的理论去肯定命运的公平性,从而将成败更多地归因给个人的努力。这样的理论的确对奋斗者有鼓励作用,但这个理论里仿佛还有另一种成分,那就是人与人相比不公平的合理性,换句话说,就是把所有的不公平解释成公平。

仿佛不肯定规则的公正性,一切将无法进行。但在现实中,有很多事都无法做出公平的解释。

如果将人生比作对一座高山的攀登,那很多时候会发现,人和人开始的位置大有不同,有些人在山脚下,有些人在半山腰,还有些人在深山沟里。他们如果付出同样的努力,却是无法到达同样高度的。

他们的位置和差距,便是我们看到的不公平。那么是谁决定了他们所在的位置,决定了他们之间的差别呢?

这个不公平,是由两种原因造成的。一种是人为原因,一种是自然原因。

当你面对一种不公平,如果不管你拐多少个弯,总能找到责怪的对象,那就是人为的原因。例如,一种疾病,科学技术有办法治疗,可穷人却只能等死。这是令人气愤的,这是不合理的制度造成的,这样的制度,让穷人无辜地死去。这样的不公平是需要用生命去改变的。

而如果你不管怎么找,都找不到那个罪魁祸首,这便是自然原因所决定的。我们无法争辩,只能服从。但你总想知道为什么这样决定,苦思冥想后你发现,这样的疑问,就像当初有人疑惑,如果地球是圆的,那侧面和下面的人不会掉下去吗一样。这是在缺乏条件的情况下,无知地推论所带来的困惑。这困惑让我看到了我的局限。

很多时候,在不公平存在的地方,我会看到很多美好的事发生,看到人性的光芒,看到生命的希望。正因为不公平,才有了无私的付出,才有了纯粹的奉献,才体现出了爱情的美丽,亲情的伟大,友情的可贵,才体现出了大爱的力量。如果没有不公平,还有这些现象发生吗?那么人间会不会只剩下公平的交易?

当然，我不是想以此肯定不公平的合理性，但这却让我看到了自己思维的局限，让我试图跳出惯用的逻辑。或许以人类的能力不可极，但这样地发现可以安慰我的迷茫。

或许在人间不公平并不能彻底消除，但是人类的职责，绝不是要把人和人之间的差距拉大，而是要把人和人之间的差距缩小，那才是自然和人为达成的平衡。

当我的视线试图超越人群，我仿佛看见了一个更广阔的视角。门和窗本身就不存在可比性。有门的人只知道门的好处和坏处，对窗没有评判的资格，而有窗的人只知道窗的优点和缺点，对门缺乏同样的体验。一个人不可能同时拥有门和窗。如果想找一个客观的标准，那只能是人和人的对比，对比的结果肯定是窗不如门好，因为没有谁愿意放弃门去选择窗。这样的对比有它的用途，它有助于社会公平规则的建立。但超越社会后，这样的对比是无意义的。

比如，一个在独龙族长大的女孩，或许没有能力考上一所重点大学，或许她一辈子也不知道肯德基的味道，但我们能以此来推断，独龙族的女孩儿就比大城市的高才生更不幸、更无知吗？我们或许可以从社会的角度评判他们谁价值更大，但从宇宙的角度如何评判？那个女孩对生命的领悟和收获，不一定比哪一位高才生少。一生的幸福和美好或许比他们更多。

不知经过了几个轮回，经过了多少次痛苦的挣扎，当我再一次沐浴着和煦的阳光，走在充满生机的街上，我突然发现，面对命运所有的馈赠，面对能幻化成人的幸运，除了感恩，一切都不值一提。

试想，如果没有强迫性，以人类的狭隘和自私，上帝分配的具体任务，是没有人愿意去承担的，因为每一个具体的任务都有它的残缺和辛苦之处。如果让人自由选择角色，那么人一定会在自由选择中无休止地权衡利弊，从而难以做出选择。可见，无法选择是必要的规定条件，有了无法选择才可以有所选择。就像一个风筝，在那根线的牵扯下，总向往飞得更高更远，但如果没有那根线，高和低，远和近，又有什么区别呢。

史铁生说，生命是一曲美丽的乐章，每一个生命个体都是其中一个音符，短暂又局限，但却必不可少。一个单独的音符，一定想弄明白上帝的意图，但个体的主观终归是片面的。当我知道了，每一个生命都是这首乐曲中的一部分，我相信，每一条路都有不可代替的风景和意义。因此在迷茫中，我也会心怀敬畏和感激。

跟随一个问题，没有找到直接的答案，却因此对生命有了更多的理解，或许这就是问题的意义。或许这就是一个人的成长。

我看见，那股力量有着无法比拟的智慧，推动着一切。它给了每个人不同的任务，分给我的也是一个独一无二的差事。

这个差事的艰苦之处在于，我总是在痛苦中看到一些问题，这问题是挣扎，这挣扎的过程，便是我的人生之路。

6. 有用与无用

后来，我听到了一个故事，这个故事与我的问题有关：庄子同他的学生去朋友家做客，路过一个山坡，看到一棵歪脖子老树，而伐木人就在一旁休息却不去砍它，庄子问，为何不砍这一棵？伐木人说，这一棵树不成材，没用。庄子便对他的学生说，这棵树因为无用，才能过完自然的寿命。他们来到朋友家，这家主人为了款待他们，准备杀鹅，童仆问，一只会叫的和一只不会叫的，杀哪一只？主人回答，杀那只不会叫的吧，没用了。庄子的学生便问老师，那棵树没有用可以活得长久，而这只鹅却因为没用了而被杀掉。到底应该有用还是无用呢？庄子回答道，还是掌握在有用和无用之间吧。

庄子的回答是基于入世之道的，这个回答充分体现了道家的处世哲学。人们只知道展现自己的才干，去赢得天地，殊不知，你的才干往往被人利用，因而招来杀身之祸，所以很多时候学会隐藏，才能自保。

现在且不去讨论处世之道，这个故事引起我关注的地方是：用途与生存的关系。

一棵树不需要依赖于别人，只要脚下有土地，头上有阳光和雨水，既可以生存。而人是群体动物，需要依赖于他人才可以生存，所以人更像那只鹅。

也就是说，如果你的生存需要和满足你需要的人对你的需求能统一，您便可以生存，比如那只鹅，不会叫了，主人便不再为它提供生存条件，特别是主人需要佳肴款待客人时，那么需要的是鹅的死，鹅又何以得到生存条件呢？

如果抛开客观条件的限制，一个人的生存条件是优越还是恶劣，基本上取决于他用途的多少。

我突然发现，用这一逻辑，仿佛可以对很多人的处境做出解释，很多现象迎刃而解。

我所说的用途，没有贬义，更无讽刺性。我所说的用途，不是利用，而是需要，是人和人之间的联系。或许用途这个词并不太合适，但请原谅我词语匮乏。

这个用途包括：可以是用实际利益来交换的成本，也可以是中国梦和个人梦的结合，更可以是情感的依赖，爱的交流，精神的支撑。包括一个人天然的用途，也包括一个人后天努力所获得的用途。如果从这个角度总结，一个人的用途多了，他的天地就会宽广；一个人的用途重要而不可替代，他的生存保障便牢固了。

每个人都在一张价值网中互相牵扯着。生活条件和情感世界优越的人，大多有着比较多、比较牢固，甚至是主干脉络牵扯的人，也就是说，他有着众多重要的角色，哪一个角色的消失，都会给别人造成很大的损失。那他必将成为对于别人重要的人，他的生存环境便得到了多方面的保障。比如，一个上有老下有小事业有成的人，他是家人的天，他是下属的领导，他是上司的得力助手，他用他的价值获得了牢固的生存保障、情感牵扯和个人尊严。

再比如，一个婴儿来到世界上，什么也不用做，就会被家人的爱包围，因为这个家庭需要他，这是他天然的价值，这价值让他和家人紧紧相连。而生活窘迫的人，大多数是用途极少的。比如，一个无儿无女的老人，捡废品为生，和别人几乎没有牵扯，那他的用途只有废品收购站的一点点肯定，所以他的生活也就风雨飘摇了。

我母亲看到和我年龄相仿，生活顺利且优越的人，偶尔也会感叹道：他们哪费过咱这劲，可他们却活得有头有脸的，不慌不忙的。当然这是母亲的牢骚话。但母亲这牢骚倒是让我看见了一个浅显的道理，那就是，努力程度不能决定幸福，而是用途决定了幸福。个人的努力会加强和发扬自身的用途，而最终给你打分的，是看你的整体用途。如果一个人想要依靠自己的努力获得幸福，那么他必须明白，幸福不取决于他是否经历了千辛万苦，是否足够努力，而取决于他是否具备了用途。所以努力和幸福没有直接关系，但有间接关系，因为要通过你的用途而实现。

要验证一个道理，难免拿自己测量，一是方便，二是了解。我便自问，我有何用途得以生存？

我这样去看，发现我生存所需要的条件都是父母提供的，是父母为我创造了生存并且幸福的环境。除此之外，我一无所有。除此之外，我和世界无法形成任何牵扯。我所创造的一点点价值，或许可以喂养一些我的精神，却无法能够独立支撑起我生存的需要。

姐说，父母的爱是无私的，他们不指望任何回报。这样的说法是成立的，但这份深厚的爱，不同样在这个逻辑之内吗？

我快乐了，我的父母才会露出笑容；我平安了，我的父母才会睡一个踏实觉；我能够活着，我的父母才有幸福可言；我能够幸福，是我的父母永远的心愿。

父母需要我们活着，需要我们好好地活着，这是爱的需求，这是亲人的依存。所以我明白了，我为什么从小到大看着父母的辛劳，并没有多少内疚或自责，也并没有觉得活得没有尊严，反而，我的乐观和希望也就建立于此。因为这里有我的位置，在这里我不是多余的。

  从这一点看，我的生存模式和婴儿并无区别，最幸福也最无助，幸福的是，有人比你还爱你，我可以相信宇宙的毁灭，却不会相信这份爱的消失。无助的是，这份幸福却是寄托在别人身上，而且是如此单一，仿佛滔滔河水中，我只抓着一根救命稻草。

  岁月慢慢流逝，父母在慢慢变老，我这个婴儿却没有长大。我看见，一只破败的船，仍然载着沉重的牵挂。如果这份牵挂先滚入了河底，那没有压舱物的船或许可以空空地漂一阵，但一阵风吹来，就翻了。如果这只船先破了，那我们无疑将一起坠入水底。所以我的父母和我的命运是一体的。

  我并非一个大彻大悟、无欲而刚的人，设想没有父母的处境，仍然让我无比恐惧。我知道，那个时候我的世界将被称为地狱，每一个人都可能成为吓唬我的鬼。

  我说过，神性加兽性等于人性，天堂加地狱就是人间。如果说有用与无用是一条路的两端，那么，前者通向天堂，后者通向地狱。

  突然，我仿佛看见了我没有书的原因。

  我发现，因为一个高难度的问题，经过一条复杂的道路，找到的却是一个极其简单的答案。

  但这并不能证明所有功夫都白费了，而是证明不经过这番苦苦的求索，我便将简单的道理忽略了。

  事实上，有很多人并不能清晰地看到这个简单的道理，于他们而言，或许觉得我说的过于残酷和悲观，在他们眼中，有许多美好无条件地属于他们。因为他们在密集的网络之中，就像春风得意的人，并不能看到世态的炎凉。

  在我看来，平庸而幸福的人们生活是轻松的，只需依照事件的具体规则，参考周围的常规习惯即可，不明白那些无关的问题也无妨。而有着特殊磨难的人却不能照办，因为在他的前方是绵延的山，这山便是人生的终极问题，他必须翻过去，不为别的，只因山在那儿。

所以，我更想说给那些在这个网络边缘的人（完全在这个网络之外的人不存在），这不是残酷，而是大的生存规则，这也不是悲观，而是清醒。因为只有看见这个规则的人，才可以接受一切，才有可能获得真正的乐观和强大。

认识到这个规则，不会对人产生消极作用，反而会让人更加热爱生活，珍惜生命。仿佛一个幸福的单恋者：无论我能否拥有你的爱慕，但我会虔诚地爱着你——我的世界。

我正向这个境界修炼。

7. 想象与现实

我对姐姐说：如果我们会走，我们的人生很可能和她们一样。

不念书了就去工厂打工，每天把自己打扮得漂漂亮亮的，为了减肥挨饿。到了岁数就出嫁，然后就生孩子，再然后，嘴里就满是孩子的聪明，丈夫的无能，婆婆的恶毒，把小事看得比天还大，把自己说得比谁都苦。一辈子总是忙碌，有了女儿，目标是要儿子，有了儿子，目标是买房子，买了房子，目标是给儿子娶媳妇。这样的人生在我看来，是在一个又一个没有意义的目标中消耗着自己。等她们进入了老年，没有了目标，便只剩下了惶恐和抱怨。这样的人生有什么意思？

姐说：你怎么能否定别人的生活意义呢？

我说：我没有否定她们，我是说我个人不喜欢那样的生存状态，她们相对来说那么自由，有那么多可能，却放弃了。

姐说：这只能说明，你想上山却没有阶梯，而她们有梯子却不想爬高，梯子在你心目中是珍贵而重要的，而在她们看来仅仅是无关紧要的摆设。

我说：没错，我想要的不是她们想要的，她们在自己一个个的目标中幸福着、执着着、奉献着也自私着。一个个的目标是牵绊，同样也是保障。史铁生说，平庸的人最安全。这就是大多数最平凡的人生。这样平凡的人，为这个社会承担着一定的责任，有着公认的价值和意义。

姐说：或许人家看着我们才没有意思和意义。

我说：是呀，在那样一种人生的人眼里，我们是最没有意思和意义的。因为她们认为重要的东西，或者存在理由，我们都没有。她们一定不知道我们为什么活着。就像她们中的几个曾这样说：如果我像谁谁谁一样瘫了，我早自杀了，那样活着还有什么意思。她们当然不是在说我，但那就是我。

我们和她们好像是一种对照，对照出生命的局限和无意义，我们的人生和她们的人生所依照的是不能参考的逻辑。

我说：如果可以选择，我不会选择她们那样平庸又安全的人生。

姐说：那还是你现在的选择，仍然是你现在人生的角度。或许，不，一定，如果你拥有她们的命运，你一定不会像现在这样想。

很可能。那好吧。我说，那我这样说可以吧，如果现在我突然会走了，我将选择另一种人生。

那你选择什么样的人生呢？姐说。

我再一次陷入了冥想之中。

多年来，无人知道，我沉迷于冥想之中。我不断地在虚幻中，做着人生的选择，塑造着自己的形象。

仿佛有另一个我，在现实之外，活着。

她穿着我喜欢而又不能穿的衣服，她留着我喜欢而又无法留的发型，她说出了我想说而又不敢说的话，她做着我想做而又无力做的事。她头也不回地离开了我想离开的地方，她走进了我没有走进的房间，她坐上了我路过的那辆车，她带着我的梦想走在她的路上，实现了我所有的不可能。

我沉迷于每一个细节之中。

这对我的意义是巨大的。因为它给了我一个自由的空间。

我始终不知道哪一个我更真实。

突然姐笑着说：你现在会走了！一个三十多岁的单身农村妇女，你第一个问题是养活自己和父母。

姐姐真是扫兴。

她的话，让我陷入了茫然，在想象中我竟然不知所措了。

姐继续说：虽然你说如果我现在会走了，但你的想象并没有现实依据，因为并没有受到实际的约束。只能说它来源于现实，它弥补的是你现在的缺失。

是啊，我所有的想象并不现实。因为现实中的任何一种人生都脱离不了实际的约束，可能性的增加，并不代表约束的减少，很可能是增多。而我的想象，虽然不是天方夜谭，但也没有设置实际的约束，所以我的想象不具备现实意义。它仅仅是基于我现实的希望，是我为自己缺失的弥补。或者说，是我的一种展现，是我现实中没有的那部分。

一直以来，仿佛有两个我在前行，一个是现实的我，一个是虚幻的我，也可以说，一个是上帝想象的，一个是我想象的。虚幻的我与现实的我若即若离。现实中的这个，有很多人看到了她；而虚幻中的那个，只有我目睹着她的一切。而只有冥想这一个入口，让现实的我进入虚幻之中。对于人生而言，现实和虚幻不都是真实的吗？不都是可靠和可信的吗？

虽然是并行，但它们无疑不在相互影响，现实中的我创作着虚幻中的我所有的遇见，虚幻中的我也引领着现实中的我，做出任何一个决定或者选择。

我曾经抵抗不住那一个我对我的吸引，不由自主地去寻找她，因此多次遭受挫折，最终证明了，愚蠢的我就像猴子水中捞月一样，情不自禁却注定徒劳无功。

叔本华说过，人生就像一列火车，如果你将另一条轨道上的站点当成目标，那么你永远也到不了，你将注定悲哀和失败。

在想象和现实的对比中，我隐约看到了我的轨迹，不是宿命，而是我脚下真实的路。

多少次，我想逃离现实，逃离这个环境，这些人，这些事，我讨厌自己，我烦透了。然而我却像钉子一样丝毫不能动，命运竟然不给我分秒喘息的时间。无奈之下我便找到一个方法，那就是闭眼闭口，可惜耳朵不能闭。我经常这样用一整天的时间拒绝现实，但是不能太长，至少还有喝水、翻身等事需要我必须开口，毕竟我还不想死，所以我再一次被强迫回归现实。

我并不是要以此说明我对现实的否定和放弃，而是想说，我始终都在寻找现实的突破口。我说不清，是想象制造了这种寻找，还是这种寻找催生了想象。

它们仿佛是两股力量，一股在后面鞭策，一股在前方指引。或许正是因为有了这两部分不断地参照，我的生命才成了动态的。

每一种人生都是绝对的，不存在争辩和选择，人的存在从某种意义上说是封闭的，人和人并不能互相抵达，然而，只有想象是唯一的路！每一个人生都是残缺的，但又在无限眺望和想象中得到完美和升华。

我说：让飞鸟替我们去飞翔吧，让平凡的人们替我们去世俗吧，让英雄替我们去冒险吧，让孩子们替我们继续快乐吧，让老人们替我们先承受孤独吧。我眺望，并感谢他们。

姐姐说：你呢？你替他们做什么呢？替他们旁观，替他们思考，替他们生病，替他们珍惜？

我说：也许是吧，但也可能不是，我想我会知道的，但我又何必须知道呢。我在这里活着，活成刘厦即可。

8. 一个人的夕阳

我始终都在那个夕阳里，我从那里走来，也终将回到那里去。如果说人生是一本书，那么我这本书的封面，便是那宁静又灿烂的夕阳。

那个夕阳里，红霞满天，大块的云朵后仿佛藏着宝贝，放出夺目的光芒。

这红光落在了整个院子里，落在了我和姐姐的脸上，也让我们的轮椅钢管闪烁着光芒。晚风和我们的体温一样，所以只剩下了柔软的触感。如丝绸一般飘动，在树叶之间，在晾晒的衣服上，在初开的月季花枝头，在我的发间和耳后。

这是秋天，这里永远都是秋天。

我们坐在院中，这一刻，我们是闲人，拥有最纯粹的自由，那是被动的自由，不是什么都能做，而是什么也不用做。

被动的自由，是世界之外的另一个地方，我看见西西里在那里快乐地滚动着石头。我向那眺望。

母亲时不时地在厨房喊一声：有蚊子吗？

她带着小跑淘米、切菜，只为缩短离开我们的时间，因为蚊子一旦发现我们，就会进行侵略。

天暗下去得很快，那光芒慢慢地隐藏了。院中的一切变得浓重了，风也凉了。

一只蚊子飞了过来。落在我左边的胳膊上，我的头靠在轮椅后背上，微微向左偏，正好看到它。我猛吹一口气，便把它吓跑了。但是它试探性地又来了，我再吹一口气，又把它吓跑了。然而它第三次落在了稍微偏后一些的地方，那里是我的气流所不及的，我再吹，也影响不了它了。我便使劲抖动手腕，带动整个胳膊颤抖，它再一次被吓跑了。但它仍然没有放弃，它看中了我皮肤光滑、血液丰盈的胳膊，所以它又来了。这次我使劲抖动胳膊，它竟然没有动，仿佛已经看出我再无计量，我黔驴技穷了。

我再怎么不了它了。我笑了。姐说：喊娘吧。我说：没事。

这只蚊子距离我的眼二十厘米左右，我看着它是那样清楚。它的腿真长，真细，应该是为人的汗毛而长的，不然如何在茂密的丛林中降落。它身上是黑白花的，人们都说这种蚊子最凶。我还清晰地看到它身上有一层绒毛，就像黑蜘蛛一样令人战栗。想必那绒毛也一定是有毒的，所以很多时候，被它碰一下就会痒。

  我清楚地看到它的表情，它面无表情地看着我，它一定觉得我的脸，和我的其他部位没有任何区别。我清楚地看到它的嘴，它的嘴也是那么长，当我看到它的嘴的那一刻，我感觉到了微小的刺痛，这刺痛是真实的。我感觉到我的血液在以最小的流量和最快的流速流进了一只蚊子的体内。我看不见它的肚子是怎样变大的，但我看见它的肚子变大了，它的肚子透出了暗红色，正如这夕阳的红光。

  突然，它起飞了。飞进了落日的余光里。

  母亲出来了：黑影下来了，进屋里去吧。

  在天黑透之前，母亲把我们推进了东屋，蚊子咬的地方开始发痒了，我庆幸我看到了一份奇痒的来历。

  我们的晚饭即将开始。

  当母亲打开了电灯，当温暖包围了我，当熟悉的饭香充盈着我的鼻腔。当所有的逻辑都被遗忘，当所有的目标都成为陪衬，当除了这里，世界不再存在，我不需要任何理由，我的幸福就溢满了这个秋天的夕阳。

2017 年 10 月 12 日

读人二则

我读的人，是他人也是我自己，我和他们都逃不出人的范畴，但可以让我从两个角度去审视这个字。我看见，这个人，高尚如佛，邪恶如魔，复杂如宇宙，迷人如诗歌。

1. 强者与弱者

人有很多种分类，如果从人和人共存的方式来说，我觉得人可以分为两种，一种是强者，一种是弱者，当然这是以人和人对比为角度的，如果以宇宙为角度，那人人都是弱者。

我说的这种强弱之分，也并非客观条件所能决定的，而是自我的一种认识，准确地说是自我的一种感觉。

客观条件优越的，不一定觉得自己是强者；客观条件贫困的，不一定觉得自己是弱者。强者内心会有优越感，一种无理由的自我肯定。而弱者内心更具有反省意识，一种无理由的自我否定。

强者如果被外界否定，很可能觉得是外界的问题；弱者如果被外界否定，很可能觉得是自己的问题。（当然这和客观认知有关，但自我强弱之分起着非常大的作用）

从这一点上看，强者更自信，弱者更自卑，但这和自尊却没有直接关系。自尊是由灵魂决定的。一个高自尊的人很可能自卑，一个低自尊的人也很可能自信。甚至有很多自信的人就是因为自尊低，也有很多自卑的人却有着一身的傲气。

强者的最大好处就是把自己看成了强者，从而加大了自己成为客观强者的可能性。这是内圣外王的原理，也是积极暗示的原理。

如果你想知道自己是属于强者还是弱者，可以这样试验一下。比如你在看电视，换台中发现一个选秀节目中的两个选手正在接受大众投票，票数略有差距，在你对他们的表现不了解的情况下，你会不由自主地站在谁那边？如果站在票数高的那一边，你很大程度上就是强者；如果站在票数低的那一边，你很可能就是弱者。这是感同身受的原理。

如果你想知道别人是属于强者还是弱者，也可以这样观察一下。那就是，他如何形容和讲述别人。如果你在他口中听到的人都是有些讨厌和缺心眼的，他的讲述基调基本是轻视和嘲笑，那么这个人很可能是强者。如果你在他口中听到的别人都是有血有肉的，甚至有夸张的优秀，与他关系的描述也有所美化，那么这个人很可能是弱者。因为这体现出他们在人群中的自我认知和对人群的认知。

弱者会平视和仰视人群，而强者会俯视人群。强者会以理性和实际的角度对待人群，而弱者往往会对人群投入更多的感情。

强者的弱点是一种隐藏的愚钝，这种愚钝是一种观念的定式，对他做事有帮助，同样也有局限。而弱者的弱点是一种深层的纠结，这种纠结是一种认识的不确定，这可以促使他思考，同样也让他难以决断。

强者的内心丑陋之处，大多以凶、狠、冷为特点。而弱者的内心丑陋之处，大多以恨、妒、懦为特点。强者更接近食肉动物，弱者更接近素食动物，前者以占领求生存，后者以隐藏求生存。他们以不同的生存机制存在。

强者的人生更容易成功，而弱者看到的人生景象更多一些，比如一个失意的人，才会看到世态炎凉的真相。

由此可见，我是弱者，因为我看到了强弱之分。

这种强弱虽然非常微妙，但却决定着人群的结构，人生的走向。

2. 将石头焐热的谬论

要去感动某个人，人们经常这样鼓励自己：就算是块石头也能焐热了啊。

很多人凭借这一信念，便用心良苦地去焐石头。并在这个过程中患得患失，当你感觉到石头有些温度了，想让它温暖你的时候，它又迅速变得冰凉。你便又开始检讨自己的失误之处，便更加用心地去焐。这个过程会反复，多次反复后，你竟然发现自己在原地踏步，或者说，一场戏剧里，只有你这一个人在独自演出。其他人都是不在场的。

是块石头也能焐热了，这句话仿佛是免检的真理。其实它不知不觉地就将人引向无尽的痛苦深渊。

它的玄机在于，石头自身并不产生温度，如果你真的焐热了，那也是你自己的温度。它反射回来的温度，是表面而短暂的。

如果你为这点温度而欢喜，并因此对焐热石头充满希望，那只能说明你的愚蠢。要焐你就焐煤炭，就算燃点高，至少理论上是可行的，因为它有产生热量的可能性。你就不要再对石头下功夫了。

每个人都有可能被感动，但并不是每一个人都能被你感动。

每个人之间，隔着两个东西，一个是墙，一个是路，这个墙叫排斥，这条路叫向往。

如果墙对墙，路通路，便没有什么可悲的，可悲的是，你的路对着他的墙。一种向往便被无情地阻隔了。

这并不是说对方没有路，而是他的路通向了别处。

如果是这样，你就别对着墙死磕了。人和人之间的墙，是上帝垒起来的，不会以人的意志为转移。

或许正因为这一堵墙,你的温度并不能到达那边。所以,与你隔着墙的人来说,便是你焐不热的石头了。

有时候不焐不知道是石头,但你知道了就不要焐了。石头是焐不热的。

2017年6月9日

身为病人

自从母亲患上气管炎哮喘，一年半的时间里，我们不断地求医、输液、检查、住院。这些日子，焦虑和恐惧总是伴随着我们。因为面对这个病，除了名称我们一无所知，所以感觉自己的命交在了不知道是谁的手里。

生病让无论谁瞬间回到了生命最原始的状态，仿佛一只羚羊独自走在旷野中。

两天前，我和母亲再次去医院。

我们先去找了母亲前些日子住院的主治医师 S，想再看看，因为母亲的症状仍然明显，我们不知道有没有危险，会不会加重。

打过招呼之后，我们在一旁等候，这位 S 医生正在跟一群年轻的医生分析病人的病历。颅内高压、蛋白尿、手术伤口感染，我断续听到了这些词语。这位女医生继续说：这些问题没有弄明白你如何用药？涉及其他学科的我们不懂，但可以申请会诊啊！可以说这位大夫的态度还是比较认真负责的。她接下来说：这个病人我们要积极救治，原因有三。前两个我没记住，因为过于专业，但最后一个给我留下深刻印象，那就是：病人家属没有想放弃的意思，治疗态度积极，所以我们得给人家想办法。

我觉得这个逻辑好像有些问题，对病人的治疗态度，要取决于病人家属对这个病人的救治愿望？一个人的生命重要程度，要取决于别人对他的重视程度？

她的话突然让我想起了作为一个病人的感受。

虽然这次我是陪母亲，但更多的时候是母亲陪我，我可以说是一个资深病人，多年来疾病可以说与我同在，唯一的区别是病活跃还是疲惫。所以我深知一个病人的无助。

多少次，在我生病焦急的关头，都是父母亲迫切的求治态度起到了很大作用。记得我四岁时，患了非常严重的肺炎和肠炎，再加上我本身就是一个不会走的孩子，医生便懈怠了，甚至劝我的父母放弃救治。我的母亲便给医生跪下了，恳求他救救我，随后父母又带着礼物去了医生的家里，后来我才得到了积极有效的治疗，才活了过来。前两年，我又一次面临生命危险，浓痰出不来，时刻准备切开气管，就在这时，母亲再一次给医生跪下了。虽然焦虑的情绪让母亲的行为有些过激，但此后我明显感到医生对我治疗态度的改变。

从小我就知道，我的生命只在父母这里值钱。与其说是医学技术让我活到现在，不如说是父母的爱让我活到了现在。

身为病人我庆幸，有爱我重视我的亲人，但还有很多病人没有那么幸运。我不止一次听父亲的一位医生朋友用灰色的语调说：你看着儿女们不嫌麻烦，愿意出钱，你就给他看，要不，你开了价格高的药，他们还不一定给得了你。一个老人是否能得到生命的尊重，竟全部系在了儿女是否孝顺的问题上。这个医生无疑是偏激程度较大的，但这又何尝不代表一种观念的倾向。

在一条新闻中我也曾看到，一个人因为车祸需要尽快手术，手术却迟迟不能进行，因为没有人在手术前为他签字。这个人意识是清醒的，难道他不能为自己负责吗？这样的障碍让人感觉可笑又无奈，这样的障碍是什么造成的呢？

我突然觉得，生命高于一切，这句话是多么的空，生命的尊严，是多么的轻。

从实际说，一个人生病，会有不同程度的行为限制，也就是说，他的能力迅速降低，低到了要依赖别人才能生存或被拯救。如果没有家人对病人的照顾，对医生的配合，治疗是困难的。但对生命救治的意义和初衷能因此而改变吗？一个病人需要采取什么样的治疗方案，应该考虑病情的特点，个人的体质，甚至为了病人的前提下，也可以考虑经济状况，但不应该把是否有人重视他作为考虑条件。

将这个条件加入救治逻辑，我看见背后是人群中高智商的生物法则，我看见了自保和消极，我看见了生命的无助和悲哀。

S大夫面前的人少了许多。只剩下一个四十多岁的男人，在和医生探讨方案。从他们的谈话中我得知，他的母亲肠癌转移到了肺部，医生给出了两个方案，一个是穿刺，将肿瘤破坏掉，另一个是化疗。两者也可以一起用。前者费用需要一万五，后者需要两万多。那个四十多岁的男人经过几秒钟的考虑，选择了第一种方案。

我不知道这种选择背后有多少决定它的理由，我又仿佛知道这种选择背后所有决定它的理由。我仿佛看见他的母亲，一位七十多岁的白发老人，和我见过的所有七十多岁的白发老人一样。他的母亲还在生活中，不知道有人已经为她的生命做出了选择。但是我确定，她的生命只对她本人是最重要的。

我想到了一位多年前去世的亲戚。他五十多岁时，被查出了肝癌晚期，但直到死他都不知道自己得了什么病。一切由他的儿子替他做主。他的儿子当然是怕他知道了有心理负担。但是也正因此，他失去了对自己生命的知情权和自救权，以及对人生最后时间的安排权。人生最后的告别是多么重要的一个环节，而他却被剥夺了。

如果一个人失去了主观意识，那和生死有关的决定无疑将落在他至亲的人身上，但是如果不是，那便是一种越权了。一个主观意识清醒的人，有权利为他自己采取什么样的治疗做出选择，更有权利知道他自己将面对什么样的生活状态，甚至还剩多少时间，这是他生命的一部分，他不应该错过。而他如何面对，则是另外一个问题了。

都知道生命高于一切的真理，但这份高贵由谁来捍卫呢？在现实中，纯粹的生命意义多么微不足道，微小得被忽略不计。

终于轮到了我们。但是，S大夫对母亲症状的归因让我感觉不太正确，离开S大夫这里后，我们便来到了呼吸门诊，找到了C大夫。

C大夫是三年前我住院时的主治医师，对他的医术我是有所了解的。他话不多，但会听，可以迅速在南腔北调的主诉中捕捉到有效信息，并加以分析判断，给出方案。他给人的感觉踏实、用心，从而让人感觉可信。

在围着他的人的缝隙间，他抬头看到了我：刘厦过来了！您好，我陪我妈过来。我们便接着等。

我看见，所有来看病的人都有一种不一样的表情，这种表情在其他地方是看不到的，说卑躬屈膝有些过了，说和颜悦色又不够，我想到了海桑那几句诗：我对医生微笑／对着护士微笑／对所有的人点头／恨自己和他们攀不上亲戚。

病人和医生的关系很特别，病人找医生看病，用求这个字或许更贴切。因为在需求与给予之间存在很大的悬殊。对于病人来说，性命攸关的大事要交给某一个不太熟悉的人，需要这个人负责的态度和相应的能力，才能够得救，否则很可能在一些细节的不足之处得到损害，所以这是一份多么沉重的托付。而对于医生来说，拥挤的病人是他的工作对象，一个人得再严重的病也只是一个病人。更多是技术上的认识。

在这种关系下，医生的态度也有一些特别，给人以高高在上的感觉。人和人之间的礼貌他们好像不必遵守，当然还有个别过分者。记得几年前，我在北京某医院看到，领取检查结果窗口前排着长长的队，一位六十多岁的老人好像有什么不明白多问了几句，窗口内穿白大褂的烦了，便将老人的检查结果扔到了地上，并说：下一个。老人慢慢地捡起检查结果，离开了。我作为排队中的一员，愤怒让我的脸发烫。

病人会特别在意医生的态度，听到医生难听的话，很容易受到心理伤害，但不会回击。所以，作为病人，很多时候感觉自己不是人。

还好 C 大夫并不是这样的医生。

我最后一次见 C 大夫是三年前，但后来我经常在电话和微信里请教他，他关注了我的公众号，近期我又被他拉进了他的医患群，这样他时常会看到我的消息和文章，我也经常看到他和大家交流。所以感觉见到他，要比三年前更熟悉了。

"我以为你这次来是给我带新书呢。"

"呵呵，行，到时候我专程给您送过来。"

……

"我也想学心理学，就是没时间。"

"那挺好，病人或多或少都有焦虑情绪，就像我妈，又受罪，又好不了。"

"你说得不对，只要用对药，是可以像正常人一样生活的。"

"真的啊！这下我妈看到希望了！您看，您学心理学比我有用。"

C 大夫好像也看出了母亲的焦虑，便安慰她说："没关系，我给你看。"

母亲说："那太好了！"

我看到阳光落在了母亲的脸上。

经过 C 大夫的仔细诊断，母亲拍了 CT，拿了药。

在回家的路上，火红的落日轮廓清晰，红光中，渐渐远去的楼群沉静了下来。

经过一天在医院里辗转，身为病人，我感觉到了疲惫。我看见，在人群中，无论是谁，都会在某一刻成为一个病人。从精神层面说，生病是对人的一种污辱。它让人迅速知道自己的卑微，让人的要求迅速降到最低。在疾病面前，我们仅仅是一个生物体。

一个人生病了，会变得无助和脆弱，无助得像个孩子，脆弱得像个老人。因为当人成为一个病人时，便成了弱者。身居弱者的位置上，别人对待你的方式是不一样的。身居弱者的位置上，你会看到熟悉的事物陌生的地方，你会到达人群没去过的地方。弱者看到的上帝的模样，看到的人间的景色，不是特殊的，而是生命真正的底色。

无论我有多少个角色，我都是一个病人，你也是。

2017 年 5 月 5 日

迷途之旅

在人生这条远行的路上，前途的风景永远是未知的，当我进入了一个陌生的地方，当我进入了一个无法辨别方向的地方，我迷路了。我便在惶恐中开始了寻找，寻找走出迷途的路，这条路是向内的。

我愿记录下这个艰难的寻找过程。

1. 走向困惑

Z 是我认识三年多的一位记者，三年多来他采访了我多次，并给了我很多鼓励和支持。接受采访很多时候是件麻烦和痛苦的事，麻烦是因为认识上的距离，痛苦是因为多数记者总有一双大众的冷眼。而 Z 不会给我这样的感觉，因为他的睿智和温度，会让我们的交流成为一次促使我心灵成长的过程。这一点是难得的。

一次电话中，我将我想去大学听课的想法跟 Z 说了，他说我这个想法很好，便上心地开始了帮我联系。在现实的追梦路上，有时候真觉得自己非常无助，有人愿意帮我，感觉特别感动和幸运。那段时间，Z 有所进展就会给我来个电话，每次都让我感觉离梦想更进了一步。

经过他将近半年的努力，我的想法终于成为现实。

我获得了来河北师大听课的机会。走进这里，宽敞而宁静的校园，优雅而低调的楼群，以及可敬的老师和可爱的同学们，一切都是那么新鲜和美好，我就像获得了一次新的生命一样喜悦。

　　这件事可以说我没有付出什么努力，而是在期待中，等到了Z的好消息。所以我不仅钦佩于他的能力，更感动于他的这份大爱。

　　但是，Z对这件事的一些具体安排，并不是我的本意。Z的一些计划和我的一些准备存在差距，这一点让我隐约觉得有些不安。

　　直到我来校的第三天，我内心的不安终于演化成了我与Z电话里的争执。

　　Z联络了一些公益、企业、媒体等团体，为我举办了一个慈善拍卖会，主要拍卖我的签名书，为我筹集读书期间的生活费。希望我能到现场。

　　我第一反应是拒绝。

　　我说：之前你没有说过有这样的活动让我参加，这样真的太突然了。他说：怪我，这事怪我，我没想到你会不来。我说：请原谅我能力有限，那种场合我应对不了。他说：不会让你晒痛苦，我们连励志、残疾都不说，就说女诗人刘厦。我说：说得再好听，本质不变。他说：那么多企业家、团体人士都是有头有脸的人，来了见不着你，会觉得很没面子，我怎么给人家说呀。

　　当时我认为，我到不到现场，所呈现的姿态是不一样的。我不希望我有面对这件事的形象，我希望这件事能够淡化。现在想想，其实就是一种自欺。在之前我同意接受义卖的时候，就已经做出了选择。

　　记得Z刚跟我提到准备给我筹集听课期间的生活费时，我的第一个反应也是拒绝。但Z准确地找到我的弱点，他说我尊重你的选择，但是你要拒绝帮助还是不好意思，这是两回事。他的问题让我开始了强烈的冲突。

　　我开始问自己，你有什么理由拒绝帮助？你随时随地都在接受着各种各样的帮助啊。难道你认为扶危济困不合理吗？难道你认为接受捐助很丢人吗？难道你认为自己不需要帮助吗？这些问题出现在我的脑子里，仿佛几个巨大的障碍物，让我搬不动也绕不开。

　　在这样的困惑中，我又想到了现实方面的问题，如果我真为了自己这个奢侈的想法，给父母增加经济负担，谨慎的父亲会支持我吗？即便是支持，我又于心何忍，即便是我忍，家庭的实际经济条件能支撑我几天？

在理论问题还没有弄明白之前，实际的问题已经让我做出了选择，所以我在纠结中同意了接受捐款。

对于 Z 来说，他组织了一个慈善活动，为一个残疾人募捐读书期间的生活费，真的是一个充满正能量的好事。而希望受捐助者能够到场参加，一点错也没有，这会让这个活动更加完整。这件事从外界角度来说，不存在任何争议，而争议在我的内部。

几番争执后，Z 哭了。他说：你说哥傻不傻……

那几天他正在用工作之外的时间，在微信上拍卖我的签名诗集，并忙碌地组织落地的慈善拍卖会，不知熬了几个夜。而当时的我却没有心思去了解这些，而是自私地陷在了自我纠结中。我能感受到的只是，他很为难。

虽然他没有说我不去不可以，但他几番电话都在努力说服我，以理解为切入口，从活动实际情况，从我的理论结构，从他的个人感受，这些角度对我的决定进行挖掘。

当这件事从 Z 一个人做，变成了许多人在做，当面对大家用爱心为你制作的一个座椅，你怎么好意思不在这个座位上坐一坐呢。有些事到了一定程度，就不是一个人能左右的了。我终于明白了什么叫开弓没有回头箭，最终我还是在无奈中同意了到场。

一直以来，我都用固执的要强保护着我的灵魂。但这份固执是这样的不堪一击，一阵风吹来，它就塌了。我感觉灵魂失去了家园，我的灵魂感到了惶恐。

我终于坐到了大学的教室里，但同时也赋予了我一个巨大的困惑。我感觉获得了，也感觉丢失了。我不知道我是成功了，还是失败了。觉得自己做错了什么，只是不知道，错误在于因为现实的诱惑而丢失了自己的原则，还是在于我要的只是葫芦。

关于我的系列报道结束后，我内心还在久久地纠结。一些问题我必须弄明白，就像我眼前出现了一片黑森林，我没有退路了，我必须走进去，如果我没有无声地死在里面，那我一定会找到出口。

2. 卑微与高贵

那天，慈善拍卖会在一个售楼处举行，当我来到了拍卖会现场，我看见那么多高贵的女士、绅士的男士在迎接着我，我看见许多穿一样T恤的志愿者在忙碌着。我认识的只有Z，他作为主要发起人照应和安排着。他们的状态是那么好，他们积极的振动波给了我很大的冲击。我不敢相信他们都是为了我，而聚集到这里（包括从山西、北京等外地驱车赶来）。我不知道他们来自怎样的世界，他们是什么样的人。而此刻，他们把人性中最美好最闪光的一面呈现在了我的面前。

会上一些嘉宾发言，我也做了近十分钟的演讲。一些人拍得了我的签名书，也有嘉宾现场创作书法进行拍卖。会上还有节目助兴，水果和糕点的招待。拍卖共筹到了3万元。应该说拍卖会是成功的，我也感到无比感动，但总觉得这份感动和我之间隔着什么。

我看见会场的房梁上偷偷跑过了一只老鼠，它让我回到了我遥远的内心。

我为什么抵触在公众面前接受捐助。

我第一个要解决的问题是：接受捐助是件丢人的事吗？

当我坐在拍卖会现场的前排，看着Z声情并茂地说着我的成绩和困难，这让我联想到，街旁铺着一张纸，纸上内容也不外乎这些。我所有的努力，所赢得的成绩，是为了在这里展示吗？即便是我被动地同意，也是同意了，我同意拿着我的成绩去博得大家的同情。我感觉我羞辱了自己的奋斗和梦想。

当我向大家表示感谢的时候，我所有的骄傲都在摇晃。我觉得一个有独立人格的人，怎么能指望别人去满足你的需要呢？你的骨头何在？如果你不觉得羞愧，那么你一定是一个没有自尊和无知无觉的人。

但是，难道你认为接受捐助的人就是没有自尊和无知无觉的吗？这就涉及我如何看待被捐助者的问题。

从生物法则上来看，捐助者和被捐助者是不平等的。因为捐助者必定比被捐助者优越，这种优越，在很大程度上代表着能力的悬殊，这种悬殊就把被捐助者置于低价值的位子上。从人文道德上来看，捐助者是给予，是付出，所以无疑会站在高尚的位子上，而受捐助者则会被恩惠制约，让其除了感恩，其他都成了多余的部分。在这种形势下，受角色的制约，被捐助者看上去好像真的有些没有自尊和无知无觉。

我必须承认，我有这样的感觉，但我又同时为有这种感觉而感到自己可恶。这让我看到自己的价值理论是如此的混乱和局限。我必须对这一感觉进行深刻反思，要么清除对受捐助者的这种感觉，要么摆脱为这种感觉而感到的自我可恶感。

受捐助者这个特定身份降临到一个人身上的原因很多，基本原因可以说是，客观因素造成的困难，而这困难又不是一己之力可以克服的。就像一个人走夜路，不小心掉进了坑里，如果自己不能够爬出来，难道不会呼救吗？呼救是多么的应该和正常。如果围观的人看见这个被救的人，既狼狈又惊慌失措，既无助又感动，就认为他很没有自尊和无知无觉？这是多么可笑和粗浅的认识。

一个女孩，因为父母身患重病，她面临的抉择是：要么放弃读大学的机会，去挣钱给父母看病；要么去读书，而放弃给父母看病。她的抉择是：当众乞讨。郑重地接过大家的帮助，并将所有帮助她的人的名字和给予她的钱数记在一个本子上。她说这些我可能无法偿还给具体人，但我会用其他的方式回报大家。她的选择让她的父母得到了有效医治，更让她完成了学业。在她走出困境之后，又去帮助其他需要帮助的人。她对一个也因家庭经济原因想放弃学业的女孩说了一句话，给了我很大触动，她说，就算有再大的困难，哪怕是沿街乞讨，也不要改变对梦想的追求。

她踏实而清爽的笑容，她坚定的话语，让我看见，什么才是真正的尊严，什么才是健康的人格，什么才是坚不可摧的勇气和担当。

一个人如果足够强大，就必须接受在某些方面的微弱，就必须承认在一些时候无能为力，就必须面对需要帮助的自己。

这种接受、承认、面对，只停留在理论上是不够的，当感觉直接冲击到你时，你是否能挺得住。当受捐助者这个角色降临到你身上，只要你有正常的感知力，你一定会感觉到自己的无能和自尊心受到伤害。如果你有足够的理智和高度，就一定能控制住自己这种粗浅的感觉，找到正确的认识。

准确地说，受捐助者绝非没有自尊，而是受捐助者这个身份是可以给自尊以打击的，能够接受这个身份，不是无知无觉，而是有了可以超越这个身份更高的感知和更强大的能力。

可见，在这个身份降临到我头上时，我并没有足够的能力接受它。

一般人不会遇到这样一个在大众面前接受捐助的事件，不会遇到将弱点和不幸在群体中放大的事件，所以他们不会遇到这个身份。而我遇到了这样的事，我必须接受面对它。

我一直都认为我很理智，很接受现实，看来我的理论还是不够现实。

我们从小接受的教育是，人穷不能志短，送人玫瑰手有余香。这让我懂得了自强自立是一个人的基本人格，帮助别人无私奉献，是一个人的高尚品德。这的确铸就了我们心灵的硬度和高度。但我们是否还应该学会接受帮助，在自强自立、崇尚奉献的基础上，学会在需要的时候，接受适当的帮助。这和自立自强并不矛盾，和贡献他人的理论在一定高度上也是一致的。我想这样，一个人的人格、品德才足够健全。如果你足够尊重生命，珍惜人生，你就应该尊重和珍惜人和人之间的这份大爱。接受帮助不等于志短，接受玫瑰更接受了一缕芳香。

生命如此独特，世界如此辽阔，如果我们不能突破小我的认知局限，如果不能获得高于个体更辽阔的角度，又怎样能看到更远、更多、更丰富、更精彩的风景呢。

3. 我的名字谁定义

  但是，当时让我难以接受的原因，不只是关于受捐助者性质的问题。记得我特意给Z说，报道的方向希望不要成为公益慈善，我不希望以被救助者的身份进入全新的世界，因为一个人的第一身份特征只有一个，我怕那样的定位会成为我的障碍。这个话充分体现出了我当时的顾虑。

  这个顾虑是否能站得住脚，这是我面临的第二个问题。

  将这个顾虑追根溯源，让我想起了十年前，那时候我们刚被县里的领导关注到，领导带着电视台的记者来看望我们，并送来了三百元的慰问金。几天后，和母亲一起跳舞的大妈们推着我们去邻村梨花节看热闹，大家都很兴高采烈，走到半路上，我远远听见在地里干活的人说：去凑热闹吧，再给你们几百块钱。当时我没有理解是什么意思，但推着我的大妈却心领神会地说：别搭理他们。

  后来我才知道，这是那个人对我接受慰问金的理解。在他看来，一个家庭有两个残疾人不是什么光彩的事，暴露在电视上便是不知羞耻了，如果不是为了实际利益就更难以理解了。虽然邻村一个不认识的人怎么理解我，不会对我有什么实际影响，但我仍然感受到了难过和压力。

  随着我与社会接触的增多，或者说随着我人生的呈现，我体验到了更多这样的误读。这种误读不是对我实际情况的不清楚，而是对我实际情况有着属于他们的理解。这种误读我又怎么能去给予解释呢，我感觉到百口莫辩。

  其实我很在乎我在别人眼中的印象，多年来我努力的原因，不仅是为了寻找自己的人生价值，也同样想证明给别人看，能在别人面前扬眉吐气，是我少年时不小的动力。生命和世界终归是一体的，一个人行走在尘世间，总是需要外界回应的。所以应该没有人对外界的声音听而不闻，对外界的看法视而不见。关键是听到之后，看到之后如何对待它。

关于我的系列报道持续了多日，在这个城市的影响是可想而知的。我很担心认识和不认识我的人，会认为刘厦是一个自尊低下、没有骨气的人。虽然我对此找到了正确的认识，但别人不一定有正确的认识。试想，如果对我重要的人，对我有了这样不正确的认识，或者因此否定了我的价值，我担心那会成为我的障碍。

但当我对我所指的这个障碍进行审视时，我发现这个障碍的存在点，是我想象中的完美路线，看到这一点后，我突然发现了自己的错误，一个人的一生怎么可能是完美的呢，我的人生之路实际是什么样的，我自己也不知道，我也一直在寻找。所以我突然明白了，面对曲解我的人，准确地说，那不是我前进路上的障碍，而那根本就不是我要经过的路。

如果某一个人对你行为的定义和你自己的定义相差很远，或者说那个人无法去理解你，那他一定在你人生版图之外。

面对不是我要走的路，我能够做的只有接受它的存在，并以此为参照，去寻找自己的路，而不是努力去把那条不属于我走的路走通，如果在那里死磕，我想我会撞得头破血流。

我要想找到所有的人都理解认可的方式前进，那是不可能的，那只能证明我的愚蠢。我不能用别人的理解给自己定位。

正如美国作家霍桑的长篇小说《红字》所写的那样，主人公虽然带着那代表罪恶的红字 A 生活，却用她的勤劳和善良，改变了人们对这个字母的定义，最终人们把红色的 A 字看成了天使的象征。

与其说是主人公改变了别人对一个符号的定义，不如说是她冲破了命运的束缚，赢得了自己的人生。

很多标签我无法躲避，但赋予它什么意义却在于我自己。我的名字是由我自己定义的。如果我太在意别人给我的定义，总是去逃避它，去改变它，那我就会掉进一个陷阱，越是挣扎就陷得越深，我也将荒废自己的道路而不顾。所以，只要我知道我在做什么，为什么做，该不该做，就行了。在误解中前进，在误解中活出自我，不正是我所追求的生命的展现吗？

我相信，我给我名字的定义，才是属于我名字真正的意义。

4. 可贵的背叛

找到了接受捐助的正确认识，我释然了许多。就像在黑森林里找到了方向，确定了自己的位置，但要走出黑森林，还要走过一段曲折而危险的路。

这段路就是：捐助事件是我在它发生了之后才接受的，那是什么让我在接受之前就先这样做了？

这个问题好像指向了我灵魂深处的弱点，我不太敢正视它。但我还是壮着胆子走了过去，我看见那是妥协。我为此感到羞愧，因为妥协的根是无能和不自信。但我好像还看到了其他的原因，那原因是什么呢？这个问题仿佛是一个泥潭，我不知道深度，但我必须踩上去，因为这是我走出黑森林的必经之路。

什么是妥协，妥协就是接受现实对你的安排，而放弃自己的做法，或者说是满足别人对你的期待，而放弃自己对自己的期待。这是一种背叛，对自己观念的背叛。一个人的观念可以改变，但在没有改变之前我却做了违背这个观念的事。就像史铁生对叛徒的解释，一个人的信仰可以始终如一，也可以改变，改变信仰不叫叛徒，而在没有改变信仰之前，出卖了自己的信仰，那才是叛徒。我做了一回自己的叛徒。或许这就是我在成功的外表下，感觉到失败的原因。

难道一个人的观念必须在行动之前改变吗？那么又是什么去改变观念呢？

如果当初我不妥协，去大学听课的愿望很可能无法实现，我怎么能甘心，当时我就看到了这一点，所以我选择了妥协。

似乎所有的叛徒叛变都是有诱惑原因的，要么是功名利禄，要么继续活着，我也不例外，对我的诱惑就是在追梦的路上前进。当我看到了一个没有去过的地方，当我感受到了那个地方的吸引，我一定会努力地向那里走过去，哪怕是要路过可怕的黑森林，我也义无反顾。这不是我对刘厦的背叛，而是我对灵魂的忠诚。

一直以来我都在努力冲破局限，就像一个孩子，随着长大，不断感觉到衣服的瘦小，所以在不断地寻找更广阔的天地。为此我已经改变了许多，只要能够接近我所期待的全新的空间，只要能走在追求梦想的路上，我都选择了妥协。这让我发现，我自始至终的信仰是我的梦想，我内心的那份美好没有变。我只是在一次次妥协中超越着自己，让自己变得更加强大和智慧。

走在追梦的路上，不是坚守旧的安逸所在，而是寻找陌生的，但属于我的新的天地。

或许成长的过程就是一次次背叛，对父母的背叛，对老师的背叛，对生活的背叛，对命运的背叛，对自己的观念和情感一次又一次的背叛，无不是人成长的重要痕迹。

这个过程是纠结和有挫败感的，纠结是背叛的特征，挫败感是还没有彻底摆脱旧的自己。但是因为生命的需要，这是一个灵魂成长的必经之路。

只要你在成长，就会不断地打破局限，这个局限不是别的，就是你自己。

这让我发现这种背叛的可贵，这种背叛不是对梦想对灵魂的背叛，而是对狭隘的、对陈旧的自己的背叛。

或许灵魂真正的成长，不是攀登任何一座高峰，而是攀登一个又一个自己。

我终于走出了这片黑森林，我的眼前是一片开阔，我看到了崭新的世界。我不再是进入黑森林之前的那个我了，经过在黑森林中的这番磨炼，我用新的判断力抵消了旧的惶恐，我用陌生的事物增加了自己的智慧。

黑森林就像一个镜子，让我看到了我微小的轮廓，让我看到了我无知的表情。因为我看到了,所以我知道我成长了。

人生或许就是走进一个又一个迷途,并努力走出一个又一个迷途的过程,重要的是在迷途中我们是否能够得到锻炼,我们是否能够在走出迷途后,依旧可以正确地判断我们的梦想在哪个方向。

生命的生长是主动的,但在很多时候,生命是被动生长的,那动力来源于外界给予你的无可选择,这个过程是困惑和痛苦的。你可能会死在其中,但你的新生也只有从其中而来。

一个人不可能把一切都弄明白了再前进,生命的存在形态就是在欲望中获得迷茫,在迷茫中获得寻找,在寻找中获得成长。这个过程中,或许会丢掉我们的天真和锐利,但更贴近了生命最终的感动和真谛。

我说,走向世界是为了寻找自己。那么世界再大,我能够抵达的只有我自己,我最终完成的是我对我生命版图的游览。那么我看到的,困惑也好,迷茫也好,丑陋也好,美好也好,除了是我自己还能是什么呢。与其说是外界给我的困惑让我惶恐,不如说是我灵魂的无知所带来的惶恐。与其说是命运给我的恩赐,不如说是我灵魂的美好将我牵引。而且还有很多陌生的自己,等待着我去认识,还有很多我生命的景象等待我去发现,我对此充满了期待。

这份期待让我勇敢地走进一个又一个迷途,一片又一片崭新的天地。

人生要做的事或许就是去实现你的梦想,但目的绝不仅仅是梦想的实现,而是在实现梦想的过程中去认识自己,去完成灵魂来尘世的这一番洗礼。这个过程的完成,或者可以说是虚与实结合的过程,现实是左脚,理想是右脚,只有左脚迈上第一个台阶,右脚才可以迈上第二个台阶,现实与理想只有互相超越,才能完成攀登,才能让灵魂抵达属于它的高度,才能获得生命最终的那份宁静和辽阔。

感谢 Z,感谢我自己。感谢 Z 给我的帮助和难题,感谢我的冲突和选择。

2015 年 6 月 29 日(8 月 23 日修改完成)

比生活贫穷更可怕的是什么

朋友给我留言：为Y写首诗吧。我问：Y是谁呀？当时我想她可能是奥运冠军，或者是见义勇为的英雄。朋友说你在网上搜索一下吧。

当我看到Y的相关文章，我的心就像大多数看到这个事件的人一样，感到了剧烈的疼痛。

Y是甘肃农村一位二十八岁的妇女，今年8月26日她在自家小院后面的羊肠小路上，用斧头砍死了自己的四个孩子，并服毒自杀。几天后她的丈夫也自杀在妻子的坟前。这件事发生后，相关文章铺天盖地，贫穷、犯罪、底层，人们都在为这个让人震惊的事件寻找原因。

在我为她写了两首诗后，在和正成兄讨论后，我开始冷静下来分析。

绝大多数人把这件事情的发生和贫穷联系在了一起，便开始寻找贫穷的原因，想象贫穷的状态，寻找改变贫穷的方法。甚至开始讨论精准扶贫、政策落实等具体的问题。其中那篇《盛世中的蝼蚁》影响力最大，作者激动地表达了自己的疼痛，表达了无限惋惜，以及对贫穷的愤恨和对当代社会现状的评价。

我觉得将这个事件的原因归结为贫穷是片面的。因为这样的联系可能只出于生活在城市、衣食无忧人们的认识。当他们看到这件事时，才看到了一个远离现代社会的贫穷群体。贫穷，无疑是他们看到这个群体的最大特征，以及最强刺激，他们便将这件震惊的事和这震惊的贫穷现象联系在了一起。这只是他们认识局限的一种归因。

我们并不能确定导致这件事发生的直接原因是贫穷，只能说贫穷是一个重要因素，而我们可以确定的是，导致这个事情发生的直接原因是 Y 的绝望。

贫穷给她带来了很多无法解决的困难，但对于活下去并非无路可走。事实上有很多人比她生活得更加艰难，但依然坚强地活着。

《盛世中的蝼蚁》中写道：当一个人偷钱时，是他个人在犯罪，当一个人在偷面包时，就是这个社会有罪了。虽然他这样说过于绝对和偏激，但我们必须承认，外界提供给每个人的生存环境是不一样的，这个外界包括社会和自然所提供的条件。在这种不同的生存条件下，我们不能蒙着眼睛说：世界是公平的，人和人是平等的。

所以有很多人承受着较多的压力，体验着较多的负面情绪。他们生活中的困难的确比很多优越的人多得多，这些困难可能是贫穷，可能是疾病，可能是歧视等。如果说通过自身的努力可以改变，我也不反对，但那只是少数人创造的奇迹。而大部分人是普通的，改变生存环境的力量毕竟是有限的。甚至因为这种困难，早已扼杀了他们可能的优秀素质，就像一棵小树苗，在土地贫瘠缺乏水分的地方生长，很难长成一棵可以抵抗恶劣环境的参天大树。

外界的困难，无疑会成为内心的困难。当一个人面临生活中的困难，一定会体验到内心的焦虑（程度因事件和承受力而不同），如果困难无法解决，内心就会体验到受挫，如果很多困难都无法解决，生活举步维艰，那么人的心理会在一再受挫后，否定自己，否定世界，否定未来。

抵抗这种结果的方法我觉得有两种可能：

第一种是具备比较完整的精神体系。

有健全的人生观、世界观、价值观和客观认识、评价现实情况的能力。

这是人精神的力量。而这种力量可能来源于一个人的悟性，但更多来源于世代精神的传统，人文的修养，文化的启迪。应该说中国不缺乏这种能量，中华文明有着深厚的根基。无论是在盛世还是在乱世，都不缺乏耕读传家的生活习惯。无论是仁义礼智信，还是修身治国平天下，都养育着中国人的精神。所以可以说，与土地相依的农民在精神世界可以与圣人相交，食不果腹的书生也常常是心怀家国。

一个人具备强大的精神体系，是对付困难的最有力武器。

但是，在近些年，特别是在农村，我们却很难找到明显的精神体系。精神体系的缺乏主要体现在70年代以后出生，又没有多少文化的人身上。如果说新中国成立后到60年代以前出生的人身上，还可以看到强烈的集体荣誉感和清晰的马克思主义唯物世界观。那么70年代以后出生的，低文化人群中有不小的一部分，我想可以把他们叫作无主义者。他们以现实的风气为真理，以实际的利益为价值，缺乏是非观念（与良知无关）。他们做着某些事，或许并不知道为什么要这样做。他们随大溜地活着。这样的人按部就班地生活，或许没有什么，但当他们遇到超越日常困难时，他们的精神更容易发生危机。Y就是一个例子。从这方面看，不能不说她是愚昧无知的。

这样的现象也发生在经济相对富足的农村。可能因为地理环境的有利条件，让它仿佛成了城市的陪衬品，被快速发展的经济打扰了，却被相对发展起来的文化忽略了。虽然丰衣足食，但精神食粮却处于缺乏状态。就像给了一个孩子足够的零花钱，却没有给他好的教育。

在这里，传统思想渐行渐远，现代文化又没有走近，有不少迷信活动，但没有正规的宗教信仰。如果说还有什么纯粹的思想体现的话，就是还残存着的一些风俗。

可以说，当今社会贫富差距拉开，生存出现多层分化，生存状态出现多样性。在这种情况下，没有强大的精神体系的人，就仿佛一棵大树没有了坚固的根系。不知将发展出怎样的人格，做出怎样的行为，这是让我们担忧的。

其实这样的群体并不是少数。

第二种是在需要的时候外界能够给予有效的心理支持。

其实每一个活着的人，再平凡，再无声无息，也有他自己的信念，以及对自己和世界的期待。

信念，完全属于个人的，无关正确与否的信念。人可以终日为了生计而奔忙，甚至为了填饱肚子而消耗掉所有时间，但他内心肯定有一个支撑，为了孩子我得坚持，让家人吃饱是我的责任，或者带着宗教属性的，为来世修行。任何具体的事物都没有意义，而它的意义是人赋予的。

期待，则是一种本能的向生欲。

不管Y是因为贫穷、人际关系、自身心理素质和我们想不到的什么原因，最终结果是她的信念和期待彻底灭绝了。她一定经受了长期的焦虑和无望，才会在一点诱因，如孩子因为学费和没有户口无法入学，而彻底地发生心理瓦解。在正常人看来这是无法理解的，而从心理学角度看，这是一个必然的结果。

如果在她经受长期的焦虑和无望的过程中，能够得到外界给予的有效的心理支持，哪怕是亲人朋友的一点关心和理解，有人能够给她一些希望和肯定，那么这样的恶果很可能不会发生。

在我心理咨询工作中，可以说百分之五六十是农村求助者。让我深切地感受到的是，他们找到我的时候，已经到了很严重的地步，很多已进入精神疾病的范畴。这说明他们相对比较忽视自己在想什么，忽视自己心理的状态。平时我偶尔也难免会以心理专业的眼光去看待别人，我会发现，在以我家乡为例的农村，有一些人已经需要心理支持了，特别是专业帮助，但他们本人没有意识到，他们的亲人们也没有意识到，他们只能独自承受着。

人们经常说，在城市生活的人，因为节奏快，竞争激烈，所以心理压力大。其实在农村生活的人压力也不小，很多方面在此不一一分析了，只说一点，现在的农村不是原始封闭的部落，各种渠道让他们可以看到更精彩的世界，各种诱惑也进入了他们的眼睛，农民也受到心灵的冲击，也会不断遭遇心理失衡。现在已经有很多农民不再甘心种地，尤其是不希望自己的孩子再以土地为生了。

由于生活水平的限制，尤其是贫穷地区的农村，人们的心理健康意识相对于都市里的人来说较差。

其实，能够将人击败的不是外界的困难，而是人自身的思想认识。生活贫穷不是最可怕的，最可怕的是人精神的贫穷。

在精神体系建设不完善和缺乏具体的心理支持的人群中，Y 是一个典型的例子。Y 走远了，但还有很多和 Y 相似的人仍然活着，仍然在生活的困境中承受着内心的挣扎，仍然被忽略地活着。虽然解决这样的问题还任重而道远，但愿通过 Y 这个疼痛的例子，让我们能够关注到底层人们的心理健康，关注到我们自己的精神世界。

经济的强盛，物质的丰富，最终要满足的还是人精神的需求。我们追求生活条件的优越，只为让我们活得更自由、更美好，更有尊严。希望我们在追求美好生活的路上，不要忘记我们上路的初衷。

2016 年 9 月 19 日

爱心是什么

爱心是什么？在生活中，经常听到"爱心"这两个字。付出爱心有很多方式，付出爱心的人也各有不同，那爱心是什么呢？不久前的一件小事，让我对这两个字有了更深的理解。

那天，我们去北京协和医院取我和姐姐的化验结果，结果也是在意料之中的，所以没有忐忑不安，只是旧病重提，不免无奈焦急又上心头。

正是中午，人特别多。父亲推着姐姐在前面走，距我和母亲有四五米。从停车处向医院内走，要斜着拐向医院的主道，要经过一个斜坡，斜坡左高右低，父亲向前推的同时，还要撑住轮椅向低处的倾斜。正在这时，我看到他们身旁一位穿白T恤的路人，用他的右手用力地撑住了姐姐轮椅的右侧，他左手拿着手机，还在和电话那头的人说话，就这样他帮父亲推过了这段吃力的路。父亲向他道谢，他一边打电话一边微笑着向父亲和姐姐摆了摆手，便匆匆走远了。

我的心一下子被触动了。

这个不到十秒钟的帮助，是这样自然，没有思考的过程。我当时错以为碰到了熟人，相信经过的路人也会错以为我们是一起的亲人。可是不是，我们只是彼此的路人。在这个陌生而冷漠的环境中，一股暖流温暖了我的心和我周围的世界。

在当今社会中，人们日渐冷漠，爱心需要千呼万唤，感动需要煽动。虽然重视了对爱心的提倡，特别是志愿者的出现和民间慈善组织的兴起。但这恰恰证明了社会麻木冷漠到了一定程度，这些现象就是麻木冷漠到一定程度后的觉醒。

屡见不鲜的是利用爱心、明星用来炒作，企业用来宣传，政界用来作秀。爱心只是他们的工具而已。很多公益活动还会搞一些象征性的节目，比如万人签名，明星发放爱心形状的气球等。虽然这些起到了宣传的作用，但仅仅停留于此，爱心便像幻想一样虚化了。我身边更有一些人，付出一个爱心，就对一百个人宣传一千遍自己的德行。让人看不清付出爱心的真正目的。

作为一个残疾人，可以说我得到过许多爱心，当我切身体会它的时候，我隐约地感知到了它不一样的动机和需求。抛去那些作秀的，真正的爱心也可以分为两种。

一种是满足自我的道德虚荣心，这样的人为自己的爱心付出而感到光荣和有价值，因为他知道什么是美什么是丑。但这样的爱心依然局限在一个人的自我中，或者说这样的爱心只是完善自我的一种方式。

而另一种则是完全以利他为目的的。这样的人有一颗悲悯的心，可以感知到他人的疾苦，愿意用自己的努力去消除这种疾苦，更会因为帮到了他人，让他人获得了幸福，而感到发自内心的快乐。这种爱或许就是我们俗称的大爱。它的可贵之处，是超越自我局限的。我把这种爱看作人性中最闪光的部分，我把这种爱看作人间最美的风景。

而这位穿白T恤的路人属于后者，他不加思索地付出，他主动去帮助别人，是真正的爱心！

他让我看清了爱心是一种功能，就像高兴时的笑，痛苦时的哭。我觉得这是人之所以称之为人，所特有的功能。它是亲情、爱情、友情的基础，在陌生人面前才独立体现出来。

通过爱心可以来判断一个人的心灵通道是否畅通，当这个通道被自私和冷漠阻塞，或者害怕受到外界的伤害而主动关闭，不能与外界共悲喜，心灵就是封闭干枯的，甚至可以说是没有血液，没有生命的心灵了。只有充满新鲜血液富有生命力的心灵组成的世界才是迷人的!

　　事情过去的这些天,那位路人用力而使身体弯曲的背影,在我脑海中时常出现,我每每都被深深地感动。

　　冷漠只能培养死寂,只有真正的爱才能浇灌生命的花朵。

2009年4月3日

人的位置

　　一直想来植物园看看，却一直没有来，好像有很多事比它重要。还好，因为参加某杂志两天的会议，终于有机会来到了这里。来了才发现，又有什么好忙的呢。

　　我们住在园林会议中心，这里紧挨着植物园，或者说是植物园用栏杆隔开的一部分。这里就有通向植物园的入口，因为不是正门，又是旅游淡季，所以宽宽的大门只留着一个窄窄的入口。

　　在会议结束后的短暂闲暇里，我向那里走去，我看见前方有两个老者先我进去了。我不知道环境，便跟着他们走。

　　他们应该是夫妻，七十多岁的样子。丈夫拎着一个小马扎，妻子拿着一杯水。我想，他们也曾步伐矫健，在生活中奔忙，而现在他们走得很慢，没有目标也不寻找什么。

　　我想在有限的时间内多看一些，所以难以慢下来的脚步很快就超过了他们。路过他们时，我看见他们的目光和这里的树、草、路一样宁静。

　　我在一条宽敞的林间路上走着，秋风带来阵阵凉意，好像这里的秋比外面更真实一些。阳光落在这里不会刺眼，一切相处得很融洽。大树很自在的样子，没有刻意修剪的拘谨。时不时会有很大的鸟落在树下的草地上，自信地散步，仿佛人不再是什么可怕的动物。

　　走了很久，经过正门的广场，又经过一片浅浅的鱼池。拐向一条幽静的路，旁边的树大多是银杏，还有一些我不认得的。树下多了一些长椅和花篮，有了一些人的位置，让我感觉自己是这景色中的一员了。这条路的尽头，是一片开阔的湖，开阔程度超过了蜗居的人们眼肌的调节度，我惊叹于它的辽阔。一两个摩艇在平静的湖面上翻开激动的浪。

我沿着湖边走了走，在小亭子坐了坐，便从另一条路返回了。

我不禁感叹在大自然中，人是多么渺小，在人的局限内，难以领略它的全貌。

回来的路更加幽静，一条没有水的小水沟满是落叶和杂草，一座小桥通向一座小山，山坡上长满植被，植被之间一只猫穿过了。我放慢了脚步，突然觉得在繁华中，有这么一处荒凉，是极为难得的。

这一路上并没有看到什么奇花异草，这让我想起曾经来过的朋友都有些失望，我也同样有些失望。但我发现，在这里寻找新鲜和精彩是错误的。和大自然相处，我们获得的是一份宁静。

这份宁静可以重新唤醒我们麻木的感知力，让我们对世界，特别是对自己有个真实的认识。我发现在这里，再看纷扰的世界，复杂的变得简单了。许多辛苦只因为我们贪心，许多烦恼只因为我们不知道自己是谁。我们很多时候迷失在自己的幻想中。

虽然人很少，但经常看到有人在拍照，除了游客，便是一组组人来拍外景婚纱照。他们补妆，摆姿势，找角度。再美的景色，他们也只是当成自己的陪衬，人类永远将自己作为中心。

我看到一个个世俗的人，在镜头中间担当主角，真的有一些大煞风景的感觉，景色是那样纯净和自然，而人类永远觉得自己最美。所以我更愿意拍一些纯粹的风景照，或者图片中稍微有一些我的存在，让我成为这景色的陪衬，我感觉已是很幸运了。

回到园林中心的院子，多了许多人文的气息。能感觉到是人类活动的场所，但不会感觉到人类的张狂和霸道，因为这里给了植物，给了人以外的生命更多的空间。这里的房子大多是一二层，错落有致地簇拥着。旁边的花园式宾馆，客房也是庭院式的。窗口离地面很近，打开窗，花朵上的蜜蜂就可以飞进房间，行人走过还可以招手问好。住在这样的房子里，让人感觉离外界很近，很真实。

可见，建筑设计者意识到了这里的植物，所以他明白了人在自然中的位置，他懂得了尊重。

而现在的生活中，很多人已经封闭在了自己的世界里，计较着一点点得失，虽然他们来往于天南地北，但内心却越来越狭隘。

更可怕的是，人们用聪明的头脑，不断追赶着自己疯长的欲望。

也正因为人类觉得自己有超级的智慧，而愚蠢地认为一切资源都是自己的，人类就是万物的主宰。加积鸭、催熟剂，人类让万物为自己服务，却忘记了尊重。

人定胜天，战胜大自然。这样的认识多么局限。其实我们真正要找到的生存空间，正是和大自然达成的和谐统一。人的生存法则和规律不也是自然法则和规律吗。

人类确实有超越其他动物的头脑，但人类绝不是世界的主宰者。

每一种生命都有其优秀之处，都有其不可替代的位置，我们和所有生命是一样的，我们应该找到自己的位置。人类应该用其聪明的头脑成为世界的管理者。用我们的方式，去爱这个美丽的世界。我相信只有这样，我们才可以享有大自然的馈赠。

回来的路上，我又遇到了那两位老人，他们悠然地远去了。我看见，夕阳下，他们那么美，和这自然的景色融为了一体。

2016年11月17日

替妞妞活着

周国平是我非常敬佩的一位作家，他的作品哲理中不缺乏情感，读他的作品，随时都能捡到思想的珍珠。但很遗憾，我读到了《妞妞》这本书。

合上这本书，我把它放在离我很远的地方，不敢再轻易碰。

周国平一开始在书中就说道，这本书让很多人流泪，也让很多人唾弃他。这本书讲述的是他的女儿妞妞一岁半的生命里程，或者说是他这一年半所经历的心路历程。

妞妞在出生不久，就被发现患有眼部恶性肿瘤。医生建议摘除一个眼球，手术预后孩子到二十岁的时候，癌症复发概率是50%，但如果不手术，孩子会在很短的时间内死去。面对这样的选择，周国平和他的妻子犹豫了。

周国平的内心非常矛盾，他甚至几次决定手术，但又几次退缩了。由于拖延，手术的预后效果越来越差，再加上医生的劝告，孩子最终没有手术。孩子在一岁半的时候离开了这个世界。

周国平在矛盾的心理中做出了选择，他选择让自己的女儿去死，而不让她成为一个盲人，去拥有活下去的机会。

妞妞太小了，她不会知道她为什么会离开这个世界。如果知道了，她会感激她的父母还是会憎恨她的父母呢？

周国平的选择让我陷入了痛苦的思索中。

他这样做对吗？我应该怎样理解他的做法？我必须在这个问题中找到答案，因为它关系到生命的意义。

我对妞妞的经历是敏感的。

在我一岁时,医生就告诉我的父母,这个孩子将逐渐失去自理能力,并不会活得长久。我从小到大,大病小病不断。多少次在病中,我都会直接或间接听到别人劝我焦急的父母。很小的时候医生会劝我的父母:救活了也是个累赘,长痛不如短痛。近些年,也有人劝我的父母:这么多年了,你们对得起她了。

每当我生命遇到危险的时候,都要面临人们对我生命存在价值的评定,每当这个时候我会感到恐慌。从这样的评定中我知道我的命是不值钱的,所以我告诉自己要努力再努力,让人们喜欢我,让自己有用,让人们觉得我值得存在。

这让我看到了现实的残酷,它的可怕程度远远大于死亡本身。这残酷的现实来源于人性中的阴暗、自私和对生命的不尊重。更可怕的是,这样的残酷不无道理,也更有说服力,它符合的是生物法则,在生物法则面前人道主义是无力的。

我感到幸运的是,我只是从别人身上看到了这些残酷,而不是自己的父母身上。我的父母对我的爱远远超越了人性中的这些弱点。他们人性中的真善美战胜了一切,我因此而存在,并愿意相信世界是美好的,人生是有希望的。

我必须承认,有很多父母在生出一个有重大疾病或严重残疾的孩子后,会选择放弃他,做出和周国平同样或更绝情的选择。在我读《妞妞》之前,我认为他们是无知、是不尊重生命、是情感缺乏,所以我没有费太大力气就得出结论,他们是错的。

但这件事发生在周国平身上,我怎能说他无知、不尊重生命、情感缺乏呢。他有强大的哲学体系,他有超常的智慧和悟性,他的情感那么丰富与细腻。但他同样做出了这样的选择。我困惑了,我遭受到了不小的打击。这个打击就好比,我一直为榜样的老师突然告诉我,富人是可以欺负穷人的,这是自然法则。

在书中他这样说道:妞妞带给他的不仅是不幸,还有耻辱感和失败感。

他没有做过什么丢人的事，他的耻辱感来源于自己有了一个不幸的孩子。

因为无论是上帝还是命运的决定，有一个这样的孩子，他的人生便不再完美。人是群体动物，在这个群体中，从这方面看，注定他不如别人。他会有未战先败的感觉。人性中的嘲笑和排斥也都会落在他身上。

为什么会有这样一个孩子，这又涉及了原罪的问题，这个问题深不见底，我们且不去讨论。但要解决的是，作为父母如何对待这个孩子。

事实上每个人，都会得到别人嘲笑和排斥，因为谁的身上都有别人相比之下产生的缺陷。关键是自己如何看待自己的缺憾，只有你用完美的要求来比较，这种耻辱才会出现，这种耻辱是自己给的。

记得有人这样说，当一个人来到这个世界上，上帝就会派两个天使来保护和帮助他，这两个天使就是他的父母。

当一个生命选择了你做保护他的天使，那么你面临困难时，不是选择放弃，而是要选择承担，承担，不是消极地用死亡解除孩子的痛苦，而是积极地让其更好地活着。但是，在长痛和短痛之间他理性地选择了后者，这样的结果是他还活着，却让妞妞独自承受了死亡。一个父亲拥有这样的理智是可怕的。

从社会法则上说，在孩子没有自主能力的时候，父母有决定的权利，但从宇宙法则上说，父母没有这个权利。

无论是耻辱还是失败，或是更多的磨难，一个父亲都应该和自己的孩子一起面对。需要承担的不去承担，才是一种真正的耻辱。

周国平拒绝自己的人生出现缺憾，这是对妞妞做出选择的一个重要原因。但是这种拒绝已经在更大程度上让他的生命不完美了。

有一点我必须得说，那就是在妞妞短暂的生命里，我看到了周国平和他的妻子对妞妞无微不至的呵护。我为他们每一个细节的付出而感动。书中那一段我印象很深，那是在妞妞最后的那些日子里，有人抱着她在楼道里从上往下飞奔可以减轻她的痛苦，周国平就这样反复进行，包括在夜深人静的时候，他依然抱着妞妞在楼道里爬上去再跑下来。当时我的眼睛湿润了。我能体会到周国平内心的煎熬和痛苦。我能深切地感受到他是那样爱妞妞，他是多么心疼这个弱小的无助的生命。

这让我觉得他们的选择或许正是出于对妞妞的爱。

周国平和他的妻子多次想象过妞妞的将来，想象她会拥有的人生。其实50%的复发概率留下的生存可能还是很大的，但妞妞会成为一个盲人。他们根据经验想象细节，根据理论寻找希望，但他们最终舍不得让妞妞成为一个残疾人。在周国平和他的妻子看来，与其让她经受那么多可想而知的痛苦，不如在她没有痛苦的时候结束。经历一个残疾人生比死亡更可怕。

周国平在书中有一处写道，当他看到一个近似于爬行的残疾人在寺庙上香时，他说：我鄙视一个佝偻者的求生欲。这代表着他对生命状态的认识。或许在他看来，这样的人不必活着，活着便是无知无觉。这样的人还让菩萨保佑他什么呢？

周国平处于自己的角度，目光没有到达类似爬行佝偻者的主体。在生活中我也听到一些人这样说过：如果我成了什么什么样，我就不活了。

生命需要行动、价值和尊严，当这些不存在，生命便没有了存在的意义。这是很多人的看法，准确地说是很多有行动力、价值感和尊严的人的看法。我不得不说，这是一种局限。从这个价值角度上说，人只分为两种，一种是强者，一种是弱者。这种看法是强者在优越的局限内，对弱者的定义。

存在于生命本身最强有力的一股力量，是向生欲。困境不会打磨这种欲望，反而会因为生命存在受到威胁，而增强这种欲望。能够有价值有尊严地活着，是无论身处怎样境遇的人共同的追求。

没错，残疾人遇到的困难、打击和内心的挣扎是要比别人多得多，但这并不是他的全部，他同样有追求、有希望、有快乐和幸福。而且正因为有太多磨难，他才会更懂得珍惜，正是因为有太多打击，他才更坚强，正是因为有太多痛苦，他的幸福也更强烈。

每个人都有其生命的意义，每个人都有其不同的精彩，每个人都有感受生命旅程的欲望和权利。我们不能否定每一种生命姿态，每一种花朵都能开出自己的美丽。如果真正为妞妞考虑，就不应消极地因为一个比较大的困难放弃她的全部。因为父母的消极，妞妞没有了快乐的童年，没有了朝气的少年，没有了多彩的青春年华。

我相信父母的爱都是一样的，父母的观念才是决定孩子命运的关键。

他不希望自己的女儿活在那个位置上。如果他相信妞妞缺憾的人生也可以拥有幸福，如果他相信妞妞值得获得更多的阳光，那么他还会这样做吗？事实上他是不相信的。

残疾人所有的困难中，客观条件造成的只是很少一部分，而大部分都是人为造成的。造成这些人为困难的人，不是那些文化水平低影响力小的普通人，而是那些有思想、有理论、有发言权的人。包括周国平这样的人。是他们的价值观、人生观在影响着整个社会。

多少文化学者，在研究社会的复杂，历史的细节，却忽略了生命的本质，忘记了人的模样。

妞妞是不幸的，她的人生注定有太多障碍，而她遇到的第一个障碍就是她的父母设置的，妞妞太小了，她还没有能力跨过去。

我想有很多人对周国平的做法是理解的，是可以接受的。而我对他的做法也是可以理解，但无法接受。或许有人会说我在维护自己的利益，那么同意周国平做法的人，那些残疾之外的人不也是在维护自己的利益吗？命运让我站在了妞妞的位置上，我要说出我的感受和观点，为所有被决定命运者发出声音，并替妞妞们活出生命的精彩。

不，应该是替妞妞活着，因为精彩不精彩是另一回事，我现在说的是该不该活着的问题。

2014年3月9日

愿生命从容如水

2017年就要过去了,每逢年末岁尾,人们总会回头看看,这一年是怎么过的。一年的时光就像耕种的一块土地,你总会巡视,在这时光中你都种下了些什么,长势如何。一年的努力更像一次马拉松式的考试,你总会评判,自己考了多少分。

我这一年是平淡的,甚至很难找到值得一提的事。但内心的感受并不平淡,感觉自己的心灵走过这一年的路,是那么曲折和漫长,千百种滋味在心头渲染并沉淀。没有波澜壮阔,却有生命真谛。仿佛每一点小变化都不值一提,然而这些小变化慢慢地让我的生活换了天地,我也在一个个小故事、小变化中体验浓烈的人生,或许这就是普通人生的特征吧。

如果让我用一个词总结这一年的收获,我会用哪一个词呢?

勇敢、努力、坚持、珍惜,我都路过了,细想之后,我竟然找到了一个词:从容。找到这个词我笑了,以前我认为这是衰老的别称,是对世故的美化。然而,当我看到这个词时我发现,如果能在不可避免的衰老中获得从容是多么难得。这个词需要一条漫长的路才能抵达。这个词是太多的酸甜苦辣酝酿出的一杯醇厚的酒。

回忆这一年我是如何靠近这个词的……

今年正月二十三,气管炎哮喘占据母亲的身体一年后,越发猖狂,让母亲晚上已难以入睡,我们不得不央求母亲去住院了。

"娘,不去不行了,你放不下也得去,这至多半个月,如果你死了,我们就惨了。娘，你活着才是最重要的。"

母亲临走时哭了，"别管苦甜，跟孩子们做伴这多好，你看这是做嘛哩"。

眼泪也涌上了我的双眼。但我故作轻松地说："没事，谁不生病啊，不就是住几天院吗。"但我感受到了生离死别。

看着母亲不舍地走了，我瞬间感觉自己像一个赤裸裸的婴儿被丢在了路边。

母亲住院半个月，这半个月我们每天在电话中劝说稳定母亲，让她安心治疗，我知道，只要我们一句话，或者没有掩饰好这边的艰难和焦虑，母亲定会不顾一切地跑回来。

这半个月，是我离开母亲最长的时间，生活完全依赖于母亲的我，担心着母亲，然而，一个问题不请自到，那就是：如果母亲死在我们前头，我们该怎么办？母亲虽然经常把这个问题挂在嘴边，但我一直认为我不可能活到那个时候。可以说，对自己命运的消极态度，反而成了一个难题的答案。但现在我觉得这是个问题，不管它是否能成为现实，我都必须对这个问题进行思考，如果我对这个问题不知所措，只能证明我仍然是无知的。

如果母亲不能再照顾我们了，我是否还要继续活着？如果继续活着，我将面临什么？我想象着那时我每天的状况，我假设着，是否还有其他的可能性。在这个过程中，我想到了每一个人，想到他们的生活，他们和我的关系，他们看我的表情，他们的善良和邪恶。我看到了爱的残酷，规则的简单。我看到这个世界远了，但也可能是更近了，因为他们变得清晰而具体。我看到阳光仿佛也改变了颜色。

在思考中，我经过一条曲折的路，我路过了惶恐、急切、绝望，最后，我选择了顺流而下。顺流而下的意义不亚于逆流而上，懂得了顺流而下，生命之舟才能前行。这不是懦弱，而是勇敢。当我找到了最终的选择，便没有什么可怕的了，我找到了平静之地。

从此，我扔掉了许多幻想和要求，对别人和对自己的。我扔掉了许多愤怒和仇恨，对过去的和未来的。我获得了更多的释然和智慧，让纷扰简单了，让迷茫清晰了。我仿佛开始用新的方式和自己和世界相处。

母亲从医院回来，很快病情又加重了，我们又开始来往于医院，这一年不断地为母亲求治，好在现在已得到了有效的控制。

从凡事母亲先考虑我们的身体，变成了我们先考虑母亲的身体，这点变化虽然很小，但我知道这标志着我人生进入了新的阶段。

除了为母亲的病费神，我的精力大部分用在了散文集的创作上。

这本书的名字初步定为《遇见生命》，这个生命指的是别人也是我自己，希望我能写下遇见他们的体验。希望我能尽量以没有社会身份的，最纯粹的状态感受生命，传递我所体会到的生命真谛，记录一个灵魂的生命之旅。

我知道自己的水平有限，但我的灵魂却不能求助于别人，只能指望着我这个无能的人。好在我对她是忠诚的，单凭这一点，我便责无旁贷。我对这本书的创作态度和以前有所不同，以前或多或少，会在意别人的看法，迁就和迎合大众审美，会在所有想说的感受中选择适合说的。但现在我想的是，什么是我最该说的，什么是我真正想说的。或许一切都到了合适的时候，我不想再顾忌什么，然而又有什么好顾忌的呢。

再一次去触摸过往的岁月，向所有的收获致敬。将最真实的作品呈现给这个世界，才是我最虔诚的献身。也只有这样，我的生命才得以存活和完善。我活着就会写作，这是必然，就这么简单。

不知能否顺利出版，不知出版后是否有人读。想到这些问题，又瞬间一笑而过了。这些和写又有多少关系呢。

一切我都会去努力争取，而这都是后话，我现在要做的只有聆听内心的声音，梳理一路的遇见。

平静而专注地去写作，这无疑是辛苦的劳作，但我从中获得了生命最深的快感和无限的滋养。

生命仿佛一件艺术品，只对能够欣赏它的人有意义。无论你拥有什么，都是外在的和短暂的，只有内心的体悟是你最终的收获。

人经历的东西可以说有两部分，一部分是命运给的，一部分是自己给的。而人无论是被动应对，还是主动寻求，最终收获的竟是那么的相似。是生命丰厚的情感，是人生广博的智慧，而像音乐一样串联起所有的，是那份最美的从容。

　　这一年我只是看到了一些从容的美，而我远不能做到对一切从容面对。

　　如果说我对来年有什么期盼，我不期盼太多快乐，不期盼多么顺利，对于一个普通生命来说，如果仅仅拥有那些，该是多么的遗憾。我依然恐惧无助，依然恐惧迷茫，然而真实的人生又怎能将这些躲闪。我只希望在2018年，无论平静还是波澜，无论深沉还是欢乐，生命能够从容如水。

2017 年 12 月 31 日

感动的周围

母亲获得了2015年感动省城十大人物的殊荣,2016年1月22日我们参加了颁奖典礼。整台晚会感人、温暖、隆重,每个主人公都被进行了深入挖掘。

大屏幕上播放了我们的故事,央视主持人任志宏宣读了颁奖词,母亲接受了隆重的颁奖,我们也上台接受了主持人的访问,随后现场演唱了我作词的歌《喊一声妈》。让我着实为自己的故事感动了一回。

除此之外,一个个故事,让我一次次内心激荡起敬佩之情。但是我在感动之外,也看到了其他的一些东西。

爱心食堂创办人郭朋勃,一个1986年出生的年轻人,因为一次自驾车旅游,看到了一个只有几十个老人的山区小村庄,他为这些老人悲惨的生活而动容,为这些老人无温饱的生活而心痛。从此他拉着米面油,在那个小村庄空闲的学校里开起了爱心食堂。老人们终于吃上了白面馒头。讲述人说了这样一段话,那位八十多岁的老人,在第一次吃到白面馒头时,是那样的狼吞虎咽,在临走的时候还像一个孩子一样,悄悄地往兜里揣了半块馒头,这个老人就在节目拍摄后的第三天去世了。

我的内心开始翻滚,忍不住的泪水涌上双眼。如果没有小郭,这些老人将感受着怎样的人间冷漠,将看到多么荒凉的人生夕阳。在我们生活的周围竟还有人过着这样的生活!我想所有的人都会问,当地政府何在?民生保障体系何在?如果当地官员足够关心百姓疾苦,怎么还会有这样荒芜的角落存在。

我不知道政府接下来对此事会有什么作为，我只是听到一个官员"鼓励"小郭，这件事你既然做了，一定要坚持做下去。

一个善良的人能释放多少热量，来抵抗着巨大的严寒？我为小郭感到孤独与沉重。

抗战老兵寻访者崔志林，一个摄影爱好者，多年来坚持走访平山抗战老兵，用镜头记录他们的身影，用文字记录他们的故事。因为很多老兵都没有成家，年老后过着孤苦的日子，照片上的他们衣着破旧，房屋简陋。崔志林说，每次都会给他们送去米面、生活用品，有时候也要给他们一些钱，让他们改善生活的困境。但每次提起那烽火硝烟的往事，他们仍然记忆犹新。一个已经意识不清的老兵竟做了一个标准的军礼。他们都已经八九十岁了，当崔志林终于把有关抗战老兵的书给他们送去时，十几位老人竟都永远地走了。崔志林脸上露出了无尽的遗憾。

毫不夸张地说，这些老兵是中华民族的英雄，是我们这些后代人的恩人，而我们却把他们遗忘了，我们都是忘恩负义的人。

战争年代的英雄，在这个和平年代竟成了生活得不到保障的弱势群体。这是这个时代的悲哀，是我们的罪过。

中华民族宝贵的精神财富难道只由一个摄影爱好者去拯救和记录吗？珍贵的记忆有多少将被我们永远丢失？仍然生活困难的老兵们内心会有怎样的悲哀？

因为我感冒发烧，没有参加两天的彩排，录制的时候去不去我们也在犹豫，母亲说病了不值当，父亲说不参加影响人家的录制。我想，除了父亲说的理由，还有一个去的原因，那就是虚荣，鲜花和掌声对于平凡的人来说的确是一种吸引。

我们在市领导接见前几分钟到场，从下午一点半出发到晚上十二点回来，在二十六年一遇的低温天气外出，对我们也算是一个挑战了。

感动省城十大人物评选意味着什么？对于电视台的工作人员来说，是忙碌；对于大驾光临现场的领导来说，是脸面和成绩；那对于十大感动人物呢？是一束鲜花，是一个玻璃奖杯，是两天的时间，是几十到百元的路费开销，是高度的肯定和赞美，是接下来更多的采访和更多配合宣传的工作。

十大感动人物以不同的故事，用不同的方式，散发着人性的光芒。真的像十把火炬，传递出无限正能量。足够让这个城市充满人情味，足够激发人们心底的那份善良。

但是，熊熊的火炬同样需要氧气，正能量同样需要正能量的支撑。我希望感动不只是一些人利用的材料，荣誉不要成为皇帝的新装。

节目结束时已是晚上十点多，我的朋友Z和工作人员将我们送出石家庄广电中心的大门，我感觉到了刺骨的寒风。

我不知道在这个夜晚的这座大楼里，所散发出的温暖和力量，能够消散周围的严寒，还是被周围的严寒所吞没？

2015年1月24日

街灯下的秋天

立秋已半月，街上已没了乘凉的人们，只有老人A还坐在他的胡同口，那街灯下的老地方，晃着蒲扇。蒲扇已不为驱赶炎热，只为驱赶吃尽命食的老蚊子。灯光下的老人A像在秋后干枯的庄稼上涂了一层油，消瘦的脸仿佛被岁月封存了。

他看看一户户洞开的大门，看看身旁的电线杆，看看路过的人和车，看看天上的星星，看看寻食的瘦高的野狗，看看村口的小超市……这条街的东头是村口，那小超市的灯光格外温暖，出出进进的人们去买东西预备晚饭。家就像一块磁铁，吸着他们，让他们不自由也不孤独。老人A看着他们，没有人看到老人A的表情。

"爷爷。"一个背着书包回家的小男孩儿，他是老人A的邻居。

"嗯。"老人A的声音让人听上去既高兴又安详。

"您的小鸟孵出来了别忘了告诉我啊！"

"忘不了，你个臭小子。"老人A很喜欢这个经常去看他的白玉鸟的孩子。不知道他和自己的孙子有什么区别。

老人A听到胡同口传来脚步声，"怎么今个出来晚了。"他用蒲扇拍拍腿的左边再拍拍腿的右边，并不回头地说。

"闹了一觉。"老人B从他的后面走到他的左边，他依然是白背心蓝裤子，多少年了没有变脏也没有变旧。他找个稳当的地儿，放下马扎坐下来继续说："小军托人捎来的月饼快放坏了，我就着水吃了两个，我一个人也就省做晚饭了。吃了时间还早，就躺着了。"

"呵，还没人给我买呢，你倒要放坏了。"老人 A 一向说话很冲，现在上了年纪已收敛多了。

老人 B 并不在意，或许是因为他在镇小学当了一辈子老师性格包容性很强。以前他们并不是一路人，老人 B 又比做粗活的老人 A 小一轮，从都喜欢上这胡同口彼此才熟悉了，而且性格上倒形成了互补。

"你是饱汉子不知饿汉子饥，要是小军他们都在家，俺没月饼吃也得天天笑。"老人 B 的蒲扇下意识地指了指他说。

老人 A 哼了一声，沉默了片刻。"最起码你想到孩子心是暖的，就怕人在跟前心却是冷的。"老人 A 说完又若有所思了。

老人 B 摇了几下扇子也若有所思了。

街上来往的人更稀疏了，阵阵秋风让路灯迷了迷眼。"在这儿坐着呢？""大伯大叔你们吃了……"总会有那么一两个路人在灰暗的灯光下看到路边的他们。

老人 B 听出他又不顺心了，"凡事要往好的地方想。"老人 B 说。

"唉，你别劝我了。"老人 A 倒急了，他继续说今天发生的小事，"今天晚饭我把桌子摆在了屋里，人家就把桌子摆在了院里，我看着院里凉快，就把我的桌子搬出去了，他们就把桌子连同桌上的饭菜搬进屋去了！谁稀罕凑他们，我是他爹呀，怎么就那么不愿意看见我。真是冤家！"

一阵秋风吹过，一下子把老人 A 的话打断了，他望着灯光辉煌的小超市叹了口气，不再说什么。

对于老人 B 来说，已经习惯了听他说这样的小矛盾，他也不想就是非而论，或许对错真的不是问题的根本。"你脾气得改改，什么事别多心，凡事别较真儿。"老人 B 说。

"老人就得装聋子，装傻子？"老人 A 自己也不知道在问谁。

"不用装了，我看你本来就有点傻。呵呵。"老人 B 笑着说。或许真的只能让一个玩笑把他的疑问消散了。

"孩子们小的时候总盼着他们长大，就算是再累得慌也有过头。"老人 A 继续说，"现在我快 80 的人了，还是给他们看炉子、扫院子，还要干地里的活，可是我发发牢骚他们都给我急眼。"

"嗯。"

老人 A 继续说着……

老人 B 的确是一个很好的聆听者，因为不光会听，还会猜，而且还会给对方反驳的缺口，让对方说得痛快。

老人 B 想到今天早晨他听到的广播，说老年人抑郁症呈上升趋势，如果儿女们每天能花 15 分钟和父母聊天，那老人一天里都会充满阳光。他觉得老人 A 有抑郁的倾向，而且只有他看出来了，但他不会说，因为老人 A 的儿子是不会每天和他聊 15 分钟的，虎子理解不了。但他觉得他的小军一定能理解，他的小军虽然不在身边，但是他孝顺，不然他也不会想给自己找个老伴。不过他没有同意，因为找后老婆儿失败的例子比比皆是。不能给儿女找麻烦。

老人 B 这样想着。

老人 A 继续说着什么。

老人 B 没有听清。

一辆拖拉机开过，突突的响声后是一辆摩托开过，飞扬的尘土在路灯下一浪一浪翻滚。骑摩托的是一个青年驮着一个爆炸头的女的。

"这是老赵家的小儿子，每天去接他对象，他爹的菜地更远，他怎么不去接他爹。"老人 A 仿佛对所有的年轻人都有了只有他本人能理解的看法。

老人 B 被说笑了，他看了一眼老人 A 亮亮的光头，"呵呵　你啊，呵呵……"

在还未散尽的尘土中老人 C 走来。

"多头，上哪去啊？"老人 B 先看见了他。他两个同龄，小时候一起和泥玩，后来老人 B 上了学堂，老人 C 背起了砍草的筐，他们便不再熟悉。

"去果品站拿两个筐。"老人 C 说着便在这停住了。他背着手，如果抖一抖身上，能抖下三两土，和老人 B 形成明显的对比。他的腰弯着，脖子向前抻着，一看就是个哮喘病人。

"我看你今年还是壮实，净去地里鼓捣。"老人 A 此时已放下了他自己的不快。

"就那脏样子呗，干活累了就重。"老人 C 磨磨叽叽地说。

"今年可没白鼓捣，葡萄价真不赖。"老人 A 说。

"可不，呵呵。咱也不知咋了，水果比粮食还贵呢，那能当饭吃？"老人 C 说着换了个稍息的姿势。

"你这么大年纪了，身子骨又不行，就种点省事的吧。"老人 B 为他着想地说。

"你净说那话，咱不像你，退休工资比咱们苦干一年的收入还高，我和他娘又都是药罐子，光种玉米、麦子哪能够花。"

老人 B 没有说话，或许在这件事上他是没有发言权的。

"要是跟大山哥似的，又脑血栓了，"老人 C 继续说，"药费从哪来？还不得趁着自己还能干多攒下几个。"

"大山又脑血栓了？什么时候的事？"老人 A 急切地问。

"哎呀，这病就怕得两回。"老人 B 既惋惜又无奈地说。

"就是今天早晨，送他去医院的时候我还帮忙来着。"老人 C 讲述着一个目击者的所见所闻。

大山是他们"等死队"的成员，每到冬天，他们一排老人就坐在村中心的村委会前晒太阳。已经成为村里的标志性风景。有些人背后叫他们"等死队"，大山知道了便说：谁不是在等死，只不过是我们坐着等，你们干着活等。那时候大山得了一次脑血栓，歪歪斜斜还能走出来，现在恐怕是出不来了。

村里一个最大的服装厂下班了，一群群男男女女叽叽喳喳骑着电动自行车从村东回来。这标志着已经是九点多了。

"你们坐着吧,我去拿筐了。"老人 C 说着便去了果品站的方向。

这三五成群的年轻人,无论是打扮还是面容,都让老人感到陌生,但他们身上的气息让老人感到亲近,那种气息或许就叫人间烟火吧。看这些人下班是坐在这里的高潮部分,他们喜欢看这些在他们面前路过的人们。那些不看人的人是不知道看人的感觉的,而且只可意会不可言传,就像对生活的热爱是说不出理由的。在这一刻他们觉得离生活最近也最远,因为只有这个在生活之外的角度了。路过的人说着他们之间的话。坐在街边的老人仿佛路边的磨盘,在的时候他们不会看,不在的时候他们也不会看。

他们看着人群渐渐过完了。街上清静多了,小超市也放下了卷帘。

"人活着有什么意思,不能干了也就到头了。"老人 A 平静地说。

"可不,就那么回事吧。"

街上的风明显凉了。他们依然坐着,沉默着,或许是看这街上的空旷,或许是在想着大山。又不知过了多久,那只瘦高的野狗又无声地走回来了,它看看老人 A 再看看老人 B,好像明白他们在想什么,低着头又去寻找它的……谁知道它在寻找什么呢。

"冷了,咱回吧。"老人 B 感觉到了困意。

"嗯,走吧。"

他们走进了同一条胡同,走进了黑影里。

昏暗的街灯下只留下一个冷冷的秋天。

2010 年 12 月 30 日

是什么挡住了他们的路

许多年前我就在一些城市的街上见到了盲道,那时候我还不知道这一条黄色是什么。后来,随着无障碍设施的不断完善,几乎所有的大小城市都铺设了盲道,我才知道了这通往每一条街道的窄窄的路,是为盲人而铺设的。我为此感到非常欣慰,这个社会想到了盲人。

但是这么多年来,我几乎没有在盲道上见到过一个盲人行走。

我不是盲人,我的轮椅不用走在盲道上,但我就走在盲道的旁边,和它如此近,和它的方向如此一致。我知道我和他们是同路的。

那空空的盲道总是不能延伸多远,就被什么东西挡住了,切断了。我的轮椅绕开了,那不是我的障碍,但盲人呢?

我仿佛看见,一个盲人走在盲道上,走着走着他的盲杖会遇到几排自行车,他不知道应该左拐还是右拐,他一定会试图绕过这个障碍,他会在摸索中迷路吗?他会遇到一辆车横跨在盲道上,他不知道这辆车为什么会停在这里,这辆车的车主和他有什么过不去吗,为什么要挡住他的路?他会遇到一个卖烧烤的摊位,小商贩在这里摆开了架势,仿佛这里是他的地盘。盲人一定感觉自己的到来打扰到了别人。如果是傍晚,盲人还会遇到一桌下棋的老人,他听见老人们畅快淋漓地说笑,他驻足在那里,他想不明白,别人的欢笑为什么也成了他的障碍。

这么多东西占据了盲道,或许只有经过特殊技能训练,有着丰富生活经验的盲人可以通过,而对于一般的盲人来说,那的确是一个个不小的障碍,直接阻挡了他们的路。

这条断断续续的黄线，就像一道试图冲破盲人封闭世界的光，但它在人流中，更像一个不够现实的理想。

近几年来，政府提高了对残疾人的关注，加大了对残疾人的扶持，很多政策的出台，包括一些硬件和软件的建设。消除歧视，弘扬人道主义精神的倡导，在很大程度上改善了社会对残疾人的态度，这无疑体现了人类文明的进步，人类对真善美的追求。但这种进步和追求还没有在社会中普及，或者说，还没有深入人心地改变人们的认知。

在很多方面，依然存在着低级粗糙的价值取向，比如，升学、就业、婚姻、社交、医疗，甚至包括享受公共服务等方面，都存在不同程度的偏见。这种偏见主要表现在两方面，一是以点带面的价值否定，因为他突出的一方

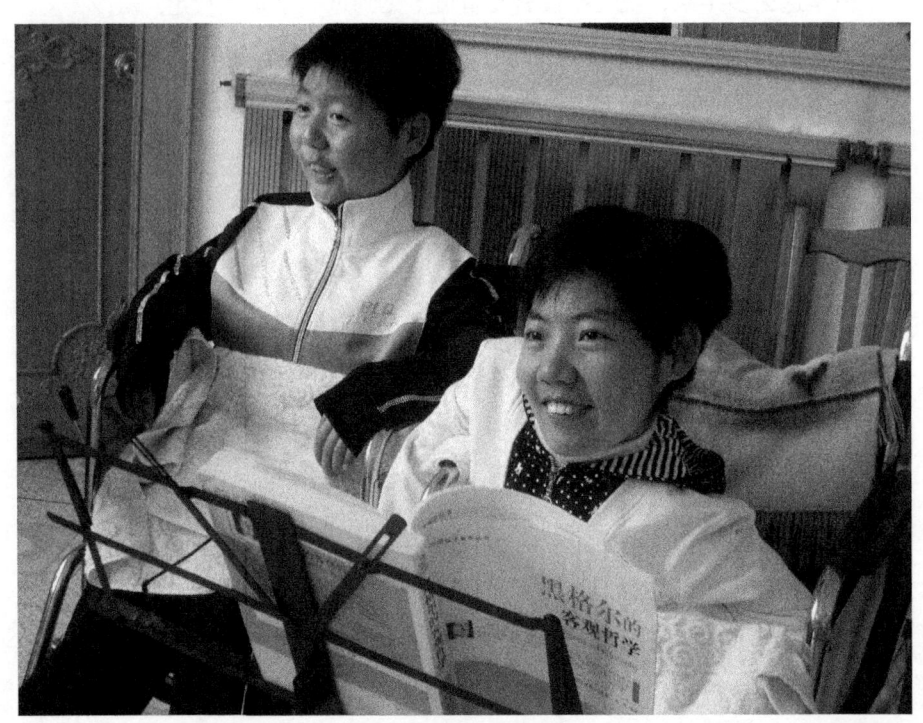

摄于家中

面缺陷而否定他其他方面的能力。另一个是因为他的不便，而否定他正常需求的权利和尊严。

如果那存放自行车的人、停车的主人、烧烤小贩、下棋的老人，在看到这条黄色小道时，能够想到这是盲人的路，能够向左或向右挪一步，那盲人的路便通了。不知会有多少盲人因为这一点小小的变化而拓宽了世界，甚至改变了命运。如果他们能够想到这一点，一定愿意为盲人留一条路，但就是这一点小小的忽视，挡住了盲人的路。

残疾人具体缺陷造成的障碍，只占他所有障碍的一小部分，更大一部分的障碍是社会的压力或者说是人的观念造成的。而这种观念的根源并非恶毒，而是千百年来习惯性的认识，而这种认识又和人类整体的精神文明相连。可以说，大众的小观念，是残疾人的大障碍。

古语说，内圣外王，我觉得社会亦如此。社会的现象，其实源自人心，社会的现象也就是大众思想的外化。建立无障碍设施固然重要，但在人心建立无障碍设施才是根本。当残疾人的路在人们心里畅通无阻的时候，残疾人在社会中自然也就没有什么障碍了。

真心地希望早日看到，残疾人这条窄窄的路畅通无阻。

2015 年 2 月 9 日

残疾人路上的软障碍

一次我去办理网上银行的业务,在银行遇到了没想到的困难,这也引起了我对一个问题的重视。

那天父母和姐姐与我同去,大家心情不错,准备之后再去拜访一位心理方面的人士。可在这里竟耽误了两个多小时。

当父亲替我填好相关信息后,工作人员问我,需要亲自签字,你能写吗?我说让父亲替我签吧,我的手不会动。工作人员听到后说:哎呀,不能写啊,别人代理能行吗?她说着就来到了需要给我办理下一步手续的窗口前,并问那位工作人员,我也随着来到了这个窗口前。这个窗口的工作人员说:这个必须亲自签字,没有亲自签字绝对不能办理。

我便开始和她们沟通,并想其他的方法,要不我去开个证明?要不我按个手印?要不我……我提供了很多解决方式,她们都说不行。我说有什么手续能够说明我的情况,她们说没有,没有这方面的规定。我说难道没有手的人就没有权利办理网上银行业务了吗?几个工作人员一齐点头,温和而坚定地说,没错。这真的让我哭笑不得。后来她们去请示领导,我们便等了好长一段时间。可请示的结果还是"没有亲自签字绝对不行,这是我们的规定"。

虽然我还是面带微笑,但心里的确有点急了。在一旁的母亲说,怎么什么事都这么难啊。我又看到了母亲那焦虑的表情。

事情好像陷入了僵局。

要不我用嘴试一试?我抱着死马当活马医的态度说。她们说可以啊,只要是本人就可以。她们的眼中也仿佛为我看到了一些希望。我先试了试，嘴叼着笔，在一张废纸上颤抖着画出了两个字"刘厦"。然后递给工作人员看，她们高兴地说可以！可以！这就没问题了。我就这样在需要亲笔签字的地方写下了我的名字。

虽然这个坎儿过去了，但我看到了一种障碍，那就是残疾人路上的软障碍。

我所指的软障碍，就是规章制度和办理手续方式的不完善，没有把残疾人的需要和不便考虑进去。

虽然我勉强过关，但如果是一位盲人呢？如果是一位嘴活动也有障碍的人呢？如果是肌肉痉挛的人呢？难道他们就没有办理网上银行的权利了吗？虽然这对生活不会有太大影响，他们可以用亲人的银行卡，但这意味着残疾人的权利受到了限制。

其实这样的限制在残疾人前进的路上并不少见。

《残疾人保障法》明确规定了残疾人应平等参与社会，但一些软障碍不消除，直接影响残疾人平等参与的权益。残疾人要拥有平等的工作、学习和生活的环境，那么相关的规章制度就必须完善，哪怕是细微的，都非常重要。

就拿办理网上银行的业务来说，规定必须亲自签字，是为了保障用户的安全。并不是为了不让残疾人办理，但残疾人就被规定挡住了。这是规章制度的盲区，规章制度要完善，应该注明，在什么情况下，如何采取其他有效的方式进行。

随着社会的发展，文明程度的提高，残疾人事业也得到了很大的重视。当我经过街道、商场和图书馆等公共场所的无障碍设施时，就会感觉自己是被尊重、被接纳的，这是社会很大的一个进步。应该说很大程度上方便了残疾人的出行，减少了很多实际障碍。同样，在社会的软件——规章制度上，也应该建设起无障碍设施。

在残疾人前行的路上，硬件的障碍，路人可以帮忙抬过去，只要身边有人，只要人有爱心，这些障碍都可以得到举手之劳的解决。而软件的障碍，解决起来就没那么容易了，即便是有人愿意帮忙，也无能为力。即便是一定要得到一个说法，不知又要绕多大弯子了。

　　无论是硬件障碍还是软件障碍，其实都是社会价值观造成的障碍。社会的认识程度和价值取向决定着这些障碍的多少。当社会或大众的观念真正接受了残疾人的存在，真正接受了与他们平等共存，那么这些障碍也就不存在了。

　　真的希望无障碍的天地早些到来，这需要残疾人和健全人共同的努力！这不仅是残疾人的需要，更是整个人类文明进步的体现。

2012 年 8 月 30 日

中国梦在我们的行动中

志愿者这三个字前些年还是一个比较遥远的名词，这两年却迅速地走进了我们生活，让人们熟悉了起来。

2008年的奥运会、汶川地震让志愿者的形象一下子进入了公众视野，当代雷锋郭明义的出现可以说是家喻户晓，民间公益团体大量出现，我身边的一些朋友也加入了志愿者团队。于我个人而言，对志愿者更是深有体会，作为一个残疾人参加活动常看到志愿者的身影，常得到他们的帮助。他们的出现不仅解决了我的实际困难，也给我的内心增加了很多温暖。不夸张地说，志愿者可以让一个原本困难无助的行程变得顺利而充满阳光。

记得我去年参加石家庄残疾人代表大会时，几位小志愿者全程陪同了我。早上他们会提前在我的房间外等着接我去会场；会议中间只要我有需要的举动他们就会立刻跑过来；吃饭的时候他们会为我端饭菜。他们总是面带笑容、亲切热情。

其中一位年龄很小的志愿者给我留下的印象很深，他才十四岁，第一次参加志愿服务，我可以看出他的紧张。他在推轮椅的时候，会问我推得是不是有些快，在我吃饭的时候，只要稍作停顿，他就会跑过来问我是不是吃完了，记得那一顿饭他跑过来了三次。我笑了，也记住了这个认真负责的小志愿者。

交谈中我得知，他们参加志愿活动都是个人报名的，他的母亲在家长交流群得知了这次招募志愿者的消息，希望他能去参加这样有意义的活动，他本人也希望能够锻炼一下自己。听到这里我很欣慰，这至少表现出了这一代少年和少年家长的积极价值观，什么是有意义的？人应该选择什么样的方式锻炼自己？他们让我看到的答案是：奉献社会。在对社会的奉献中实现自身价值。

我的一位志愿者朋友对我说过：其实每个人心中都有一份爱心，只是没有机会去表达。我觉得他说得很对。我相信，每个人心中都是有大爱的，每个人都希望这个世界变得更美好。

志愿者队伍之所以会迅速发展壮大，不仅是社会的需要，更是对美好的一种召唤，谁不希望我们生活的环境文明、友善、相互关爱，这是人们共同的梦想，更是中国追求和谐的梦想。

每一个志愿者之所以会成为志愿者，正是看到了实现中国梦个人应该承担的责任，并将追求这伟大的梦想付诸了行动。

世界难免有黑暗，但我愿做一缕阳光；世界难免有寒冷，但我愿做一缕春风。如果每个人都这样想都这样做，那么我们所期待的鸟语花香的世界就会在眼前。

不一定每个人都要花多长时间参加志愿者团队的公益项目，我们可以在生活中随时做一名志愿者。在公共汽车上，在商场里，在熟悉的街道中，在任何需要的时候给予他人帮助。那么这个社会将不再有冷漠和绝望。实现和谐的中国梦将不再遥远。

如今我也成了一名心理咨询师志愿者，用我力所能及的方式播撒阳光，传递希望。我想，每当我帮到一个人，世界也就少了一小片阴霾。

我相信，美好的中国梦，正在我们每个中国人的行动中一步步实现。

2014 年 5 月 21 日

碎思四则

1. 风筝的错误

屋檐下挂着红灯笼，地上积着白雪，院里东西挂着几串吊挂，天上飘着几只大小不一的风筝，还有母亲在屋里屋外忙活着，这便是过年一贯的情景。

冬天是放风筝的最好季节，特别是在过年的日子里，庄稼都收割完了，空旷的地里最适合奔跑，放了寒假的孩子要放风筝，农闲的大人还可以帮忙。天上便多了一些红红绿绿的大鸟。是谁把它们放上去又牵着呢？是一个老人？是一个孩子？但此刻，他都是一个掌握着风筝命运的人。

我在院里，看不到放风筝的人，只看到了天空的风筝。它受风的诱惑，总是在抖动。我突然想，如果把这线剪断，那风筝不就可以自由了吗？而现在，被那条线牵着，掉不下来，却也无法远走高飞。一种熟悉的怨恨爬上我的心头。我看见，这抖动是它对剥夺它自由的线的反叛，这抖动不正像我们对命运的逃离吗？

我们总是为什么为什么地抱怨命运，好像所做的一切都是为了逃离它。一年下来的成果就像乞丐兜里的硬币一样少，我们又会为逃离这种命运而更加努力。

此刻我看着抖动的风筝，突然发现，中国风筝也像我这么想，想逃离那根线，自己飞翔，是多么的可笑。是谁把它放上了天，是什么保持着它的平衡，一张纸竟然可以像鸟儿一样在天空飞翔，一个静止的灵魂便有了生命。

我看见自己的一个错误，这个错误就像孩子抱怨母亲没有给他一个天堂一样没有良心。

要出发了，母亲给我们准备了一背包饼，我们没有把它当成干粮，却把它当成了一路的累赘，这是母亲的错还是我们的错。命运给了我们想要的和不想要的，想要的是资本，不想要的是力量。两者缺一不可。它却总是受着冤枉，背负着抱怨。

尼采说：爱命运，就是不仅爱自己的幸运之处，也要爱自己的不幸之处。要爱局限，爱被动，爱逆境，不是喜欢，而是接受和珍惜，因为它是我们之所以成为我们的必然条件，因为它都是我们成长的力量！

风筝啊风筝，你除了向往蓝天，热爱风外，更应该的是感谢孩子手里的那根线。

2. 没有孤独就没有诗人

对着我的窗口，正好可以看到邻居房顶上经常卧着的一只猫，它在房檐上，看着胡同里不断经过的人。一副慵懒的样子，却有着敏锐的目光，胡同里或谁家有点动静，它都会眯着眼望去。一般没有人会发现它，即便发现了也不会注意。

我认为，诗人也要像那只猫一样，要会选择一个安静的角落，保持敏锐，做一个观察者。

诗人当然可以走进各种喧闹，但他一定要有一个不被人注意的地点。远离一切，纯粹地去感知。这个地点不可能有第二个人来，即便是诗人和诗人也不能共同抵达。这里只能是一个人，只能是孤独的。

那只可意会不可言传的诗根就在这里，那任何评论都不能诠释的诗歌真相就在这里。只有有这样一个可以让自己像猫一样卧着的地方，可以在细微和安静中体验，才能够懂诗，才能够有诗歌的产生，诗歌才能有灵光的感动，诗歌才能有质感的冲击力。

如果不能保护这个地方的孤独，诗歌也就没有了生存的场所。所以说，没有孤独也就没有诗人。

3. 海子，我只愿你在尘世之外能获得幸福

海子，今天是个特别的日子，你是否能感知到人们对你的怀念？我这个愚蠢的恋世者还在为你而心痛。我还是想问：海子，你为什么要选择死亡？当我想到这里，仿佛听到你在说：我为什么要选择活着？是啊，我也找不到理由。没有理由让你留在尘世。有人说你有强烈的热爱生活和厌世两面，这两面互相矛盾。但我不这么想，绝对不是这样，那只源于热爱。海子，因为你的智商太高了，因为你的血液太热了，因为你的灵魂太干净了，所以这个世界对你而言就是狭隘的、冷漠的、肮脏的。你的孤独就弥漫了世界。

那列火车上坐着那些人，他们无知无觉，你没有拦住什么。但你也在很多孤独的人心上重重地划了一下，种下了一棵菩提树。

海子你所说的曙光究竟是什么？你抛弃了世界之后找到了吗？我只愿你在尘世之外能获得幸福。

4. 梦有时若即若离

梦很遥远我不怕，我会一点点去靠近它。像马拉松长跑一样耐心，像打持久战一样坚持。

但有时候梦让我觉得忽近忽远。有时候它是那样近，我好像看到它就在前面这座大山的那边。只要翻过这座大山就到达了。像一盏灯光在那边闪烁。所以我很兴奋，加快脚步，不知疲惫地前进。当我满身疲惫却又满心欢喜地来到大山的这边，才发现那盏灯离我还是那么遥远。所以我失望了，浑身一

下子失去了力气。我蹲在了地上。

　　感觉被骗了,感觉自己糊涂了。但我知道过不了多会儿我就会重新站起来,继续前行。

　　而且我还会告诉自己,只要在走就是在靠近那盏灯。虽然翻过那座大山没有到达,但那座大山我已经翻过。

2011 年 11 月 4 日

人为什么活着

人为什么活着？这个看似简单的问题，却至今没有人能找到准确的答案。这个问题应该就是人类思想的边界吧，就像无限便是宇宙的尽头。

虽然没有答案，但似乎每个人都会向自己提出这个问题，并苦苦地追问。人是应该有这样疑问的，没有这样疑问的人是被动地活着，有这样疑问的人便是在主动地活着，或者说是个主动的生命了。

这个疑问就像一扇门，把每个不同询问者带向不同的人生道路。

我忘了这个疑问在我心中准确的生成时间，或许是我少女时代的叛逆期；或许是在我九死一生的病重期；或许是我看着母亲疲惫的时候；或许是在我人生第一个迷茫的午后。但这个问号就像一盏灯，照着我继续前进的路。

每当我将这个问题提出，都会照亮前方一段路。慢慢地我发现身后已出现了长长一段唯一属于我的人生。

人为什么活着？在现实不断地给予我提示，又不断地给予我否定再给予我提示的过程中，我模糊地找到了属于我的答案。

即，人为什么活着，这个问题不是人类的思想可以回答的。就像一个盲人无法想象颜色，一个失聪者不可能明白音乐是什么，这是人类功能不可及的一个问题。或者说明白了人为什么活着，即生命的方程式不再成立。

但我们可以给这个问题一个更为广阔的答案：那就是既然存在便是有意义的，每个人活着都有宇宙赋予的不同的责任。这一点我是确信无疑的。就像某种生物我们不知道它的用途，但知道它不能灭绝，存在即是事实，没有偶然，一切都是必然。

有了这样的回答，便马上又生出一个新的问题，那就是每个人的责任是什么？我又怎么才能知道今生我应该做的是什么？

我应该为人类做出某种伟大的事业？我应该回报人间的真情？我还是应该享受人间美景？我想了很多。我又问自己那么你想做什么呢？当这句话在我脑海中浮现我便明白了，我该做什么和我想做什么，这个问题是重叠的呀！也就是说我想做的，我真正的梦想和追求，就是我该做的，就是我生命的责任。我不用去模仿任何人，跟随我自己的意愿，便是跟随宇宙的意愿。

我的出生和以婴儿般的状态存在了这么多年，便在人间呈现出母爱惊人的能量；我的朋友和我遇见的所有路人，没有我相信他们也不会选择如今的人生；我的创作无论水平如何，都是独一无二的；我的梦想无论是否能实现，追逐的道路便是我完成人生的过程。同样的道理，如果我缺少了某个朋友某个路人以及我的终极梦想，我都不会成为我。

每一个微小的生命，每一个角落里的事物，和每一个庞大的生命，每一个历史的巨变，都是相连的，都是一体的，都是不同而互相不可缺少的。

人为什么活着，这个问题带领我看到了更广阔的世界，在广阔的世界里回望这个问题，它也就不再是问题了。

人活着，就是要完成宇宙赋予的责任，责任包括体验和创造。至于怎么去完成，便是跟随梦想，跟随灵魂的召唤了。

对于无限的生命和精彩的世界，我的理解想必还是狭窄的，还是简单的，但这是一个多么有说服力的理由，人活着并前进需要这样的理由，这个理由让我稳定，并有力量继续去追寻和探索。

2011年4月27日

第四章
诗意的栖息

诗歌与诗人

很早以前在我的眼里，诗人，这个称谓是放光的。我觉得诗人不仅才华出众，而且境界脱俗。哪怕生活窘迫，诗人忧郁的眼神都是迷人的。

成为一个诗人，不能不说是我早期创作的动力。

后来我有机会接触到了一些诗人，我看见，他们一些人身上会有功利之心，一些人心里会有清高之气，他们或许可以写出令我动容的诗，但我并不想靠近这样的作者。当然，这个评判标准是在我给诗人这个称谓的光环下影响产生的，但还是让我有些失望。

从那时起，在我的印象中诗歌和诗人便分开了。同时我也开始了思考，诗歌和诗人的关系。

诗歌出自诗人的心灵，诗人的境界和悟性可以影响一首诗的高度和宽度，诗人的价值观和性格气质可以影响一首诗的色调，诗人的阅读经历和生活内容可以影响一首诗的语境，但诗歌又不是完全出自诗人，诗歌不会是诗人的一部分，诗歌和诗人是相关联的两个个体。所以，准确地说诗歌是通过诗人的心灵而来。

当无形的诗意找到了合适的词语，便出现了新的生命，即一首诗诞生了。

尽管诗歌流淌着作者的血液，但作者自己也不能彻底解释诗歌。就像一个母亲不能解释生命，却让一个孩子出生了。母亲和孩子或许很像，但通过孩子去定义母亲是错误的，同样，通过诗歌去定义作者是危险的。诗如其人很正常，诗不如其人也很正常，如果直接把诗人和诗歌相提并论，是一种妄断。

诗歌对于不同的作者有着不同的作用。有的诗人和诗歌就像兄弟姐妹，把酒当歌，推心置腹；有的诗人和诗歌就像后生面对师长，谦虚恭敬，积极言志；有的诗人和诗歌就像自己和自己，彻底的随意，严重的自恋。他们的诗歌如果在文学样式这个定位下也可以称之为诗，但那只能算是纯度不高的诗。因为他们的诗歌还是在言说现实，包括外界的现象和内心的思想情感。

但还有一种诗人，用诗歌言说着生命不可言说的部分。就像海德格尔所说的，诗歌，让不可说的，成为可说。这种诗人是通灵的。

他们用诗去呈现除诗歌的语言之外无法表述的生命体验。他们的诗歌像一条路，通向一个神秘但真实存在的国度，引领着人们开拓生命的疆土。他们是多一种感官的，能感知到生命更丰富的内容。蚂蚱是三季的，它不知道人间有冬天，而诗人是五季的，比普通人有更广阔的生命体验。这多出的一个季节就在诗中生生不息，感知这个季节也只能通过诗歌。

面对社会激烈的竞争，诗歌是无用的，甚至在你仕途上还会起反作用，因为诗歌可能颠覆常人眼中光荣与耻辱的关系。

尽管如此，这样的诗人是幸福的，因为无论在川流不息的街上，还是长夜的灯下，他至少还有精神的归属。

记得我曾经困惑，那些不写诗不读诗的人，生命该是如何干枯。后来我发现，不写诗不读诗的人有两种，一种是不需要诗歌的人，这样的人没有发现自己生命的根系，在生活中活成了一个应用的人。另一种人是需要诗歌的，虽然他不写诗不读诗，但他的世界里是有诗的。诗歌潜在其他的形式中，以原生态的形式回应着他内心的声音。只是未被排列成诗，他们在生活中是美好而孤独的。前者是可悲的，后者是可怜的。

我作为一个读诗的人，并不奢望读懂所有的诗歌。因为每一首诗都携带着作者的基因，这基因是具有特异性的，包括作者个体的特征（个人风格），也包括作者生活的特征（外界经验）。这些东西决定了作者所使用语言的内容和指向（一个词语的内容终归是不确定的）。这种表现其实也是生命本身的局限。

但这并不影响一个真诚读者对诗歌的阅读。当我们读到一首诗，眼前的场景我们一定去过，当我们读到一种情感，必定是我们曾经感受过的；当我们读到一种新鲜的领悟，必定是我们生命未发现的真相。当我们阅读，一首诗便有了新的生命。无论是理解还是误解（正误解），又有什么关系呢。

不同生活经历的人，完全可以通过诗歌达成共鸣。这是诗歌所具有的神圣性。或许这就是因为诗歌最大限度上接近了人类的灵魂，最大限度上接近了生命的根源。

我不会和生活中的人说我写诗，因为除了无话可说之外，我知道在许多人眼中，诗人接近于神经病。这是一种集体意识对另类的排斥，这种曲解其实和我给诗人带上光环是一样的错误。

我作为一个写诗的人，更深切地认识到，诗人就是一个世俗之人，或者比世俗之人更了解世俗，因为他有更敏锐的触角，更能感知人间的冷与暖，更能感知普通下的神秘。

不要把诗人看得太高，也不要把诗人看得太怪，诗人就是一个写诗的人。

把诗人看得太高，看得太怪，应该说在当今社会还是比较普遍的现象。我觉得这与普通生活、普通民众对诗歌的疏远有很大关系。这一点是值得我们关注和思考的。

中国是一个诗歌国度，有着多么丰富和宝贵的诗歌财富，在诗歌的土壤下，竟然让诗歌成了罕见现象。

如今有多少人在读诗？

有的诗人说，诗歌的阅读群体永远是小众，如果诗歌走近生活，那必将丧失诗歌的神圣性。对这个观点我是不赞同的。诗歌属于小众是目前一个现象，但绝不是一个真理的现象。

正如一个民族信奉一种宗教，又怎么能磨灭这种宗教的神圣性呢。就像历史上诗歌的繁荣时代，好诗歌倍出，伟大的诗人聚集，诗歌的神圣性丝毫没有降低。

反过来说，我觉得这个缺乏诗歌的时代所有的不良现象，和诗歌的缺乏有很大关联。社会即人心的外化，当我们的心灵失去了最初的愿望，最本真的神经被麻木，我们的心灵必然荒芜，荒芜的土地上又怎能长出茂盛的生命呢。

我们为什么要让诗歌走近生活，我们可以让生活走近诗歌。不要让诗歌落入世俗，但可以让世俗之人学会回归和眺望。虽然不必做到人人皆诗，但至少让诗歌成为一种普遍的文化现象，至少让社会可以受到诗歌的熏陶，让诗歌可以直接和间接地影响人心。

很多人认为诗歌和哲学是并肩而站的，甚至认为诗歌的本质属于哲学，但是在我看来，从逻辑上说，诗歌要先于哲学。因为哲学毕竟是主观意识对思维的操控，而诗歌则是出于心灵本身的体验。是情感的，因为情感才会追问，因为追问才有了理性的思考，即哲学。

诗歌对人类的意义绝不仅限于一种文体，一种语言表达方式，它是超越文学的。

只有诗歌才能接近灵魂的本真，完成生命的期盼，即对神性的眺望。只有诗歌才能滋养生命的根系，保持心灵的净土，并给予生命终极的关怀。

真正的诗歌绝对是神圣的。

对于诗人而言，无论什么样的形式和主题，真正的诗歌都应该出自诗人理想最高的地方，出自灵魂最近的地方，出自人性最闪光的地方。以美好的名义，以梦想为理由，将诗歌唤来人间。

面对当今的小我写作，我想说，一个人有才华，有敏锐度，有语言的创新性，就可以写诗。但伟大的诗人还应该具备两个更重要的条件，那就是良知和普世情怀。

良知是一个诗人最基本的出发点和最深刻的感知力，普世情怀是一个诗人最干净最高尚的爱。只有这样的诗人写出的作品，才可以抵达每一个微小的生命，才可以带着一个民族飞翔。

  从人的角度说，诗人也不能超越人的局限，也不会没有人的弱点。但从诗歌的角度说，能够承担照亮人类精神责任的诗人仍然是伟大的。

  写诗的人并不少，但这样伟大的诗人仍然在我们的期待中。

  在茫茫的人海里，在流逝的岁月中，我带着诗歌，带着普通而沉重的皮囊，独行在路上。

2017 年 2 月 4 日

诗歌是我存在的特征

一个人一生会有很多标签,有被别人贴上去的,也有自己主动获得的。在我所有的标签中,我最喜欢的是:写诗的人。虽然我不认为自己是一个诗人,但是,我写诗。想到这些我总会有些暗喜。

刚开始写诗的那几年,我身边没有人知道我写诗。这让诗成了我个人的

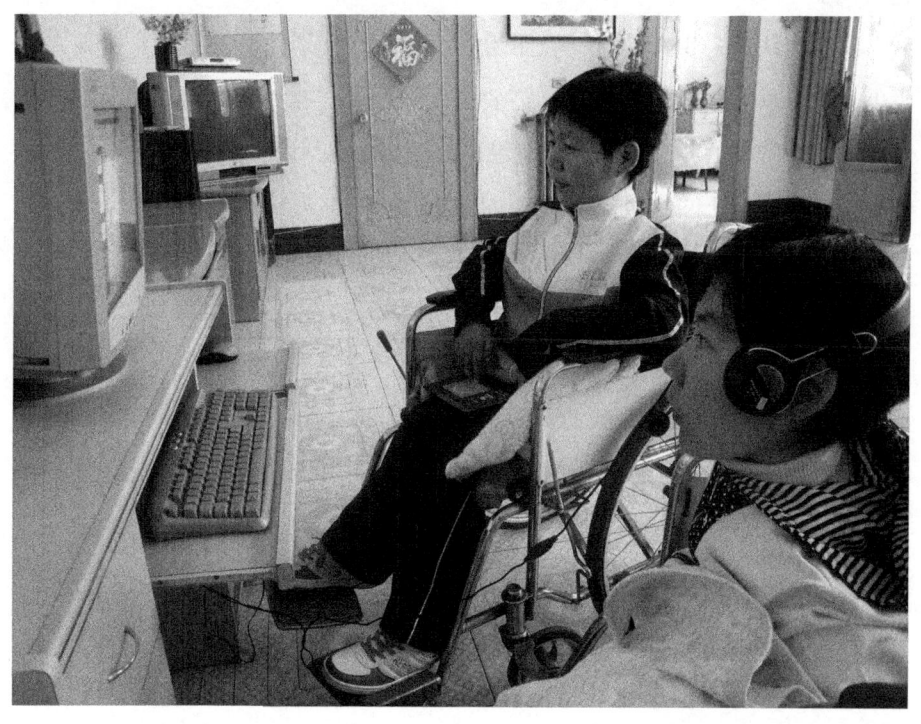

刘厦用麦克风在电脑上写作

秘密。这就注定诗对于我是纯粹的，我对于诗是真实的。直到现在，我都很少和别人谈论诗，我觉得诗是不可以"群"的东西。因为诗只存在于诗本身。它只能是我（包括小我和大我）和世界单一的对话方式。

我不知道除了诗歌之外，还有什么可以说出一片树叶飘落的动静，可以承载落日的重量，可以发现蚂蚁的脚印，可以留住人间的冷暖，可以呈现一个人莫名的感动。这些东西是没有应用价值的，说出来也是没有任何目的的，却是需要说的。

人们每天都在用各种方式表达自己，每天所做的也无非是用这些形式表达诉求和观点，来和世界交流、合作。人们用勤奋的学习表达对理想的追求，用对他人的关心表达爱意，用眼泪和暴躁表达内心的苦闷。所有的态度和心情都是可以用常规形式表达的。但是，这些表达都局限在生活赋予的角色之内。

我一直认为，生命的意义在于给了灵魂一次特别体验的机会。灵魂来尘世的目的，就是追随心灵深处的需要去完成一次洗礼。让灵魂获得一次修行和圆满。我的任何角色，我每天所经历的一切，也只是灵魂获得体验的方式。体验才是灵魂真正的收获，而能够说出这些体验的，只有诗歌。

只有诗歌可以逃离各种角色，让灵魂出窍，说出超越这些角色之后的声音，说出生命中不可言说的部分，说出无用但无比重要的东西。

当我与诗同在的时候，正是我灵魂和世界交流的时候，因为诗，我的灵魂和世界会同时在现场，我的灵魂和世界有了最直接的接触。诗让我听到了我灵魂的声音，看到了我灵魂的表情。诗让虚无中的真实在现实中存在。

在复杂的社会里，有太多的诱惑和残酷。只要身在其中，就会面临迷失。在一次次迷失中，我获得了很多想要的东西，也丢失了很多珍贵的东西。可怕的是，在丢失了天真、锐利之后，面临的是失去灵魂的危险。

灵魂来尘世时一无所有，只带着一股巨大的热爱，这爱是无理由的，是灵魂来经历的动力源。但是，这份爱会在一次次失望后受损，会在一次次失败后沉默，如果这份爱被抑制了，灵魂也只能昏昏睡去了。

很多的人灵魂已经睡着了，他们不迷茫，不纠结，所以不再有太多痛苦。他们被生物欲望驱使着，随波逐流也安居乐业。从某个角度说，他们是快乐的。但他们失去了感受深层次美好的能力，他们会错过很多珍贵的体验。

而写诗的人，是可以保持住这份感受深层美好能力的。拥有这种能力，可以抵达大众之外，抵达局限之上，可以让人丰富和高贵，让人愿意思考并获得领悟，可以让人看到更广阔和迷人的世界。正是这份感受美好的能力，在一直唤醒和滋养着灵魂。

诗在一直召唤着我的灵魂，让它在嘈杂中不要睡去。因为我写诗，我知道，我正在痛苦中挣扎，正在挣扎中寻找，正在寻找中爱着。所以我相信，我的灵魂是醒着的，是仍然保持着那份爱的。

在生命这条远行的路上，每一个灵魂都是独行的。这一路上我所有的遇见，都只是交错。我路过了你，也被你路过了。没有谁与谁共存，没有谁能真正走近别人的灵魂。无论生活有多么忙碌和精彩，无论身边有多少亲人和朋友，都无法抵抗灵魂巨大的孤独。

每一次写诗，都是我灵魂的一次回归。只有它可以抵达离我灵魂最近的地方，可以见到最赤裸的我，可以亲历我所有的脆弱和美丽。

诗歌给予我最真实的回应，最美好的安慰。接纳了我活着的感觉，保留了我生命的温度，记录了我执着的生命表白。诗歌见证了我的灵魂在这条远行路上最真实的经历。

在长夜不眠的月下，在熙攘的人群中，在焦着等待的病房里，在充满朝气的大学校园里，无论我身在何处，都有诗歌藏在我的行囊中。我的行囊中多少新的东西代替了旧的东西，只有诗歌是我不变的寄托。

无论多么孤独无助，只要想到行囊中有诗，我就会获得安全和宁静，我就会获得无限能量。诗歌是我带在身上的灵魂归宿，只有诗是收留我灵魂的所在，这是一个写诗的人才拥有的幸福。

世界可以把我忽略不计，我离开的时候也可以不留下任何证据，但是，活着的我不能找不到我的痕迹，不能不知道我被拥挤的世界藏在了哪里。还好，在写诗的时候，我发现了我，在我的诗歌中我找到了我。漂泊在这条没有归期的路上，诗歌对抗着我巨大的虚无，诗歌是我存在的特征。

2015 年 7 月 9 日

读书路上我们相识

断断续续下了两天雨，天晴了，颇有初秋的爽朗。今天利伟特意来看我们。这个比我小好几岁的女孩是我的同学，我这个从未上过学的人也有了同学，感觉很难得。利伟是我在河北师大文学院听课时认识的，所以应该算是我名副其实的同学了。

回想起来，感觉人和人能够相识成为朋友，真的是一种缘分。在学校听课的一年多时间里，有些同学就坐在我的旁边，却从来没有交流过，偶尔彼此看一眼，也只是更加明白我们彼此是路人。而有一些同学却可以彼此靠近，交流起来没有障碍，仿佛早就认识，只是命运把我们安排在了不同的位置，比如张利伟。

那是我第一天听课，下课出来，利伟走到了我的面前，她一头长发，穿着一身复古长裙，虽然她的装束很淑女，但她的气质却透露出几分干练，而且她非常像一个学子，对人的态度有一种因为好学而有的谦卑。或许是因为我坐在轮椅上，她半鞠躬着和我打招呼：刘厦老师您好，我特别喜欢您的诗！今天见到您，我觉得您特别漂亮，您的头发也很漂亮。当时我笑了，我说：谢谢你。我感到这个女孩非常可爱，而且一定读了我那首提到头发的诗歌。除此之外，我还隐约感受到她有一种内在的魄力，因为并不是每个学生都可以勇敢地走进我们这个小团体，当时包括我的父母和姐姐以及随行的记者。我问她的名字，她说：我叫张利伟。我们便相识了。

利伟很爱笑，一说话就好像特别开心，但没有同龄女孩儿常有的孩子腔。

她喜欢独来独往，但和她接触就会明白，这不是因为孤僻，而是因为独立。这一点我在她的诗歌中得到了确认。她会拿一些诗歌向我请教，其中包括为我们相识而写的《相见欢》。她的诗有和大众思想保持距离的能力，有着独特的感悟角度。

在学校听课的日子，很多时候需要别人帮忙，我第一次给利伟打电话的时候，我们还并不熟悉，当我听到她在电话中答应：嗯，行。没有犹豫也没有寒暄，一下子就拉近了我们的距离。这个细节让我觉得这不仅是热心，更是一种能力。

每次听课都是母亲一手推一个轮椅，还好，每次下课的时候总有同学帮忙推一个。利伟多次帮忙。有时候没有课了，我们便在我的宿舍聊天。在那样轻松的时光中，我甚至有一种错觉，感觉自己真的是他们其中的一员了，我通过他们的眼睛，看到了带着希望的世界，这种希望让一切事物都很有意思，这种希望让他们的眼中闪烁着光芒。

不知从什么时候起，利伟对我的称呼从老师改成了姐，她说：学校有姐和阿姨在，有家的感觉。

利伟是邯郸农村的，离市区很近。她有一个比她小六岁的弟弟，她和她的母亲无话不谈，她的父亲对她希望很大，她家院中有三棵椿树，她和树上好玩的虫子一起度过童年，她平凡而无忧地长大。可以说她有着河北90后的典型成长史，或许这样的成长最能孕育出美丽而健康的梦。

利伟近期的目标是北大清华的博士，但我分明还看到她更高远更美好的梦，对诗词的梦，对学术研究的梦，对人生境界的梦。然而说出来就感觉太局限了，那是一个生命期待绽放的冲动。

每当需要找人帮忙的时候，我总会第一个想到她，所以在学校我没少麻烦她，但也因此，很多美好或重要的时刻都有她的身影。

文学院有一个六边桌诗社，会不定期开一些诗会，那次他们邀请我参加，我也很想去看看大学生的诗会。

但我担心母亲晚上推我们俩出去不好走,就打电话叫利伟来帮忙(她也是这个诗社的成员)。在我住的楼下,我看见夜色中,她满脸笑意地走了过来,并为她迟到了几分钟而道歉,随即便接过母亲手中我的轮椅,一股感动瞬间涌上我的心头。

师大的夜色太美了!那时已是深秋,我穿上了厚厚的毛衣,但夜风还没有多少寒意。校园安静极了,和白天完全不同,仿佛我们来到了一个新的地方,让人怀疑这是都市之内吗,那种悠然和开阔让人心旷神怡。偶尔有结伴的人同行,还有人缓慢地骑着自行车,仿佛这悠然的夜色让人不由自主地慢了下来。同行的人说话声音也很小,因为即便是耳语,在安静的校园中也能听老远。路上的灯不多,但亮度恰到好处。路旁的树叶已发黄了,风一吹,闪出金灿灿的光芒。那种美丽让人屏住呼吸,仿佛置身于季节的节日中,盛大而庄重。

一路上,我们聊到了意识流小说和利伟一个人的旅行。我这个错过青春的人,在这一刻,仿佛以另一种方式与青春相遇了。

诗会在图书馆,我们到时,有几位同学已在那等候,六七十阶的台阶,同学们把我们抬了上去。

我们来到四楼的一个茶馆,古香古色的环境中,耳边萦绕着稀疏真切的古筝声。这里没有密集的人流,桌子之间用屏风隔开,让人感觉很是安静优雅,很适合几个文人相邀而坐。当时我暗想,几个小孩儿还挺会找气氛。我甚至想到了他们的父母,在另外一个世界中,用现实吃力地托举着他们,让他们有了这样畅游纯粹的精神世界的机会,让他们可以离梦想如此近。

让我没有想到的是,他们的诗会开得如此认真和实在。在场的同学每人读一首自己的诗,然后阐述自己的创作感言,之后再念一遍。然后其他人都要表达自己的看法,这看法特别真诚和纯粹,就诗论诗。有不同的想法会毫无顾忌地提出来,进行探讨。这才是我认为的真正意义上的诗歌交流会。与现在很多诗会相比,更显可贵,因为现在的诗会中有太多其他的因素,交流起来大家顾虑重重，很多时候就成了大家说小家听。

通过这个诗会我又多认识了几个写诗的同学。

这个带着诗意、深秋、温暖关键词的夜晚，给我的大学记忆留下了美好的一页。更值得一提的是，我对青春有了不一样的理解，我在这个词中看到了真诚、进取、正直的人生态度。原来这些宝贵的东西在青年人身上含量最高。随着生活的磨砺，它们会慢慢地流失，有多少人在为此吃力地坚守。我因此对青春有了几分敬意。

我最后一次见利伟是配合中央台的采访，中央台的记者连续采访我们多日，那天要找几个我们熟悉的学生，采访一下在学生眼中关于我们的印象。我便又找来了利伟和另外一个和我关系不错的同学。因此在央视播出我们的新闻片提到我的同学时，利伟的画面便出现了，这让她成了我同学的代表。采访结束后，记者走了，我的同学又回到了楼上，我们聊到天黑透了。没想到那就是和利伟的分别了。

之后不久，我们就离开了学校，没来得及给很多同学告别。

时光不紧不慢地流逝，不为任何人加快和减慢，在时间的洪流中，它的坚定，让我们更加渺小。

转眼已一年有余，一直说要来的利伟终于来了。

一年多不见，利伟成熟了，笑容却依然那么可爱。母亲给她做了我们这儿的传统佳肴，也是母亲拿手的丸子肉。

利伟考上了浙江大学的研究生，是她喜欢的明清文学专业，几天后她就要去美丽的西湖边了。我为她高兴，这离她的梦想又近了一大步。

在她谈到前途的风景，以及在努力过程中对自己的发现时，我仿佛看见一只刚刚发现自己会飞了的小鸟，当它展开翅膀时，它看见了辽阔的天地，或者说无限的自由，它因此而有的兴奋，便是青春的特征！

我们聊了五个多小时，利伟说感觉还有很多话没来得及说，但她得走了，不然就没车了。不知为何，分别的时候，我内心竟生出了几分伤感。

晚上我在朋友圈中说：感谢河北师大让我认识了她和她（他）们。

实际距离的远近无法丈量人和人心灵的距离。有些人只有几步之遥，却老死不相往来，有些人相距千里，却彼此牵挂，穿越人海来相聚。

你能走到的地方，便是你生命的版图。

2017 年 8 月 26 日

一本可以取暖的书

——读白马散文集《岁月真情》

虽然我与白马老师未见过面,但通过文字交流已近三年。他是《望潮》《诗岛》的主编,在我的印象中,他是一位博学的师长,也是一位纯朴的老大哥。他发了我不少诗歌和散文,并时常对我说:如果生活中有困难尽管说话。让我很是感动。

白马老师经常寄一些他的书或他觉得好的书给我。一直很喜欢他的诗歌,很是大气,但一直都是默默学习,不敢评头论足。前些天收到他的散文集《岁月真情》。这本书深深地打动了我,让我很想说出读过之后的感受。

这本书的名字就可以让人静下心来,仿佛跳出了岁月,在岁月之外看岁月之中的所有真情。阅读了书中的文章,我感觉我麻木许久的心清醒了,僵硬的部分柔软了,冰冷的部分也流进了生命新鲜的血液。而合上这本书之后,我竟发觉生活是这样美好,那久违的欢喜又回来了。

这本《岁月真情》白马老师用朴实真诚的语言,记录下了岁月中点点滴滴的温暖,记录下了人和人之间的真情。这本书主要是写人,白马老师生命中遇见的人,包括他的亲人、朋友、同事、战友、文友。

叔叔在他年幼生活困难的时候给予的帮助,二姐对他的疼爱,三门人阿婆给他的好吃的,既是战友又是亲戚的小舅子默契的帮助,幼年童真的友情等。这些常见的情感,仿佛在每个人的生活中,每个人的成长经历中都存在,但多少人都忽略了,甚至是忘记了。而作者却用心记着,并用笔写出了小事的动人之处，留住了这些小感动的温度。这正是因为作者对这些真情的珍惜和看重。

孙伟建政委、杨世光将军、梅绍静编辑，无论是白马老师工作上还是文学创作上给予他提携的人，他都记得，并始终存有一颗感恩的心。一个人为别人做一点事不难，难的是始终把别人为自己做的事记在心头。人们常常很重视自己为别人付出了什么，而很轻视别人对自己的付出。这种人往往主观意识过强，或者说是一种变相的自私。而白马老师却可以跳出自我的局限，用一颗敏感的心感受所有的温暖，用较高度的目光去体会别人的付出。这让我看到了他对他人和生活的热爱以及他辽阔的胸怀。

他对残疾作家楼存华的讲述，对李轻松、江一郎特别是台州诗人筏子的评论，含金量都很高。他深入地阐述了自己对其作品的观点，更重要的是他毫不吝啬地向读者展示出每位作者的光芒。书中这样的文章很多，让人感觉白马老师总是可以看到和他接触过的人身上的优点。他虽然写的是别人，却让读者从中读到了他高尚的价值和闪光的人性。

白马老师的文章打动我还有一个原因，那就是他的文字——令人可信。当今文坛有很多作者包括大作者，他们的文字都油了。看似深刻、复杂、精美，但只是为了绕读者。把观点说得无缝可击，仿佛怕别人抓住他的小尾巴。这样的文字让人觉得虚伪。而且他的文章再有说服力你也不愿认同，因为那会有一种被骗的感觉。而白马老师的文章直率、真诚。可以不高深、可以不精美，但都是真情实感，便值得用心一读。

用真诚的文字写真实的情感是动人的。

岁月无情，匆匆逝去，但留在岁月中的真情依然闪烁着光芒。这本《岁月真情》让我懂得了，在漫长的人生路上我们丢掉了太多东西，但唯有真情不可丢，就算不在眼前了，我们也要把它放在心底。

有很多东西看似重要，走近后才发现并不是你想要的。唯有真情，是让人幸福的原因。

人们经常说世界如此残酷，说自己孤独无助，但难道不是你对真情的忽视造成的吗？难道不是你对平凡温暖的冷落造成的吗？当我们用一颗热心对待别人时，很多时候换来的是冷漠，所以一再让自己的心降温，可当温度降下来了却发现，凉到的是我们自己。

白马老师将岁月中这点点滴滴的真情收藏在心头，因此，他是一个富有的人，因为有岁月中的真情随时给予他温暖和力量。他说希望自己读万卷书，走万里路，交万方友。多么美好的理想。因为他的善良和辽阔的胸怀，因为他的重情重义，我相信他一定可以做到。

很高兴能在冬天读到一本这样温暖人心的书。它不仅温暖了我的心灵，更让我将温暖带入了生活。

感谢白马老师，感谢他的《岁月真情》！

2013 年 12 月 30 日

唯有残缺通向完美

残缺，是我必须谈及的一个话题，就像所有写作者一样，无论什么题材，无论有多少作品，都绕不开他个人的生命胎记。

有人说，残疾和文学是有缘的，那这份缘何在呢？

当我带着残疾走在写作的路上，我体验到更多的是局限，身体的不便，无疑会限制获取知识和撞见机会。此外，还会限制到作者和世界的联系，也就是被外界的理解方式。那种理解让作者"被励志"，在那种片面的定义中，很多残疾作者开始"励志"。这是一种迎合，是弱者对强者的迎合，是少数对多数的迎合，是作者对读者的迎合。

在这种迎合下，作者没有去表达想表达的，而是表达着社会期待他们表达的。真正的作家，如果他的作品起到了社会励志的作用，那一定是它的副价值，真正的文学价值是无关消极与积极的永恒的生命探索和慰藉。在这种迎合下，作者很容易形成小我的写作，也就是抒发自我的情感和讲自己的故事，这样的作品是无法脱离创作者本人而独立的，更难称之为文学。

我一直警惕着这种迎合，警惕着不自觉地丢失写作态度的独立性，除此之外，更需要一份勇气，要勇敢地直面自己的真实，以及我看到的真实。这真实包括：脆弱、怨愤、恐惧、欲望。这种真实让我发现，上帝通过展示给个人的这个残缺的创面，让人去思考人性的美与丑，去思考生命的局限，去思考命运的意图。然而，这种真实才是残缺与写作的真正缘分所在。

发展的前提是矛盾，寻找的源头是残缺。正如圣埃克苏佩里所说：一个人在寻找上帝，就是在为人人寻找上帝。文学的存在，始终都在弥补人类的缺失。

残缺才是每个人的生命之核，这个生命之核也可以叫作终极孤独。

因为残缺，生命才有了一棵芦苇对另一棵芦苇的向往，才有了远方和生命的宽度与长度。

当残缺以外在的形式呈现给一个生命个体时，生命原本的缺失就瞬间获得了现实的形式。灵魂和肉体的距离便以夸张的形式拉大，凉硬的局限便将软嫩的向往碰得生疼，隐藏在人生背后的终极困惑，便成了普通生活中日常的一部分。就像一个公开的秘密，残缺在人间昭示着关于残缺的思考。

我13岁在这昭示下开始写作，没有任何外部的机缘，在一个秋天的傍晚，看着遥远的红云，我内心的惆怅找到了文字。从那一刻，我的生命真正上路了。

我是多么的幸运，因为有太多人一辈子没有看到路，还有太多人看到了却没有走，而我走上了一条能看见远方的路，尽管走不到终点，但何处不是终点呢。

我便带着残缺走在文学的路上，不，是带着文学走在残缺的路上。

我的作品中，以残疾为题材的并不多，《独白》是一篇关于残疾人的，关于残疾的，同样是关于人的，关于人的深层冲突与困惑的文章。

我只愿发出最真实的声音，虽然这需要向内进行疼痛的切割，但我相信，只有真的，才是美的，才是善的。我只愿发出纯粹个体的声音，虽然个体永远是独特的，但我相信，唯有独特，才有深刻的共鸣。

生命是一场独白，每个人都走在一条孤独的路上，这条路上只有自己一个人，这条路的出发点是残缺，终点是完美。

2019年1月20日

有根的诗

——读《正成诗选》

翻开徐正成的诗集《正成诗选》,其中的诗歌,有我熟悉的,也有我第一次读的,不变的是那深深的感动。这本书我将长放于案头,在我疲惫或平静的时候可以随时翻开。

认识徐正成和他的诗歌是在2010年。他的诗歌给予我这样的感受:广阔、善良、真诚。

他用自然的语言,缓缓地诉说着内心朴素的情感。不刻意地追求语言的创新,或许这是他对自己内心感受的一种忠诚。

他不刻意追求语言的锋利,而淡然的话语却十分有力。因为它总能到达你内心最柔软的部分,轻轻一碰,便是最敏感的疼。

当你跟随着他那一行一行的诗句,将通向一条回家的路。回归到自己最亲的根。

《母亲》《一块蓝头巾》等亲情题材的诗歌,湿润了我的眼睛。"当时 对于我的母亲 一个农村妇女／家里很穷 这是她唯一的用钱买来的奢侈品／用来打扮和装饰一个接近四十岁农村女人／的心爱之物 一块蓝头巾／母亲是多么伤心 我至今记得 很清楚／她回去又用心找了 还有我的哥哥们／给我们指认了可能丢失的位子／一直找到天黑 才回家。——《一块蓝头巾》。"我的母亲没有那块蓝头巾,我也没有体验过那样贫瘠的日子,但是那种情感却让我非常熟悉,仿佛说出了我内心无法言表的永恒的疼痛。

《村庄》《我想走过一条乡间小路》《北方的春天》等描写家乡的作品，作者展现了他的村庄，故乡的那条乡间小路，那几棵草，那些窑洞，窑洞门口的老人和孩子，还有那善良的驴子和暴躁的风，都渗透了作者对亲人、对家乡无尽的爱。他属于那里，那片土地与他血脉相连。那份情感不是华丽的辞藻和夸张的句子能够说出的。或者说，作者那真正的赤子之心超越了所有语言的障碍。让我看到，他不是一个背叛者，尽管他已经离开了那里，但那里仍然给予着他生命的营养。

"告诉他　老爸有一些臭毛病和这个村庄有关／若真的要改掉　一是很难二是不愿／我真是怕丢了真实的自我　无可适从／怕你爷爷不认识他这个儿子——《我们和村庄有着共同的血脉》。"作者在坚守，当一个人没有忘记自己的故土，也就坚守住了自己的灵魂家园。

正是因为他的诗歌扎根在了精神的故土之上，才有了这些优秀的品质。

有根的诗歌便可以感知四季，感知每一种生命，感知一棵小草的悲与喜。他不是表达小我的感情，那是一种大我的情怀。他的诗歌似乎可以放下自我，而纯粹地抵达另外一个生命。切身地去感受另一种存在。他不是把一切融入他自己，而是把自己融入了一切生命之中。他的诗歌因此是广阔的。

"假如花开了／你是否会想起／曾经一颗种子／已经消失在泥土——《春的絮语》。"写作需要一种普世情怀，我在徐正成的诗歌中听到了一颗悲悯之心跳动的脉搏。但是当你体验到一种悲伤后，还会感受到一种温暖，这让我联想到，阳光为什么是暖的，因为它爱着。如果这温暖来自太阳就叫阳光，如果这温暖来自心灵便叫善良。有了这份善良，徐正成的诗歌才让我们肃然起敬。

很多诗歌作者们都侧重于创新、独特，甚至要语不惊人死不休。以至于写诗成为一种文字游戏，写诗的快乐变成了玩弄语言的快乐。诗歌中常见的东西，比如说：技巧、目的、主义、虚荣都是和诗歌本身无关的。而徐正成没有被这些东西所迷惑，他的诗歌不夸大其词，不无病呻吟，不故弄玄虚。

他真诚地对待自己，真诚地对待诗歌。真是一种状态，诚是一种态度。这一点尤为难得。

在当今诗坛，有很多文字是漂浮物，或是流云，或是浮萍，或是易飞的生活垃圾。而徐正成的诗歌却深深地扎根在精神的故土之上，吸收着大地的营养，感受着阳光和雨露，仰望着晴朗的天空，感恩着无私的土地。这样的诗歌让我们听到了生命的呼吸和脉搏。

我希望更多的人能读到他的诗歌，无论是写诗还是不写诗的人，因为生命都需要最深的感动。

2012 年 7 月 20 日

见到张海迪

题记：2013年7月29日在石家庄残疾人综合服务中心见到张海迪。

我们来得是比较早的，第一个来到了八楼的大厅。一边休息一边看着工作人员布置会场，然后很多残疾人陆陆续续都到了。我没想到会来这么多残疾人，几乎都是坐轮椅而来。这是我第三次参加关于残疾人的活动，却是我见到最多残疾人的一次。我想大家可能和我一样不知道今天的具体活动，只是接到通知说张海迪要来会见我们。

我看到这么多穿着不同，变形程度不同，神态不同的残疾同胞们，我的心头涌出了许多伤感，出现了很多悲观的想法，但我抑制住了，以免影响到见到张海迪时的状态。

我想我还是有些激动的，虽然我觉得我精神上是淡定的，但手却是凉凉的。因为张海迪是我非常崇敬的一位女作家，她有那么多地方让我敬佩，她的意志，她的积极，她的才华，她的修养，更重要的是她通过文学作品传达给我的她内心的美好以及对人生的热爱。她是人类精神的一个高度。

虽然我和张海迪都与轮椅、文字有缘，但她对于我来说是那么遥远，像一个美丽的梦，一个动人的传说，一颗闪烁的星辰。我真的可以见到她？她的世界和我的世界竟有一次交错的机会？啊！真的很奇妙。

我想象着见到她时的情景。

本来说是下午三点，后来又改成了四点半，将近四点的时候，一位工作人员在大厅的演讲台上介绍：首先由谁谁谁为我们讲脊柱损伤患者的心理康复知识，然后由谁谁谁为我们讲截瘫病人的护理技巧，最后大概五点半张海迪会来看望大家，和大家做一个交流互动，再和大家合影。

听到这里我有些失望，还要等到最后啊？会不会太晚了就不来了。我期待着她的出现。我看到那么多人拿着本子和笔，期待着她的签名。这不是无知少年的追星，而是苦难者对精神领袖的崇拜。

讲课的残疾人心理咨询师讲的内容非常正确，也很有道理，但特别像邻居大爷对不争气的孩子善意的数落，这些道理大多数残疾人都懂，我想他们身边的亲人也一定说过这些话。以至于我十分无聊，做鬼脸逗大厅门口那个三四岁小孩玩。以至于姬建辉大老远把他老婆叫过来要两块糖吃。无聊中我都有些困了，但想到一会儿就见到张海迪了，我便又精神了起来。

大概将近六点的时候，我不经意间看到大厅门口出现了一个人，是张海迪！我想我一定露出了惊喜的表情，那一刻她也看到了我，并用微笑回应我。她是参观了其他楼层后，最后一站来到八楼。

与她同来的有石家庄副市长程凯、石家庄副书记司存喜、石家庄残联理事尚建斌等一行人。全场报以掌声欢迎。张海迪表示不要打搅大家听课，先把课讲完，她便在临门的位置和大家一起听。台上的老师继续讲，大家本应该爆发出的激动就被压制住了。可大家哪里还有心思听。我看见不远处的张海迪是那么端庄、美丽，比电视和照片上的她更有气质，但同样我也看出了一丝憔悴和疲惫。

老师假装结束了，其实才讲了五分之二。接着放一个关于残疾人事业发展总结的短篇。

短篇结束后，程市长立刻将张海迪引到我们面前，并向她介绍我们。场面非常热烈，记者们蜂拥拍照。我可以感觉到张海迪大姐是知道我的，并听说了我们的一些故事。她热情地和我们握手，她用左手握住我的右手，激动而有力。

我说:"海迪姐姐终于见到您了,您是我从小的榜样……您的作品对我的人生和文学创作影响很大……"她说:"刘厦不能这么说,我就是一个普通人,一个普通大姐。"我没有来得及答话,就被打断了,母亲抢着说:"您是我们的偶像,我每天拿你鼓励孩子们……"程市长也抢着介绍我们的事情。其实我在心里说,我知道您有普通人的感受,普通人的脆弱,但您做到了很多人不去做的事,也让那么多人看到了希望。

张海迪大姐深情地对我的母亲说:"谢谢妈妈和爸爸,把我们残疾人照顾得这么好……"张海迪大姐是那样和蔼可亲,不知为什么我有种想哭的感觉。

程市长说我的诗写得好,并问我们是否带来了。幸好我带来了一些打印稿,便拿了出来。他接过给了张海迪大姐,她刚一看,程市长就替她交给了助理,并说大姐回去看。"我可以把稿子拿回去看吗?"张海迪问。我激动地说:"太可以了,我就是为您准备的。"她笑了。接着程市长就让张海迪在她要送给我的书上签字,并说给刘厦签,别人都不签了。可以看出他们的时间很紧,更可以看出程市长对我的重视。一股感动汇进了我激动的心里。

张海迪大姐说:"……还有一些我的书回头让他们给你,……刘厦下次我专程去看你,下次就去你们家。"听到这句话,我非常激动:"太好了!我等着您……"她又叮嘱:"你们都要注意身体。""嗯,您也要注意身体啊。"她还对我们说了一些话,但我因为激动而忘了。

后来她说了一段鼓励大家的话。她讲得那么动人,那么亲切,又那么富有力量。最后她和大家合了影。便匆匆地和大家告别离开了。

那么多残疾朋友向我投来了羡慕的目光:让我看看你的书吧,你真了不起……

这签名固然珍贵,但我更希望和张海迪大姐有深入交流的机会。

我想问她:海迪大姐您觉得残疾人的写作和健全人的写作不同之处是什么?您觉得人生最大的困难和最美好的东西是什么?当您最无助的时候您是怎么做的?……

每一个轮椅上都有一个美丽的梦，您的那句话"即使没有翅膀，心也要飞"让无数人的梦想起飞了。让无数不敢飞翔的梦勇敢地在风雨中一次次展开翅膀。您像大海中领航的帆船，让无数的优秀的残疾人起航了，让他们获得了自己精彩的人生。

您更是改变了整个社会对残疾人的认识。今天残疾人事业有了这样的进步和发展，离不开您对人们的心灵和人们的观念的影响。

我感动于您的精神，更感谢于您的努力。

但是还有那么多残疾人就是因为残疾而生活在困境中，可悲的是，不是因为残疾造成的客观不便，而是因为人们对残疾的观念造成的障碍。这是一个多么不容易改变的社会现象。

残疾人需要关爱，更需要的是平等和接纳。这是根本问题。正确认识残疾人的价值，真正接纳残疾人的不同，才能够彻底地改变残疾人的处境。

这个理想让我充满了斗志。

感谢您张海迪大姐，您给了我那么多启迪。我相信这也是您的梦想。

2013 年 7 月 31 日

拾起烟火，奔向红尘
　　——读沙漏的诗

　　我认识沙漏已多年了，读他的诗歌，我的感动从未疲倦。我会在起风的午夜或阳光明媚的上午进入他的空间，去感受他的诗歌，无论我是以怎样的姿势进入，都会放下一切负担，跟随他的诗句，激荡起内心深处的那片海，并让眼中泛起浪花。他的诗歌再一次印证：无名的感动，才是诗歌最重要的品质。

　　沙漏是一个计量时间的器具，任凭时光在它的体内流逝，摩擦、呐喊，沙粒之间的碰撞和撕裂，有着一个灵魂无声而剧烈的疼痛。我想诗人沙漏之所以以这个词为笔名，正是这个词暗合了他宿命的气质。

　　或许正是因为这宿命的情节，才让他找到了属于他的诗歌国度。

　　沙漏的诗歌国度自由、温暖、安静、悲伤，草木皆情，日月宣爱。在这个国度中站着一位孤独的王者，他拥有孩子的天真和任性，也拥有一个男人的敏感和痴情。正是这样一位王者："看见自己／在与自己无关的人群中／隐姓埋名的生活。"

　　沙漏是一个普通的打工者，和成千上万的人一样，在生活中艰辛地生活着。他写诗，却不涉及诗坛。多年来带着诗歌默默前行，他对诗歌的爱是纯粹的。

　　就像他所说：我是被迫入世。是的，阅读他的诗歌就会发现，他的灵魂在生活之外的理想净土之上。他的诗歌之境和生活之境是有跨度的，我想也正因此,他保持住了灵魂的纯净和温度;也正因此,他的灵魂在嘈杂而冷酷的现实中感受到了忧郁和孤独。这些都毫无障碍地呈现在了他的诗歌之中。

他的诗歌中凝固着对尘世的热爱和因这强烈的热爱而产生的忧郁。他"争取做一个安分守己的人／拾起烟火　奔向红尘",他愿意"我怀抱一堆干柴／期待和你,燃烧一生"。这些滚烫的诗句,以冷静的方式呈现出来。诗人试图用低沉的声音去回应他内心孤独的火焰。当你听到他小声的诉说,一定会惊动你内心深处那无名的悲伤和激动。

沙漏的写作看似在抒发小我的情怀,但他所言说的却是关于所有生命核心的元素,那是生命产生爱的火种。他忠诚于自我的精神世界,以及他追求完美的信仰。他的诗歌正是他对理想的承诺,以及生命内在狂热痴情的言说。正如他的诗所说:"最后,我们互相信仰∥相约坟墓",这是他给予一个灵魂的承诺。"冬天来了,春天还会远吗?／她自言自语地说／喜极而泣",这是他给予一个灵魂的安慰。他说:"可怜自己吧。"他把关怀给予了每一个灵魂:"你只能做一个坚果／安静地风干,保护自己／成为一粒种子／期待来生。"

在当今诗坛,现实写作越来越普遍,许多诗都侵入了汽车尾气,而诗人沙漏的诗歌保持住了精神的高度,理想的热度。让生活与灵魂之间有了迷人的张力。这一点尤为难得。

我们期待着这位诗歌国度中的王者,随着时光而变得更加深厚,用他满怀的热情,指给我们看他更壮美的疆土!

2013 年 1 月 30 日

写诗是我爱的方式

　　写诗是件复杂的事，因为它连接着个人生命基因的密码。写诗又是件简单的事，只要随心而遇即可。关于写诗的感受，我最想说的一句话就是：写诗是我爱的方式。

　　我想每首诗的形成过程和写作初衷都是不一样的，这是因为诗歌在每位作者心中占据位置的不同。每个人都在用不同方式表达着对生命旅程的爱，无论是顺境还是逆境，只要选择了承受和追逐，那力量的源头都是因为热爱。而我把热爱的倾诉交给了诗歌。

　　我写诗已有十几年了。我开始写诗，并非受了某个人或某件事的影响，而是一种接近自然生长的状态。

　　在我十四岁夏天的一个傍晚，我望着天空白白的月亮，有一种从未有过的感觉，我写下了今生第一首诗，就在那一刻我与诗连接了。就像一个人什么时候学会说话，什么时候学会沉默一样，诗歌什么时候出现，我想是注定的，我相信诗歌是一些人与生俱来的生命特征。

　　我觉得人生有两条路要走，一条路是脚在走，一条路是心在走。前者走向天涯，后者走向生命的深处。两条路的进程不成正比，但互相交织。完成心路的跋涉，才更接近生命的终极意义。

　　心在路上前行，就免不了跌跌撞撞，但只要有诗歌相伴，就是最好的保护。无论是感知、追问还是思考，有诗歌作为回应，就可以完成我的前行。用写诗的方式回应生活，就是我对生活的爱，而且我是爱的给予者，同样也是接收者，因为每个人的生活不外乎在大我之内，这是一个自给自足的过程，是一个自我完善的过程。

　　我想，把我一生所有的诗连接起来，就是我心灵所走过的路。把我的诗和我的生活相加，就是我完整的生命。

　　我认为在所有的艺术形式中，诗歌的语言是最具有穿透力的，所以最能承载生命的重量。诗歌的情感是最纯粹的，所以最能完整地表现对生命的热爱。

　　用诗歌来表达我对生命的热爱，就注定我将用悲悯的姿态关注生活，用积极的力量抚慰心灵，并且因此美好着。我为能与诗歌结缘而感到庆幸，并愿意用一生向它朝拜。

2011 年 8 月 9 日